외 대 역 사 문 화 연 구 총 서 18

개항기 서양인의 기록에서 본 한국과 한국인

이수기 지음

이수기

1974년 서울 출생
한국외국어대학교 인문대 사학과 학사 졸업
동대학교 대학원 사학과 석사 · 박사 졸업(문학박사)
한국근대사 전공
동대학교 교양과목과 전공과목 강의
현) 한국외국어대학교 역사문화연구소 초빙연구원

◇ 주요 논문
「1880년대 한국을 방문한 미국 선교사들의 한국인식 -10년 이상 장기체류자들을 중심으로-」(『역사문화연구』 55, 2015)
「1889년 한국을 방문한 러시아 장교 베벨의 한국 인식」(『역사문화연구』 68, 2018)
「개항기 한국에 관한 기록을 남긴 서양인의 서지학적 특징 분석 -방문시기별 국적을 중심으로 한 서지학적 특징-」(『기록과 정보 · 문화 연구』 8, 2019)
「개항기 미국인이 바라본 서울에 대한 인식 -미국인 견문기를 중심으로-」(『역사문화연구』 82, 2022)
「개항기 서양인 기자의 시각에서 바라본 한국 -겐테, 잭 런던, 아손 그렙스트, 매켄지-」(『역사문화연구』 86, 2023)

외대 역사문화 연구총서 18
개항기 서양인의 기록에서 본 한국과 한국인

2025년 12월 24일 초판 1쇄 인쇄
2025년 12월 31일 초판 1쇄 발행

지은이 ■ 이수기
펴낸이 ■ 정용국
펴낸곳 ■ (주)신서원
주소 : 서울시 노원구 동일로 207길 23 4층 413호
전화 : (02)739-0222 팩스 : (02)739-0224
등록 : 제300-2011-123호(2011.7.4)
ISBN 978-89-7940-369-5 93910
값 28,000원

외대 역사문화 연구총서 18

개항기

서양인의 기록에서 본 한국과 한국인

이수기 지음

신서원

감사의 글

중학교 때의 일이다. 국사 시간이면 바로 전 쉬는 시간에 반 애들은 국사 교과서를 펼쳐놓고 이전 시간에 배운 내용을 후다닥 외우기 시작했다. 국사 선생님이 출석부를 보고 마음에 드는 번호를 불러 이전 시간에 배운 내용을 물어보셨기 때문이다. 그렇게 훈련이 되다보니 자연스럽게 국사 시험을 잘 보게 되었고, 점점 국사를 외우기보다는 흐름으로 이해하게 되었다.

고등학교를 가서도 중학교 보다 심화된 내용이지만, 국사가 그렇게 어렵거나 힘들지 않았고, 당연히 친구들이 신기해 할 정도로 국사 점수가 좋았다.

재수를 하게 되면서 첫 수학능력시험 세대가 되었다. 즉 마지막 학력고사 세대이자 첫 수학능력시험 세대가 되어 둘을 다 경험하게 된 것이다.

수학능력시험 방식은 학력고사와 달라서 처음에 적응하는 데 애를 먹었다. 기숙학원에서 자는 시간과 밥 먹는 시간 빼고는 열심히 공부했다. 학력고사 때는 한 학교만 지원서를 낼 수 있었지만, 수학능력시험 때는 시기를 다르게 하여 여러 곳에 지원서를 낼 수 있었다. 4개 정도 냈던 지원서는 모두 사학과, 국사학과였다. 재수하면서 역사를 공부하겠다는 생각을 하게 되었고, 결국 사학과로 진학해 박사까지 하게 되었다.

학부 시절 자료를 찾으면서 저자들 대부분이 석사, 박사 학위를 가지신 분들이셔서 내 책을 쓰려면 적어도 그 정도의 자격은 갖춰야 한다고 생각했다.

어려서부터 글짓기를 좋아해 내 책을 쓰고 싶어 대학원에 진학했지만, 공부 외의 여러 일들이 있다 보니 박사까지 거의 20여 년이 걸렸고, 책을 쓴다고 한 것이 또 10여 년 걸렸다.

이 책은 내가 대학원 박사논문을 준비하면서 정리했던 내용을 수정 보완한 것이다. 한국을 방문하거나 기록을 남긴 서양인 50여 명이 우리나라에 대해 생각하고 인식한 바를 정리해 놓았으니 연구자들에게 참고가 되길 바란다.

내가 이렇게 오랫동안 공부할 수 있었던 것은 많은 분들이 도와주셨기 때문이다. 먼저 지도교수님이신 이영학 교수님, 정년퇴임하셨지만 연구자로서의 길을 잘 이끌어주신 분이다. 내 인생 반 이상을 함께 했다고 해도 과언이 아니다. 지도교수님께서는 항상 제자의 건강을 염려해 주신다.

학부부터 박사과정까지 한 학교에서 시간을 보냈다. 한국외국어대학교 사학과, 대학원 사학과이다. 지금은 정년퇴직하셨지만 이은순 교수님, 박성래 교수님, 최갑순 교수님, 임영상 교수님, 노명환 교수님께 학부시절 한국사, 동양사, 서양사에 대한 가르침을 받았다. 그리고 학부와 대학원에서 반병률 교수님, 여호규 교수님, 이근명 교수님, 김상범 교수님께 한국사, 동양사에 대한 가르침을 받았다. 학교에 오래 있다 보니 교수님들의 정년퇴임을 많이 보게 되는 것 같다. 그만큼 시간도 흘렀다는 것을 의미하겠지만.

내가 박사 마치고 나서 계셨던 인도인 교수님이신 나라연 교수님께서도 한국말로 소통해주시면서 근대사에 대한 공부를 도와주셨다. 대학원에서 만난 선배님과 후배님들께도 감사 인사를 전한다. 책을 출판할 수 있도록 도와주신 신서원 정용국 사장님과 출판 관계자분들께도 감사드린다.

끝으로 내가 공부할 수 있게 여러모로 도와준 우리 가족들, 박사학위 받고 얼마 지나지 않아 하늘나라로 가신 아버지, 그리고 딸내미 공부할 수 있게 이것저것 챙겨주신 어머니, 누나가 공부한다고 했을 때 열심히 응원해준 동생들 모두 고맙고 감사하다.

2025년 10월

외대 글로벌캠퍼스 왕산에서

|| 목 차 ||

들어가며

2000년대 전후, 한국이 세계와 처음 만났던 시기에 한국을 찾아왔던 서양인들에 대한 관심이 늘고 있다. 또한 서양인들의 눈에 비친 한국인의 생활상에 관한 문헌과 자료들이 소개되고 있다. 이 문헌들은 기존의 역사 연구서가 대체로 정치사 또는 경제사 위주의 서술인 데 비해, '은둔국 조선인'의 구체적인 생활 현장에서 기록한 것이다. 이것은 근대 자본주의 물결이 어떻게 한국인들의 생활 속으로 침투하였는가를 생생하게 보여주었다. 이 문헌들은 종래의 역사 연구서에서 간과하였던 점을 보완하는 역할을 하기도 한다. 또한 한국인과 한국 문화에 관한 소개서들은 특히 다양한 내용의 사진 자료들을 많이 싣고 있어 현대 한국인들의 눈으로 보아도 재미를 느낄 수가 있다.

저서들은 19세기 후반 이른바 제국주의 시대의 서구인들에게 한국을 알리는 데 크게 기여하였다. 현재까지도 그들의 한국에 대한 인식의 원형을 이루고 있다. 즉 개항기의 한국에 대한 서양인들의 기록으로 한국의 이미지화가 이루어졌다고 하겠다. 우리는 이러한 서양인들의 한국 이미지를 통해 개항기 한국의 모습을 타자의 입장에서 어떻게 인식했는지, 그리고 왜 그렇게 인식했는지를 고민해 봐야 한다. 또한 우리는 개항기 서양인들의 한국에 대한 인식이 현재까지 이어지고 있다는 사실을 통해 기록이 가진 힘이 얼마나 큰지 또 얼마나 중요한지를 알 수 있다. 더불어 기록에 대한 연구도 필요하다고 생각한다. 이러한 이유들이 필자에게 서양인이 개항기 한국과 한국인을 어떻게 바라보았는지를 연구하게 이끌었다.

개항 이전 한국에 대한 서구인의 인식은 매우 빈약했다. 서양에 처음 소개된 한국 관련 문헌은 1601년 일본에서 활동하던 스페인 선교사 세스페데스Gregorio de Céspedes의 저서 『선교사들의 이야기』에 실린 네 통의 조선 관련 서간문이었다고 한다.[1]

그 후 서양인들은 1668년 네덜란드에서 발간된 『하멜 표류기』를 통해 중국과 일본 사이에 있는 조선의 존재를 알게 되었다. 1860년 다블뤼Marie Nicolas Antoine Daveluy가 『조선사 입문을 위한 노트』를 통해 조선의 역사를 소개했다. 1874년에는 한국의 천주교 선교를 다룬 달레Claude Charles Dallet의 『조선천주교회사』가 출간되었다.

개항 직후 1879년 존 로스John Ross의 『한국사』는 서양 언어로 기록된 최초의 한국 역사서라는 의미를 가지고 있다. 이후 1880년 오페르트Ernst Jacob Oppert의 저서 『금단의 나라 조선』과 1882년 그리피스William Elliot Griffis의 『은자의 나라 한국』을 시작으로 조선이 서양에 알려지기 시작하였다고 하겠다. 이후 다양한 나라와 직업을 가진 서양인들이 한국을 방문하여 남긴 기록들은 현재에 와서 다시 재조명되고 있다.

---

1 이상각 지음, 2010, 『꼬레아 러시』, 「책을 내며」, '기록', pp. 7~11.

서양인들의 한국에 관한 연구는 1970년대 후반부터 본격화되어 1980년대에 이르러서는 한국어와 한국법률, 한국 문화 등을 중심으로 저서와 연구논문이 나왔다.[2] 1970년대 이후 서구인들의 한국학에 대한 관심이 높아지면서 19세기 이래 작성된 서양인의 방문기에 관한 집록과 연구 작업도 증가하고 있다.

1990년대에는 '서양인이 바라본 한국'이라는 인식에 관한 저서와 연구논문이 나오기 시작했다. 2000년대 들어서는 이전 시기의 출간된 저서와 연구논문들을 토대로 하여 1990년대보다 활발하게 연구가 이루어졌다. 2000년대에 개항기 당시 한국을 찾은 서양의 선교사·여행가·학자·외교관·의사·기자·교육자들이 쓴 책들이 새롭게 번역되었다. 국내외 연구자들은 서양인의 여행기와 견문기를 중심으로 다루었고, 한국과 한국인에 대한 서적과 논문들이 쏟아져 나오게 되었다.

먼저 총서류에 대해 살펴보면, 한국정신문화연구원자료실에서는 러시아대장성(大藏省)에서 1905년에 발간한 『한국지韓國誌』를 1984년에 번역하여 『(국역)한국지』로 출간하였다. 같은 책을 경인문화사에서 2000년에 한국지리풍속지총서 시리즈 중의 하나로 번역하여 『한국지』를 출간하였고, 이 책은 일본어로도 번역되어 관심을 끈다.[3]

집문당에서는 1999년부터 헐버트Homer Bezaleel Hulbert의 『대한제국멸망사』

---

2 고영근, 1982, 「초기서양인의 한국어연구」, 『先淸語文』 11·12, 서울대학교 사범대학 국어교육학과; 최종고, 1982, 「韓末의 西洋人 法律顧問制度」, 『동방학지』 32, 연세대학교국학연구원; 셔우드 홀 저, 김동열 역, 1984, 『닥터 홀의 조선 회상: 1893년 조선에서 태어난 최초의 서양인』, 동아일보사; 황용수, 1987, 「개화기 외국인의 국어연구」, 『語文論集』 20, 중앙대학교 문리과대학 국어국문학과; Maurice Courant 저, 정기수 역, 1989, 『朝鮮書誌學序論: 西洋人이 본 韓國文化』, 탐구당 등.

3 한국학중앙연구원자료조사실 편, 최선·김병린 공역, 1984, 『(國譯)韓國誌』, 한국정신문화연구원자료조사실; 露國大藏省 편, 2000, 『한국지』, 경인문화사[韓國地理風俗誌叢書 112].

를 비롯하여 당시의 책들을 [한말외국인기록]이라는 총서로 엮어 번역 · 출간했다.[4] 경인문화사에서는 16세기부터 20세기 초에 이르는 한국 관련 서양 고문헌들을 영인본 200여 권으로 정리 · 출판했다.[5] 또한 살림출판사에서는 2008년부터 [그들이 본 우리]라는 총서를 한국문학번역원과 함께 번역 · 발간했다.[6] 또한 이러한 책들을 서지학적으로 정리한 박대헌의 『서양인이 본 조선: 한국관계 서양서지』와 책 속에 실려 있는 그림 자료를 다룬 백성현 · 이한우의 『파란 눈에 비친 하얀 조선』이 1990년대 발간되었다.[7]

그리고 2000년대에 들어와서 신복룡이 『이방인이 본 조선 다시 읽기』를 출간하였는데, 이전에 자신이 번역한 책들에 대한 해제를 모아 한 권의 책으로 펴낸 것이다.[8] 프레데릭 불레스텍스의 『착한 미개인 동양의 현자』는 13세기에서 현대에 이르기까지 프랑스가 표상해 온 한국의 이미지가 어떻게 변천해 왔는가를 문헌고고학적으로 연구한 저서이다.[9]

김학준의 『서양인들이 관찰한 후기 조선』은 서양 열강이 한국으로 진출하기 이전에 언급한 서양인들의 기록부터 조선의 전기와 후기 · 19세기 전반의 조선에 대한 서양인들의 기록, 개항 이후 한국을 관찰한 서양인들의

4 집문당에서 [한말외국인기록] 시리즈를 번역 · 출간하였다. 현재까지 24권이 출간되었는데, 개항기에 해당하는 저서는 17권이다. 여기에는 여행기와 자서전, 문서집 등이 포함되었다. 저서 목록은 집문당 도서마당에서 확인할 수 있다.

5 경인문화사에서는 [근세 동아세아 서양어 자료 총서]를 영인본 200권으로 하여 출간하였다. 이 영인본은 한국 · 중국 · 일본과 관련하여 16세기부터 19세기 후반까지 서양어로 발간된 저서들 가운데 중요본을 선별하여 300권으로 집대성한 고문헌집이다. 저서 목록은 경인문화사 영인본을 통해 확인할 수 있다. 전권 200권 중에 약 50~60여 권이 개항기에 해당하는 저서들이다.

6 살림출판사에서는 집문당의 [한말외국인기록] 시리즈와 같이 [그들이 본 우리] 시리즈를 번역 · 발간하였다. 이 총서는 한국문학번역원이 기획하고 지원하여 출간되고 있는데, 2025년 현재 29권이 출간되었다. 저서 목록은 살림출판사 살림인문 [그들이 본 우리] 목록을 통해 확인할 수 있다.

7 박대헌, 1996, 『서양인이 본 조선 -조선관계 서양서지』, 호산방; 백성현 · 이한우, 1999, 『파란 눈에 비친 하얀 조선』, 새날.

8 신복룡, 2002, 『이방인이 본 조선 다시 읽기』, 풀빛.

9 프레데릭 불레스텍스 지음, 이향 · 김정연 옮김, 2001, 『착한 미개인 동양의 현자』, 청년사.

기록들에 대해 소개하였다.[10] 이와 함께 국사편찬위원회의 『이방인이 본 우리』도 서양에 알려진 고대부터 일제 시기까지를 다루어 비교할 수 있다.[11]

이상각의 『꼬레아 러시』는 100년 전에 한국을 방문하였던 17명의 서양인들의 기록을 정리했는데, 이들의 기록은 한국에 대해 긍정 및 부정적 시각으로 구분했다는 특징이 있다.[12]

규장각한국학연구원의 『세상 사람의 조선여행』은 17세기부터 일제 시기까지 한국을 방문한 서양인들의 기록을 국가별로 사진과 그림을 곁들여 독자들의 관심과 이해를 높였다.[13]

1990년대에는 번역된 저서들을 가지고 개인별 연구를 진행하였다. 하지만 대부분은 어느 개인의 한국인식을 전반적으로 이해하는 데 그쳤다. 대표적으로 미국인의 경우 알렌,[14] 헐버트,[15] 아펜젤러,[16] 언더우드,[17] 데니 등을, 독일인의 경우 묄렌도르프[18]를, 영국인의 경우 게일[19]과 비숍[20]을, 캐나

---

10 김학준 지음, 2010, 『서양인들이 관찰한 후기 조선』, 서강대학교출판부.

11 국사편찬위원회, 2009, 『이방인이 본 우리』, 두산동아.

12 이상각 지음, 2010, 『꼬레아 러시』, 효형출판.

13 규장각한국학연구원 엮음, 2012, 『세상 사람의 조선여행』, 글항아리.

14 알렌에 대해서는 민경배, 1992, 『알렌의 선교와 근대한미외교』, 연세대 출판부.

15 헐버트에 대해서는 김동진, 2010, 『파란 눈의 한국 혼 헐버트』, 참좋은친구; 윤경로, 1981, 「Homer B. Hullbert의 연구 -그의 한국에서의 활동을 중심으로-」, 『역사교육』 21, 역사교육연구회; 1981, 「Homer B. Hullbert의 한국관 -한국민족과 역사이해를 중심으로-」, 『한국사상』 18; 손정숙, 1995, 「구한말 헐버트(Homer B. Hulbert)의 대한인식(對韓認識)과 그 활동」, 『이화사학연구』 제22집; 김기석, 2004, 「헐버트」, 『한국사시민강좌』 제34집, 일조각; 오상미, 2011, 「헐버트(H. B. Hulbert)의 조선문명화론」, 『학림』 제32집, 연세대학교 사학연구회 등이 있다.

16 아펜젤러에 대해서는 김석영, 2011, 『아펜젤러』, kmc; 이만열, 1985, 「아펜젤러의 교육활동」, 『노산유원동박사회갑기념논총 한국근대사회경제사연구』, 정음문화사; 1998, 「아펜젤러의 초기 선교활동과 한국 감리교회의 설립」, 『한국기독교와 역사』 8, 한국기독교역사연구소; 2004, 「아펜젤러」, 『한국사시민강좌』 제34집, 일조각 등이 있다.

17 언더우드에 대해서는 이광린, 1991, 『초대 언더우드 선교사의 생애』, 연세대학교 출판부; 서정민, 2005, 『언더우드家 이야기』, 살림; 2004, 「언더우드」, 『한국사시민강좌』 제34집, 일조각; 안영로, 2005, 『한국교회의 선구자 언더우드』, 쿰란출판사 등이 있다.

18 묄렌도르프에 대해서는 노계현, 1982, 「묄렌도르프가 한국외교에 끼친 영향」, 『비교문화연구』 1, 한양대학교 비교문화연구소; 라이퍼 발터, 1985, 「묄렌도르프가 본 갑신정변」, 『갑신정변연구』,

다인의 경우 에비슨[21]을 중심으로 한 연구가 진행되었다. 이들에 대한 연구는 활동과 저서를 통해 한국에 대한 인식을 살펴보고, 이들의 업적을 평가하는 데 중점을 두고 있다는 특징이 있다.

개인별 연구는 2000년대 초에도 계속해서 이루어지고 있었다. 2004년『한국사 시민강좌』34집에서 특집으로「한국을 사랑한 서양인」에 '아펜젤러 · 에비슨 · 베셀 · 쿠랑 · 피치 · 게일 · 헐버트 · 린턴 · 매켄지 · 맥타가트 · 포트스타빈 · 스코필드 · 언더우드' 등을 다루어 1990년대보다 개인별 연구가 진행되었음을 알 수 있다.[22]

개인별 연구와 함께 국가별 연구도 진행되었다. 프랑스,[23] 미국,[24] 러시아[25] 등이 대표적이다. 2000년대 이후 번역자나 연구자들이 이들 나라의 저

한국정치외교사학회; 최종고, 1988,「묄렌도르프와 한국선교문제」,『교회사연구』6, 한국교회사연구소; 김진옥, 1989,「묄렌도르프의 조선문명개화론」,『역사교육』46, 역사교육연구회 등이 있다.

19 게일에 대해서는 조정경, 1985,「J. S. Gale의 한국인식과 재한활동에 관한 일연구」,『한성사학』3; 한규무, 1995,「게일(James S. Gale)의 한국 인식과 한국교회에 끼친 영향 -1898~1910년을 중심으로-」,『한국기독교와 역사』4, 한국기독교역사연구소; 민경배, 2004,「게일」,『한국사시민강좌』제34집, 일조각 등이 있다.

20 비숍에 대해서는 이광린, 1991,「'비숍'여사의 여행기」,『진단학보』71 · 72 합집, 진단학회; 김희영, 2007,「오리엔탈리즘과 19세기 말 서양인의 조선인식: 이사벨라 버드 비숍의『조선과 그 이웃나라들』을 중심으로」,『경주사학』제26집, 경주사학회; 2008,「제국주의 여성 비숍의 여행기에 나타난 조선 여성의 표상」,『동학연구』24호, 한국동학학회 등이 있다.

21 에비슨에 대해서는 류대영, 2004,「에이비슨」,『한국사시민강좌』제34집, 일조각을 들 수 있다.

22 이기백, 2004,『한국사 시민강좌』34집, 일조각.

23 프랑스에 대해서는 프레데릭 불레스텍스, 김정연 역, 2007,『착한 미개인 동양의 현자』, 청년사; 이은숙, 2004,「구한말에 나타난 한국관련 프랑스 문헌과 오리엔탈리즘」,『한국프랑스학논집』45집, 한국프랑스학회; 김귀원, 2010,「구한말 프랑스 문헌에서 군인 및 외교관이 본 한국의 이미지」,『프랑스인의 눈에 비친 한국』, 경북대학교출판부 등이 있다.

24 미국에 대해서는 정동귀, 1990,「미국인의 대한관(大韓觀)」,『사회과학논총』8, 경희대학교 사회과학대학; 1990,「미국인의 대한관(大韓觀) 2」,『사회과학논총』9, 경희대학교 사회과학대학; 이은호 · 임용순 · 김형찬, 1991,「한국에 대한 미국인의 인식에 관한 연구」,『국제문화연구』8, 청주대학교 국제문제연구원; 김현숙, 2005,「대한제국기 미국 관료지식인의 한국인식」,『역사와 현실』제58집 등이 있다.

25 러시아에 대해서는 유리 바닌 외 지음, 기광서 옮김, 1999,『러시아의 한국 연구』, 풀빛; 강인구, 2001,「러시아인의 한국인식」,『서울학연구』16호, 서울시립대학교; 박노자, 2006,「착한 천성의 아이와 같은 저들 -1880~1900년대의 러시아 탐험가들의 한국 관련 기록에서의 오리엔

서들을 모아 국가별 인식을 살펴보는 방향으로 연구가 진행되었다. 이러한 연구는 저자의 방문 시기와 직업이 각각 다르기 때문에, 모두 한국에 대한 자국의 입장을 나타내었다고 볼 수 없고, 전반적인 인식으로 단정 지어 국가별 인식으로 결론 내리기에도 한계가 있다.

직업별 연구 중에 가장 많이 다루어진 것은 선교사와 관련된 것이다.[26] 2000년대로 접어들어 연구되는 주제들을 분야별로 살펴보면 정치와 사회, 문화에 집중되어 있다. 정치 분야에서는 한국의 정치에 대해 자국과 비교하여 정체되어 있다거나 부정부패와 비리가 많은 정치적 상황을 부각시켜 인식하였음을 지적한 논문들이 많다.[27] 사회 분야에서는 주로 여성 관련 인식에 대한 논문들이 많다.[28] 문화 분야에서는 종교와 관련하여 선교사들에 대한 인식을 다룬 논문들이 다수이다.[29] 경제 분야에 대해서도 연구가 되고

탈리즘적 (허위)인식의 스펙트럼」, 『대동문화연구』 제56집, 대동문화연구원, 성균관대학교출판부; 이희수, 2008, 「1895~1898년 한국방문기를 통해서 본 러시아의 한국인식」, 『대동문화연구』 제61집, 대동문화연구원, 성균관대학교출판부 등이 있다.

26 김홍집, 1985, 「한 · 미 문화관계의 초기관계 -1904년까지의 미국선교사들의 활동-」, 『제3회국제학술회의논문집』, 한국정신문화연구원; 여동찬, 1987, 「개화기 불란서 선교사들의 한국관」, 『교회사연구』 5, 한국교회사연구; 노길명, 1987, 「구한말 프랑스 선교사의 사회문화활동 -그 성격과 한계성을 중심으로-」, 『교회사연구』 5, 한국교회사연구소; 이만열, 1994, 「한말 구미 제국의 대한 선교정책에 관한 연구」, 『동방학지』 제84집, 연세대학교 국학연구원; 류대영, 2003, 『초기 미국 선교사 연구: 1884~1910』, 한국기독교역사연구소; 이향순, 2003, 「미국 선교사들의 오리엔탈리즘과 제국주의적 확장」, 『선교와 신학』 제12집, 장로회신학대학교출판부 등이 있다.

27 정치 분야에 대해서는 민경배, 1992, 『알렌의 선교와 근대한미외교』, 연세대학교 출판부; 정연태, 1999, 「19세기 후반 20세기 초 서양인의 한국관」, 『역사와 현실』 제34호, 한국역사연구회; 한미라, 2004, 「개항 전후의 국내정치와 서양인이 본 한국에 관한 연구」, 『논문집』 제12권, 여주대학출판부; 김현숙, 2004, 「대한제국기 미국인 고문관 문서 해제」, 『한국근현대사연구』 제31집, 한울; 2008, 『근대 한국의 서양인 고문관들』, 한국학연구원; 김귀원, 2010, 「구한말 프랑스 문헌에서 군인 및 외교관이 본 한국의 이미지」, 『프랑스인의 눈에 비친 한국』, 경북대학교출판부 등이 있다.

28 사회 분야에 대해서는 이배용, 2001, 「서양인이 본 한국근대사회」, 『이화사학연구』 제28집, 이대사학연구소; 2002, 「개화기 서양인 저술에 나타난 한국여성에 대한 인식」, 『한국사상사학』 제19집, 한국사상사학회; 김현숙, 2009, 「서양인 여행기에 표상된 '공존 · 공생'의 조선 사회상」, 『역사와 담론』 제54집, 호서사학회; 이수기, 2010, 「서양인이 바라본 한국의 신분제와 사회현상들」, 『역사문화연구』 제37집, 한국외대 역사문화연구소 등이 있다.

는 있지만 정치와 사회, 문화 등의 분야에 비해 많지 않다.

특히 이 시기에는 한국 사회의 일상생활이나 여성, 문화, 관례와 풍습 등과 관련한 문화와 사회를 중심으로 재구성하여 연구하려는 경향이 두드러졌다. 대표적으로 정성화 · 로버트 네프의 『서양인의 조선살이』를 들 수 있다.[30]

1990년대보다 2000년대에는 서양인의 출판물이 축적된 결과로 다양한 주제의 연구들이 이루어졌고, 또한 오리엔탈리즘에 대한 연구도 활발하게 진행되었다.[31] 오리엔탈리즘에 대한 연구는 서구의 오리엔탈리즘이 일본식 오리엔탈리즘으로 연결되어 식민지적 오리엔탈리즘으로 작용하여 한국에 영향을 끼쳤다는 것과 여전히 한국에 대한 이미지는 왜곡과 오류가 담긴

---

29 문화 부분에 대해서는 김홍집, 1985, 「한 · 미 문화관계의 초기관계 -1904년까지의 미국선교사들의 활동-」, 『제3회국제학술회의논문집』, 한국정신문화연구원; 노길명, 1987, 「구한말 프랑스 선교사의 사회문화활동 -그 성격과 한계성을 중심으로-」, 『교회사연구』 5, 한국교회사연구소; 최영진, 1993, 『동양과 서양: 두세계의 사상 · 문화적 거리』, 지식산업사; 김경태, 1996, 「서구 종교와 사상의 수용」, 『한국역사입문』 3, 풀빛; 왕한석, 1998, 「개항기 서양인이 본 한국문화 -비숍의 『한국과 그 이웃나라들』을 중심으로」, 『비교문화연구』 제4호, 서울대학교 비교문화연구소; 이수경, 1999, 「오리엔탈리즘이라는 렌즈를 통해 본 우리시대의 문화 바라보기」, 『효원영어영문학』 17호, 부산대학교 인문대학 영어영문학과; 임장혁, 2002, 「개항기의 서양인이 본 한국문화」, 『코리아 스케치』, 국립민속박물관; 조현범, 2005, 「선교사와 오리엔탈리즘」, 『종교문화비평』 7권, 한국종교문화연구소; 김종서, 2006, 『서양인의 한국 종교 연구』, 서울대학교출판부 등이 있다.

30 정성화 · 로버트 네프 지음, 2008, 『서양인의 조선살이』, 푸른역사. 이 저서는 구한말 한국에서 체류했던 서양인들의 일상을 기록하고자 하여 1882년 한미수호통상조약이 체결된 시기부터 1910년 한일합방에 이르기까지 주로 서울에 거주했던 서양인들을 중심으로 이들의 삶을 조명하고자 하였다.

31 오리엔탈리즘(orientalism)은 예술사에서 북아프리카나 근동(또는 서아시아)의 지중해 나라들을 여행하면서 얻은 요소들을 이용한 내용, 색깔, 양식을 주제로 다룬 19세기 프랑스 예술가들의 작품을 이를 때 널리 쓰인다. 이러한 의미는 20세기 학자 에드워드 사이드가 그의 논쟁적인 책 『오리엔탈리즘』을 내놓으면서 달라졌는데, 이 저서에서 사이드는 18~19세기에 유럽 제국주의적 태도로 형성된 동양에 대한 적대적이고 탄원적인 시각의 서양 예술 및 학술 전통을 이를 때 이 용어를 썼다. 이런 의미로 쓰일 때 '오리엔탈리즘'은 동양 문화와 사람에 대한 근본적이면서도 편향된 외부의 해석을 뜻한다. 오리엔탈리즘이 본격적으로 쓰이게 될 때부터는 19세기 중엽부터로, 동양을 연구하는 학문, 곧 '동양학'으로 서양이 동양에 반응하는 방식이라든가 서양인들이 동양 문화에 대한 태도, 관념, 이미지에 대해서, 서양인이 동양에 대해서 만들어내는 담론이라는 뜻을 내포하고 있다.

표상에 가깝다는 견해가 다수였다.[32]

이상과 같이 서양인의 한국에 대한 저서들과 논문들을 중심으로 연구사 정리를 해보았다. 1970년대와 1980년대에는 서양인 개인의 저서를 번역하는 작업이 이루어졌고, 1990년대부터 서양인의 기록을 모아 총서류나 서지학적 분석이 시작되어 현재까지 이루어지고 있다. 이러한 총서류와 서지학적 분석과 함께 국가별, 직업별, 분야별 연구들이 진행되었다. 하지만 국가별 연구에서는 프랑스와 미국, 러시아가 중심이었고, 직업별 연구에서는 선교사가 중심이었으며, 분야별 연구에서는 문화와 생활상이 중심으로 이후 보다 다양한 국가별, 직업별, 분야별 연구가 진행되어야 할 것이다. 또한 오리엔탈리즘적 방법론에서 벗어난, 보다 다양한 방법론을 강구하여 서양인의 한국에 대한 다양한 인식과 시각을 밝혀내야 할 것이다.

---

32 오리엔탈리즘과 관련된 저서로는 에드워드 사이드 지음, 박홍규 역, 1978,『오리엔탈리즘』, 교보문고(2007 개정판); 성일권 편역, 2001,『도전받는 오리엔탈리즘』, 김영사; 박지향, 2003,『일그러진 근대: 100년 전 영국이 평가한 한국과 일본의 근대성』, 푸른역사; 정진농 지음, 2003,『오리엔탈리즘의 역사』, 살림출판사; 박노자 지음, 2004,『하얀 가면의 제국: 오리엔탈리즘, 서구 중심의 역사를 넘어서』, 한겨레신문사; 김상률 · 오길영 엮음, 2006,『에드워드 사이드 다시 읽기』, 책세상; 성백걸, 2012,『개화독립의 한국과 기독교 생명 빛: 근대 미국인의 오리엔탈리즘과 코리아니즘 성찰』, 풍류출판사 등을 참고할 만하다.
연구논문으로는 박홍규, 1995,「제국주의 문화논리에 매몰된 '우리': 에드워드 사이드의『오리엔탈리즘』·『문화와 제국주의』를 중심으로」,『역사비평』32호(1995년 가을호); 정진농, 1998,「오리엔탈리즘의 두 얼굴: 세속적 오리엔탈리즘과 구도적 오리엔탈리즘」,『동서비교문학저널』1호, 한국동서비교문학학회; 이수경, 1999,「오리엔탈리즘이라는 렌즈를 통해 본 우리시대의 문화 바라보기」,『효원영어영문학』17호, 부산대학교 인문대학 영어영문학과; 박희, 2002,「"세계와 타자": 오리엔탈리즘의 계보」,『담론201』, 담론사; 조한옥, 2003,「타자의 역사: 그 외연과 내포」,『호서사학』36집, 호서사학회; 이은숙, 2004,「구한말에 나타난 한국관련 프랑스 문헌과 오리엔탈리즘」,『한국프랑스학논집』45집, 한국프랑스학회; 조현범, 2005,「선교사와 오리엔탈리즘」,『종교문화비평』7권, 한국종교문화연구소; 박승우, 2008.「동아시아 지역주의 담론과 오리엔탈리즘」,『동아연구』제54집, 서강대학교 동아연구소; 임경규, 2009,「조선 개화기의 옥시덴탈리즘에 대한 소고」,『동서비교문학저널』20호, 한국동서비교문학학회; 박상환, 2010,「근대화과정의 "합리주의"이해에 대한 비교철학적 고찰: 동아시아의 오리엔탈리즘적 관점 분석」,『동서철학연구』제58호, 한국동서철학회 등 참고할 만하다.

2000년에 들어서서 오리엔탈리즘이라는 사상적 기반을 방법론적으로 연구한 저서와 논문들이 많아졌다. 서양식 오리엔탈리즘을 한국에 대한 인식에 적용하다 보니 나타나는 문제점으로 한국은 서양보다 문명화하지 못했다는 것이다. 서양인들은 한국을 방문하여 기록으로 남길 때 자신들이 가지고 있던 문명국의 자부심을 그대로 나타냈다. 그러므로 개항기 전반에 한국을 방문하거나 기록을 남긴 서양인들 대부분은 자국과 한국을 이분법적으로 구분하는 방식으로 한국에 대한 인식과 이미지를 형성해 갔다. 하지만 장기 체류하거나 개항기 후반에 한국을 방문한 서양인들은 한국에 대한 인식과 이미지에 대해 다른 견해를 나타내기도 하였다. 이러한 차이는 국가별 관계와 함께 방문 시기, 체류 기간별 차이 때문이라고 생각한다.

필자는 이분법적 구분 방식이 아닌, 보다 다양한 서양인의 견해를 살펴보고 찾아보고자 서양인의 인식을 세 가지로 유형화하려고 한다. 즉 오리엔탈리즘과 제국주의적 사고방식에 철저한 고수파, 한국의 변화를 인식하면서도 여전히 제국주의적 사고방식을 유지하는 유지파, 마지막으로 한국과 한국에 대한 애정을 가지고 이해하려고 노력했던 수용파 등 세 가지로 구분할 것이다.

개항기에 방문하여 저서를 남기거나 또는 방문하지는 않았지만 그럼에도 개항기에 저서를 출간한 서양인들까지 포함하면 약 50~60여 명 정도 된다. 필자는 이들 중에 대표적으로 인식의 변화를 볼 수 있는 서양인들을 꼽아 비교 검토하고자 한다. 국적별로는 프랑스, 미국, 러시아 등 세 나라를 중심으로 할 것이다. 또한 이 세 나라에서 인식의 변화를 비교 검토할 수 있는 23명을 중심으로 할 것이고, 이들 중 미국인의 경우 원서를 함께 이용할 것이다. 국적별로 세 나라를 꼽은 이유는 자국민을 기타 다른 나라들보다 많이 파견하거나 방문하게 하였고, 이들은 한국과 자국과의 관계 형성에도 영향을 미쳤고, 정치와 사회, 경제, 문화 등에도 적잖은 영향을 끼쳤기 때문이다.

2000년대 이후 들어와 분야별로 주제가 다양해지고 많은 분석을 연구하고 있지만, 체류 기간별로 장기 체류자들과 단기 체류자들 사이의 인식 차이나 구분이 이루어진 연구는 거의 보이지 않기 때문에 이 책에서는 서양인의 한국에 대한 인식을 먼저 체류 기간별로 구분했다. 편의상 단기 체류자들은 1년 이하의 체류자들로, 장기 체류자들은 1년 이상의 체류자들로 구분하였다.

방문 시기별로는 개항 전후부터 갑오개혁 이전까지를 개항 전반기로, 갑오개혁 이후부터 일제 강점 이전까지를 개항 후반기로 나누어 살펴보고자 한다. 이러한 구분은 대외적으로 청일전쟁이 일어나 한국이 서양에 많이 알려지는 계기가 되었고, 국내에서는 정부 주도의 갑오개혁이 이루어졌으며, 민중들이 동학농민운동을 일으켰던 시기가 바로 1894년이기 때문이다.

이 책 제1부에서는 한국과 한국인에 대한 인식을 살펴보기에 앞서 개항기에 방문하거나 저서를 남긴 서양인들에 대해 방문 시기별 · 국가별 저서의 특징을 살펴봤다. 개항기에는 다양한 국적을 가진 서양인들이 방문하였다. 프랑스, 미국, 영국, 캐나다, 러시아, 독일, 오스트리아, 이탈리아, 스웨덴, 헝가리 등의 국적을 가진 서양인들이 방문하였다.

제2부에서는 개항기에 방문하거나 저서를 남긴 서양인들 중에 프랑스, 미국, 러시아를 중심으로 하여 한국에 대한 인식을 살펴봤다. 이에 앞서 개항기 당시에 있었던 유럽(미국 포함)의 사상적 흐름과 제국주의적 지배 방식에 대해 정리하여 한국의 대외 상황에 대해 언급함으로써 서양인들이 한국

에 대한 인식을 가지는 데 어떠한 역할을 했는지 알아보고자 한다.

제3부에서는 이들 나라 중 개항 이전부터 종교적으로 관심을 가졌던 프랑스, 개항 이후 다방면에서 한국에 관심을 가졌던 미국, 개항 이전부터 관심을 가졌으나 특히 아관파천 이후 영향력을 행사하게 된 러시아 등 세 나라를 중심으로, 여기에 대표적인 인식 변화를 보이는 23명의 저서를 통해 한국 인식의 흐름을 정리했다. 이들의 저서가 이후에 방문하는 서양인들에게 어떠한 영향을 끼쳤는지 확인할 수 있다. 또한 국가별로 살펴보면서 이들의 인식을 유형화시키는 분류작업을 하였다. 고수파, 유지파, 수용파가 그것이다. 고수파는 전형적인 서양우월의식과 오리엔탈리즘에 입각하여 한국을 평가하는 서양인들이다. 유지파는 한국을 방문하여 지식으로 알고 있는 것과는 다른 모습을 보았으나, 좀 더 한국에 대해 우호적으로 평가하는 서양인들이다. 수용파는 대부분 한국에 장기 체류한 서양인들이 많은데, 이들은 주로 한국의 독자성, 특징 등을 찾아내어 차별이 아닌 차이로 이해하는 서양인들이다.

아직까지 서양인들의 기록을 살펴보면서 인식의 유형화를 한 연구는 찾아보기 어렵다. 이 세 구분방법은 이후 서양인들의 기록을 연구하는 연구자들이 적용할 수 있는 방법이 될 것이고, 이후 서양인들을 구분하는 방법으로서도 적절하다고 생각한다. 이 구분 방법보다 세분화시키는 작업은 이후 연구자들이 해야 할 몫이다. 또한 국가별 인식을 함께 다루거나 분야별 인식을 함께 다룬 연구도 찾아보기 어렵다. 국가별, 분야별 인식을 통해 모든 서양인들을 다루지는 않았지만 전반적인 한국과 한국에 대한 인식을 살펴볼 수 있을 것으로 기대한다.

이 책에서는 개항기에 한국을 방문하거나 저서를 남긴 서양인들이 많기 때문에 연구자의 편의상 선택과 제한을 두려고 한다.

국가별 인식을 살펴볼 때 프랑스는 달레, 샤를 루이 바라, 프랑뎅, 에밀 부르다레, 조르주 뒤크로 등을 중심으로 한다.[33] 미국은 그리피스, 로웰, 알렌, 언더우드, 길모어, 헐버트, 샤이에 롱, 다니엘 기포드, 언더우드 부인, 제이콥 로버트 무스, 샌즈, 와그너 등을 중심으로 한다.[34] 러시아는 다데슈

---

33 프랑스인의 저서로는 Charles Dallet, *HISTOIRE DE L'ÉGLISE DE CORÉ*, PARIS LIBRAIRIE VICTORE PALMÉ, ÉDITEUR, 1874(샤를르 달레 저, 안응렬 · 최석우 역주, 2000, 『한국천주교회사(상)』, 한국교회사연구소); Charles Louis Varat, *Voyage en Corée*, 1892(샤를 루이 바라 지음, 성귀수 옮김, 2006, 『조선 기행 -'조선 종단기'』[서양인이 본 한국의 근대 1], 눈빛); Hippolyte Frandin · Madame Claire Vautier, *En Corée*, Paris Librairie C. H. Delagrave, 1902(이폴리트 프랑뎅 · 끌라르 보티에 지음, 김상희 · 김성언 옮김, 2003, 『프랑스 외교관이 본 개화기 조선』, 태학사); Emile Bourdaret, *En Corée*, Plon-Nourrit, 1904(에밀 부르다레 지음, 정진국 옮김, 2010, 『대한제국 최후의 숨결』, 글항아리); Georges Ducrocq, *Pauvre et Douce Corée*, Parais H.Champion, Libraire, 1904(조르주 뒤크로 지음, 최미경 옮김, 2006, 『가련하고 정다운 나라 조선』[서양인이 본 한국의 근대 2], 눈빛) 등 참조.

34 미국인의 저서로는 William Eliot. Griffis, *Corea: The Hermit Nation*, Charles Scribner's Sons, New York, 1882〈1907〉(그리피스 지음, 신복룡 역주, 1999, 『은자의 나라 한국』[한말외국인기록 3], 집문당); Percival Lowell, *Chosön, The land of the morning calm*, Harvard University Press, 1885(로웰 지음, 조경철 옮김, 2001, 『내 기억 속의 조선, 조선 사람들』, 예담); Horace Newton Allen, *Things Korean*, Fleming H. Revell Co., New York, 1908(알렌 지음, 신복룡 역주, 1999, 『조선견문기』[한말외국인기록 4], 집문당); Horace Grant Underwood, *The Call of Korea*, 1908(언더우드 저, 이광린 역, 1989, 『한국개신교수용사』, 일조각); George William Gilmore, *Korea from its Capital: with a Chapter on Mission*, Presbyterian Board of Publication and Sabbath-School Work, Philadelphia, 1892(길모어 지음, 신복룡 역주, 2000, 『서울풍물지』[한말외국인기록 17], 집문당); Homer Bezaleel Hulbert, *The Passing of Korea*, William Heinemann Co., London, 1906(헐버트 지음, 신복룡 역주, 1999, 『대한제국멸망사』[한말외국인기록 1], 집문당); Chaillé Long(샤이에 롱), 성귀수 옮김, 2006, 『조선 기행 -'코리아 혹은 조선'』(1894)[서양인이 본 한국의 근대 1], 눈빛; Daniel Lyman Gifford, *Every-Day Life in Korea*, 1897(다니엘 기포드 지음, 심현녀 옮김, 1995, 『조선의 풍속과 선교』, 한국기독교역사연구소); Lillias Horton Underwood, *Fifteen Years among the Top-Knots or Life in Korea*, American Tract Society, Boston, 1904(언더우드 부인 지음, 신복룡 · 최수근 역주, 1999, 『상투의 나라』[한말외국인기록 15], 집문당; 김철 옮김, 2008, 『언더우드 부인의 조선 견문록』, 이숲); J. Robert Moose, *Village Life in Korea*, 1909(제이콥 로버트 무스 지음, 문무홍 외 옮김, 2008, 『1900, 조선에 살다』, 푸른역사); William Franklin Sands, *Undiplomatic Memories*, McGraw-Hill Book Co. Inc., New York, 1930(샌즈 지음, 신복룡 역주, 1999, 『조선비망록』[한말외국인기록 18], 집문당; Ellasue Canter Wagner, *Children of Korea*, Oliphants Ltd., London, 1911(와그너 지음, 신복룡 역주, 1999, 『한국의 아동생활』[한말외국인기록 14], 집문당); *KOREA THE OLD AND THE NEW*, 1931(와그너 지음, 김선애 옮김, 2009, 『미국인 교육가 엘라수 와그너가 본 한국의 어제와 오늘 1904~1930』[그들이 본 우리 013], 살림) 등 참조.

칼리안, 장교였던 알프탄과 카르네프 · 미하일로프, 가린-미하일롭스키, 세로셰프스키 등을 중심으로 한다는 점을 밝혀둔다.[35] 한편 미국인들 중에 그리피스, 알렌, 언더우드, 길모어, 헐버트, 다니엘 기포드, 언더우드 부인, 제이콥 로버트 무스, 샌즈 등은 영어 원서를 함께 사용하였다.

용어상 '한국'과 '조선'에 대해서는 예시문의 경우 '조선'으로 쓰인 그대로 적용하고, 예시문 이외에는 한국으로 통일하였다.

한편 한계점으로 분석 자료가 제한된 점을 들 수 있다. 이 시기 한국관을 보여주는 자료는 엄청날 뿐 아니라 구미 각국어로 출간되어 있어 필자의 접근 및 해독 능력을 벗어난다. 이에 필자는 한국어로 번역 간행된 자료를 중심으로 하고 일부 영문 자료만을 입수하여 분석할 수밖에 없었다. 이 글에서는 54명의 서양인 저서를 중심으로 분석해 보고자 한다.[36] 또한 서양인들은 '〈표〉 개항기 한국을 방문하거나 한국 관련 저서를 남긴 서양인들(간행연도순)'에서 보면 알 수 있듯이 체류 기간 · 직업 · 나라별 등으로 개인적인 차이가 있을 수 있다는 점을 전제로 하고 봐야 한다는 점이 한계점이라 하겠다.

---

35 러시안인의 저서로는 К.Нязь Дадешкалиани, *PO KOREE PUTESHESTVIIA〈По Корее〉*, 1885(다데슈칼리안 지음, A.이르계바예브 · 김정화 옮김, 2004, 『내가 본 조선, 조선인 -'조선의 현 상황에 대한 짧은 기록'』, 가야넷); V. Al'ftan〈Альфтан В.А.〉, *PO KOREE PUTESHESTVIIA〈По Корее〉*, 1885~1886(알프탄 지음, A.이르계바예브 · 김정화 옮김, 2004, 『내가 본 조선, 조선인 -'조선 중북부 여행기'』, 가야넷); В.П.Карнеев/Михайлов, *PO KOREE PUTESHESTVIIA〈По Корее〉*, 1896(카르네프 · 미하일로프 지음, A.이르계바예브 · 김정화 옮김, 2004, 『내가 본 조선, 조선인 -'조선 중남부 여행기'』, 가야넷); N.G.Garin-Mikhailovskii〈Н.Г.Гарин-Михайловский〉, *Po Koree, Mah'chz-hurii i Liaodunsko-mu poluostrovu*, 1904(가린-미하일롭스키 지음, 이희수 옮김, 2010, 『러시아인이 바라본 1898년의 한국, 만주, 랴오둥 반도』, 동북아역사재단); Vatslav Seroshevskii〈В. Серошевский〉, *Korea*, 1909(세로셰프스키 지음, 김진영 외 옮김, 2006, 『코레야 1903년 가을』, 개마고원) 등 참조.

36 이들에 대해 보다 자세한 내용은 '〈표〉 개항기 한국을 방문하거나 한국 관련 저서를 한 서양인들'에 저자 · 생애 · 국적 · 직업 · 한국방문시기 · 저서 · 간행 연도 등으로 정리하였다.

개항기 상황

19세기 중반의 한국은 세도정치로 인한 과거제도 문란, 관리들의 부정부패, 매관매직의 성행, 삼정의 문란 등으로 인한 농민의 부담 가중, 상품화폐경제의 발전과 지주제의 모순 등의 문제로 국내 상황이 어지러웠다. 이러한 가운데 가까운 중국과 일본은 각각 영국과 미국을 통해 조약을 체결하면서 차례로 문호를 개방하여 우리나라에도 대외적 영향을 끼쳤다.

중국은 영국과 두 차례에 걸친 중영 전쟁을 벌여 영국에 패하고, 이후 서양 열강과 차례로 베이징조약을 체결하여 서양 열강의 상품시장으로 전락하게 되었다.[37] 이 조약은 조선과 일본을 비롯한 동아시아 주변 국가에게 서세동점西勢東漸의 국제현실을 인식하도록 하였다.

일본 역시 서양 열강의 위협에 직면하였는데, 일본의 쇄국정책에 처음으로 도전한 국가는 미국이었다. 19세기 중반 미국은 중국과의 통상을 위해 동아시아에 진출하였고, 자국 선박의 기항지가 필요했기에 군함을 앞세워 무력시위를 통해 일본에 수교를 요청했다. 이에 일본은 개항을 허락하여 1854년 3월 미일화친조약을 체결하였고, 1858년 6월 미국과 수호통상조약을 체결하였다. 일본은 이어 네덜란드 · 러시아 · 영국 · 프랑스 등과도 비슷한 내용의 조약을 체결하여 문호를 전면 개방하게 되었다.

1876년 2월 한국은 일본과 강화도조약을 체결하면서 개항하게 되었다. 일본은 1854년 미국과 조약을 체결하면서 문호를 열게 되었지만, 우리나라는 일본과 조약을 체결하면서 문호를 개방했다는 점에서 차이가 있다. 즉

37 아편전쟁이라고 불리는 제1차 중영전쟁(1839~1842)과 제2차 중영전쟁(1856~1860)을 일컫는다.

서양 국가와의 조약 체결이 아닌 동양 국가와의 조약 체결이라는 점이 일본과 다른 점이다. 하지만 우리나라도 1882년 미국과 한미수호통상조약을 체결하면서 서양과의 교류가 이루어졌고, 이후 다른 서양 국가들과의 조약 체결로 활발한 교류가 진행되어 갔다.

1880년대를 지나서 1890년대로 넘어오면서 1890년 중반 이후 한국은 국내외적으로 혼란스러운 상황이었다. 이 당시 한국을 방문한 서양인들조차도 한국을 불안한 위기 상황이라고 인식하였다.

1890년대는 대외적으로 청일전쟁이 일어났고, 대내적으로 동학농민운동과 정부 주도의 갑오개혁이 일어났던 시기였다. 청일전쟁으로 인해 한국이란 나라가 본격적으로 서양에 알려졌고, 서양인들도 한국에 관심을 가지고 방문하였다.

1898년부터 1904년까지 광무개혁이 진행되는 가운데 일본과 러시아가 서로 대립하게 되면서 결국 1904년에 러일전쟁을 일으키게 된다. 1905년 러일전쟁에서 승리한 일본은 11월에 대한제국에게 외교권을 박탈하는 내용을 담은 을사조약乙巳條約을 강제로 체결하게 하였다. 이와 더불어 일본은 우리나라에 통감부統監府를 설치해서 통감이 내정을 감독하도록 하면서 식민지화를 추진하였다. 이에 고종은 본인이 체결하지 않음을 내세워 무효를 주장하고자 1907년 네덜란드 헤이그에서 열리는 만국평화회의에 밀사를 파견했다가 실패하면서 결국 강제퇴위 당하게 되었다, 이와 함께 대한제국의 군대도 해산되기에 이르고 대신 일본 군대가 궁을 점령하였다. 또한 일본은 내정의 전권을 장악하고 7개 조항으로 이루어진 한일신협약韓日新協約을 체결하였다.[38] 결국 이와 같은 일련의 사건들로 의병 운동이 활발하게

38 1907년 7월에 체결되었으며, 이 조약을 '정미7조약'이라고도 부른다.

진행되었지만 일본의 무력에 의해 결국 진압되고 말았다.

이로써 일본의 영향력은 다른 서양 국가들이 염려할 만큼 커지게 되면서 결국 1910년 한일합방韓日合邦이 이루어지고 우리나라는 식민지 시대로 접어들게 되었다.

제 1 부

방문 시기와 국가별 저서 특징 분석

서양인들의 한국에 대한 인식을 살펴보기에 앞서 이 시기 한국을 방문한 서양인들에 대한 분석이 선행되어야 한다. 간략하게나마 분석한 것을 가지고 당시 서양인들이 한국을 어떻게 인식하였는가에 대해 이해를 돕고자 한다.

개항기에 한국을 방문하거나 저서를 남긴 서양인들 52명을 중심으로 분석하여 정리했다. '〈표〉 개항기 한국을 방문하거나 한국 관련 저서를 남긴 서양인들(간행 연도순)'을 참고하길 바란다.

먼저 방문 시기별 저자와 저서를 분석하는데, 시기를 개항 이전부터 1870년대까지 방문한 서양인들, 1880년대부터 1890년 이전까지 방문한 서양인들, 1890년대부터 1900년 이전까지 방문한 서양인들, 1900년대부터 1910년 일제 시기 직전까지 방문한 서양인들 등 네 시기로 구분하였다.

시기를 구분한 이유는 개항 이전에 한국을 방문하거나 한국에 대해 저서를 쓴 서양인과 개항 이후에 방문하여 남긴 서양인 사이에는 차이가 있기 때문이다. 즉 개항 이전에 방문하거나 기록을 남긴 서양인은 한국을 방문하는 것이 불법이어서 한국을 자세히 관찰하기 어려웠다. 개항 이전의 서양인이 개항 이후에 방문한 서양인보다 한국에 대해 더욱 부정적으로 보거나 오리엔탈리즘적으로 분석했다.

이후 1880년대부터 1890년 이전까지 한국을 방문한 서양인은 1882년 한미수호통상조약을 체결하고 서양인의 한국 방문이 합법적으로 이루어졌다는 점이 개항 이전과 다르다. 또한 1890년대부터 1900년 이전까지 한국을 방문한 서양인은 이 시기가 1894년 청일전쟁과 갑오개혁, 동학농민운동, 대한제국 수립 및 광무개혁 등 일련의 개혁과 변화가 이루어졌던 시기이기 때문에 1880년대와는 다른 모습을 볼 수 있던 시기였다. 마지막으로 1900년대부터 1910년 일제 시기 직전까지 한국을 방문한 서양인은 주로 1904년 러일전쟁에 대한 관심이 높았고, 특히 러일전쟁을 취재하기 위한 기자와 특파원의 직업군이 나타났다는 특징이 있다.

두 번째는 국가별 저서적 특징을 분석한다. 프랑스인과 미국인, 러시아인, 기타 서양인(영국 · 캐나다 · 독일 · 오스트리아 · 이탈리아 · 스웨덴 · 헝가리 등)으로 구분하였다.

방문 시기별 특징과 국가별 저서적 특징을 통해 한국 인식의 차이를 비교할 수 있다.

1. 방문 시기별 저자와 저서 분석

1) 개항 이전부터 1870년대까지

개항 이전부터 1870년대까지 방문한 서양인은 리델(프랑스, 신부, 1861~1866/1877~1878), 오페르트(독일, 사업가, 1866/1868), 달레(프랑스, 신부), 존 로스(영국인, 번역자), 그리피스(미국, 교육자, 연대 미정/1926~1927) 등이 방문하거나 기록을 남겼다.[1]

리델은 한국 체류 기간이 1861년부터 1866년, 그리고 1877년에서 1878년으로 장기 체류자로 볼 수 있다. 오페르트는 1866년과 1868년 두 차례 방문했으나 체류 기간이 짧다. 그리피스는 1차는 연대 미정이나 저서가 1882년에 초판되어, 서양과의 조약 체결 이전이라 1880년 이전에 방문했을 가능성이 적다. 달레와 존 로스는 한국을 방문하지 않았다.

이들의 직업을 살펴보면, 리델과 달레는 신부였고, 오페르트는 사업가, 존 로스는 번역자, 그리피스는 교육자 등이다.

이들의 국적은 프랑스와 독일, 미국, 영국 등이다. 달레Dallet와 존 로스John Ross는 한국을 직접 방문하지 않았기 때문에, 이 시기 한국을 방문한 서양인들은 주로 프랑스 · 독일 · 미국 국적의 사람들이었다고 구분할 수 있다. 리델과 오페르트를 제외하고는 대부분 단기 체류이거나 한국을 방문하지 않았다는 사실에서, 이들은 대부분 중국이나 일본의 자료를 통해 한국에 대한 정보를 얻었음을 알 수 있다. 이들의 기록은 개항 이전 서양인의 한국 인식을 보여주는 중요한 사료적 의미를 가진다. 하지만 한국에 대한 정보를 다른 나라로부터 수집했을 가능성이 크기 때문에 왜곡의 가능성이 있다는 점을 염두에 둬야 한다. 그러므로 한국과 한국인에 대한 인식에서

---

1 Felix Clair Ridel, *MA CAPTIVITÉ DANS LES PRISONS DE SÉOUL*, par ADRIEN LAUNAY, BROUWER, 1901(리델 지음, 유소연 옮김, 2008, 『나의 서울 감옥 생활 1878』[그들이 본 우리 006], 살림). 이하 '리델'로 줄임; Ernst Jacob Oppert, *A Forbidden Land: Voyages to the Corea*, G. P. Putnam's Sons, New York, 1880(오페르트지음, 신복룡 · 장우영 역주, 2000, 『금단의 나라 조선』[한말외국인기록 20], 집문당). 이하 '오페르트'로 줄임; Charles Dallet, *HISTOIRE DE L'ÉGLISE DE CORÉE*, PARIS LIBRAIRIE VICTORE PALMÉ, ÉDITEUR, 1874(샤를르 달레 저, 안응렬 · 최석우 역주, 2000, 『한국천주교회사(상)』, 한국교회사연구소). 이하 '달레'로 줄임; 정기수 역, 1992, 『조선교회사서론』, 탐구당); John Ross, *HISTORY OF COREA*, PAISLEY: J. AND R. PARLANE., 1879(존 로스 지음, 홍경숙 옮김, 2010, 『존 로스의 한국사』[그들이 본 우리 014], 살림). 이하 '존 로스'로 줄임; William Eliot, Griffis, *Corea: The Hermit Nation*, Charles Scribner's Sons, New York, 1882〈1907〉(그리피스 지음, 신복룡 역주, 1999, 『은자의 나라 한국』[한말외국인기록 3], 집문당). 이하 '그리피스'로 줄임.

도 긍정적일 가능성보다 부정적일 가능성이 높다.

이 시기에 주목할 기록은 방문하지 않은 달레와 존 로스, 그리피스 등의 저서이다. 달레는 프랑스의 신부이면서 문필가로 유명한데, 한국을 방문한 적이 없고 일본을 방문한 적은 있다. 달레의 저서가 선교사들의 편지와 그들이 번역하여 보낸 한국인들의 보고를 바탕으로 구성되었다는 언급은, 해당 저서의 서지학적 성격과 자료 구성 방식을 파악할 수 있게 한다.[2] 특히 다블뤼 주교의 자료들이 파리외방전교회 고문서고古文書庫에 보관되어 오다가 1872년부터 달레 신부에 의해 정리되어 『한국천주교회사』의 기본사료로 이용되었다. 여기에 한국에서 활동하던 파리외방전교회 선교사들의 서한이 추가 자료로 이용되어 1874년 『한국천주교회사』가 간행되었다. 『한국천주교회사』는 간행 후 유럽에서 호응을 얻어 영국, 러시아, 네덜란드 등에서 번역되었다. 우리나라에서는 1885년부터 로베르Robert(金保祿), 리우빌Liouville(柳達榮), 보두네Beaudounet(尹沙勿) 등의 선교사에 의해 국역이 시작되어 1901년 거의 완역되었으나 간행되지는 못하고 1906년부터 1913년까지 『경향잡지』에 연재되기만 했다. 그 후 1956년부터 새 번역문이 『경향잡지』에 연재되었으나 1974년 완역에 이르지 못한 채 중단되었다. 단행본으로는 1947년과 1966년 서설 부분만이 번역되어 『조선교회사서설』이란 제목으로 간행되었다. 이후 이 책은 1976년 한국교회사연구소 소장 최석우崔奭祐 신부와 불문학자 안응렬安應烈 교수에 의해 번역·주해 작업이 시작되어 1979년 상권이, 1980년 중·하권이 간행되어 완역되었다.

1874년 프랑스에서 프랑스어語로 간행된 이 책은 상·하 2권卷 2책冊으로, 상권은 서설序說이 192면面, 본문이 383면, 하권은 본문이 592면, 총 1,167

2 달레, 「머리말」, p. 15.

면으로 구성되었다. 서설序說에서는 '조선의 역사, 제도, 언어, 풍속, 습관에 관하여'라는 제목이 달려있어 한국의 자연지리 · 역사 · 황실 · 정부조직 · 사법제도 · 과거科學와 교육제도 · 조선어 · 신분제도 · 여성의 처지 · 가족제도 · 종교 · 조선인의 성격 · 오락 · 주거와 풍습 · 산업과 국제관계 등 15개 항에 걸쳐 한국학韓國學에 대한 개설이 소개되었다. 본문에서는 1592년 임진왜란부터 1866년 병인丙寅박해까지 한국 천주교회의 통사通史가 서술되어 있다. 개항 이후 한국을 방문하여 기록을 남긴 서양인 대부분이 달레의 기록을 참고했다는 것으로 보아, 달레의 저서가 많은 서양인들에게 한국에 대한 안내서 역할을 했다.

존 로스는 스코틀랜드계 영국인으로 신학을 공부했고, 만주에서 한국 상인을 만나 한국어 문법책을 썼고, 그의 저서는 서양 영어로 쓰인 최초의 한국 역사책이라는 의미를 가지고 있다. 그는 한국에서 온 무역 상인들을 만나 신약성경을 한국어로 번역하기로 결정하였다. 그는 한국인 이응찬, 김진기, 서상륜, 백홍준 등과 함께 성경을 번역하여 1882년 누가복음과 요한복음이 완성되었고, 신약전서가 1887년 번역이 완료되어 한국으로 보내졌다. 이 성경이 최초의 한국어 성경이다. 그는 1910년 스코틀랜드로 귀향한 이후에도 고국에 머무르면서 스코틀랜드-중국 협회에 지원하는 활동을 계속 이어갔다. 존 로스의 저서는 중국과 한국의 역사에 대해 고대사를 중심으로 서술했으나, 주로 중국과 만주의 역사를 다루었다.[3]

그는 한국에 대한 전문적인 자료 없이 『자치통감資治通鑑』 · 『삼국지』 · 『만주 전쟁사』 · 『동화록東華錄』 · 『만주실록』과 같은 중국의 사료와 그 밖의 기행문들을 살폈다. 또한 그는 한국의 관습, 정치 등에 대해 일부 말로 전해

3 존 로스, 「옮긴이의 말」, p. 12.

들은 것도 있고 한사로 기록된 한국 서적을 통해 얻은 것도 있다고 하였다. 한국에 관한 부분은 당시 자신의 성서 번역을 돕던 한국인들에게 들은 이야기를 토대로 기록한 것이다.[4] 또한 그는 자신이 관찰한 한국인들의 생활상을 드러내는 흥미로운 사실들을 글 속에 함께 담아냈다.

주요 내용으로는 「제1장 고조선」, 「제2장 선비족」, 「제3장 연왕」, 「제4장 연 왕국」, 「제5장 고구려」, 「제6장 신라」, 「제7장 거란」, 「제8장 여진족」, 「제9장 조선」, 「제10장 조선 사회의 관습」, 「제11장 종교」, 「제12장 정부」, 「제13장 조선어」, 「제14장 지리」 등으로 구분되어 있는데, 한국에 대한 부분은 「제5장 고구려」, 「제6장 신라」, 「제9장 조선」, 「제10장 조선 사회의 관습」, 「제11장 종교」, 「제12장 정부」, 「제13장 조선어」, 「제14장 지리」 등이다. 한국에 대한 부분은 역사보다는 주로 사회 관습, 종교, 언어, 지리 등을 다루었다. 중국에 대해서는 고대사를 중심으로 역사를 다룬 것과는 대조적이다.

그리피스는 두 차례 한국을 방문하였는데 1차는 연대 미정이고, 2차는 1927년에 방문하여 한국에 관한 전반적인 기록을 남겼다. 일제 강점기에 서양인이 한국을 방문할 수 있었다는 사실은, 당시 방문한 서양 국가들이 일본과 외교적으로 우호적인 관계를 맺고 있었음을 보여준다. 또한 이들의 한국 관련 기록이나 연구는 일본의 검열과 행정 통제 아래 이루어졌기 때문에, 상당 부분 일본 측 자료와 시각을 활용했을 가능성이 크다.[5] 그는 1882년에 저서를 출간했는데 출간 전에 한국을 방문했을 가능성이 적다는 견해가 많다.[6] 1882년에 출간된 초판의 내용은 달레와 마찬가지로 방문하

---

4 존 로스, 「서론」, p. 31.

5 원저자 참고문헌에서 보면 『東國通鑑』을 제외하고는 대부분 일본측 사료와 자료를 이용하였다는 것을 알 수 있다(그리피스, 「원저자 참고 문헌」, pp. 26~33).

지 않고 일본과 중국에서 수집한 자료들을 중심으로 저술하였다고 볼 수 있다. 그리피스의 저서는 주로 일본측 자료(『고사기[古事記]』·『일본서기[日本書紀]』)와 함께 달레와 존 로스의 저서를 참고했다고 하였다.[7] 『은자의 나라 조선』은 '제1부 고대·중세사, 제2부 정치와 사회, 제3부 근대·현대사'로 분류하여 한국의 역사와 한국의 정치·사회·문화 등에 대해 다루었다.

1882년의 초판에서는 전 48장이었던 것이 1907년의 제8판에서는 5장이 추가되었다. 내용을 보면, 제1부는 고대·중세사이며, 제2부는 정치와 사회, 그리고 제3부는 근·현대사이다. 오늘날 한국 사학의 발전도發展度와 독자의 입장으로 볼 때, 제1부는 이미 진부한 감이 있으나, 제2부와 제3부는 이 분야에 대해 압권으로 평가되고 있다. 특히 제3부에 수록되어 있는 한말 외교사에 관해서는 그리피스가 직접 목격했거나 근거리에서 관찰한 것이기 때문에 이 분야에 관한 일차 사료로서의 가치를 지닌다.[8] 특히 역사의 경우 달레의 저서와 존 로스의 저서 등과 비교 가능하다. 같은 한국의 역사임에도 불구하고 달레는 주로 저서를 쓰는 시점에서 최근인 병인박해와 병인양요에 중점을 두었다. 존 로스는 중국에 체류한 관계로 고대부터 개항 전까지 한국과 중국의 관계 또는 한국과 중국의 전쟁 등을 중점적으로 다루었다. 그리피스는 존 로스와 달리 일본에 체류한 관계로 한국과 일본의

---

6 그리피스는 1927년 처음 한국을 방문했다고 한다(여호규, 2010, 「서양학계의 한국고대사 인식체계의 변화 -동양학계와의 영향 관계를 중심으로」, 『한국사연구』 148권, 한국사연구회, p. 5. 주 16) 재인용).

7 그리피스, 「원저자 참고 문헌」에서 달레와 존 로스의 저서를 확인할 수 있고, 「원저자 초판 머리말」에서 "주제의 기술은 프랑스 선교사들이 쓴 한국어 문법과 사전 외에도 로스(John Ross)가 쓴 『한국(*Corea*)』과 『한국 입문(*Corea Primer*)』에 의하여 보완되었다고 하면서, 이들 음운서의 도움으로써 한국어를 이해할 수 있었고, 더 나아가서는 의문 나는 점을 밝히는 데 필요한 자료를 얻을 수가 있었다고 하였다. 특히 그는 한국인의 민속과 사회생활, 그리고 기독교에 관해서는 달레(Charles Dallet)의 『한국교회사(*Histoire de L'Eglise de Corée*)』에서 많은 것을 인용했다."고 밝혔다(그리피스, 「원저자 초판 머리말」, p. 17).

8 그리피스, 「역주자 초판 머리말」, p. 10.

전쟁인 '임진왜란'에 중점을 두었다. 세 저서는 각각 역사에서 중점을 두는 방향의 차이를 보였다. 또한 달레와 그리피스는 삼국시대에 대해 전반적으로 다룬 반면, 존 로스는 삼국시대에 대해 중국과의 관계를 언급하여 자세히 서술하였다는 것이 차이점이다. 천주교 전래부터 병인양요까지의 내용은 달레의 저서와 비교할 수 있다. 달레는 자국민의 입장에서 천주교 박해를 피해와 고난의 문제로 서술한 반면, 그리피스는 제3자의 시각에서 사건을 객관적으로 관찰·해석하였다. 이로써 프랑스는 종교적·피해자 중심의 인식을, 미국은 외부적·분석적 관점을 드러낸다.

그리피스의 저서는 1882년 초판을 시작으로 1907년 제8판까지 나올 정도로, 1880년대 이후 한국을 방문한 서양인들에게 한국에 대한 필독서이자 안내서로 읽혔다는 것을 알 수 있다.

리델의 저서는 1901년에 출간되었으나, 한국 방문은 1861~1866년, 1877~1878년 두 차례에 걸쳐 이루어졌다. 특히 1877~1878년의 기록을 저서로 남겼는데, 이 시기 입국 금지로 잡혀서 감옥생활을 했던 경험을 기록해 외국에 대한 한국의 쇄국정책 고수를 엿볼 수 있다.

오페르트와 그리피스의 경우는 두 차례 이상 방문하였다. 오페르트는 방문 시기가 1866년~1868년으로 서양인 입국이 보편화되지 않은 시점에 들어와 1866년 병인양요에 관한 기록을 자세히 남겨 자료적 가치가 크다.

달레와 존 로스, 그리피스 등의 세 저서를 통해 개항 전 서양인의 1870년대 한국과 한국인에 대한 개괄적인 정리가 가능하다.

2) 1880년대

1880년대 전반에 한국을 방문한 서양인은 로웰(미국, 사절단, 1883~1884), 알렌(미국, 의료선교사, 1884~1905), 칼스(영국, 외교관, 1884~1885), 다데슈칼리안(러시아, 행정관리, 1885), 델로트케비치(러시아, 상인, 1885~1886), 아펜젤러(미국, 선교사, 1885~1902), 언더우드(미국, 의료선교사, 1885~1916) 등이다.[9] 이들 중에 로웰과 델로트케비치의 경우는 한국의 체류 기간이 3개월 정도 되고, 나머지 서양인들은 1년 이상 체류하였다. 알렌은 21년 이상, 칼스와 다데슈칼리안은 1년 이상, 언더우드는 31년 이상 한국에 체류하였다. 특히 알렌과 아펜젤러, 언더우드 등 세 명은 1900년대까지 한국에 체류하면서 1890년대의 급변하는 상황을 경험한 서양인들이기 때문에 이들의 기록 또한 중요한 자료가 된다.

이들의 직업을 살펴보면, 외교와 관련한 직업을 가진 서양인은 로웰과 칼스, 다데슈칼리안 등이다. 선교활동에 집중한 서양인은 아펜젤러를, 의료와 함께 선교를 벌인 서양인은 알렌과 언더우드를 들 수 있다. 특히 델로트케비치는 러시아인 상인이라는 측면에서 1880년대 중반의 경제 상황에

9 Percival Lowell, *Chosön, The land of the morning calm*, Harvard University Press, 1885(로웰 지음, 조경철 옮김, 2001, 『내 기억 속의 조선, 조선 사람들』, 예담). 이하 '로웰'로 줄임; Horace Newton Allen, *Things Korean(A Collection of Sketches and Anecdotes, Missionary and Diplomatic)*, Fleming H. Revell Co., New York, 1908(알렌 지음, 신복룡 역주, 1999, 『조선견문기』[한말외국인기록 4], 집문당. 이하 '알렌'으로 줄임; 신복룡 역, 1979, 『조선견문기』, 평민사; 윤후남 옮김 · 이순자 감수, 1996, 『알렌의 조선체류기』, 예영커뮤니케이션); William Richard Carles, *Life in Corea*, Macmillan Co., London, 1888(칼스 지음, 신복룡 역주, 1999, 『조선풍물지』[한말외국인기록 16], 집문당). 이하 '칼스'로 줄임; Князь Дадешкалиани, *PO KOREE PUTESHESTVIIA* ⟨*По Корее*⟩, 1885(다데슈칼리안 지음, A. 이르계바예브 · 김정화 옮김, 2004, 『내가 본 조선, 조선인 -'조선의 현 상황에 대한 짧은 기록'』, 가야넷). 이하 '다데슈칼리안'으로 줄임; P. M. Delotkevicha ⟨П.М.Делоткевич⟩, *Dnevnik P. M. Delotkevicha na Puti Peshkom iz Seula v Pos'et cherez Severnuju Koruju: 1885-86 g.*, Shornik Geograficheskikh, Topograficheskikh i Staticheskikh Materialov po Azii, Vypusk XXXVIII. SPb.; Voennaja tipografija, v zdanii Glavnogo Shtaba, 1889(파벨 미하일로비치 델로트케비치 저, 심지은 편역, 2006, 『러시아인, 조선을 거닐다 -'델로트케비치의 여행기'』, 한국학술정보(주)). 이하 '델로트케비치'로 줄임; Henry Gerhart Appenzeller, *Bring to the Light and Liberty -H. G. Appenzeller's Daires, 1886~1902-*, The Christian Literature Society, Seoul, Korea, 1988(아펜젤러 지음, 노종해 옮김, 1988, 『자유의 빛을 주소서: 아펜젤러의 일기』, 대한기독교서회. 이하 '아펜젤러'로 줄임; 조성환 옮김, 1999, 『헨리 G. 아펜젤러의 문서』, 도서출판 탁사); Horace Grant Underwood, *The Call of Korea*, 1908(언더우드 저, 이광린 역, 1989, 『한국개신교수용사』, 일조각). 이하 '언더우드'로 줄임.

관심을 가지고 보았기에 그의 저서가 1880년대 중반 경제를 살펴보는 자료가 된다.

이들의 국적을 살펴보면, 미국, 독일, 영국, 러시아 등이다. 그 중에 로웰, 알렌, 아펜젤러, 언더우드 등의 미국인이 많다. 이는 1882년 한미수호통상조약 체결로 미국과 우호 관계가 형성되어 당시 한국에 미국인이 많이 활동했기 때문이다.

이 시기의 특징은 개항 이전에 방문하지 않고 저술한 것과 달리, 직접 한국을 방문하여 자신이 겪은 경험을 토대로 저술하였다는 것이다. 1880년대는 한국이 서양 국가들과 조약 체결을 하면서 서양인들의 한국 방문이 합법적으로 이루어졌다. 이 시기는 한국이 국가관계 형성에 중점을 두는 시기여서 강대국들의 외교관 파견이 이루어졌던 시기이다. 이 시기 서양 국가에서는 종교 활동을 목적으로 하는 선교사를 파견하였다. 하지만 1880년대 파견된 선교사들은 종교적 목적과 함께 자국의 정치적 임무를 가지고 파견되는 경우가 많았다. 이 시기 한국에 파견된 선교사들은 선교활동과 더불어 많은 한국인들을 만날 수 있었고, 한국과 한국인에 대한 조사나 정보를 얻기가 외교관들보다 수월했다.

이 시기의 직업적 특징은 러시아의 델로트케비치를 제외하고 외교관과 선교사 두 부류로 구분할 수 있다.

먼저 외교관 직업군을 중심으로 로웰의 저서와 칼스의 저서, 다데슈칼리안의 저서를 살펴보겠다. 로웰은 미국의 외교사절단으로서 역할을 했으나 원래는 물리학자였다. 그는 1883년부터 1893년까지 일본과 한국에서 생활하면서 연구하여 저술하였다. 그의 저서들은 100년 전 동양을 연구하는 사료로서 가치를 인정받았다.[10] 그의 저서는 한국 여행기이자 견문기로서 412

쪽이나 되는 방대한 분량의 책으로 하버드 대학 출판부에서 펴냈다. 그 당시로서는 가장 완벽한 한국에 대한 보고서이자 소개서였다. 그의 저서는 외국인의 시각에서 조선 말기의 정치, 경제, 사회, 지리 등 문화 전반을 그린 가장 오랜 글이자 가장 세밀한 기행문이었다. 주요 내용으로는 '지도로 본 나라, 조선의 사계절, 부산항과 제물포, 서울과 장안 풍경, 남산, 조선의 행정조직, 원리의 3화음인 비개성의 특질·가부장제·여성의 지위 부재, 고종황제 알현, 겨울 한강 풍경, 종교, 서울의 낮과 밤 풍경, 조선의 건축, 왕궁, 복식, 화계사' 등을 다루었다. 특히 원리의 3화음은 한국 사회의 특징을 지칭하는 것으로, 이후 한국을 방문한 서양인들에게 한국의 특징으로 인식하게 하였다.

로웰은 1883년 12월부터 1884년 3월까지 약 3개월간 서울에 머물렀으며, 저서의 내용 역시 서울을 중심으로 구성되었다. 그러나 3개월이라는 단기간에도 불구하고 그는 한국 사회의 특징을 지적했는데, 이 특징이 이후 방문하는 서양인들에게 한국 사회에 대한 이미지를 형성하는 데 큰 역할을 했다. 일례로 개항기 방문한 서양인들이 한국 사회는 남성 중심의 가부장제이고 여성의 지위가 부재하다는 견해를 나타내었다.

칼스는 저서에 대해 18개월(1883.11~1885.4) 동안 한국에서 얻은 지식에 기초를 두었다고 하였다.[11] 그는 1882년 그리피스가 쓴 『은자의 나라 한국 *Corea: The Hermit Nation*』에 한국에 대한 충분한 설명을 제시했다고 하였다. 그는 모든 문헌 중에서 하멜이 쓴 『하멜 표류기』와 1874년에 출간된 달레

---

10 『조용한 아침의 나라: 조선(*Chosun: the Land of Morning Calm*)』(Ticknor And Co., Boston, 1885)과 『극동의 혼(*Soul of the Far East*)』(1888), 『일본의 신비(*Occult Japan*)』(1895) 등이 있다.

11 칼스, 「원저자 머리말」, p. 8.

의 『한국천주교회사』가 가장 탁월하다고 보고 이 두 저서를 주목하였다. 사진들과 책에 포함된 대부분의 정보는 1885년 전반기에 한국에 머무는 동안 푸크George C. Foulk 중위의 도움을 받았음을 기록하였다.

칼스 저서의 주요 내용으로는 '조선의 개관, 서울 도착과 서울의 모습, 내지 여행, 초기의 영사관 시절, 서울의 외곽 지역, 경기도 북부 지역 · 황해도 · 평양 등의 여행과 풍물, 한만韓滿 국경의 풍경과 풍물, 평안도 · 압록강 · 원산 여행, 갑신정변, 왕의 이궁, 언어' 등을 다루었다. 「부록」으로 여행 체류 일지를 남겨 날짜와 지명, 거리, 호구 수 등을 기록하였다. 여기서 갑신정변은 그가 겪지 않은 유일한 기록이다. 그는 1년 반 동안 한국에 머물며 서울뿐 아니라 지방까지 여행하고, 사진과 삽화를 곁들인 기록을 남겨 1880년대 중반 한국의 모습을 전하는 자료를 제공하였다.[12]

다데슈칼리안은 행정 관리 출신답게 여정 자체보다는 한국의 중부 지역, 동북쪽의 국경지대, 기후, 동식물, 관습, 국가 조직 등에 대해 체계적으로 기술하였다. 주요 내용으로는 '조선으로의 여행 과정, 조선의 중북부 지역, 동북쪽 국경 지역(동해안과 원산), 기후 · 동식물군 · 광물, 관습(언어 · 종교 · 조선인의 특성과 기질 · 복장문화 · 여성 · 농업과 음식문화), 국가 조직=계급+행정조직(의정부와 7부 -내부 · 궁내부 · 법부 · 농상공부 · 군부 · 탁지부 · 외부), 쇄국과 개화, 수호통상조약과 갑신정변에 얽힌 서양 열강들의 관계' 등으로 서술되어 있다. 그는 1885년 한국의 중북부 지역과 동북쪽 국경지대를 중심으로 탐사하여 이 지역에 대한 정보를 제공하였다.

---

12 칼스는 영국의 조선 주차 영사라는 외교관의 신분으로 1883년 11월부터 1885년 4월까지 약 1년 6개월 동안 머물면서 한 차례 서울과 근교 여행을 하였고, 1884년 9월부터 11월까지 구체적인 여행 계획을 세워 서울 외곽지역부터 시작해 경기 북부, 황해도, 평안도, 압록강 근처, 원산 등지를 여행하여 기록을 남겼다.

선교사 직업군을 중심으로 알렌의 저서와 아펜젤러의 저서, 언더우드의 저서를 살펴보겠다. 알렌은 미국인 의사로 입국했으나 한국에서 의료선교사와 외교관의 역할을 겸하게 되었다. 알렌의 경력을 통해 선교사가 외교적 역할을 담당하기도 했음을 알 수 있다.[13] 알렌은 1892년에 『코리언 리포지터리*Korean Repository*』와 1908년에 『조선견문기』를 간행하였다. 그는 견문기를 쓰면서 자신이 경험한 것들 중에 흥미롭고 예증적인 단편들을 모아서 기록하였다고 「원저자 머리말」에 언급하였다.

알렌 저서의 주요 내용으로는 '동양적 특색, 시골과 도시의 풍물, 갑신정변, 조선과 조선 사람들, 국상國喪, 견미遣美 사절단으로서의 활동, 선교사로서의 의견, 의학 노트와 의료 활동, 초기의 한미 관계와 조선에 대한 일본의 채무, 미국의 상업활동, 영사와 공사 시절에 있었던 일들' 등에 대해 다루었다. 특히 『조선견문기』에서 '조선과 조선 사람들' 부분이 많은 분량을 차지하는데, 민족의 특징, 서울과 벼슬아치, 백성, 운송, 직업, 수공업, 가옥, 인정, 음식, 오락, 초기의 철도, 하인, 혼인과 장례, 사냥, 명절 등으로 세분화하여 우리나라의 전반적인 모습을 다룬 것이 특징이다. 알렌은 「원저자 머리말」에서 영국인 신문기자인 매켄지의 글을 언급하였는데, 매켄지의 저서를 1900년대 후반 한국의 상황을 살펴볼 수 있는 자료로 소개하였다.[14]

아펜젤러는 언더우드와 함께 입국하여 주로 선교 활동과 관련된 내용을 일기 형식으로 기록하였다. 그는 서울을 중심으로 평양 지역 선교와 인천, 수원, 공주뿐 아니라 대구와 전주에도 교회를 세우고 전도하는 데 힘썼다. 그의 일기는 한국 기독교사뿐만 아니라 한국 근세사에서 동학과 청일전쟁

---

13 알렌의 생애와 활동에 대한 보다 자세한 내용은 알렌, 「역주자 초판 머리말」, pp. 9~10.를 참조하기 바란다.

14 Allen, 「PREFACE」, p. 9(알렌, 「원저자 머리말」, p. 17).

을 기록하였다. 그의 저서 후반부의 여행기에는 국내뿐 아니라 동남아시아의 정세까지도 기록하고 있어 일기 형식이지만 초기 선교사들의 활동과 함께 1890년대 한국과 대외적 상황을 살펴볼 수 있다. 이 책은 미국 유니온 신학교 도서관에 소장되어 있는 아펜젤러의 문서(「Appenzeller's Paper」) 중 일기Diary 부분을 완역한 것이다.

아펜젤러 저서의 주요 내용으로는 제1부 일기 1886~1888년, 제2부 여행 일기 1892~1901년까지 일기 형식으로 기록되었고, 제3부 부록에는 「한국: 그 현장과 활동 현황 및 전망」(한반도 · 기후 · 서울 · 종교 · 선교활동 · 교육사업 · 전망)과 아펜젤러 장례식 때 추모사 · 아펜젤러 1주기 때 추도문 · 아펜젤러를 회상하는 동료 스크랜톤의 글 등이 실려 있다. 이 저서에는 이 일기 이외에 서간집, 논설집, 설교집, 메모, 각종 자료집 등 한국에 관한 자료가 실려 있다. 아펜젤러의 저서는 일기류이지만, 활동했던 기록을 담고 있어 선교활동과 관련한 부분을 살펴보는 자료가 된다.

언더우드의 저서는 그가 1906년 미국에 돌아가 2년간 체류하면서 정양精養도 하고 모금 운동도 벌이는 가운데 여가를 내어 저술한 것이다. 그것은 그의 체험기體驗記였고, 활동기活動記라고 할 수 있다. 즉 2~3년간 한국에서 일하는 중에 자기가 본 자연환경이며 자기가 경험한 풍속, 관습, 일상생활 그리고 한국 국민이 개신교를 쉽게 수용할 수 있는 지적 풍토와 한국인의 성격 등을 소상히 적고 있다. 저서 목록을 보면 「제1장 국토」, 「제2장 국민: 일상생활」, 「제3장 국민: 종교 생활」, 「제4장 선교의 형식과 방법」, 「제5장 한국에서의 선교활동: 과거와 현재」, 「제6장 여러 종파의 사업(지역별)」 등으로 구분하고 한국 · 한국인과 한국에서의 선교에 대해 상세히 기록하여 1880년대 중반부터 1900년대까지의 한국에서의 선교사와 선교활동 및 선교 사업에 대해 살펴볼 수 있다. 언더우드의 저서는 아펜젤러의 저서와 비교 가능하고 초창기 선교활동에 대한 기록으로 종교 연구에 중요한 자료적 가치를 지닌다.

러시아의 상인이었던 델로트케비치는 직업적 호기심으로 당시 한국의 상거래 현황에 많은 관심을 보이며 거래되고 있는 상품의 품목과 그 가격을 상세히 자신의 일기에 기록했다. 이 기록은 개항기 한국 북부 지방의 물가와 상거래 실태를 가늠해 보는 귀중한 정보가 되었다. 기록해 둔 여정을 따라가면 당시의 도로 사정과 도시와 촌락의 정경, 그리고 산과 계곡, 강이 어우러진 19세기 말 한국 북부의 겨울 풍광이 눈앞에 펼쳐진다. 이 여행기는 델로트케비치가 약 3개월간 한국을 여행하며 기록한 것으로, 1889년 러시아 참모본부 군사학술위원회에서 발간한 『아시아에 관한 지리, 지형 및 통계 자료집』 제38호(상트페테르부르크)에 실린 그의 일기를 발췌 · 번역한 것이다.

델로트케비치 저서의 주요 내용으로는 블라디보스토크에서 기선을 타고 나가사키를 거쳐 부산으로, 부산에서 제물포로 들어오는 과정을 설명하면서 제물포의 상거래에 대해 기록하였고, 서울과 서울의 교역에 대해 언급하였다. 그리고 원산, 영흥 지역과 영흥만, 함흥, 북청, 길주, 명천, 경성, 부령, 회령 등의 여행지를 통해 각 지역의 주민과 산물, 교역과 경제 상황 등을 기록했으며, 두만강을 건너 러시아 영토로 들어가는 과정을 서술하였다.

1880년대 후반에 한국을 방문한 서양인은 길모어(미국, 선교사, 1886~1889), 헐버트(미국, 선교사, 1886~1891/1893~1907), 샤이에 롱(미국, 외교관, 1887~1889), 커즌(영국, 학자, 1887~1888/1892~1893), 게일(캐나다, 선교사, 1888~1897/1898~1928), 다니엘

기포드(미국, 선교사, 1888~1900), 샤를 루이 바라(프랑스, 탐험가, 1888~1889), 언더우드 부인(미국, 의사, 1888~1921), 베벨리(러시아, 군인, 1889), 모리스 쿠랑(프랑스, 외교관, 1890~1892), 셔우드 홀(미국, 의료선교사, 1890~1940), 새비지-랜도어(영국, 탐험가, 연대미정/1890~1891) 등이다.[15]

이들의 체류 기간을 살펴보면 베벨리가 약 2개월로 가장 짧고, 6개월 이상 3년 미만 체류자로 길모어, 샤이에 롱, 커즌, 샤를 루이 바라, 모리스 쿠랑, 새비지-랜도어 등이 있다. 나머지는 3년 이상으로, 길게는 50년까지 체류했던 서양인들로 헐버트, 게일, 다니엘 기포드, 언더우드 부인, 셔우드 홀 등이 있다. 이 시기 방문한 서양인들은 앞서 1880년대 전반과 비슷하게 장

---

15 George William Gilmore, *Korea from its Capital: with a Chapter on Mission*, Presbyterian Board of Publication and Sabbath-School Work, Philadelphia, 1892(길모어 지음, 신복룡 역주, 2000, 『서울풍물지』[한말외국인기록 17], 집문당). 이하 '길모어'로 줄임; Homer Bezaleel Hulbert, *The Passing of Korea*, William Heinemann Co., London, 1906(헐버트 지음, 신복룡 역주, 1999, 『대한제국멸망사』[한말외국인기록 1], 집문당). 이하 '헐버트'로 줄임; Chaillé Long(샤이에 롱), 성귀수 옮김, 2006, 『조선 기행 -'코리아 혹은 조선'』(1894)[서양인이 본 한국의 근대 1], 눈빛. 이하 '샤이에 롱'으로 줄임; George Nathaniel Curzon, *Problems of the Far East*, Westminster Archibald Constable and Co., 1894(커즌 저, 라종일 역, 1996, 『100년 전의 여행, 100년 후의 교훈』, 비봉). 이후 '커즌'으로 줄임; James Scanth Gale, *Korea in Transition*, Jenning & Graham, Cincinnati, 1909(게일 지음, 신복룡 역주, 1999, 『전환기의 조선』[한말외국인기록 5], 집문당). 이후 '게일'로 줄임; Daniel Lyman Gifford, *Every-Day Life in Korea*, 1897(다니엘 기포드 지음, 심현녀 옮김, 1995, 『조선의 풍속과 선교』, 한국기독교역사연구소). 이하 '다니엘 기포드'로 줄임; Charles Louis Varat(샤를 루이 바라), 성귀수 옮김, 2006, 『조선 기행 -'조선 종단기'』(1892)[서양인이 본 한국의 근대 1], 눈빛. 이하 '샤를 루이 바라'로 줄임; Lillias Horton Underwood, *Fifteen Years among the Top-Knots or Life in Korea*, American Tract Society, Boston, 1904(언더우드 부인 지음, 신복룡 · 최수근 역주, 1999, 『상투의 나라』[한말외국인기록 15], 집문당). 이후 '언더우드 부인'으로 줄임; F. Vebeli〈Ф.М.Вебель〉, *PO KOREE PUTESHESTVIIA〈По Корее〉*, 1889(베벨리 지음, A.이르계바예브 · 김정화 옮김, 2004, 『내가 본 조선, 조선인 -'조선 북부 여행기'』, 가야넷). 이하 '베벨리'로 줄임; Maurice Courant, *Bibliographie Coréenne*, 1894(모리스 쿠랑 저, 이희재 번역, 1997, 『한국서지』, 일조각). 이하 '모리스 쿠랑'으로 줄임; Sherwood Hall, *WITH STETHOSCOPE IN ASIA: KOREA*, McLean Virginia, 1978(셔우드 홀 지음, 김동열 옮김, 2007, 『닥터 홀의 조선회상(1890~1940)』, 좋은 씨앗). 이하 '셔우드 홀'로 줄임; Arnold Henry Savage-Landor, *Corea or Cho-sen: The Land of the Morning Calm*, William Heinemann Co., London, 1895(새비지-랜도어 지음, 신복룡 · 장우영 역주, 2000, 『고요한 아침의 나라 조선』[한말외국인기록 19], 집문당). 이하 '새비지-랜도어'로 줄임.

기 체류자가 많았고 체류 기간이 길어지면서, 한국에 대한 관심이 높아지고 한국을 직접 경험하는 기간도 길어져서 한국에 대한 정보를 많이 수집할 수 있었다.

이들의 직업을 살펴보면 이전 시기의 방문자들은 주로 외교관, 선교사, 의사 등 특정한 직업군에 속해 있었으나, 이 시기에는 서양인들의 직업이 다양해져 학자, 탐험가, 군인 등 새로운 직업군이 등장하였다. 이 시기 방문한 서양인들은 기록도 각자 자신의 직업에 맞추어 서술하였다. 길모어, 헐버트, 게일, 다니엘 기포드, 언더우드 부인, 셔우드 홀 등은 선교사와 의사로서 주로 선교활동과 의료 활동을 중심으로 한국의 생활에 대해 언급하였다. 샤이에 롱과 모리스 쿠랑의 경우는 외교관으로서 한국에 대한 정보를 얻고자 노력하였다. 샤이에 롱의 경우는 직접 여행하면서 사람들을 만나 한국에 대한 정보를 얻었고, 모리스 쿠랑의 경우는 한국과 관련된 저술이나 한국에서 출판된 저서들을 중점적으로 다루었다. 커즌은 학자로서 당시 한국뿐만 아니라 중국 · 일본과의 관계도 함께 다루면서 동양의 서양에 대한 대응에 관심을 두었다. 샤를 루이 바라와 새비지-랜도어는 탐험가로 한국을 여행하면서 여행 기록을 남겼다. 특히 베벨리는 러시아의 군인으로서 한국과 러시아의 국경지대를 중심으로 한국의 북부지방을 여행했던 경험을 기록하였다.

이들의 국적을 살펴보면 미국, 영국, 캐나다, 프랑스, 러시아 등이다. 이 시기에도 미국인들이 많고, 이들은 선교사와 의사의 직업을 가진 사람들이다. 이 시기에는 캐나다인과 프랑스인, 러시아인들도 보이는데, 1880년대 중반에 서양 국가들이 한국과 조약을 체결하면서 한국을 방문할 수 있는 길이 열렸다. 다양한 국가들의 서양인들이 한국에 관심을 가지고 방문 계획과 함께 방문길에 오르게 된 것이다.

1880년대 후반 시기의 특징은 전반 시기보다 직업군이 다양해졌고, 국적도 다양해졌다는 것이다. 한국을 방문한 서양인들의 직업별 비교와 국가별 비교가 가능하다. 이 시기에는 서양인 장기 체류자가 많다. 그 이유는 이들이 1890년대 또는 1900년대까지 체류함으로써 한국과 한국인을 이해하려는 사람들이 많았다는 점으로 이 시기 특징이기도 하다. 대표적으로 선교사와 의사 직업군이 많다. 이 직업군이 많은 이유는 종교 활동과 의료 활동을 하는 서양인들이 정치나 외교적 관점보다는 사람에 대한 관심을 가지고 접근했기 때문이다. 그래서 이들은 원래 계획보다도 더 오래 체류하게 되어 장기 체류자가 되었다.

1880년대 후반 시기는 개항한 지 10년이 지났음에도 불구하고 여전히 방문 직후 서양인들의 시각에서 보면 변화가 필요하다고 여겨졌던 시기이다. 1880년대 전반 조약 체결 직후에 방문한 서양인들과 시각적으로 큰 변화를 보이지 않았다. 한편으로 장기 체류하면서 변화를 직접 가장 많이 경험한 서양인들이 바로 이 시기에 방문한 서양인들이다.

길모어는 고종의 뜻에 따라서 설립된 육영공원育英公院의 교사로 부임하여 1889년까지 봉사했다. 그의 저서는 귀국한 후에 한국에서의 생활을 회상하며 쓴 회고록이자 견문기이다.[16] 따라서 이 글은 한국 교회사뿐만 아니라 한말 외교사의 중요한 자료들을 담고 있다. 그는 「원저자 머리말」에서

---

16 길모어는 귀국 후에 브룩클린 공과대학교와 뱅고르 신학교, 미드빌 신학교 등에서 1906년까지 성서의 역사, 히브리 원전 성사, 종교사 등 주로 기독교 교리를 강의했으며, 1905년부터는 『종교백과사전(*New Scaff-Herzog Encydopedia of Religious Knowledge*)』의 편집자로 활약했고, 『사도요한전(*The Johannean Problem*)』을 썼으며, 『신학잡지(*Literature of Theology*)』를 편집했다. 저서로는 『서울풍물지(*Korea from its Capital*)』(Presbiterian Board of Publication & Sabbath-School Work, Philadelphia, 1892)가 있다.

그리피스의 탁월한 저술(『은자의 나라 한국』)과 로웰의 흥미로운 책(『고요한 아침의 나라 조선』), 그리고 존 로스 목사의 저술을 보완해 보고 싶은 생각에서 저서를 집필하게 되었다고 기록하였다. 여기서 길모어가 그리피스와 로웰, 존 로스의 저서를 읽고 영향을 받았음을 알 수 있다. 이 책의 서술은 길모어 자신이 한반도에 머물면서 보고 들은 것에 국한하여 썼다고 하였다.[17]

길모어 저서의 주요 내용으로는 '국토, 정부, 서울의 모습, 언어, 국민, 가정생활, 복식과 장식, 여성의 생활, 놀이, 종교, 자원, 문명화로의 진보, 외교 관계, 조선에서 살고 있는 외국인들의 생활, 선교 사업' 등으로 구분하여 한국과 한국인에 대해 전반적인 모습을 다루었다.

헐버트는 1886년 7월 길모어 부부, 벙커 부부와 함께 한국에 도착하게 되었다. 한국에 도착하여 수학, 자연과학, 역사, 정치를 가르쳤고, 육영공원에서 학생들을 가르치면서 한글을 열심히 공부하여 1889년 우리나라 최초의 한글 교과서 『ᄉᆞ민필지』를 저술하였다. 그는 한글 사용 운동에 앞장섰으며 한글의 위대성을 국제적으로 소개하였다. 그는 1893년 9월에 가족과 함께 다시 한국에 입국해 감리교계 출판사인 트릴링규얼출판사Trilingual Press를 운영하기 시작했다. 그는 특히 한국의 문화와 정세를 소개하기 위해 1901년부터 감리교계 월간지인 『코리아 리뷰*The Korea Review*』의 편집을 주관하면서 한국에 관한 글을 계속 발표하였다. 이 월간지는 1906년까지 계속되었다. 그는 미국으로 돌아온 이후에도 문필 생활을 계속하여 한국의 독립과 문화의 소개를 계속했다.[18]

---

17 Gilmore, 「PREFACE」, p. 5(길모어, 「원저자 머리말」, p. 9.)

18 헐버트의 저서로는 이외에 『한국사(*History of Korea*)』(1905), 『한국어와 드라비다어의 비교 연구(*Comparatives Grammar of Korean and Dravidian*)』, 『대동기년』(大東紀年, 1903), 『ᄉᆞ민필지(士民必知)』(1889) 등이 있으며 『코리아 리뷰(*The Korea Review*)』에 많은 논문이 수록되어 있다.

원서에는 편명이 나뉘어 있지 않으나, 번역본에는 독자들의 편의를 위해 편을 나누었다.[19] 주요 내용을 살펴보면, 「제1편 서설」에서는 한국의 위치와 배경 · 민족 · 정치제도 등을 다루었다. 「제2편 역사」에서는 신화시대와 고대사 · 중세사 · 조선의 황금기와 임진왜란 · 병자호란과 초기의 가톨릭 · 문호의 개방 · 민비 시해 사건 · 독립협회 · 러시아의 음모 · 러일전쟁 · 한국 안의 일본인 등을 다루었다. 「제3편 산업」에서는 재정 · 화폐 제도 · 건축술과 건물 · 운송 · 산업과 오락 · 국내외 무역 등을 다루었다. 「제4편 문화와 예술」에서는 기념물과 유적 · 언어 · 문학 · 음악과 시 · 예술 · 교육제도 등을 다루었다. 「제5편 사회 제도」에서는 한국의 황제 · 여성의 지위 · 민담과 속담 · 종교와 미신 · 노예 제도 · 장례의 절차와 풍수지리설 · 매장埋葬의 풍습 등을 다루었다. 「제6편 결론」에서는 한국의 근대화와 한국의 장래에 대해 다루었다.

헐버트의 저서는 역사와 한국, 한국인에 대한 모습을 살펴보는데, 같은 국적의 그리피스 저서와 비교 가능하다. 헐버트는 1886년부터 1907년까지의 직접 체류 경험을 바탕으로 1906년에 저서를 출간했으므로, 출간 이전의 방문 시기가 명확하지 않은 같은 국적의 그리피스와 비교할 필요가 있다. 같은 미국인 선교사이면서 함께 방문한 길모어의 저서와도 비교할 수 있다. 길모어는 1886년 입국하여 1889년에 출국했기에 약 3년여 간의 방문 기간을 가진 데 반해 헐버트는 20여 년의 방문 기간을 바탕으로 하였기에

---

19 헐버트는 「원저자 머리말」에서 "이 책에 기록된 여러 가지의 사실들은 대개가 필자의 개인적인 관찰에서 얻은 것이거나, 아니면 한국인 또는 한국인의 저작에서 직접 얻은 것이다. 이 중의 몇 가지 내용은 이미 『코리아 리뷰(*The Korea Review*)』나 그 밖의 몇몇 책자에 발표한 바가 있다. 역사적인 사실에 대한 연구는 필자의 『한국사(*History of Korea*)』를 요약한 것이다."라고 하였고, 그의 저술 속에서 오페르트의 기록을 참고했음을 밝혔다(Hulbert, 「PREFACE」(헐버트, 「원저자 머리말」, p. 17)).

저서의 내용이 세밀하다.

샤이에 롱은 1887년 미국의 한성 주재 총영사이자 공사관의 서기관으로 부임하였다. 그는 1889년 클리블랜드 대통령이 선거에 패하자 동반 퇴임한다.[20] 그의 저서는 출판된 강연 원고나 기고문들을 한데 모아 만들어진 것이다. 그가 외교관의 신분으로 한국에 체류할 때 쓴 원본은 1894년 '기메 박물관 연대기' 중 '위대한 총서' 제26권 제1부에 수록되어 있다(4절판 73쪽). 그 각각의 주요 내용이나 형식 모두에서 영어판과 불어판 사이의 별다른 차이점이 없다.

샤이에 롱 저서의 주요 내용으로는 「I. 개요와 역사」에서는 지리적 특성과 한국의 역사를 다루었고, 「II. 조선의 왕, 이희 폐하」에서는 왕, 정부 형태, 양반, 보부상, 인구, 자원, 군대, 병인박해와 병인양요, 제너럴셔먼호 사건과 신미양요, 강화도조약 등을 다루었다. 「III. 뉴욕에서 한양까지」에서는 1887년 9월 3일 뉴욕에서 출발해서 10월 10일 요코하마 도착, 10월 20일 요코하마에서 출발해서 24일 나가사키 도착, 28일 제물포에서 들어오게 된 과정을 다루었고, 그 과정에서 서울에 대한 모습을 함께 기록하였다. 「IV. 조선의 궁궐에서」는 고종 알현과 행궁하는 모습을 다루었고, 「V. 한양에서 켈파에르트 섬, 즉 제주도까지」에서는 제주도에 가는 과정을 다루었다. 「VI. 켈파에르트의 수도」에서는 제주도의 주요 산물들, 제주도의 종교, 제주도 주민, 제주도에서 블라디보스토크까지 여행 등을 다루었고, 「VII. 조선의 잔치」에서는 한양 시장, 조선 여인의 모습, 기생, 조선인의 생활(명절) 등에 대해 다루었다. 「VIII. 조선의 프롤레타리아」에서는 노동계급과 보

20 샤이에 롱은 프랑스를 수차례 방문하곤 했다. 미국에서와 마찬가지로 거기서 역시 여러 잡지들을 발간했었고(『*North American Review*』, 『*La Louvelle Revue*』), 자신이 답사했던 지역에 관한 강연회도 적극적으로 열었다.

부상 조합에 대해 다루었고, 「IX. 조선의 예술과 사찰」에서는 예술, 불교, 석왕사 등에 대해 다루었으며, 「X. 맺음말」에서는 한국에서 중국을 거쳐 고국으로 돌아가는 과정을 기록하였다. 특히 제주도에 관한 기록은 1898년에 방문하여 1930년에 저서를 출간한 샌즈의 기록과 비교할 수 있다.

커즌은 영국의 학자이자 외교관이었다. 그의 저서는 1887~1888년과 1892~1893년에 걸친 두 번의 세계여행에서 얻어진 신물이다. 이 저서는 단순히 한 권의 여행기라고 할 수는 없고, 동아시아의 주요 왕국들과 속방들의 정치적, 사회적, 경제적 상황을 비교론적 관점에서 고찰하려고 하였다.[21] 커즌은 '동아시아'란 인도와 태평양 사이에 있는 나라들을 지칭하는 것으로, 일본과 중국, 그밖에 한국 · 통킹 · 안남 · 코친차이나 · 캄보디아 · 시암 등을 포함한다고 하였다. 원문은 일본, 한국, 중국의 순서로 다루고 있는데, 번역서에서는 한국에 관한 부분을 앞으로 옮기고 뒤에 중국과 일본을 다루는 식으로 구성을 바꾸었다.

커즌 저서의 주요 내용으로는 「제1장 동아시아」에 대해 먼저 다루고 한국에 대한 부분을 크게 4장으로 나누었다. 한국에 대한 4장은 「제2장 조선 여행과 조선인의 생활 방식」, 「제3장 조선의 수도와 조정」, 「제4장 조선의 정치와 상업의 특징」, 「제5장 조선 정치의 미래」 등이다.

커즌의 저서는 학자이긴 하나 국제관계에 관심이 많아 외교관 역할을 하면서 한국뿐만 아니라 이웃 나라들(중국과 일본)에 대해서도 다루었다. 이것은 1880년대 후반~1890년대 전반의 당시 한반도를 둘러싼 동아시아 상황과 국제 정세를 살펴볼 수 있는 자료이다. 동아시아 관계에 대해서는 미국 외교관이었던 데니와 독일 외교관이었던 묄렌도르프와도 비교할 수 있다.

21 커즌의 저서는 이외에 모두 아시아의 문제에 관한 것으로 『중앙아시아에서의 러시아』, 『페르시아와 페르시아 문제』 등이 있다.

또한 같은 영국인이지만 방문 시기와 직업이 다른 헨리 위그햄과도 비교할 수 있다. 헨리 위그햄은 1901년에 한국을 방문한 영국인 기자이다. 헨리 위그햄은 자신이 지닌 국제 정세의 지식을 바탕으로 만주를 둘러싼 열강의 세력 관계와 미래에 대한 전망을 제시할 수 있었고, 이와 함께 한국의 대외 정세를 함께 기록하였다. 커즌은 1890년대 전반의 한국과 동아시아의 관계와 정세 등을 파악하여 앞으로 영국이 어떻게 인식하고 관계를 형성해 가야 하는지 기록하였다. 커즌의 저서와 헨리 위그햄의 저서를 비교하는 작업도 중요하다.

게일은 캐나다의 선교사로서 1888년부터 1897년, 1898년부터 1928년까지 장기 체류하였다. 그의 저서는 한국의 근대화에서 기독교가 어떤 기여를 했는가를 보여 주는, 한 선교사의 체험적 기록이다.[22] 주요 내용으로는 지리와 민족, 조선의 현재 상황, 한국인의 신앙, 사회생활과 풍습, 선교사들의 전교傳敎 방법, 조선의 응답과 미래 등으로 구분하여 서술하였다. 그의 저서는 1880년대 후반에 방문한 선교사들인 미국인 길모어, 헐버트, 다니엘 기포드 등과 비교하여 선교활동과 방법에 대해 개략적으로 정리할 수 있다. 또한 그의 저서는 언더우드와는 친분을 쌓았기 때문에 언더우드의 저서와 비교할 수 있다.[23]

---

22 게일은 이외에 『조선의 풍물(*Korean Sketch*)』, 그와 함께 일했던 고찬익(高燦益)을 주인공으로 한 실명 소설 『선구자(*The Vanguard*)』, 『한양지(誌)』, 『한국결혼고(考)』, 『금강산지(誌)』, 『한국풍속지』, 『파고다공원고(考)』, 『한국근대사』, 『중국 문화가 한국에 끼친 공적』, 『야소(耶蘇)의 인격』, 『연경좌담(演經座談)』, 『예수의 재림』, 『누터교그락』, 『류황곽도기』, 『모즈성경문답』, 『성경요리문답』, 『와표전』 등이 있고, 그 밖에 논문들도 집필하였다.

23 게일의 저서 끝에 원저자가 참고한 문헌들이 있는데, 언더우드의 『한국개신교수용사(*The Call of Korea*)』, 언더우드 부인의 『상투의 나라(*Fifteen Years among the Top-knots*)』, 헐버트의 『대한제국멸망사(*The Passing of Korea*)』, 다니엘 기포드의 『조선의 풍속과 선교(*Everyday Life in Korea*)』, 비숍의 『조선과 그 이웃나라들(*Korea and Her Neighbors*)』, 존 로스의 『한국사(*Korea*)』 등이 기록되어 있다. 즉 미국인과 영국인의 저서를 활용했음을 알 수 있다.

다니엘 기포드는 미국인 선교사로서 1892년 우리나라 최초의 왕립학교 육영공원育英公院에서 교사로 활동하였으며 '죠선 셩교서회' 창립 위원으로 일했다. 그는 1898년 뉴욕에서 『조선의 매일 생활*Every Day Life in Korea*』이라는 책을 발간하여 우리나라의 풍속을 세계에 알리고 선교사들이 활동하는 데 많은 도움을 주었다. 그가 남긴 『조선의 풍속과 선교』는 원명 그대로 저자가 한국 선교 초창기부터 보고 느끼고 체험한 사실들을 담담하게 그리고 세밀하게 기록한 글이다.[24] 사료적 가치에 버금가는 이 책은 한국을 세계에 널리 소개하기 위해 한국인들의 일상생활 모습과 풍습을 비롯하여 한반도의 지리적 위치, 자연환경, 역사, 경제활동, 교육제도, 신앙 활동 등을 상세히 기술하였다.

다니엘 기포드 저서의 주요 내용을 보면, '조선은 어딘가, 역사적 소묘, 일상생활, 혼례식, 상업활동, 조상숭배, 명산 방문기, 귀신 공포증, 한강에서 생긴 일, 선교 역사의 시작, 선교사의 생활과 사역, 어느 교인의 간증, 서울의 교육제도, 새문안교회의 창립, 놀라운 선교 진흥 운동' 등으로 구분하여 다루었다. 특히 선교 초창기(1884~1897) 한국인들의 개종에 얽힌 이야기와 그 선교 현황을 이해하는 데 도움이 되었다. 또한 이 책의 특징은 우리 조상들의 일상생활과 의식주 형태, 미신숭배, 제사의식, 결혼풍습 등을 관찰하여 상세하게 기록했다는 것이다.

샤를 루이 바라는 프랑스의 탐험가로서 1888년부터 1889년까지 체류하였다. 그의 저서는 자신을 '문교부로부터 민속학 임무를 띠고 파견된 탐험가'로 소개한 것과 저서 이름대로 서울과 서울에서 부산까지 여행(경기도, 충

---

24 다니엘 기포드는 그리피스의 『은자의 나라 조선』, 길모어의 『서울풍물지』, 비숍의 『조선과 그 이웃나라들』, 『선교사전(*Encyclopedia of Missions*)』, 『독립신문』, 『조선휘보(*The Korean Repository*)』 등을 참고하였다고 서술하였다.

청도, 경상도)하면서 경험한 내용을 기록한 견문기이다. 이 책은 여행기를 전문적으로 다루는 주간지 『투르 뒤 몽드*Tour du Monde*』에 1892년 5월 7일부터 6월 4일까지 총 5주간 일련의 동판화와 함께 연속해서 게재되었다. 그의 텍스트에는 그가 여행에서 가져와 기메 박물관에 기증한 그림들을 바탕으로 한 판화들이 수록되어 있다. 이 그림들은 한국인의 풍습과 놀이, 수공업, 종교적 관례 등 모든 것을 망라해 묘사하고 있으며, 민속학적 관심을 불러일으키기에 좋은 자료이다. 그는 서울에서 부산으로 가는 여행길에, 오늘날의 지도상에는 표시가 안 되는 중요한 지명들을 많이 언급하였다.

샤를 루이 바라 저서의 주요 내용으로는 총 5장으로 구분되어 있고, I 장에서는 제물포에서 한양까지 들어와 수도와 그 주변의 지형을 살폈다. II 장에서는 서울에서의 생활, 즉 한양 사람들 · 옷차림 · 시장 · 운송수단 · 한강 · 감옥 · 주막 등에 대해 다루었다. III장에서는 서울에서 충청도까지의 여행 과정(서울 · 경기도 · 충청도)을 다루었고, IV장에서는 충청도에서 경상도까지의 여행 과정(속리산 · 대구 · 청도 · 밀양)을 다루었으며, V장에서는 부산과 동해안 일대(원산), 시베리아와 대한해협을 거쳐 나가사키로 가는 과정을 다루었다. 그의 저서는 1890년에 입국한 영국인 탐험가 새비지-랜도어의 저서와 비교 가능하다. 특히 서울 및 서울 근교의 여행 기록에 대해 비교가 가능하다.

언더우드 부인은 미국인 여의사로 1888년부터 1921년까지 장기 체류하였다. 그녀의 저서는 이야기체의 성격을 가진 것이지만, 한국 국민의 성격, 습관, 환경, 국민적 신념과 미신, 사회적 퇴보, 대중의 가난과 만연된 무지 등에 대한 온갖 종류의 정보를 담고 있다.[25]

---

25 언더우드 부인은 「원저자 머리말」에서 "『코리안 리포지터리(*Korean Repository*)』를 참고했으며 『홀 박사 평전(*Life of Dr. James Hall*)』을 참고했는데, 그것은 전쟁 전후에 평양에서의

언더우드 부인 저서의 주요 내용으로는 「조선에의 도착」에서 한국에 대한 인상을 다루었고, 「궁중 생활의 인상」에서는 고종과 민비 알현과 궁궐 방문에 대해 다루었으며, 「초기의 조선 생활」에서는 외국인 여성으로서 한국에서 생활하는 데 겪는 어려움을 토로했다. 「관서 지방의 여행 · 관북 지방의 여행」에서는 신혼여행 겸 선교 여행을 한 경험을 다루었고, 「초대 교회의 어려움」에서는 외국 선교사들의 장례와 묘지 문제 등 선교의 어려움을 기록했으며, 「갑신정변에서 청일전쟁까지(1883~1894)」에서는 청일전쟁에서 갑신정변까지 거슬러 올라가 기록하였다. 「토착 교회: 소래 교회」에서는 대표적인 토착 교회로 강원도 소래 지역의 교회를 다루었고, 「을미사변 · 을미년(1895)의 사건들」에서는 을미사변으로 인한 혼란스러운 상황과 을미사변 이후 궁중의 상황을 기록했으며, 「아관파천」에서는 단발령 사건과 고종의 러시아 공사관으로의 피신에 대해 다루었다. 「믿음의 불길」에서는 행주幸州의 전교 활동을 다루었고, 「민비의 장례식과 독립협회」에서는 왕비의 장례와 장례 행렬, 독립협회, 보부상 등에 대해 다루었다. 「전도 여행: 평안도 · 황해도」에서는 평안도와 황해도 지역에서의 선교활동을 다루었고, 「갈등의 세월」에서는 황해도 해주 지역의 천주교도들과 백성들 간의 다툼과 갈등을 기록하였다. 그녀는 을미사변과 아관파천을 가장 근거리에서 보고 들은 외국인이었기 때문에 이 책은 역사적 사료로서의 의미를 가진다.[26]

업무가 몇 가지 사건에 부분적으로 관련되어 있을 뿐만 아니라, 또한 히로시마에서 진행된 왕비의 살해자에 대한 재판의 공식적 기록을 담고 있기 때문이다. 무엇보다 나는 남편(언더우드)의 도움을 많이 받았다. 그의 조언으로 나는 갑신정변(甲申政變), 동학혁명(東學革命), 보부상(褓負商), 독립협회 그리고 가톨릭교도에 관한 특수한 자료들을 조선인들로부터 입수했다."고 전했다(Mrs. Underwood, 「PREFACE」(언더우드 부인, 「원저자 머리말」, pp. 17~18)).

26 언더우드 부인은 이외에 『한국에서 토미 톰킨스와 함께』라는 글을 남겼다. 그리고 남편인 언더우드가 한국 기독교 문서 활동의 대표적 결실로 창간한 『*The Korea Mission Field*』의 편집

베벨리는 러시아 군인으로서 일행이 1889년 5월 18일부터 7월 9일까지 53일간 아무르 연해 지방 국경에서 서울까지 말을 타고 갔다고 하여 직접 육로로 이동하였음을 알려주었다. 「조선 북부 여행기」는 탐험대가 두만강을 건너 그경부(경흥), 함흥, 원산, 갑산 등지의 여행과 지역의 특성을 기록한 글이다. 그의 저서는 그밖에 '조선의 교통로, 압록강, 전신선, 조선의 인구수, 북부 지방의 작황 현황, 소 사육과 통신수단으로의 사용, 음식, 산림, 조선의 우기와 여행하기 좋은 시기, 광물자원(석탄·구리·철·은광석·대리석), 조선의 개방적 정책, 조선의 군부대' 등에 대해 언급하였다. 그는 한국의 북부 지역에 대한 기록을 남겼는데, 1885년의 다데슈칼리안의 기록과 비교할 수 있다.

모리스 쿠랑은 프랑스 외교관으로서 1890년부터 1892년까지 체류하였다. 그는 초대 주한 프랑스 공사였던 빅토르 콜랭 드 플랑시Collin de Plancy의 권유와 조선 교구장 뮈텔 주교의 도움으로 한국 연구를 시작하여 『조선직관역대총람』 등 모두 103편의 저술을 남겼고 이 중 스물한 편이 한국 관련 저술이다. 가장 대표적인 것은 『한국서지韓國書誌, *Bibliographie Coréenne*』(1894)로 3,821종에 달하는 한국의 제반 학술 분야의 자료를 소개한 방대한 규모의 서지이다. 모리스 쿠랑은 한국에서는 물론, 유럽 여러 곳의 박물관과 도서관을 돌면서 한국 관계 도서를 조사한 뒤 도쿄와 베이징 등에서 연구를 계속하여 출간하였다. 그가 서양인으로서 그 많은 책을 찾아 해제를 달았다는 점도 놀랍지만, 불교 서적, 이단 서적, 그리고 특히 한글로 쓰인 민중

책임자로 깊이 관여하면서 오랫동안 이 선교 잡지의 간행과 편집을 도왔다. 이 잡지는 한국 선교 상황을 잘 정리하고 한국학의 각 영역들을 연구하여 집대성하고자 했다. 이 때문에 이 잡지는 한국 교회사뿐만 아니라 한국의 근대사적 사료로서도 큰 가치가 있다고 평가된다. 이 잡지는 1905년 11월에 창간되어 1941년 11월까지 간행되었는데 선교 관련 간행물로는 가장 오랫동안 발행된 기록을 지니고 있다.

문학을 찾아내어 해설을 덧붙였다는 점에서 『한국서지』가 갖는 의의는 더욱 크다. 현존하는 최고의 금속활자 인쇄물인 『불조직지심체요절佛祖直指心體要節』의 존재를 세상에 알린 것도 이 책이다. 그의 한국 연구는 역사와 정치로부터 문자, 판소리, 음악에 이르기까지 매우 다양하다. 한국 관련 문헌을 일일이 열거하기는 어렵지만 분류하여 종류별로 정리해 놓았기 때문에 종류별로 간략히 살펴보면, 「Ⅰ부 교회부敎誨部」, 「Ⅱ부 언어부言語部」, 「Ⅲ부 유교부儒敎部」, 「Ⅳ부 문묵부文墨部」, 「Ⅴ부 의범부儀範部」, 「Ⅵ부 사서부史書部」, 「Ⅶ부 기예부技藝部」, 「Ⅷ부 교문부敎門部」, 「Ⅸ부 교통부交通部」 등으로 분류하여 관련 저서들을 정리해 놓았다. 모리스 쿠랑은 참고문헌 목록에서 달레, 존 로스, 그리피스, 로웰 등의 저서를 확인할 수 있어, 입국 전에 프랑스뿐만 아니라 영어권 국가들이 한국에 대해 간행한 저서들을 섭렵하고 입국하였음을 알 수 있다.

셔우드 홀은 1893년 11월 10일 한국에서 태어났다. 『닥터 홀의 조선회상(1890~1940)』은 닥터 홀의 부모님인 윌리엄 제임스 홀과 로제타 셔우드 홀의 선교활동을 아들인 셔우드 홀이 회상하여 정리한 것이다. 이 책은 우리나라 선교와 의료 사업에 대한 귀중한 자료가 된다. 이 책은 1890년부터 1940년까지 일제 치하에서의 의료 선교 활동에 대한 한국의 사정을 알려지게 했고, 2대에 걸쳐 당시 한국 땅에서 헌신했던 가족사이기도 하다. 셔우드 홀은 이 책이 2대에 걸친 선교사 가족의 이야기이기도 하지만, 한국 선교 백여 년의 역사이자, 하나님의 발자취라고 할 수 있다고 기록하였다. 셔우드 홀의 저서는 일기 형식으로 쓰인 미국인 선교사 노블의 일기와 비교할 수 있다. 셔우드 홀은 부모님의 편지와 일기를 모아 정리한 것이고, 노블의 경우는 직접 쓴 일기를 자녀가 정리한 것이라는 차이가 있다. 하지만 둘 다

일기를 모아서 정리한 것이라는 공통점을 가지고 당시 상황을 파악할 수 있는 자료로 활용할 수 있다. 이 두 저서는 일제 시기 한국에 대해서도 기록되어 있기 때문에 개항기 이후 일제 시기의 한국의 모습과 상황을 살펴보는 자료로도 활용할 수 있다.

새비지-랜도어는 영국의 탐험가였다. 그는 일본을 거쳐 중국과 한국을 돌아보았고, 두 번에 걸쳐 한국에 왔는데, 1890년 연말에 온 것이 두 번째였다. 그의 저서 『고요한 아침의 나라 조선*Corea or Cho-sen: The Land of the Morning Calm*』(1895)은 두 번째 방문 때의 견문을 바탕으로 쓴 것이다. 한국에 대해 '고요한 아침의 나라'라는 용어를 처음 쓴 것은 로웰이 지은 『고요한 아침의 나라*Chosun: The Land of Morning Calm*』에서 비롯되었고, 그 후 새비지-랜도어가 이 책을 출간함으로써 이 명칭은 회자되었다. 이 명칭은 개항기 한국을 다녀간 외국인들이 한국을 표현하는 말로 가장 많이 썼던 것이다.

새비지-랜도어 저서의 주요 내용으로는 「조선행 선상에서 보고 들은 얘기들」부터 시작하여 제물포, 서울의 풍물, 의복, 여성, 어린이와 놀이, 시골의 풍경, 유적, 주거, 결혼, 왕실, 문화, 종교, 형제刑制, 군제軍制, 북한산성, 성품 등의 주제로 나눠 다루었다. 이 저서는 서울과 서울 근교 등에 대해 1888년에 입국하여 1889년까지 여행한 프랑스 탐험가 샤를 루이 바라의 여행 기록과 비교할 수 있다.

3) 1890년대

1890년대에 한국을 방문하거나 기록을 남긴 서양인은 캐번디시(영국, 군인, 1891), 노블(미국, 선교사, 1892~1934), 프랑뎅(프랑스, 외교관, 1892~1894), 포지오(러시아, 외교관), 에비슨(캐나다, 의료선교사, 1893~1935), 제이콥 로버트 무스(미국, 선교사, 1893~1918), 비숍(영국, 작가, 1894~1897), 헤세-바르텍(오스트리아, 여행가, 1894.6~7), 카르네프 · 미하일로프(러시아, 군인, 1895~1896), 알프탄(러시아, 군인, 1895~1896), 가린-미하일롭스키(러시아, 작가, 1898), 샌즈(미국, 외교관, 1898~1905) 등이다.[27] 가린-미하일롭스키와 샌즈는 1898년에 방문하였고, 나머지 서양인들은 1890년대 전반에 방문하였다.

이들의 체류 기간을 살펴보면 1~4개월 사이에 체류한 서양인들과 1년 이상 42년가량을 체류한 서양인들과의 수가 비슷하다. 1~4개월 사이 체류한

---

27 Alfred Edward John Cavendish, *KOREA AND THE SACRED WHITE MOUNTAIN-BEING A BRIEF ACCOUNT OF A JOURNEY IN KOREA IN 1891*, GEORGE PHILIP & SON, LONDON, 1894(캐번디시 지음, 조행복 옮김, 2008, 『백두산으로 가는 길』[그들이 본 우리 002], 살림). 이하 '캐번디시'로 줄임; Mattie Wilcox Nobel, *The Journals of Mattie Wilcox Noble*, 1986(노블 지음, 강선미 · 마양준 옮김, 2010, 『노블일지 1892~1934』, 이마고). 이하 '노블'로 줄임; Hippolyte Frandin · Madame Claire Vautier, *En Corée*, Paris Librairie C. H. Delagrave, 1902(이폴리트 프랑뎅 · 끌라르 보티에 지음, 김상희 · 김성언 옮김, 2003,『프랑스 외교관이 본 개화기 조선』, 태학사). 이하 '프랑뎅'으로 줄임; Михаил Александрович Поджио, *Очерки Кореи*, 상트페테르부르크 E. Evdokimov(Ъ. Итальянская), 1892(미하일 알렉산드로비치 포지오 지음, 이재훈 옮김, 2010, 『러시아 외교관이 바라본 근대 한국』, 동북아역사재단). 이하 '포지오'로 줄임; Oliver R. Abison, *Memoires of Life in Korea*, 2010(에비슨 지음, 박형우 편역, 2010, 『근대한국 42년 1893~1935』 상 · 하, 청년의사). 이하 '에비슨'으로 줄임; J. Robert Moose, *Village Life in Korea*, 1909(제이콥 로버트 무스 지음, 문무홍 외 옮김, 2008, 『1900, 조선에 살다』, 푸른역사). 이하 '제이콥 로버트 무스'로 줄임; Isabella Bird Bishop, *Korea and Her Neighbors*, Fleming H. Revell Co., New York, 1897(이사벨라 버드 비숍 지음, 신복룡 역주, 2006, 『조선과 그 이웃 나라들』[한말외국인기록 21], 집문당). 이하 '비숍'으로 줄임; Ernst von Hesse-Wartegg, *Korea*, Dresden & Leipzig: Veriag von Carl Reissner, 1895(헤세-바르텍 지음, 정현규 옮김 · 한철호 감수, 2012, 『조선, 1894년 여름』, 책과 함께). 이하 '헤세-바르텍'으로 줄임; В.П.Карнеев/Михайлов, *PO KOREE PUTESHESTVIIA 〈По Корее〉*, 1896(카르네프 · 미하일로프 지음, A. 이르계바예브 · 김정화 옮김, 2004, 『내가 본 조선, 조선인 -'조선 중남부 여행기'』, 가야넷). 이하 '카르네프 · 미하일로프'로 줄임; V. Al'ftan〈Альфтан В.А.〉, *PO KOREE PUTESHESTVIIA 〈По Корее〉*, 1895~1896(알프탄 지음, A. 이르계바예브 · 김정화 옮김, 2004, 『내가 본 조선, 조선인 -'조선 중북부 여행기'』, 가야넷). 이하 '알프탄'으로 줄임; N.G.Garin-Mikhailovskii≪Н.Г.Гарин-Михайловский≫, *Po Koree, Mah'chz ~hurii i Liaodunsko-mu poluostrovu*, 1904(가린-미하일롭스키 지음, 이희수 옮김, 2010,『러시아인이 바라본 1898년의 한국, 만주, 랴오둥 반도』, 동북아역사재단). 이하 '가린-미하일롭스키'로 줄임; William Franklin Sands, *Undiplomatic Memories*, McGraw-Hill Book Co. Inc., New York, 1930(샌즈 지음, 신복룡 역주, 1999, 『조선비망록』[한말외국인기록 18], 집문당). 이하 '샌즈'로 줄임.

서양인들로는 캐번디시, 헤세-바르텍, 카르네프 · 미하일로프, 알프탄, 가린-미하일롭스키 등이다. 1년 이상 42년가량을 체류한 서양인들로는 노블, 프랑뎅, 에비슨, 제이콥 로버트 무스, 비숍, 샌즈 등이다. 포지오는 한국을 방문하지는 않았지만, 당시 동북아 정세를 파악하는데 한국에 대해 관심을 가지고 보았기 때문에 포지오의 기록을 살펴보는 것도 의미가 있다. 단기 체류자들이 늘어난 것은 여행이나 관광을 목적으로 방문하거나 잠시 경유지로서 머물렀던 서양인들이 많아졌다는 것을 의미하는 것이다.

이들의 직업을 살펴보면 체류 기간과도 연관성이 보이는데, 주로 군인이나 작가, 여행가 등의 직업을 가진 서양인들의 경우 1개월~4개월 미만의 단기 체류자들이다. 캐번디시, 카르네프 · 미하일로프, 알프탄 등은 군인이었고, 가린-미하일롭스키는 작가였으며, 헤세-바르텍은 여행가였다. 작가로서 비숍을 들 수 있으나 비숍은 1894년부터 1897년 초까지 4번에 걸쳐 한국을 방문하였다는 점이 차이점으로 꼽을 수 있다. 나머지 노블과 에비슨, 제이콥 로버트 무스 등은 선교사와 의료선교사로서 활동하였고, 프랑뎅과 포지오, 샌즈 등은 외교관으로 활동하였다. 선교사와 외교관 등의 직업을 가진 서양인들은 장기 체류자들로서, 1880년대 방문해서 장기 체류한 서양인들의 직업과도 비슷하다는 점이 특징이다.

이들의 국적을 살펴보면 영국, 미국, 프랑스, 러시아, 캐나다 등의 강대국이었고, 미국과 러시아의 국적을 가진 서양인들이 많았다. 특히 러시아인들은 아관파천을 전후한 시기에 방문하였다는 것이 특징이다. 특이하게 오스트리아인이 1894년에 한국을 방문하였는데, 오스트리아는 1892년에 통상조약을 체결하고 1893년에 비준한 점을 볼 때 조약 체결 직후 여행을 계획했던 것으로 파악된다.

1890년대는 대외적으로 청일전쟁이 일어났고, 대내적으로 동학농민운동과 갑오개혁이 일어났던 시기였다. 청일전쟁으로 인해 한국이란 나라가 본격적으로 서양에 알려졌고, 서양인들도 한국에 관심을 가지고 방문하였다. 직업군이나 국가별로 1880년대 후반과 비슷하다.

캐번디시는 영국 군인으로서 청일전쟁이 일어나기 전인 1891년에 방문하여 2개월간 체류하였다. 청일전쟁 때에는 중국 주재 영국공사관의 육군무관을 지냈으며, 1897년에는 빅토리아 여왕 즉위 60주년을 축하하기 위한 조선특별사절단에 배속되었다. 그 후 지휘관과 부관 부참모를 거쳐 1차 세계대전에 참전했으며 준장까지 진급했다. 그가 쓴 『백두산으로 가는 길』은 영국 군인이 1891년 제물포로 한국에 입국하여 육로로 원산을 거쳐 백두산을 등정하는 여행기이다.

캐번디시의 저서는 주로 여행 기록과 사전에 수집한 한국 관련 정보로 구성되어 있다. 여행기인 만큼 내용도 여행 과정으로 정리되어 있다. 먼저 「홍콩에서 서울까지」를 시작으로 서울, 서울에서 원산까지, 원산, 원산에서 장진까지, 장진에서 갑산까지, 갑산에서 보천까지, 백두산 등정, 보천에서 원산까지, 조선의 사냥감 등으로 되어 서울에서 원산 · 장진 · 갑산 · 보천 · 백두산 순으로 경로를 취하고, 다시 백두산에서 되돌아올 때는 보천에서 원산까지의 경로를 택했다. 저서 마지막에 부록으로 「여정」에서 서울에서 보천으로, 다시 보천에서 원산으로의 여정을 기록했는데, 날짜 · 지명 · 해발고도 · 기온 · 출발시간 · 도착시간 · 거리(리) · 위도와 경도 · 가옥 수 · 날씨 등이 기록되어 당시 여행했던 지역에 대한 소개와 정보를 담았다. 또한 백두산 등정기인 만큼 해로가 아닌 육로를 통한 백두산 여행이라는 점과 백두산에 대한 기록도 살펴볼 만하다. 백두산에 대한 기록은 러시아 작가였던 가린-미하일롭스키의 백두산 여행과도 비교할 수 있다. 이 두 저서가 대표적인 백두산 관련 여행기라고 하겠다.

노블은 미국 여성 선교사로 1892년부터 1934년까지 장기 체류하였다. 그녀는 서울, 평양, 수원 등지에서 감리교 선교사로 남편을 도와 여성 대상 선교와 교육사업에 힘썼다. 특히 평양 남산현교회를 중심으로 한국 최초의 여성성경공부 모임, 한국 최초의 유년 주일학교를 시작했었다. 그녀가 한국에서의 42년간 생활을 기록한 『노블일지』는 그동안 수기의 형태로 유족들이 소장하다가 번역, 소개된 것이다. 그녀는 일과 가사와 육아를 병행하는 바쁜 일상 속에서 자신의 전도 사업과 생각들을 꾸준히 일지에 담았다. 때로는 잠시 공백기를 가질 때도 있었지만, 그녀는 시간이 날 때마다 빠진 부분들을 회고담처럼 보충하며 끊임없이 글을 썼다. 일지의 상당 부분을 남편과 아이들, 가사와 육아를 위해 고용했던 하인들, 동료 선교사들, 한국의 남녀 교인들의 다양한 삶의 측면들을 기록하는 데에 할애하고 있다. 우리는 그 당시 미국의 전형적 여성상을 대표했던 그녀의 시선을 통해 다양한 한국인들의 삶을 새롭게 경험할 수 있다. 그녀의 일지는 매일의 사건과 생각을 정리하는 일기 형식에 얽매이지 않고 자신의 삶을 자유롭게 기술해 간 삶의 기록으로서, 총 6권으로 구성되어 있다.

노블 저서의 목차는 「제1권 1892~1896」·「제2권 1896~1905」·「제3권 1904~1910」·「제4권 1911~1919」·「제5권 1919~1925」·「제6권 1927~1934」로 시기별로 구분되어 있다. 일지는 대부분 정확한 날짜를 밝히고 그 시점을 전후하여 일어난 사건과 생각들을 정리하는 형식을 취하고 있다. 각 권의 말미에는 자녀들의 시와 그림, 교인들에 대한 통계, 교회주보, 서울의 미국 공관이나 선교부에서 온 주요 전문들, 신문 기사 스크랩, 자신의 소장품

목록 등 잡다한 정보들을 모아둔 난을 별도로 두고 있다. 그녀는 서구 문명이 처음 대면한 당시 한국 사회의 문화, 관습, 종교, 여성과 어린이의 처우 등 다양한 주제에 대해 개인적 통찰력으로 수집한 정보를 제공한다. 그녀의 저서는 그 밖에도 의복, 음식, 주택, 혼례 그리고 개종한 한국인들이 겪어야 했던 일상적 문제들도 자세히 언급하였다. 그녀는 1919년에 있었던 3·1 독립운동을 비롯하여 일본의 식민통치 아래서 생활하는 한국인들의 삶을 기록했다. 특히 여기에는 그녀가 알고 지내던 한국 기독교인들이 3·1독립운동 이후 겪어야 했던 고난을 상세히 기록하였다.[28]

프랑뎅은 프랑스 외교관으로 1892년부터 1894년까지 체류하였다. 그가 1879년부터 1890년까지 약 12년간 중국에서의 외교관 생활 동안 보여주었던 탁월한 언어적 능력과 아시아에 대한 오랜 경험을 높이 평가하여 프랑스 정부는 그에게 1891년 조선 주재 프랑스 영사 및 전권공사로 새로운 임무를 부여하였다. 그는 공사 및 총영사로서 행하는 일과에서 조선 왕실과 정부 주요 인사를 접촉해 프랑스의 입장을 전달하였다. 그의 업무는 천주교 및 선교사와 관련한 민원 소송을 중재하거나 해결하는 일이 가장 큰 비중을 차지하였다. 그의 일 중에는 거류민들을 보호하고 한국에 외교대표부를 둔 여러 나라의 주요 국경일에 해당 국가의 공사관에 초청되어 교류를 돈독히 하는 일도 빈번하였다.

『조선에서*En Corée*』는 한국 견문기에 속하는 서적의 하나이다. 본문은 모두 188쪽으로 이루어졌고, 크기는 가로 16㎝ 세로 21㎝ 정도로 각 페이지는 24행, 각 행은 48자 정도로 판이 짜여 있다. 표지에 적혀 있는 바에 따르면, 저자는 끌라르 보티에Madame Claire Vautier와 이뽀리트 프랑뎅Hippolyte Frandin의

28 이외 노블의 생전에 한국에서 출간된 저서로는 『어머니에 대한 강도』(1916), 『자모권면』(1921), 『승리의 생활』(1927)이 있다.

두 사람이며, 출판사는 파리 수플로Soufflot가 15번지에 있는 C. H. 들라그라브Paris Librairie C. H. Delagrave로 되어 있다. 두 사람의 공저로 표기되어 있으나, 원주에 '20년간 극동을 여행한 외교관'이라는 설명이 있는 점으로 보아, 이 기록은 프랑스 외교관 프랑뎅이 개인적으로 한국을 여행하며 작성한 비망록을 문필가 보티에가 정리해 엮은 것으로 추정된다.[29] 발간 연도에 대한 서지 정보는 확인되지 않지만, 프랑뎅이 헌정하면서 표지에 한자 '福'자와 함께 영어로 썼던 메모에 1902년 8월 5일이라는 날짜가 병기되어, 원저는 1902년 이 시점 이전에 간행된 것으로 추정된다. 본문의 기록 가운데 명성황후를 알현한 내용이 나오는 것으로 보아 명성황후 시해 이전에 작성된 것임을 짐작할 수 있다. 본서는 200쪽이 채 안 되는 비교적 간단한 견문기의 성격을 띠고 있다. 내용상의 분장分章도 엄격한 체제를 따랐다기보다는 저자가 그때그때 느끼고 본 바를 수필 형식으로 서술하고 있다. 저서는 한국인의 체질, 마을 풍경, 생활 · 제도 · 예술 등 다양한 주제를 다루었으나, 세밀한 관찰이 아닌 일회적 감상과 간접 자료에 근거해 서술되었다.[30]

주요 내용으로는 한국인의 생김새와 민족성 · 운송수단 · 여성과 복식 · 무당(무속) · 서울의 건축물 · 식생활 · 상공업 · 왕과 궁궐 · 문자 생활 · 왕의 알현 과정 · 왕비와 왕자 · 가정생활 · 관리와 평민 생활 · 장례 풍경 · 결혼식 모습 · 한국의 사회구조 · 양반 관료의 모습 · 음악 · 종교 · 가톨릭 전파 · 한국의 개방 등 총 49장으로 기록되어 있다. 한국과 한국의 생활상에 대해서는 세밀하고 직접적인 관찰이라고 보기에는 단편적인 부분이 많다. 반면에 왕을 접견한 부분에서는 프랑스인으로서는 자신이 처음이기 때문에 많은 부

---

29 프랑뎅, 「머리말」, pp. 6~7.

30 경기도박물관, 2003, 『먼 나라 꼬레(Corée)』, 경인문화사, pp. 34~35.

분을 할애하였다. 즉 왕의 알현길 · 대기실 · 접견실의 풍경 · 왕의 풍모와 복장 · 왕과의 대화 · 왕의 장점 · 왕비와 왕자 · 왕의 행차 광경 · 왕비의 종교 맹신 · 궁중의 기생 · 궁중의 무희 등으로 총 49장 중에 왕과 왕비 관련 장이 10장이다. 이 저서는 비슷한 시기에 출간된 에밀 부르다레Emile Bourdaret의 저서 『대한제국 최후의 숨결*En Corée*』(1904)과 조르주 뒤크로Georges Ducrocq의 『가련하고 정다운 나라 조선*Pauvre et Douce Corée*』(1904) 등과 비교 가능하다.

포지오는 러시아 외교관으로 한국을 방문하지 않고 저서를 출간하였다. 포지오는 1875~1881년 베이징 주재 러시아 공사관에서 근무한 후, 1881~1882년 레솝스키Лесовский 중장이 지휘한 파견대에서 중국과 일본 관련 특수 임무를 수행하였다. 이때 레솝스키에게는 가능하다면 연해주 지역에서 이웃하고 있는 한국인들과도 교류하라는 임무도 주어졌다. 당시 레솝스키 중장은 러시아와 한국이 수교를 맺을 가능성에 관한 모든 문제를 포지오에게 위임하였다. 1882년 러시아로 돌아온 포지오는 자신이 수집한 극동 관련 문헌을 정리하기 시작하였다. 포지오는 「저자 서문」에서 자신의 저서를 완성하기 위하여 19세기 후반 외국 서적들 중 확보 가능한 모든 선집, 논문, 통신문뿐만 아니라, 5년 동안 극동의 청국, 일본, 블라디보스토크에 체재하면서 집필한 자신의 개인적 관찰기와 소논문을 활용하였다고 밝혔다. 이 책은 1892년 페테르부르크에서 출판되었다. 포지오는 한국을 방문하지 않았지만, 이 책에는 19세기 후반 한국의 지리적 형태, 국가체제, 민속과 종교 등이 개괄되어 있다.

포지오 저서의 구성은 「Ⅰ. 한반도 지도에 대하여 · 한국의 지리적 개요」, 「Ⅱ. 한국의 국왕」, 「Ⅲ. 국가제도」, 「Ⅳ. 재판제도」, 「Ⅴ. 사회계층」, 「Ⅵ. 교육」, 「Ⅶ. 가족생활」, 「Ⅷ. 사회생활」, 「Ⅸ. 한국의 건축, 의상, 머리모양,

음식물 등」, 「X. 종교」, 「XI. 한국에서 그리스도교 전파의 역사」, 「XII. 산업과 교역」 등으로 이루어져 있다. 이 저서는 19세기 말 한국과 관련된 지식과 정보를 집대성한 백과사전적 의미를 지니고 있다고 평가할 수 있다. 이 저서는 러시아인들에게 당시까지 미지의 땅이었던 한국이라는 존재를 널리 알리고 이후 양국의 관계를 진전시키는 데 양국을 연결시켜 주는 정보 창구로서 중요한 역할을 하였다. 러시아인들은 1900년에 발행된 『한국지*Описание Кореи*』를 한국을 폭넓고 정확하며 상세하게 소개하는 데 크게 기여한 저서로 높이 평가하였다.[31]

에비슨은 캐나다 북장로교회 선교부 소속 의사로, 1893년 7월에 한국에 입국하여(1893) 11월 1일 제중원濟衆院의 책임을 맡았다. 그는 1935년까지 체류하였다. 그는 귀국 후 1936년 9월 아내가 사망한 후 주위 사람들의 권유로 한국에 대한 회고록을 집필하기에 이르렀고, 1940년 6월부터 집필을 시작해 대략 5년 동안 집필하였다. 타자본인 이 회고록의 원제는 『*Memoires of Life in Korea*』이다. 이 회고록은 모두 670여 쪽이나 되는 방대한 분량이다. 처음에는 448쪽을 집필하였고 후에 200여 쪽이 추가되었다.[32] 에비슨의 회고록은 알렌 디 클라크와 이광린의 저서에 근간이 되었다.[33] 대구대학교는 대구매일신보(제11773호~제11932호)에 150회에 걸쳐 「구한말 비록」이라는 제목으로 연재했던 내용을 모아 1984년 『구한말 비록』이라는 제목의 책으로 출판했다. 동시에 영어 원문을 모아 1988년 대구대학교 출판부에서

---

31 포지오, 「편역자 서문」 참조.

32 연세대학교 학술정보원의 백낙준 장서에 들어있는 에비슨의 회고록은 448쪽으로 되어 있고, 대구대학교 소장본은 670여 쪽이다.

33 클라크의 『에비슨의 전기』는 에비슨의 회고록 상당 부분에 의존해 축약된 상태로 집필되었고, 이광린의 『올리버 알 에비슨의 생애』는 보다 광범위하게 한국이나 미국의 자료를 보완해 집필되었다(알렌 디 클라크, 1979, 『에비슨 전기』, 연세대학교 출판부); 이광린, 1992, 『올리버 알 에비슨의 생애』, 연세대학교 출판부.

『*The Land of the Morning Calm, Reminiscences of Oliver R. Avison, M.D.*』란 제목으로 출판했다. 두 책 모두 절판되었고, 2007년 대구대학교는 회고록을 다시 번역 출판했다.

역자는 회고록의 순서를 먼저 에비슨이 한국에 42년간 살면서 한국과 세계에 대해 느꼈던 것을 「들어가는 길」에 구성했고, 에비슨이 의료선교사로 의료, 의학 교육과 관련된 부분을 모아 「Part 1. 의료 선교사 에비슨」을 구성했으며, 다음 당시 한국의 정세에 관한 부분을 모아 「Part 2. 한말의 정치적 격변」으로 구성했다. 마지막으로 한국의 풍습 등을 다룬 것들을 모아 「Part 3. 한국의 이모저모」로 구성했다. 에비슨은 한국의 대외 접촉 중에 일어난 주요 사건에 대해 알렌의 『연대표*A Chronological Index*』(1901)를 인용하였다.

제이콥 로버트 무스는 미국 선교사로서 1893년부터 1918년까지 장기 체류하였다. 그는 메리 메그놀리아 더함 무스(1867~1952)와 결혼한 후 선교사가 되어 1893년에 한국으로 건너와 그로부터 25년간 한반도의 전역을 자전거로 누비면서 한국의 복음화에 자신의 모든 것을 바쳤다. 무스 목사 부부는 네 자녀를 두었는데, 그중 세 아이를 한국에서 낳았다. 두 명은 제물포에서, 한 명은 춘천에서 출생했다. 춘천중앙감리교회를 세운 제이콥 로버트 무스 선교사는 감리교신학대학교 설립과 종교감리교회 창립에도 중요한 역할을 했다. 『1900, 조선에 살다』의 원서 『*Village Life in Korea*』는 그것이 출판된 미국에서조차 '희귀본 중의 희귀본'으로 분류되었다. 책자 형태로 남아 있는 것은 저자의 후손이 보관하고 있는 것을 제외하면, 미 의회도서관의 소장본 한 권만이 파악된다. 하버드 대학교를 비롯한 미국의 몇몇 대학들의 도서관 소장 목록에서 제명을 찾을 수 있지만, 그것들은 책자가 아니라 필름 형태로 보존되어 있다.[34] 이 저서는 '조선은 시골 마을들로 이루어진 나라'라는 저자의 시각에 따라 조선의 시골 사람들과 그 삶을 집중적으로 다루었다. 그의 관찰과 묘사의 대상은 제도와 인습의 멍에를 지고 치열하게 살아가는 서민들의 삶의 현장이었다. 이 저서는 저자가 한국의 내부자가 되어 그 시각에서 집필된 것이라는 점도 지적된다.[35] 제이콥 로버트 무스는 부인과 함께 20년 가까이 주로 시골에 뿌리박고 살았다. 이 저서는 부제로 '구한말 미국 선교사의 시골 체험기'로 되어 있고, 주요 내용으로는 '조선의 지리와 산천, 주요 산물들, 간추린 조선의 역사, 서울, 조선의 기본 단위인 마을, 여행객들이 쉼터인 주막, 양반, 소년과 소녀, 서당, 농민, 장인, 시장과 상인들, 한의사, 혼례, 장례, 사법 체계, 토속신앙, 교회와 신도들' 등에 대해 다루었다.

비숍은 영국의 여류 여행가이자 작가로 지리협회 첫 여자 회원이기도 하며, 미국 · 캐나다 · 호주 · 동양 등을 여행하며 『미국의 영국 여인들』(1856), 『일본의 오지』(1880) 등 많은 저서와 글들을 남겼다. 그녀는 1894년 2월부터 1897년 3월까지 4차례 한국을 방문하였다. 그녀는 「원저자 머리말」에서 글을 쓰게 된 목적과 한국에 대한 인상을 언급하였다.[36] 비숍은 청일전쟁을 전후해 한국과 한국인에 대한 관심이 커졌음을 나타내었다. 또한 그녀는 이 저서에 도움을 준 사람들로 당시 조선주차 총영사였던 힐리어 경Walter C. Hillier, 해관총세무사인 브라운J. McLeavy Brown 박사, 러시아 공사 웨베

---

34 제이콥 로버트 무스, 「옮긴이의 말」, pp. 5~6.

35 역주자에 의하면 "조선 말기의 시골에 정통한 저서로는 비숍의 『조선과 그 이웃나라들(*Korea & Her Neighbours*)』을 들 수 있다. 그러나 이 책은 탐사 여행으로 네 차례 조선을 방문한 외국 여행자의 관찰에 바탕을 둔 것이다. 파리외방전교회 소속 신부들이 보낸 서한을 편집한 달레의 『한국천주교회사』도 조선의 시골에 대해 많은 것을 알려주고 있지만, 필자마다 관점이 다르고 체계성도 미약하다."고 평가하였다(제이콥 로버트 무스, 「옮긴이의 말」, p. 7).

36 비숍, 「원저자 머리말」, p. 14.

르K. I. Weaber, 선교사 존스G. Heber Jones, 게일James Gale 목사 등을 언급하였다. 그녀는 한국의 관습에 대해 사료로 『코리언 리포지터리*Korean Repository*』와 『서울 인디펜던트*Seoul Independent*』, 제물포 주차 영국 대리 부영사인 윌킨스W. H. Wilkinson의 저작 『조선 정부*Korean Government*』, 달레의 『조선천주교회사』 등을 들었다.

「서장」에서 조선에 대한 전반적인 개관을 시작으로 4차 방문 시기에 기록한 것을 정리해 보면, 먼저 1차 방문 시기는 1894년 1월~6월까지로 조선과 서울의 첫인상, 왕의 거동擧動, 서울, 한강 여행, 북한강 여행, 원산을 거쳐 금강산까지의 여행, 청일전쟁의 전운戰雲 등에 대해 다루었다. 청일전쟁이 시작하면서 잠시 머물렀던 만주와 봉천 지역, 나가사키에서 블라디보스토크, 시베리아 등지에 대해 다루었다. 2차 방문 시기는 1895년 1월~2월까지로 「자주독립서고문」 발표 목격과 국왕 부부 알현, 갑오경장 등을 기록하였다. 3차 방문 시기는 1895년 10월~12월까지로 일본에 도착해 민비 시해 소식을 접하고 한국으로 입국한 시기이기도 하다. 이 시기에는 을미사변과 장례 풍습, 송도와 평양·관서 지방 여행, 무당 등에 대해 다루었다. 마지막으로 4차 방문 시기는 1896년 12월~1897년 3월까지로 이전에 있었던 단발령과 아관파천, 정부 조직 개편, 교육과 대외 무역, 무속신앙, 1896년의 서울 모습 등에 대해 다루었다. 비숍의 저서는 이후 1911년에 출간된 캠프 여사의 저서와 비교할 수 있다. 시기상 1890년대 중반과 1910년이라는 차이가 있지만, 같은 영국인 여성이라는 점과 여행가라는 점, 금강산을 여행했다는 점 등이 공통점이다. 또한 비숍의 저서는 1892년에 한국에 입국한 미국인 여성 선교사 노블과도 비교할 수 있다. 노블이 선교활동을 중점으로 기록했다면, 비숍은 여행과 견문을 중점으로 기록하였다는 차이점이

있다. 하지만 여성에 대한 관심은 둘 다 컸음을 기록에서 알 수 있다.[37]

헤세-바르텍은 오스트리아 여행가로 1894년 6월부터 7월까지 한국에 체류하였다. 철저히 자신이 보고 들은 사실에 기초해 책을 쓰고자 하는 그의 열망은 그의 숱한 여행 편력에서 비롯된 것이다. 그는 한국을 중국·일본과 비교 연구 대상으로 삼았고, 한국에 대해 중국 문화를 일본에 전달하는 가교 역할을 했다고 보았으며, 한국은 중국 문명과 일본 문명의 대립이 이루어지고 있던 나라였다고 밝혔다.[38]

헤세 바르텍 저서의 주요 내용으로는 '조선으로 입국하는 과정, 부산, 황해, 제물포, 한강, 강화에서 서울까지, 서울, 왕과 조정, 왕비와 왕실, 조선왕의 장례식(왕릉), 중국의 사신단, 군대, 정치사회적 상황, 조선인의 오락, 조선의 경축일, 서울 산책, 여성들의 삶, 교육제도와 지리 인식, 종교관, 조선의 치료약과 병자 간호, 장례 의식과 조상숭배, 재판절차와 감옥 및 고문, 조선의 독특한 점들(이름 · 계급 · 언어 · 시간과 길이 계산법), 조선의 유럽인, 조선 팔도, 산업, 토산품, 러시아의 관심과 원산, 조선의 대외 교역' 등으로 구분하여 기록하였다.

카르네프와 미하일로프는 러시아 육군 대령과 육군 중위이다. 「조선 중

---

37 이 밖에 비숍은 처음 찾아간 곳이 캐나다와 북미주로, 이때의 체험을 글로 쓴 것이 『미국에 온 영국 여인(*Englishwoman in America*)』(1856)이다. 이 책은 45판을 찍게 되고 이를 통해 문명(文名)을 얻게 되자 이때부터 글과 여행을 자기의 본업처럼 알고 살게 된다. 이때 쓴 또 다른 글로는 『하와이군도(*The Hawaiian Archipelago*)』(1875), 『일본의 오지(*Unbeaten Tracks in Japan*)』(1880)가 있다.

38 헤세-바르텍은 조선에 관한 가장 훌륭한 책으로 그리피스의 저서와 달레의 저서를 들고 있는데, 그리피스의 저서는 조선의 정치와 사회 상황을 적절하게 묘사했다고 하였고, 달레의 저서는 선교사들의 보고서에 기초하여 한국인과 한국인의 풍습을 다루었다고 하였다. 또한 원래 계획은 조선을 북에서 남으로 종단하려 했으나 남부 지방의 봉기(동학농민운동)로 차질을 빚게 되었다고 하면서 그럼에도 불구하고 조선의 여러 도시에 머물면서 그 주변을 돌아보았고, 달레의 묘사를 현지에서 검토하고 보완할 수 있는 기회를 가질 수 있었다고 전했다(헤세-바르텍, 「머리말」, pp. 4~5).

남부 여행기」는 카르네프와 미하일로프의 공저로서 주 집필자는 카르네프이다. 내용은 주로 1895~1896년의 조선 중남부 지역에 대한 전반적인 정보와 여정 등으로 매우 사실적이고 일목요연하게 기술되어 있다. 카르네프와 미하일로프 일행은 1895년 12월 7일 나가사키에서 부산을 향해 출발해 다음 날 부산항에 도착하였다고 기록하였다. '양산, 경주를 거쳐 영일까지 여행하는 중에 접한 여관, 음식, 조선의 목화재배, 농업' 등에 대해 다루면서 당시 단발령이 내려져 주민들의 반발을 샀다고 전했다. 카르네프와 미하일로프 일행은 동강을 지나 청풍 거쳐 충주, 강릉, 여주, 양평 등을 여행하여 서울까지 입성하였다. 이들은 서울에 입성하여 러시아 공사관에 머물면서 서울의 모습을 기록하였는데, 삼각산과 남산, 보신각종과 8개의 성문, 외국 공사관 건물, 천주교 사원과 고아원 등에 대해 다루었다. 1896년 1월 20일 공사의 주선으로 국왕을 알현할 기회를 얻게 되었다. 이들은 왕과 세자, 대원군, 민비에 대해 언급하였고, 1896년 1월 30일(양력 2월 11일)에 고종과 세자는 러시아 공사관으로 오게 되었다고 기록하였다. 여행 중에 선교사들을 만났는데, 자신들이 가지고 있는 정보에 따르면 당시 한국에는 장로파, 감리교, 미북주의 침례교, 미남주의 장로교파 등에서 파견한 선교사들이 와 있었다. 이들은 1895년 12월부터 1896년 4월까지 한국에 체류하면서 다른 러시아인들과 달리 남부 지역을 여행하였고, 여행 경로도 한국과 러시아의 국경을 통해 직접 육로로 입국한 것이 아닌 일본을 통해서 입국한 점에서 다른 러시아인들과 차이를 보인다.

알프탄은 러시아 육군 중령이었다. 「조선 중북부 여행기」는 1895년 12월에서 1896년 1월까지 한국 중북부를 여행하면서 강, 의식주, 일본과의 관계 등에 대하여 소개하였다. 러시아의 국경선에서 원산에 이르기까지 북쪽 지역의 지형(산과 강)에 대해 언급하면서 한국의 면적을 기록하였다. 국경에서 원산까지 가는데, 두만강 근처에 위치한 경흥과 경성, 송진(성진), 탄천(단천), 북천(북청), 홍원, 함홍 등을 거쳐 원산에 도착했다고 하여 경유지를 정리하였다. 알프탄은 '원산과 부산 항구에 대한 특성을 다루었고, 한국의 행정구역과 농가 구조(주거) · 생활상(음식)' 등에 대해 언급하였다. 알프탄은 이동 방법으로 말과 소를 이용하는 방법을 지적하였고, 한국의 여관에 대해 다루었다. 알프탄은 '조선인의 기질과 조선에서의 무역(품목과 국내 산업 · 무역 초기 단계), 조선의 광물자원(금 · 은 · 철 등)과 화폐, 교육, 종교(불교와 미신), 가부장제, 중국의 영향을 받은 재판제도, 조선의 계급제도, 조선인의 일본인에 대한 적대감, 조선 안의 외세 관계' 등에 대해 다루었다.

가린-미하일롭스키는 러시아 작가이자 철도 기사이며 저널리스트로 활동하였다. 이 책은 1980년 출판사 민족사에서 『저것이 백두산이다. 조선! 1898년』이라는 제목으로 발췌 번역본을 출간했다. 내용을 살펴보면, 가린-미하일롭스키는 1898년 7월 9일 모스크바에서 출발해서 9월 2일 노보키옙스크[39]를 거쳐 9월 10일 한국 국경으로 들어가게 되었다. 이 저서는 가린-미하일롭스키가 1898년 페테르부르크에서 시베리아철도를 타고 중앙아시아, 시베리아를 지나 블라디보스토크, 두만강, 백두산, 압록강을 거쳐 뤼순항, 일본까지 여행하면서 기록한 일지이다. 그는 총 4개월 10일간의 대장정을 일기 형식으로 기록했고, 1899년 2월부터 잡지에 기고하기 시작하여 1904년 단행본으로 출간했다. 이 여행기의 중심은 한국이다. 전체 분량의 반 정도가 한국 국경 내에서 쓰인 부분이며 여행기의 중심에는 한국이 있다. 저자는 탐사단 2개 조의 조장이 되어, 두만강과 백두산, 압록강 지역의

39 현재 지명은 크라스키노. 연해주 하산구의 도시형 촌락이다. 가린-미하일롭스키, 「9월 3일[1898. 09.15.]」, p. 160.

도로와 강의 수심, 식물군 · 광물군의 분포 등을 조사하는 것을 총괄했고, 동시에 여행기를 집필하고 한국의 민담을 수집하면서 총 1,600km를 통과했다. 그것은 두만강을 따라 백두산으로 말을 타고 이동하고, 다시 압록강을 따라 지금의 의주까지 배로 이동하는 40여 일에 걸친 힘들고 긴 여정이었다. 한국에 체류한 기간은 1898년 9월 22일~10월 31일(러시아 구력으로 9월 10일~10월 19일)이다. 가린-미하일롭스키가 참여했던 탐사단은 러시아지리협회 사상 가장 대규모로 진행되었다. 이들은 철도와 천문 · 지질 · 삼림 · 광물 관련 전문 지식을 가진 사람들로 구성되었고, 주로 도로와 수로 상황, 각 지역의 경제 상황 등 폭넓게 조사하였다.

가린-미하일롭스키 저서의 주요 내용을 보면 저자가 맡은 임무는 두만강 · 압록강 · 쑹화강의 시원을 조사하는 것이었다. 탐사단장인 즈베긴초프는 단원들을 여러 조로 나누어 한국 북부 지역에 대해 상세한 조사를 했다. 이 탐사는 당시 러시아왕립지리협회의 주도하에 진행되었으며, 탐사단장을 비롯하여 다수의 단원들이 장교나 군인이었다는 점에 주목한다. 특히 가린-미하일롭스키가 여행한 백두산 관련 기록은 영국인 군인이었던 캐번디시의 백두산 등정기와 비교 가능하다.

샌즈는 미국 외교관으로 1898년부터 1905년까지 체류하여 다른 외교관들보다 오래 체류하였다는 특징이 있다. 그는 조지타운 대학에서 예술학사와 법학사를 받고(1896) 곧바로 국무성에 들어갔다. 그의 첫 임무는 도쿄東京 주차 미국 공사관 2등 서기관(1896)이었다. 도쿄에서 2년의 초급 외교관 생활을 보낸 그는 한국으로 가보라는 주위의 권고에 따라 한국 근무를 자청하였다. 그는 1898년에 조선 주차 미국 공사관 1등 서기관으로 부임하여 곧 변리 공사로 승진했다. 그는 1900년에 공사직을 사직하고 고종의 고문이 되어 격동의 한국 근대의 목격자가 된다. 을사늑약과 함께 한국의 미국 공사관이 철수되자 그는 미국으로 귀국하여 파나마(1905~1907), 과테말라, 멕시코 대사관(1908~1910)에서 근무한 것을 끝으로 공직을 사임했다. 그의 저서인 『조선비망록』은 몇 가지 점에서 의미 있는 책이다.[40] 우선 그가 명문 대학에서 정규 과정의 학업을 마친 정통 직업 외교관이었다는 점이 이 책의 역사학적 의미와 함께 정치 · 외교사적 문헌으로서의 가치를 높여 준다. 둘째로 그가 고종 황제의 고문으로서 격동의 시기에 권력과 국제 관계의 핵심을 목격한 증인이라는 점이다. 셋째로는 그의 남다른 박식함과 기지가 돋보인다는 점이다.

샌즈 저서의 주요 내용으로는 서론에 '외교란 무엇인가?'를 시작으로 '일본, 조선, 서울의 외교 사절들, 황제, 영사 재판, 선교사들, 공사관 생활, 황제의 고문관, 대궐에서의 생활과 민속놀이, 고문 · 산적 그리고 반란, 제주도-이재수의 난, 조선인의 신뢰성과 친절, 이권利權 외교, 외교 정책' 등을 다루었다.[41] 제주도에 관한 기록은 1901년에 방문한 독일인 기자 겐테의 저서와 비교할 수 있다. 겐테가 제주도로 향한 시기는 '이재수의 난'이 일어난 직후로 민심이 혼란한 상황이었고, 그는 지리학자답게 한라산의 해발고도를 측정하고 백록담의 분화구 지질을 조사하였다. 겐테의 기록은 샌즈의 제주도 여행 기록과 비교할 수 있고, 이 둘의 기록은 이후 서양인들에게 제주도에 대한 정보를 제공하였다.

---

40 샌즈, 「역주자 머리말」, p. 3.

41 샌즈는 이외에 자서전 『우리의 정글 외교(*Our Jungle Diplomacy*)』(1944)를 남겼다.

4) 1900년부터 1910년 일제 시기 직전까지

1900년대에 한국을 방문한 서양인은 겐테(독일, 기자, 1901), 버튼 홈스(미국, 여행가, 1901), 분쉬(독일, 의사, 1901~1904), 에밀 부르다레(프랑스, 교육자, 1901/1903~1904), 조르주 뒤크로(프랑스, 여행가, 1901), 헨리 위그햄(영국, 기자, 1901), 세로셰프스키(러시아, 인종학자, 1903~1904), 로제티(이탈리아, 외교관, 1902~1903), 루돌프 차벨(독일, 특파원, 1904), 매켄지(영국, 특파원, 1904~1905/1906~1907), 아손 그렙스트(스웨덴, 기자, 1904~1905), 와그너(미국, 교육자, 1904~1940), 잭 런던(미국, 기자, 1904), 버라토시(헝가리, 탐험가, 1907/1920년대초), 켐프(영국, 여행가, 1910) 등이다.[42] 버라토시와 켐프

---

42 Siegfried Genthe, *Korea-Reiseschilderungen*, Allgemeiner Berein für Deutsche Litteratur, 1905(지그리프트 겐테 지음, 권영경 옮김, 2007, 『신선한 나라 조선, 1901』, 책과 함께). 이하 '겐테'로 줄임; Elias Burton Holmes, *BURTON HOLMES TRAVELOGUES -SEOUL, THE CAPITAL OF KOREA*, New York: The McClure company, 1908(버튼 홈스 지음, 이진석 옮김, 2012, 『1901년 서울을 걷다』, 푸른길). 이하 '버튼 홈스'로 줄임; Richard Wunsch, *Arzt in Ostasien*, 1999(리하르트 분쉬 지음, 김종대 옮김, 1999, 『고종의 독일인 의사 분쉬』, 학고재). 이하 '분쉬'로 줄임; Emile Bourdaret, *En Corée*, Plon-Nourrit, 1904(에밀 부르다레 지음, 정진국 옮김, 2010, 『대한제국 최후의 숨결』, 글항아리). 이하 '에밀 부르다레'로 줄임; Georges Ducrocq, *Pauvre et Douce Corée*, H.Champion, Libraire Parais, 1904(조르주 뒤크로 지음, 최미경 옮김, 2006, 『가련하고 정다운 나라 조선』[서양인이 본 한국의 근대 2], 눈빛. 이하 '조르주 뒤크로'로 줄임; Henry J. Whigham, *MANCHURIA AND KOREA*, LONDON ISBISTER AND COMPANY LIMITED 15&16 TAVISTOCK ST. COVENT GARDEN, 1904(헨리 위그햄 지음, 이영옥 옮김, 2009, 『영국인 기자의 눈으로 본 근대 만주와 대한제국』[그들이 본 우리 011], 살림). 이하 '헨리 위그햄'으로 줄임; Vatslav Seroshevskii〈B. Серошевский〉, *Korea*, Saint Petersburg, 1909(세로셰프스키 지음, 김진영 외 옮김, 2006, 『코레야 1903년 가을』, 개마고원). 이하 '세로셰프스키'로 줄임; Carlo Rossetti, *Corea e Coreani*, Plon-Nourrit, 1904(로제티 저, 서울학연구소 역, 1996, 『꼬레아 꼬레아니』, 숲과 나무). 이하 '로제티'로 줄임; Rudolf Zabel, *Meine Hochzeitsreise durch Korea während des Russisch-japanische Krieges*, Altenburg, S.-A.: Stephan Geibel Verlag, 1906(루돌프 차벨 지음, 이상희 옮김, 2009, 『독일인 부부의 한국 신혼여행 1904』(원제: 러일전쟁 중에 떠난 나의 한국 신혼여행)[그들이 본 우리 008], 살림). 이하 '루돌프 차벨'로 줄임; Frederick Arthur McKenzie, *The Tragedy of Korea*, E. P. Dutton & Co., New York, 1908(매켄지 지음, 신복룡 역주, 1999, 『대한제국의 비극』[한말외국인기록 2], 집문당). 이하 '매켄지'로 줄임; William A:son Grebst, *I Korea*, Elanders Boktryckeri Aktiebolag, 1906(아손 그렙스트 지음, 김상열 올김, 2005, 『스웨덴 기자 아손, 100년 전 한국을 걷다』, 책과 함께). 이하 '아손 그렙스트'로 줄임; Ellasue Canter Wagner, *Children of Korea*, Oliphants Ltd., London, 1911(와그너 지음, 신복룡 역주, 1999, 『한국의 아동생활』[한말외국인기록 14], 집문당). 이하 '와그너(1911)'로 줄임; *KOREA THE OLD AND THE NEW*, 1931

를 제외하고는 대부분 1900년대 전반에 방문한 서양인들로, 특히 1901년과 러일전쟁 전후로 방문한 서양인들이 많다.

이들의 체류 기간을 살펴보면 1개월에서 5개월 사이에 체류한 서양인들은 겐테, 조르주 뒤크로, 세로셰프스키, 루돌프 차벨, 아손 그렙스트, 켐프 등이다. 6개월 이상 체류한 서양인들은 버튼 홈스, 분쉬, 에밀 부르다레, 헨리 위그햄, 로제티, 매켄지, 와그너, 잭 런던, 버라토시 등이다. 특히 에밀 부르다레는 3~4년가량 장기 체류했었고, 와그너의 경우는 37년가량 체류하여 일제 시기에도 한국에 머물렀던 서양인이다.

이들의 직업을 살펴보면 기자와 특파원, 여행가, 의사, 교육자, 인종학자, 외교관, 탐험가 등의 다양한 직업을 가진 서양인들이 한국을 방문하였다. 이 시기에는 이전 시기에 보이지 않던 기자와 특파원이란 직업군의 서양인들을 볼 수 있다. 1880년대 조약 체결로 한국이 서양에 알려졌고, 1890년대 청일전쟁을 거치며 관심이 확대되자, 1900년대 초에는 러시아와 일본의 대립 구도를 취재하려는 서양인들의 방문이 늘어났다. 겐테, 헨리 위그햄, 루돌프 차벨, 매켄지, 아손 그렙스트, 잭 런던 등이 이러한 직업군이다. 그밖에 직업군인 여행가 또는 탐험가로는 조르주 뒤크로, 버라토시, 켐프 등을 들 수 있고, 교육자로는 에밀 부르다레와 와그너를 들 수 있으며, 인종학자로는 세로셰프스키를, 외교관으로 로제티를 들 수 있다. 기자와 특파원 중

(와그너 지음, 김선애 옮김, 2009, 『미국인 교육가 엘라수 와그너가 본 한국의 어제와 오늘 1904~1930』[그들이 본 우리 013], 살림). 이하 '와그너(1931)'로 줄임; Jack London, *LA CORÉE EN FEU*, Union Générale d'Éditions, 1982(잭 런던 지음, 윤미기 옮김, 1995, 『잭 런던의 조선사람 엿보기 -1904년 러일전쟁 종군기』, 한울). 이하 '잭 런던'으로 줄임; Baráthosi Balogh Benedek, *Korea, a hajnalpír országa*, Budapest, 1929(버라토시 지음, 초머 모세 역저, 2005, 『코리아, 조용한 아침의 나라』[한말외국인기록 24], 집문당). 이하 '버라토시'로 줄임; Emily Georgiana Kemp, *The Face of Manchuria Korea, Russian Turkestan*, Duffield & Company, New York, 1911(켐프 지음, 신복룡 역주, 1999, 『조선의 모습』[한말외국인기록 13], 집문당). 이하 '켐프'로 줄임.

에 루돌프 차벨과 아손 그렙스트는 1개월~2개월 정도 체류한 반면에 겐테, 헨리 위그햄, 매켄지, 잭 런던 등은 5개월 이상 두 계절을 한국에 머물면서 한국의 전시 상황을 기록하여 서양에 알리고자 했다.

이들의 국적을 살펴보면 미국, 독일, 프랑스, 영국, 러시아, 이탈리아, 스웨덴, 헝가리 등의 국적을 가진 서양들이 방문하였고, 특히 미국과 독일, 영국의 국적을 가진 서양인들이 많았다. 이 시기에는 이탈리아, 스웨덴, 헝가리 등의 국적을 가진 서양인들이 방문하여 보다 다양한 국가들이 한국에 관심을 가지고 방문하였다. 이 시기 방문자는 20세기 한국의 변화에 관심을 가진 서양인과, 1903년 이후 러 · 일의 영향력과 전시 상황을 직접 파악하기 위해 방문한 서양인들이 주를 이루었다. 이것은 직업군 중에 기자와 특파원이 1900년대 전반에 방문한 사실을 통해 알 수 있다.

겐테는 독일 기자로 1901년에 한국을 방문하였다. 그는 마르부르크 대학에서 지리학 박사 학위를 취득한 후 쾰른 신문사에 입사했다. 그는 1898년 첫 발령지 워싱턴을 시작으로 사모아, 모로코, 중국 등 당시 유럽 열강의 관심을 집중시켰던 분쟁지역을 주 무대로 왕성하게 취재 활동을 했다. 겐테가 사망한 후 마르부르크 대학 시절의 절친한 친구이자 『쾰른 신문』 동료 기자였던 게오르크 베게너에 의해 겐테의 여행기와 저서가 출간되었다.

겐테의 한국 여행기는 구한말 다른 서구인의 여행기와는 구별되는 특징을 지닌다. 첫째 서구인에게 잘못 알려진 한국에 대한 선입견을 경험과 연구를 통해 수정해 나갔다. 둘째 정치 · 사회 · 경제 등 비중 있는 시사 문제를 다루었다. 겐테의 여행기는 유럽 열강들의 세력 다툼, 러시아와 일의 관계 등 대외적인 상황도 철저한 자료를 바탕으로 정확하게 다루고 있다. 그의 여행기는 구한말 한국이 처한 입장, 즉 쇄국정책의 원인, 문호 개방의 난관, 그에 수반되는 유럽 강대국들의 절대적 영향에 대해서도 전문적인 입장에서 관찰하고 있다. 한국 민족과 전통문화도 다방면으로 심도 있게 다루어 역사적 자료뿐 아니라 문화인류학적 자료로서도 손색이 없다는 평가이다.

전체가 4부로 구성된 한국 여행기는 중국에서 서해안을 거쳐 제물포로 들어오는 과정(만주 · 즈푸 · 조선 · 제물포), 강원도 내륙의 당고개(현재 북한의 금성군 당현리) 금광과 금강산을 횡단해 동해안에 이르는 과정(서울에서 강원도 금성군 금광으로 · 금강산의 불교 사찰 · 장안사 · 금강산 횡단), 서울에 체류하면서 서민들의 삶과 궁중 생활(도시와 도시인들의 생활 · 조선의 궁궐과 모습), 제주도로 가서 한라산 등반을 하고 돛단배로 목포항에 이르는 위험한 모험(제주도를 향해 · 한라산 정상에 서다 · 원치 않은 체류 · 위험한 귀향)을 다루고 있다. 그는 백인우월주의에서 비롯된 기존의 잘못된 선입견에 대해 긍정적인 증거를 제시하면서 정확히 설명하였다. 대표적으로 그는 서양 여행자들이 내린 부정적 편견과 달리, 한국인이 부지런하고 위생 관념이 철저하다는 점을 강조하였다. 이 여행기는 한국에 대한 정보와 지식을 알리는 중요한 수단이 될 뿐 아니라 이웃 나라와의 비교를 통해 동아시아의 미래를 예언하는 역할도 하였다. 겐테가 제주도로 향한 시기는 '이재수의 난'이 일어난 직후로 민심이 혼란한 상황이었다. 제주도 여행에서 겐테는 지리학자답게 한라산의 해발고도를 측정하고 백록담의 분화구 지질을 조사하였다. 이는 서양인 최초일 뿐 아니라, 한라산의 해발고도가 수정되기 전까지 그의 측정이 사실상 공식 자료였다는 점에서 의의가 크다. 그는 한라산 등반 준비를 위해 제주 목사를 설득하여 동분서주하는 과정과 함께 우리에게 당시의 제주 읍성 일대에 대해서도 많은 정보를 제공한다. 제주도에 관한 기록에 대해서는 샌즈의 저서와 비교가 가능하다.

버튼 홈스는 '여행기travelogue'라는 용어를 만들어 낸 미국 여행가이자 사진가, 영화감독으로 1901년 한국을 방문하였다. 버튼 홈스의 슬라이드와 해설에 기초를 둔 강좌는 1901년 출판된 10권의 책으로 개편되었다. 1902년에 분량을 추가하여 『버튼 홈스의 여행기*The Burton Holmes Travelogues*』라는 제목으로 다시 엮었다. 이 세트는 4만 부 이상이 판매되었다. 이 책들은 여전히 중고 서점에서 판매되고 있으며 최근에 『100년 전*The World 100 Years Ago*』이라는 시리즈로 재간행되었다.

버튼 홈스 저서의 주요 내용으로는 코리아로 가는 길, 제물포, 서울과 서울 광경들, 서울 관광(종각 · 파고다 탑 · 궁궐), 을미사변과 아관파천, 서울의 외국인들, 전차, 활동사진, 모자, 독립문, 서울 근교 여행, 불교, 코리아의 미래 등에 대해 다루었고, 부제로 달린 '버튼 홈스의 사진에 담긴 옛 서울, 서울 사람들'의 모습을 살펴볼 수 있다. 그의 저서에 실린 사진들은 프랑스의 에밀 부르다레, 조르주 뒤크로, 이탈리아의 로제티 등의 자료와 함께 1901~1902년 한국의 모습을 보여주며, 서로 비교 연구가 가능하다.[43]

분쉬는 독일 의사로 1901년부터 1904년까지 한국에 체류하였다. 분쉬 박사가 처음 한국에 발을 디뎠을 때는 1901년으로, 당시 한국은 열강들의 이해관계가 얽히고설킨 데다 정부가 정치력을 거의 행사하지 못하던 시기였다. 그는 황제의 시의로서 여러 나라 외교관들과 친밀한 관계를 맺고 있었기 때문에 당시 한국 정부와 열강, 열강과 열강 사이의 복잡미묘한 관계를 상당히 가까이에서 엿볼 수 있었다. 한국에 들어와 생활한 많지 않은 유럽 사람으로서 구한말의 의료 수준은 물론이고, 당시 생활상과 사회상, 한

---

43 버튼 홈스는 이외에 두 권을 저술하였는데, 하나는 『여행자의 러시아(*The Traveller's Russia*)』(1934)로 완전히 판매에 실패하여 남은 재고를 친구들에게 나눠주었다고 한다. 그리고 마지막 자서전인 『세상은 나의 것(*The World Is Mine*)』은 1953년에 출판되었는데 기록 자체는 제1차 세계대전 이후의 것으로 이루어져 있으나 밴드 너바나의 사진과 홈스가 시카고에 살던 시절의 사진 등 그의 전 생애에 걸친 사진들이 수록되어 있다.

국에 살던 외국인들의 생활상, 그 외국인들을 바라보는 한국인의 시각 등 세세한 부분까지 관찰할 수 있었다. 그는 이러한 것들을 일기와 편지로 남겼다. 그의 편지와 일기는 비교적 객관적인 시각으로 당시 한국 사회를 복원해 낸 귀중한 기록이다.

분쉬가 쓴 저서는 「제1부 서울에서 온 편지」에서 분쉬가 가족에게 보낸 편지로, 1901년 6월 7일~1905년 4월 9일까지의 편지 내용이 담겨 있다. 「제2부 낯선 땅에서 보낸 나날들」에서 여행 일지를 남겼는데, 1901년 9월 7일~10월 28일까지 제네바와 나폴리, 홍콩, 상해 등을 거쳐 서울로 오는 과정의 편지 내용이 담겨 있었다. 그리고 서울로 들어와 1902년 2월 28일~1905년 4월 20일까지 서울에서의 생활(정치상과 사회상)에 대해 편지 내용으로 기록하였다. 이 글들은 분쉬 박사의 딸인 게르트루트 클라우센-분쉬 Gertrud Claussen-Wunsch 여사가 모으고 정리하여 『동아시아의 의사 *Arzt in Ostasien*』(1976)라는 제목으로 독일에서 출판되었다. 클라우센-분쉬 여사가 흩어져 있던 아버지의 편지와 일기를 발견한 것은 분쉬 박사가 사망한 지 60년이 지난 1971년이었다. 분쉬 박사가 남긴 기록은 한국 의학 발달사에서도 중요한 자료일 뿐만 아니라 한국 사학계에도 잘 알려져 있지 않던, 구한말 정부와 외세의 미묘한 관계 및 정치적 · 사회적 상황을 이해하는 데 유익한 자료라는 점에서 의미가 크다. 분쉬가 참고한 자료로 알렌과 비숍의 저서를 들 수 있다.

에밀 부르다레는 1901년 대한제국이 경의 철도를 자력으로 부설하기 위해 서북철도국을 설치했을 때, 철도 기사로 한국에 초빙되었다. 1903년에 서울의 프랑스어 학교 강사로 부임하기 전에 일본에 머물렀고, 그전에 대한제국 황실에서 산업 관련 기술고문으로 일하느라고 방한한 적이 있었다.

그의 저서는 에밀 부르다레가 1901년 한국을 방문한 이래 러일전쟁이 일어나기까지 4년간, 그가 한국에 머물면서 보고 듣고 조사한 내용들로, 그가 밟은 한국 땅 곳곳을 때로는 스케치하듯, 때로는 세밀화를 그리듯 묘사하였다. 원본에는 서른 점의 흑백사진이 실려 있다. 1904년 파리에서 펴낸 이 책은 1903년에 저자가 우리나라를 다시 찾던 시간부터 기록하여 일기에 가까운 문체로 선보였다.

에밀 부르다레가 쓴 저서는 우선 서울에서 평양, 금강산, 목포, 제주도로 국토를 종단한 여행의 기록이다. 여기에 저자가 참석했던 행사 등에 관한 목격담을 덧붙였고, 수집한 설화도 전하고 있다. 또한 에밀 부르다레는 제물포의 외국인 거류지, 전차를 타고 교외로 놀러 가는 젊은이들, 사격 훈련을 받는 친위대 병사들, 황제 접견과 궁중 연회의 식순, 고관 집의 가구들, 협률사 극장의 내부 구조와 공연 레퍼토리, 서북철도국의 경의 철도 부설 공사, 개성의 인삼 농업과 상업, 평양에서 진행된 제2 황도건설사업 등 잘 알려지지 않았거나 단편적으로만 알려진 사실들에 대해 새로 알려주었다. 하지만 그는 한국의 역사에 대해 서구인으로서 높은 식견을 쌓았지만, 자기가 한국에 머물던 기간에 일어난 변화의 '역사적 의미'에 대해서는 알지 못했다.

이 책은 대한제국이 일본과 을사늑약을 체결하고, 러일전쟁에서 승리한 일본이 사실상 이 나라의 실질적 통치권을 장악한 1904년의 직전, 대한제국의 마지막 몇 해에 대한 관찰로서 주목할 만하다. 에밀 부르다레는 한국의 자연 · 제도 · 사람과 사건을 재치와 해학으로 서술해, 사실을 발견하는 기쁨과 함께 기행문과 일기를 읽는 즐거움을 선사한다. 1904년 이후 일본 당국의 사진 촬영 통제와 제1차 세계대전으로 유럽인의 방문이 줄면서, 이 시기에 촬영된 사진들은 사료적 가치가 더욱 크다.

조르주 뒤크로는 프랑스 여행가이자 시인 · 외교관으로 1901년 12월부터 1902년 1월까지 체류하였다. 그는 당시 상황, 역사 · 문화 등 모든 것이 지배당할 운명에 놓인 한반도를 열강들이 노리고 있었다는 것을 잘 알고 있었다. 조르주 뒤크로는 당시 지정학적 상황에 대한 자료들을 제공할 뿐만 아니라, 한국과 한민족, 한국 문화를 따뜻한 시선으로 바라보고 있다. 프랑스의 서적들이 러 · 일 각축 속 희생되는 한국의 현실을 강조한 데 비해, 조르주 뒤크로의 여행기는 한국 전통의 흔적을 담는 데 주력하였다.[44] 조르주 뒤크로는 이미 한국에 체류했었던 샤를 루이 바라Charles Varat, 에밀 부르다레Emile Bourdaret, 피에르 로티Pierre Loti[45] 등의 여행가들이 소개한 '고요한 아침', '은자의 나라'와 같은 한국의 대표적인 이미지를 자신의 글에 채용하면서도 개인적인 인상, 인류학적인 관점을 강조함으로써 관광 혹은 보도적인 시각에서 벗어났다. 그의 시각은 여행가들이 문화적 현실, 직업생활, 예술, 문학 등에 대해서는 관심을 가지고 보려는 시도조차 못 하고 피상적인 단계에 머물렀던 것과는 대조적이다. 뒤크로의 기술은 여행기이기보다는 '서술 여행기'로 보는 것이 더 바람직하다. 뒤크로의 '서술적 여행기'는 과학적 성격을 띠고 있었던 이들의 여행에 필요한 자료 정리뿐만 아니라 관찰 대상과의 상당한 거리두기를 통해 재치 있게 고대적인 것과 근대적인 의의와 주제를 전개한다.

---

44 조르주 뒤크로는 프랑스에 돌아가서 신문기자가 되고, 제1차 세계대전 이후에는 중동지방에 군수무관으로 근무하면서, 동양적 서정을 띤 『슐레이만의 꿈(*Le Réve de Suleïman*)』, 『아름다운 레바논 여인(*La belle Libanaise*)』 등의 작품을 발표했다.

45 피에르 로티(Pierre Loti, 1850~1923)는 『나비부인(*Madame Chrysanthème*)』의 원작자로 이국문학의 선구자이며 프랑스 왕립아카데미 회원이고, 1901년에 한양 주재 프랑스 해군파견관이었다.

조르주 뒤크로 저서의 주요 내용으로는 '한양의 모습, 조선의 가옥, 한민족, 의복, 한양의 거리, 장례식과 장례 행렬, 혼례, 예술, 조선 문학과 속담, 왕궁, 교육과 학교, 명동의 대성당, 북악산과 남산' 등을 기록으로 남겼다. 탐험대 일원이었던 루이 마랭이 찍은 사진 자료가 첨부되어 당시 한국의 모습을 눈으로 살펴볼 수 있는 자료가 된다.

헨리 위그햄은 스코틀랜드 출신의 영국 기자이자 작가, 아마추어 골프 선수이다. 1901년 6월 헨리 위그햄은 상하이에서 출발하여 즈푸 · 다롄 · 뉴좡 등을 거쳐 만주 지역을 여행하였는데, 그 목적은 '만주 내 러시아의 움직임을 보려는 것'이었다. 그가 쓴 책은 의화단 운동이 끝난 뒤 만주에서 벌어지던 열강들의 경쟁 · 철도의 부설 · 치안의 공백 같은 만주의 모습을 생생하게 보여주었다. 이 책의 대부분은 러시아와 만주에 대한 내용이지만 한국에 대한 내용도 포함되어 있다. 이 책의 가장 큰 장점은 그의 눈을 빌려 1901년 당시 만주의 상황을 살펴볼 수 있다는 것이다. 또한 그는 언론인이라는 신분을 이용해 만주를 여행할 수 있었고, 그 과정에서 자신이 지닌 국제 정세의 지식을 바탕으로 만주를 둘러싼 열강의 세력 관계와 미래에 대한 전망을 제시하였다. 그는 여행을 통해 만난 사람들의 모습을 묘사함으로써 독자들에게 1901년 만주를 더 가깝고 생생하게 느끼는 기회를 제공하였다. 그는 영국인의 눈에 비친 '조선'이라는 나라가 어떤 모습이었는지를 살펴볼 기회도 제공하였다. 그는 1890년대 초에 한국을 방문한 커즌과 비교할 수 있다. 커즌은 1890년대 초 한국과 동아시아의 정세를 파악했고, 헨리 위그햄은 기자로서 1900년대 초 러시아 · 프랑스 · 독일의 관심이 고조되는 상황에서 영국의 대응 방향을 제시하였다.[46]

---

46 헨리 위그햄은 그 외에 『페르시아 문제』(1903), 『새로운 거래: 영국과 미국』(1936) 등의 국제 문제 관련 저서와, 아마추어 골프 선수로 활약할 당시 경험을 소개한 『골프하는 법』(1897)을

세로셰프스키는 러시아 인종학자이자 작가다. 그가 한국에 가게 된 사연은 다음과 같다. 그는 1900년대 초에도 계속해서 반정부 운동에 가담했고, 다시 시베리아로 유배를 가게 될 위험에 처한다. 그때 정치가 P. 세묘노프 Semenov의 후원으로 러시아 황실지리학회 탐험대에 합류하게 되고, 아이누족 연구를 위해 일본 북부 지역으로 떠나게 된다. 이 탐험은 1902년에서 1903년까지 계속되었다. 탐험대원들은 페테르부르크를 떠나 시베리아와 중국 북동부를 거쳐 일본으로 들어갔고, 세로셰프스키는 일본에서 한국, 거기서 다시 중국, 실론, 이집트를 거쳐 폴란드로 돌아간다. 그의 여행 경로를 보면 세로셰프스키에게 한국은 경유 국가로서의 의미를 지녔을 뿐이었고, 학문적인 연구를 위한 최종 목적지는 아니었다는 것을 알 수 있다.

세로셰프스키는 1892년에 첫 번째 학술서인 야쿠트족에 관한 글을 쓰기 시작했다. 『야쿠트족』은 러시아 황실지리학회의 비호 아래 1896년에 출판되어 이 협회가 수여하는 금메달을 수상했고, 1900년에는 폴란드어로 출간되었다. 1902년에서 1903년에 걸친 탐험 후에 세로셰프스키는 극동지역에 관한 몇 권의 책을 출판하는데, 그중에는 폴란드어와 러시아어로 출판된 『극동』(1904)이란 책도 포함되어 있다. 『코레야 1903년 가을』(폴란드어판 제목은 『한국, 극동의 열쇠[*Korea, Klucz Dalekiego Wschodu*]』)은 1905년에 출판되었는데, 러시아어판과 폴란드어판 중 어느 것이 먼저 나왔는지 단정하기는 어렵다. 러시아 제국령의 서로 다른 지역에 사는 사람들을 위해 두 권의 책을 제작했을 뿐, 한 사람이 동시에 출판을 준비했기 때문에 그 내용도 완전히 동일하다. 흥미로운 것은 러시아가 러일전쟁에서 패한 이후인 1909년에 러시아판이 다시 출간되었다는 것이다.

집필했다.

세로셰프스키 저서의 주요 내용으로는 부산항, 통역사, 석왕사 가는 길, 한국의 종교, 한국의 산과 사찰, 묘지와 장례 의식, 가문과 여성의 지위, 한국의 의복, 인구 통계와 행정구획, 한국의 상공업과 해외 교역, 한국의 사회, 간추린 한국사, 전쟁 전야(러일전쟁)의 서울 등에 대해 다루었다. 다른 서양인들은 목차 구성에서 보면, 한국의 역사 · 인구 통계와 행정구역 · 한국의 사회를 앞에 두어 한국에 대한 소개를 먼저 하는 것과는 달리 뒤쪽으로 구성을 배치했다는 점이 특징이다. 아마도 탐험 중에 기록한 것을 먼저 배치하여 저술하고, 한국에 대한 소개에 대한 부분은 자료를 수집하여 이후에 배치한 것으로 생각된다.[47]

로제티는 1902년부터 1903년까지 서울에 주재한 이탈리아 총영사로 서울의 구석구석을 둘러보고 수많은 사람들과 경험을 토대로 『꼬레아 꼬레아니』를 썼으며, 1904년 이탈리아에서 출간되었다. 원제는 『*Corea e Coreani*』이다. 로제티의 책은 대한제국이 시작한 변화를 글과 사진으로 담고 있다. 이 책은 대한제국이 자력으로 추진한 변화를 담아, 이후 조작된 식민지 근대화론을 반박하는 자료로서 귀중한 가치를 지닌다. 그는 서문에서 1902년 10월 북경 근무를 마치고 본국으로 돌아가는 길에 한국 근무의 명을 받게 된 것이 이 책을 쓰게 된 직접적인 인연이라고 밝혔다. 그때 서울에서 근무 중이던 친구가 사망해서 귀국길에 오른 자신이 갑자기 그의 후임 명령을 받았다는 것이다. 이후 1년 남짓한 기간(8개월가량) 서울에 체류하면서 한국의 역사와 문화에 관련되는 자료들을 수집하고 동료인 사진 전문가 가리아쪼P. A. Gariazzo와 함께 서울의 곳곳을 돌아다니면서 촬영하게 된 사연도 밝혔다. 이 책의 장점으로는 풍부한 사진 자료들로, 수록된 250여 점의 사진

---

47 이외 세로셰프스키의 저서로는 장편소설 『기생 월선이』가 있다.

중 상당수가 유일하고도 귀중한 사진 자료로 남았다. 로제티의 책에 수록된 인물, 서울과 주변 경관, 민속자료 · 풍물 · 도구 · 무기 등은 학문적으로도 가치 있는 사진 자료들이다.

로제티가 쓴 이 책은 기본적으로는 한국에 관한 인문 지리서이다. 한국의 지리와 식생, 한국인의 인종적 특징, 한국의 풍속 등에 관한 기록은 이 책이 인문 지리서의 내용을 갖추고 있음을 보여주는 것이다. 그는 비숍과 그리피스의 저술을 많이 참고했다. 이 책은 인문 지리서보다는 역사서로서의 장점을 가지고 있다. 한국사, 특히 개항 이후의 한국 근대사에 대한 상세하고 치밀한 서술은 그 이전에 출간된 책에서 찾아보기 어려울 정도이고, 그가 직업 외교관으로 지니게 된 날카로운 정치적 감각은 더욱 치밀한 분석을 가능하게 하였다. 이러한 분석은 기본적으로 한국의 역사와 전통을 이해한 토대 위에서 행해진 것이다.

로제티 저서의 주요 내용으로는 1부와 2부로 나누어, 「1부」에서는 한국에 대한 간략한 예비지식, 집안의 일상사, 서울, 서울의 신기한 유적들, 황제와 궁정, 국민들의 기묘한 행동, 유교, 불교, 샤머니즘 등을 다루었고, 「2부」에서는 한국의 개방, 관계, 일본의 지배, 을미사변의 결과와 보고서, 구제도와 근대 질서의 혼효, 한국의 풍물, 서울의 위기, 한국의 형벌, 국가 방위, 옛날의 교육, 현대 교육, 한국과 축일, 놀이와 시간 보내기, 예술과 수공업, 근대의 한국 등에 대해 기록하였다.

루돌프 차벨은 독일 신문사 특파원이다. 중국 현지에서 '의화단 사건'을 취재한 바 있는 차벨은 광둥 · 즈리直隸 · 만주 · 산둥 · 모로코에 이어 자신의 여섯 번째 원정 여행지로 한국을 찾았다. 『러일전쟁 중에 떠난 나의 한국 신혼여행』이 원제인 이 책은 대한제국 시절인 1904년에 차벨이 갓 결혼한 아내와 함께 이 땅을 여행한 뒤 1906년에 책으로 펴냈다. 그는 한국에 왔을 때 경험 많은 여행가로서 동아시아에 대한 식견도 상당했다. 이 책의 눈에 띄는 점은 한반도를 비롯해 중국, 일본 등을 둘러싼 정세에 관한 저자의 날카로운 관찰과 논평이다. 또 하나 인상적인 것은 당시 한반도에서 진행되던 일본 식민지화의 실상을 저자의 눈을 통해 생생하게 경험할 수 있다는 점이다. 그는 자국의 권익 추구에 철저한 독일인으로서 서구 제국주의자의 면모를 간직한 인물로, '문명과 야만'이라는 잣대로 서양과 동양을 비교하고 평가하는 서구 우월주의적 사고방식에서 크게 벗어나지 못하고 있었다. 하지만 이 저서는 당 시대를 증언하는 하나의 귀중한 자료로 여겨진다.

루돌프 차벨이 쓴 저서의 본문은 '일본으로의 출발 과정, 일본에 도착하였을 당시 일본의 분위기, 한국으로 향해 부산에 도착하여 본 부산의 모습, 부산과 블라디보스토크 중간쯤에 위치한 원산과 원산의 모습, 안변·석왕사·평강·철원 등을 거쳐 서울 입성, 서울에서 다시 귀국하게 된 여정' 등을 다루었다. 마지막에는 「한국 '독립'의 역사」로 개항부터 러일전쟁까지를 다루면서 한국이 직면한 상황을 기록하였다.[48] 이 책은 러일전쟁 시기에 조선을 방문했던 영국 특파원 매켄지, 스웨덴 기자 아손 그렙스트, 미국 기자 잭 런던 등의 저술과 나란히 비교해 볼 수 있으며, 이를 통해 각국 기자들이 자국의 시각에서 기록한 러일전쟁 관련 서술을 살펴볼 수 있는 자료적 의

48 루돌프 차벨은 '의화단 사건'이 일어나던 당시에 독일 신문의 전쟁특파원으로 중국에서 기사를 써 보내기도 했다. 이어 1903년 모로코를 여행했고 그곳의 정세와 풍물, 지리 등에 관한 일기 형식의 책을 펴내기도 했다. 이밖에도 터키(1916), 멕시코의 타라후마라 인디언(1928)에 관한 여행기 등을 썼다. 한편 한국에서 돌아간 뒤에는 독일 청중들을 상대로 한국과 일본에 관한 슬라이드 강연을 했다는 기록이 전해지기도 한다. 주요 저서인 이 책 외에 『중국 속의 독일』(1902), 『만주와 시베리아 기행기』(1902), 『회교도의 서양 땅에서: 모로코 여행 일기』(1905), 『콘스탄티노플 전투와 세계대전 중 터키의 경제 상황』(1916), 『비밀스런 원주민: 원시부족 타라후마라 인디언 동굴 앞의 모닥불에서 겪은 한 탐사여행가의 체험기』(1928) 등이 있다.

미를 가진다.

매켄지는 영국 특파원으로 1904년~1905년, 1906년~1907년 두 차례 한국을 방문하였다. 그는 원래 스코틀랜드계 영국인으로서 장성해서는 영국에 건너가서 언론계에 종사하면서 해외 특파원으로서 이름을 알렸다. 그는 특히 1904년에는 런던의 『데일리 메일*Daily Mail*』 극동 특파원으로 파견되어 러일전쟁에 대해 종군한 때로부터 본격적으로 한국에 관한 글을 쓰기 시작하였다. 그의 저서 『대한제국의 비극*The Tragedy of Korea*』(1908)은 그가 1차 방한 때 얻은 자료와 함께 2차 방한 때에 얻은 자료를 기초로 하여 썼다. 그의 저서는 의병 종군기로서는 제3국인이 쓴 유일한 기록이라는 점에서 그 가치가 높이 평가된다.[49]

매켄지 저서의 주요 내용으로 '은둔의 왕국(조선), 민비와 대원군의 싸움, 외국인의 입국, 청일전쟁, 을미사변과 뒤처리, 아관파천과 러시아의 체제, 일본의 재등장, 을사조약 체결, 이토 히로부미의 통치, 고종의 퇴위와 순종의 등극, 의병을 찾아 제천으로 이동하여 직접 만남, 외국 언론인에 대한 탄압, 해외 무역의 전망' 등에 대해 다루었다. 매켄지와 비슷한 1904년에 입국한 기자들이 있다. 독일인은 루돌프 차벨, 스웨덴인은 아손 그렙스트, 미국인은 잭 런던이 있다. 국적은 다르지만 매켄지를 포함해 네 명 모두 기자라는 공통점과 한국에 들어온 시기가 1904년이라는 공통점을 가지고 있다. 네 사람의 저서는 러일전쟁 당시 한국의 모습과 상황, 국제관계 등을 살펴볼 수 있는 자료가 된다. 물론 저서마다는 특징이 있는데, 매켄지는 의병에 관해 다루었고, 루돌프 차벨은 신혼여행을 겸했기 때문에 한국의 남쪽 지

49 특히 매켄지는 「원저자 머리말」에서 1907년의 의병 운동에 관한 기록은 직접 사건에 관련되었던 사람들의 진술에 의한 것이며, 가능한 한 여러 목격자들의 증언에 따라 자신의 기술이나 결론을 보충할 만한 것들을 수집하였다고 밝혔다(매켄지, 「원저자 머리말」, pp. 11~12).

역인 부산과 원산을 여행한 기록을 남겼다. 아손 그렙스트는 독립협회 활동과 강화도 여행을 다루었고, 잭 런던은 러일전쟁 종군 기록으로 러일전쟁 상황을 살펴봤다. 매켄지는 한국이 일본에 병탄된 이후의 시기에 관한 자료를 수집하여『한국의 독립 운동*Korea's Fight for Freedom*』(1920)을 저술하는 등, 한국의 입장을 세계에 알리는 노력을 하였다. 그는 기자로서 문필 생활을 본격적으로 시작한 1905년부터 캐나다에서 생을 마친 1931년에 이르기까지 무려 17권의 저술을 남겼다.

아손 그렙스트W.A:son Grebst는 스웨덴 출신의 신문기자로, 1904년 러일전쟁을 취재하기 위해 도쿄에 왔다가 일본 군부의 한반도 취재 불허에 무역상으로 위장하여 대한제국에 밀입국했다. 1904년 12월 24일 부산항에 도착한 아손 그렙스트는 1905년 초까지 한국을 여행한 후 1906년 스웨덴에서 이 책을 펴냈다. 그는 그때만 해도 유럽에는 알려져 있지 않던 은둔의 나라 한국을 여행하며, 당시의 우리 생활상을 묘사했다.

아손 그렙스트 저서의 주요 내용으로 '코레아로 가는 길, 경부선 철도에서의 첫날 밤 소동, 공주에서 만난 봇짐장수들, 서울 사람과 서울 이야기, 일본 경찰의 감시망(상인 위장), 코레아의 광대, 코레아 여성들의 바깥 사정과 안 사정, 황제 폐하, 보안회와 일진회의 독립문 집회, 코레아와 일본, 코레아의 감옥, 코레아의 민담과 우화, 강화도, 제물포항을 떠남' 등의 주제로 기록하였다. 러일전쟁 관련 기록으로는 러일전쟁 시기에 방문하여 저서를 남긴 독일인 루돌프 차벨과 영국인 특파원 매켄지, 미국인 기자 잭 런던 등의 저술과 비교할 수 있다.

와그너는 미국 여성 교육자로서 1904년에 홀스턴 교회Holston Conference Area의 파송 선교사로 내한하였다.[50] 이 책은 한국에 대한 애정을 바탕에 깔고 있는 대표적 기록 중의 하나이다. 이 책이 한국 개화사를 다룬 글이면서도 다른 글들과 다른 점은 특히 어린이들의 모습에 초점을 맞추고 있다는 것이다.[51] 와그너는 이 책을 준비할 때 언더우드의 『조선의 부름*The Call of Korea*』, 게일의 『전환기의 조선*Korea in Transition*』과 『조선의 모습*Korean Sketches*』, 그리고 헐버트의 『대한제국멸망사*The Passing of Korea*』에서 많은 정보를 얻었다고 전했다.

와그너 저서의 주요 내용으로 '시골과 주민들, 가정생활, 한국의 어머니, 어린이와 놀이, 미신, 동화, 서당 생활, 결혼, 선교사들의 입국, 우리가 아는 소년 · 소녀들' 등에 대해 다루었다. 와그너는 『미국인 교육가 엘라수 와그너가 본 한국의 어제와 오늘』이란 저서를 1931년에 영어로 출간했는데, 이 책은 20세기 초반에 우리나라에 온 미국인 선교사가 외국인 관점에서 당시 우리 선조들의 생활 모습, 즉 생활상을 그린 것이다. 와그너는 20세기 초반을 옛 한국에서 새 한국으로 나아가는 과도기라고 보았다. 이 시기에는 정신적 · 물질적인 면 모두에서 서구 문명과 전통적인 옛 방식이 섞여 있어, 둘 사이에 갈등이 일어나기도 했다. 와그너는 당시 한국의 신세대와 구세대가 사회 변화를 대하는 전반적인 태도를 비교했다. 즉 서구의 문물과 사고방식을 빠르게 받아들이는 신세대와, 옛 방식을 유지하려는 구세대의 차이를 보여주었다. 와그너의 저서는 20세기 초 한국 문화를 다각도로 담아내어 당시의 생활상을 보존하는 중요한 역사 자료라 할 수 있다.

---

50 와그너는 『한국선교보(*The Korea Mission Field*)』의 편집장을 지냈고, 종교극 『은자의 문에서(*At the Hermit's Gate*)』를 비롯해 『한국의 부름(*Korea Calls*)』, 『내일의 여명(*The Down of Tomorrow*)』, 『김서방 이야기(*Kim Su Bang and Other Stories of Korea*)』(Nashville, Tenn, Publishing Horse of the M. E. Church, South & Laman, 1909), 『복점이(*Pokjumie, A Story of the Land of Morning Calm*)』(Nashville, Tenn, 1911) 등의 글을 남겼다.

51 와그너는 『한국의 아동생활』의 「원저자 머리말」에서 "한국인들이 바깥 세계와 접촉을 갖기 이전의 어린이들의 모습을 그 본래 모습대로 그려보고자 노력했다."고 하였다.

잭 런던은 미국의 소설가이자 사회평론가이다.[52] 그의 저서는 그가 러일전쟁을 취재하기 위해 잠시 우리나라에 머물면서 본 내용을 기록한 것이다. 잭 런던의 저서는 우리의 역사, 문화, 관습 등을 간과한 관찰이지만 어느 면에서는 우리의 100여 년 전 모습을 적나라하게 보여주는 풍속화라고도 할 수 있다. 잭 런던이 예측했던 일본과 중국의 부상은 정확한 것이었다. 하지만 한국에 대한 관찰은 그대로 이루어지지 않았다. 그가 일본군을 따라서 러일전쟁을 취재한 종군기자로서 바라본 한국, 한국인은 제국주의의 먹이가 될 수밖에 없는 모습 그대로였다. 잭 런던의 눈에 비쳐진 일본, 중국, 한국은 당시의 일반적인 서양인들이 가지고 있었던 보편적인 인식 그 자체였다. 한편으로는 동아시아의 역사적 흐름을 읽어낸 그의 독특한 예감이 오늘날의 동아시아를 파악하는 데 도움을 줄 수 있기 때문에 살펴볼 가치가 있다. 러일전쟁을 취재하기 위해 종군기자로서 입국하여 책의 주요 내용이 러일전쟁과 관련된 부분이 많고, 1904년 2월~7월까지의 전쟁 진행 상황을 기록하고 있다. 이 시기에 한국을 취재하기 위해 파견되었던 영국의 기자 헨리 위그햄 · 매켄지와 스웨덴의 기자 아손 그렙스트, 독일의 기자 겐테 · 루돌프 차벨 등의 저서와 비교할 수 있다. 헨리 위그햄과 겐테의 경우는 1901년에 방문하였기에 러일전쟁 전의 한국의 상황을 살펴볼 수 있고, 매켄지, 아손 그렙스트, 루돌프 차벨 등은 1904년에 한국을 방문하였기에 그들이 기록하고 보고한 러일전쟁에 대해 잭 런던과 비교할 수 있다. 이 책은 잭 런던이 종군기자로서 기고한 글들을 1982년에 프랑스의 출판사 Union Générale d'Éditions가 엮어서 출판한 것이라 불어본이라는 것을 밝혀둔다.

---

52 잭 런던은 초기에는 주로 알래스카를 배경으로 하는 동물소설을 썼다가 후기에는 『강철군화』(한국어판, 1989년 한울), 『마틴 에덴』(한국어판, 1991년 한울), 『밑바닥 사람들』, 『바다늑대』, 『길』, 『불타는 일광』 등의 사회소설에 주력했다.

버라토시 벨로그 베네데크는 만주-퉁구스 연구자이자 탐험가로서 20세기 초반을 대표하는 헝가리 민속학자이다. 그의 동아시아로의 여행은 1903년에 처음 시작되었고, 첫 목적지는 일본이었다. 그는 본국으로 돌아와 일본에서의 경험을 토대로 『대 일본, 아름다운 동양*Dai Nippon, Kelet csodái*』이라는 제목의 책을 출판하였다. 버라토시의 두 번째 아시아 여행은 1907년 봄에 재개되었다. 그에게 러시아 연해주에서 아무르강 유역의 퉁구스족에 대해 연구하던 도중 한국 방문의 기회가 찾아왔었다. 그는 자신의 저서에 한국사와 관련해 정확성이 결여된 사실을 기록하기도 하였다. 그가 한국 관련 자료를 어렵게 구해 연구한 열정과 성과는 사료적 가치가 크다는 점에서 간과할 수 없다. 그가 유럽에서 떠돌아다니는 한국에 대한 좋지 않은 여러 소문들을 부정하고 그의 경험을 토대로 사실을 밝히고자 노력한 점도 인정해야 한다. 그는 1907년과 1920년대 초반에 단기간 한국을 방문하였다. 그는 짧은 기간 한국에 머물렀음에도 자신이 민속학자인 점을 발휘하여 민속학자의 눈으로 한국인들과 생활 모습을 자세히 관찰하였다. 그는 여행 중 보고 듣고 체험한 것을 바탕으로 『코리아, 조용한 아침의 나라*Korea, a hajnalpír országa*』라는 제목의 책을 출판하였다. 이 책은 한국에 관한 헝가리 최초의 단행본으로서 의미가 크다.

버라토시 저서의 주요 내용으로는 '블라디보스토크에서 한국까지, 자연환경, 여행 중의 어려움, 사찰의 세계, 한국사 개요, 일본에 미친 한국의 문화적 영향, 유럽, 한국을 열다, 수도와 항구, 일제의 강점, 한국은 자유롭게 살기를 원하며 또한 그렇게 살 것이다' 등의 주제로 기록하였다.

켐프는 영국 여성 여행가로 1910년 2월부터 5월까지 체류하였다. 그녀는 1910년 2월 1일에 시베리아횡단 철도를 타고 만주를 거쳐 한국에 도착하여 한반도를 일주하고 돌아갔다. 그의 글은 일기체가 아니어서 정확한 체류 기간은 알 수 없지만, 한반도 전역을 답사했음은 분명하다. 그녀는 시베리아횡단 철도를 타고 온 길을 따라 귀국 중에 투르키스탄을 관광하고 돌아갔다. 그녀는 영국인 기자였던 헨리 위그햄의 글 일부를 원저자 머리말에 기록하여 만주와 한국에 대한 관심을 표현하였다.[53] 이 책은 원래 한국만의 견문기가 아니다. 이 책은 3부작으로 되어 있는데, 제1부는 만주편이고, 제2부는 한국편이며, 제3부는 투르키스탄편으로 구성되어 있다. 이 번역판에서는 그 전문을 수록하지 않고 제2부인 한국편만을 실었다.[54]

켐프 저서의 주요 내용은 '한국으로의 여정과 평양, 한국 천주교의 역사, 서울, 부산, 금강산, 서울에서 대련大連까지' 등을 다루어 평양부터 부산까지 두루 여행했다는 것을 알 수 있다.

2. 국가별 저서적 특징 분석

개항기 한국을 다룬 서양인 저술가나 방문자들 가운데 다수는 오리엔탈리즘과 서양 우월의식에 기반해 한국을 인식하거나, 서양보다 미개한 나라로 규정하는 경향을 보였다. 한국 방문 전 입수한 정보에 기반해 들어왔으나, 실제로는 한국의 전통과 고유문화에 대해 긍정적이거나 객관적으로 평가한 서양인들도 있었다. 특히 개항 초기 1880년대 입국해 20년 이상 체류한 서양인들의 경우 변화하기 전의 모습과 변화하는 모습을 통해 한국의 발전 속도에 놀라거나 높이 평가하는 경향을 보인다.

---

53 켐프, 「원저자 머리말」, pp. 20~21.

54 켐프는 이 책을 쓰기 전에 이미 중국을 여행한 바가 있고, 그 당시의 견문을 기초로 하여 『중국의 얼굴(*The Face of China*)』이라는 책을 쓴 것으로 전해지고 있다.

달레와 존 로스, 그리피스 등의 저서들은 한국을 방문하지 않거나 방문 기록이 부정확하지만, 1880년대 한국이 서양과의 수호통상조약을 체결한 후 한국을 방문하는 서양인들에게 주요한 정보를 제공하거나 안내서 또는 지침서 역할을 했을 것이다. 존 로스는 한국의 역사를 살펴볼 수 있는 자료로서의 역할을 하고, 달레는 천주교회사의 서론에 한국에 대한 소개를 하였으며, 그리피스도 한국의 역사(고대 · 중세사/근대 · 현대사)와 정치 · 사회(지역 · 정부 · 사회제도 · 의식주 · 관혼상제 · 종교 · 교육 등) 분야에 대해 자세히 언급하였다. 이들의 저서는 1880년대 중반 이후 한국에 들어오는 서양인들에게 한국에 대한 그림을 그리거나 사전 정보를 가질 수 있도록 하는 데 큰 역할을 했다.

서양인의 한국 인식 흐름을 정리하며, 달레는 종교인으로서 조약 체결 이후 선교사들에게 정보를 제공했을 것으로 보인다. 그리피스는 교육자(학자)로서 조약 체결 이후 방문하는 다양한 직업군의 서양인들과 미국 및 유럽의 서양인들에게 한국에 대한 역사와 정치 · 사회 · 문화 등에 대한 사전 지식을 갖도록 소개하는 역할을 했을 것이다.

이 책에서는 국적을 중심으로 해서 각 방문 시기별 한국 인식의 흐름을 정리해 보고자 한다.

1876년 한국은 일본과의 강화도조약을 체결하면서 항구를 개항하게 되었고, 서양과의 최초 조약인 한미수호통상조약은 1882년에 체결되었다. 이후 1883년에 영국과 독일이, 1884년에 이탈리아와 러시아가, 1886년에 프랑스가 각각 한국과 조약을 체결하였다. 한국과 서양 열강들과의 조약은 1882년을 시작으로 해서 1886년까지 약 5년간 이루어졌으며, 1880년대에 서양에게 항구가 개방되었고, 서양인들의 방문이 이어질 수 있는 배경이 마련되었다. 이러한 조약과 항구 개방을 통해 1880년대 후반에는 전반보다 많은 서양인들이 한국을 방문하였다.

미국인과 영국인들은 1883년부터 한국을 방문하기 시작하였고, 러시아인은 1885년부터 방문이 이루어졌으며, 독일인은 묄렌도르프가 중국을 통해 조약 체결 전(1882)에 방문하고 조약 체결 후(1888)에도 방문한 기록이 있다. 1880년대 전반에는 미국, 영국, 러시아, 독일 출신 서양인들의 한국 방문이 두드러졌다. 1880년대 후반에는 이들 국적의 서양인들뿐만 아니라 그 외에 캐나다와 프랑스 국적을 가진 서양인들도 한국을 방문하여 다양한 국가의 서양인들을 볼 수 있었다. 이와 같은 국가들의 서양인 방문은 1890년대에도 이어졌다. 1900년대에는 이외에 이탈리아, 스웨덴, 헝가리 등의 국적을 가진 서양인들의 방문이 이어졌다.

여기에서는 앞서 저자와 간행 시기별 저자 분석 및 방문 시기별 저자와 저서 분석을 통해 국가별 저서적 특징을 살펴보고자 한다.

1) 프랑스인의 저서적 특징

프랑스의 경우는 개항 전에 천주교 신부들이 중국을 통해 한국에 대한 이야기를 듣고 한국에 밀입국했다가 발각되어 처형을 당하는 천주교 박해 사건들이 있었다.[55] 1874년 출간된 달레의 저서를 기반으로 해서 개항 전과

---

55 1791년(정조 15) 신해박해, 1801년(순조 1) 신유박해, 1839년(헌종 5) 기해박해, 1866년(고종 3) 병인박해를 4대 박해사건으로 부른다. 2014년 5월 동아일보에서 「조선 말 천주교 박해 다룬 伊 희곡 영문초판 찾았다」라는 제목의 기사에 의하면, "19세기 조선에서 벌어진 천주교 박해를 다룬 이탈리아 희곡 '조선의 순교자들(The Martyrs of Corea)'의 영문 초판이 발견되었다"고 전했다. 조선 후기 한반도를 소재로 유럽에서 창작한 종교적 문학작품의 존재가 확인된 건 처음이다. 한국 관련 해외 서지자료를 수집하는 '아트뱅크'의 윤형원 대표(68)는 11일 "미국 필라델피아의 D J 갤러거 출판사가 1887년 출간한 희곡 '조선의 순교자들' 1쇄본을 최근 해외 고서적 마켓에서 입수했다"고 밝혔다. 병인박해 당시를 다룬 희곡이 발견되었다는 점에 의미부여를 한 것이다(동아일보, 2014년 5월 14일자 정양환 기자의 기사 재인용).

개항 직후 방문한 리델부터 1880년대 후반에 샤를 루이 바라와 모리스 쿠랑이, 1890년대 전반에 프랑뎅이, 1900년대 전반에 에밀 부르다레와 조르주 뒤크로 등 프랑스인들의 한국 방문이 이어졌다.

이들의 저서를 살펴보기에 앞서 개항기 이전부터 프랑스인들의 한국 방문이 이루어졌기 때문에, 개항기 이전에 방문하거나 저서를 쓴 프랑스인들의 인식이 개항기 이후 방문한 프랑스인들의 한국에 대한 인식에 영향을 끼쳤을 것이다. 달레의 저서는 개항기 이전 한국을 직접 방문하지 않고, 다블뤼 신부가 남긴 보고서를 중심으로 한국 관련 내용을 기록하였음을 알 수 있다.

다블뤼Antoine Daveluy(安敦伊, 1818~1866)[56]는 1845년부터 1866년까지 한국에 체류한 프랑스 신부로, 20여 년간 한국에서 생활하면서 한국인과 한국의 관습, 문화 등에 대한 보고서를 작성하였다. 다블뤼 주교의 보고서 중 한국 사회에 대한 보고서로 두 가지를 들 수 있다.[57] 첫 번째는 입국한 지 10개월 만에 어리골 또는 외리골Eurikool이라는 곳에서 작성한 1846년 7월 15일 서한이다. 다블뤼는 한국에서 당시 김대건 신부가 체포되어 전국에 천주교 박해령이 내려졌기 때문에 주교가 어리골이라는 지명의 은신처로 도피했다. 그는 한국에서의 생활을 총정리하는 마음으로 자신이 보고 들은 이야기들을 종합하여 한국이라는 나라와 한국인들의 삶에 대해 서한을 써서 파리외방전교회 본부로 보낸 것이다.

---

56 다블뤼 주교(Antoine Daveluy, 安敦伊, 1818~1866)는 한국 천주교회 역사에서 중요한 인물로 꼽힌다. 그는 19세기 조선에서 활동한 천주교 선교사들 가운데 가장 오랫동안 체류한 선교사였으며, 1845년 10월 12일에 입국하여 1866년 3월 30일에 순교할 때까지 20여 년 동안 조선에서 생활했다. 달레는 다블뤼 주교가 본국에 보냈던 보고서들을 토대로 자신의 저서 『한국천주교회사』를 작성했다고 알려져 있다.

57 조현범, 2009, 앞의 책, p. 63.

두 번째는 한국 사회를 소개하는 보고서로 다블뤼 주교가 1860년경에 작성된 것으로 추정되는 『조선사 입문을 위한 노트』가 있다. 주교는 1857년 베르뇌 주교로부터 한국인 순교자들에 관한 자료를 수집하라는 명령을 받고 조사에 착수하여 한국 천주교회와 순교자들에 관한 역사서 집필을 위해 초안을 작성했다. 그는 서두에 붙일 목적으로 한국 사회를 소개하는 보고서를 만들어 함께 동봉하여 파리로 보냈다. 달레는 이 보고서를 참고하여 저서를 만들었다.

프랑스인의 한국으로 입국 여행경로를 보면, 앞서 언급한 7명 중에 달레를 제외하고 6명이 한국에 입국하였고, 6명 중 에밀 부르다레만이 일본(나가사키)을 통해 부산으로 입국하였고, 나머지 프랑스인들은 중국을 통해 제물포로 들어왔다. 이것은 개항 전에 리델이 한국에 두 번이나 잠입하면서 중국을 통해 한국에 입국하는 과정이 기록되었기 때문에, 이후 한국에 입국하는 프랑스인들은 리델의 입국 경로를 따랐을 것이다. 1886년 한국과 프랑스의 조약 체결 이후 들어오는 프랑스인들은 중국을 통해 입국하는 것으로 여행 방향을 잡았을 것으로 추정된다.

달레의 경우 한국을 방문하지는 않았지만, 한국의 천주교회사에 대해 저술하면서 서론에 한국에 대해 전반적인 소개를 하였다. 달레의 저서는 이후 한국을 방문하는 선교사나 서양인들에게 한국의 지리 · 역사 · 정치 · 교육 · 언어 · 사회 · 종교 · 의식주 · 산업 · 국제관계 등을 소개하였다. 한국을 방문하는 서양인들에게 개항 전 1860년대의 한국의 모습과 한국에 대한 정보를 제공하였다. 이후 한국과 프랑스가 조약을 체결하였고, 그 후에 한국을 방문한 프랑스인들은 달레의 저서를 접하고 한국에 들어오는 경우가 많다. 결국 달레는 이후 방문하는 프랑스인들의 한국에 대한 인식의 틀을 마련해주었다.

개항 전과 직후에 한국을 방문한 리델은 개항 후 중국을 통해 한국에 들어와 선교활동을 벌이고자 하였으나 아직 프랑스와의 조약이 체결되기 전이었기에, 프랑스인이 선교활동을 하는 것이 금지되어 있던 시기였다. 리델은 신부로서의 역할을 다하지 못하였고 여러 가지 어려움을 겪었던 경험을 토대로 저술하여 당시 한국의 사법제도와 종교에 관한 인식을 표현하였다.[58] 리델의 저서적 특징으로는 한국의 감옥 생활과 제도, 감옥 구조 등을 파악할 수 있다는 것이다. 리델은 개항 직후 방문할 때는 달레의 저서를 접하고 들어왔기 때문에 한국에 대한 전반적인 정보는 달레를 통해 습득한 것이다.

한국과 프랑스가 조약을 체결하는 1886년까지는 프랑스인의 방문이 이루어지지 못하다가 조약 직후 1888년 샤를 루이 바라와 1890년 모리스 쿠랑의 방문을 시작으로 1892년 프랑뎅의 방문이 이루어졌다. 샤를 루이 바라는 탐험가로서 한국을 방문하였고, 모리스 쿠랑과 프랑뎅은 외교관으로서 한국을 방문하였다. 즉 프랑스도 조약 체결 이후 외교 관련 업무를 담당할 외교관을 중심으로 파견하였다.

샤를 루이 바라의 저서적 특징이라고 하면, 그가 문교부로부터 민속학적 임무를 부여받았다는 것이다. 프랑스가 한국과의 조약 체결 직후, 샤를 루이 바라는 국가적 임무를 갖고 한국을 방문하여 한국에 대한 민속학적 관점에서 여행 지역의 특성과 생활상을 기록했다. 즉 외교 관계에 있어 프랑스는 당시 방문하지 않았던 달레와 개항 전과 직후에 방문한 리델의 저서가 있었지만, 1880년대 한국에 대한 정보가 거의 없었기 때문에 한국과의

---

58 리델, 「역자 후기」 참조.

관계를 형성하는 데에 한국에 대한 정보가 가장 필요했다. 프랑스는 샤를 루이 바라에게 임무를 주고 파견했고, 그의 보고나 기록을 통해 프랑스와 한국 간의 관계를 형성하는 방향을 잡아갔을 것이다.

1890년대 초 외교관이라는 직업을 가진 모리스 쿠랑과 프랑뎅이 들어와 외교 관계 업무를 진행하였다. 모리스 쿠랑은 한국 문헌에 대한 정보에 관심을 가지고 수집하여 소개하였고, 프랑뎅은 프랑스인으로는 처음으로 왕실과 접촉하여 왕을 알현하면서 한국에서의 국제 정세를 파악하는 데 주력하였다.

모리스 쿠랑은 한국에 관한 저서들을 찾아내어 목록을 만들었고, 프랑스로 돌아간 이후 유럽을 돌아다니면서 한국 관련 저서들을 찾아내기도 했을 만큼 한국의 문헌에 대한 애정을 드러냈다.[59] 그는 한국의 도서 형태(종이와 인쇄술 · 활자), 문자(한글과 한자 · 이두문자), 사상(불교와 유교), 각 분야별 저서 분류 등을 다루면서 당시 상황에서 한국이 중국과 일본 사이에 끼어 문헌과 관련한 발전을 더 이상 이루기 어려움을 나타내었다.

프랑뎅은 운송수단과 여성, 의식주, 종교(불교와 미신 · 무속), 형벌 제도, 상공업, 문자, 장례, 사회구조(신분제도와 당파) 등에 대해서는 달레와 비슷한 견해를 밝히고 있어 달레의 저서를 접하고 입국하였을 가능성이 높다. 한국과 한국의 생활상에 대해서는 세밀하고 직접적인 관찰이라고 보기에는 단편적인 부분이 많다. 이 부분도 달레의 견해를 따라 기록하였을 것으로 보인다. 왕을 접견한 부분은 외교관으로서의 직접 경험을 바탕으로 상세히 서술되었다는 점에서 의미가 크다. 즉 '왕의 알현길 · 대기실 · 접견실의 풍경 · 왕의 풍모와 복장 · 왕과의 대화 · 왕의 장점 · 왕비와 왕자 · 왕의 행차

59 모리스 쿠랑 저, 파스칼 그러트 · 조은미 옮김, 『프랑스 문헌학자 모리스 쿠랑이 본 한국의 역사와 문화』[그들이 본 우리 010], 살림의 「옮긴이의 말」 참조.

광경 · 왕비의 종교 맹신 · 궁중의 기생 · 궁중의 무희' 등으로 총 49장 중에 왕과 왕비 관련 글이 10장이다. 저서에는 사진 자료를 가지고 있어서 1892~1894년 방문 당시 한국의 모습을 살펴볼 수 있다.

1901년에 교육자인 에밀 부르다레와 여행가인 조르주 뒤크로가 방문하여 1900년대에는 직업군이 다양해졌고, 외교와 국제관계에서 벗어나 한국이란 나라에 대한 관심을 보다 높이 가졌음을 알 수 있다. 특히 이 두 사람의 저서는 한국에 관한 관찰기이자 여행기라는 점에서 같은 시기에 출간된 프랑뎅의 저서보다 상세한 한국의 모습을 담고 있다. 1904년에 출간된 프랑뎅과 에밀 부르다레, 조르주 뒤크로 저서의 공통점은 사진 자료를 가지고 있다는 점이다. 프랑뎅은 1892~1894년의 한국을 살펴볼 수 있고, 에밀 부르다레와 조르주 뒤크로는 1901~1904년 러일전쟁 직전의 한국을 살펴볼 수 있어 사진 자료로서의 가치를 지닌다. 우리는 프랑뎅과 에밀 부르다레, 조르주 뒤크로의 사진을 통해 19세기 말과 20세기 초 한국의 모습을 비교할 수 있다.

에밀 부르다레는 1901년에 철도 기사로 한국에 초빙되었고, 1903년에 서울의 프랑스어학교 강사로 부임했다는 특이한 이력이 있는데, 왕을 접견했다는 것이 특징이다. 프랑뎅이 외교관으로서 왕이 유럽에서 일어나고 있던 일들에 대해 질문하여 답했다면, 에밀 부르다레는 잠깐 알현한 정도였지만 왕에 대한 복장과 통역관, 접견 후 무용수들의 공연 등을 서술하였다. 그는 왕과의 대화 내용보다는 왕을 만나는 과정과 만난 후 일정(궁중 연회 식순) 등에 중점을 두었다는 점에서 프랑뎅과 다르다. 또한 저서를 남긴 서양인들 중에서 에밀 부르다레가 유일하게 일본을 통해서 한국에 입국한 프랑스인이다.

조르주 뒤크로의 저서는 관찰기 겸 여행기이지만, 다른 점은 에밀 부르다레는 서울을 비롯해 부산 · 제물포 · 파주 · 송도 · 평양 · 강화도 · 금강산 · 목포 · 제주 등을 여행한 반면, 조르주 뒤크로는 서울과 서울 근교를 여행하였다는 것이다. 당시는 일본이 전쟁을 준비하던 상황이었기 때문에 러일전쟁 전의 서울과 서울의 모습을 살펴볼 수 있는 자료가 된다. 서울과 서울 근교의 모습(종로, 상점, 명동성당, 경복궁, 남산과 북한산 등)에 대해 에밀 부르다레와 비교할 수 있다.

프랑스는 개항 전에 천주교 신부들의 박해를 경험해서인지 개항 전 달레의 저서를 통해 한국에 관한 정보를 알게 되었다. 개항 후 조약 체결 이전까지 신부들의 활동이나 저서를 접하기는 힘들고, 주로 외교관이나 탐험가(여행가) 등의 저서를 통해 한국을 알렸다. 미국이 외교와 종교 분야의 직업군이 두드러졌다면, 프랑스는 외교와 여행가로 직업군을 구분할 수 있다.

결국 프랑스인들은 달레의 저서를 통해 한국에 대한 인식이 개항 직후 방문한 리델로 이어졌고, 이후 1880년대 후반의 샤를 루이 바라와 1890년대 전반의 모리스 쿠랑과 프랑뎅이 이를 참고하여 한국에 대한 인식의 틀을 마련하였다. 1890년대까지 출간된 저서는 달레와 샤를 루이 바라, 모리스 쿠랑 등으로, 이들의 저서가 1900년대 이후 한국을 방문한 프랑스인들에게 영향을 끼쳤고 한국의 모습과 생활상에 있어서 인식의 틀을 형성하고 관념화시키는 역할을 하였다. 1900년대 이후 방문한 프랑스인들은 서울의 변화나 교육제도, 선교활동, 국제관계(러일전쟁 직전의 상황) 등에 대해서 변화하는 모습을 보았지만, 전체적인 한국에 대한 인식의 상像을 만드는 데는 달레와 앞서 언급한 저서들이 영향을 미쳤음은 분명하다.

2) 미국인의 저서적 특징

19세기 중엽 한국이 문호를 개방한 이후 서양 국가들과 조약을 체결하였고, 그 결과 외교관과 선교사 직업군의 서양인들이 한국을 방문하였다. 외교관이라는 직업군은 조약 체결 후 국가관계의 형성과 지속을 위해 파견된 반면, 선교사라는 직업군은 한국이 문호를 개방하기 전부터 한국을 방문하였다.

19세기 후반 유럽과 미국의 서양인들이 한국과 중국, 일본 등 동아시아 지역으로 진출하게 된 배경에는 두 가지가 있다. 첫째는 본국 정부의 식민주의적 또는 제국주의적 침략 정책이었고, 둘째는 기독교 단체의 해외 선교활동 붐이었다.[60] 전자는 열강들의 원료 공급지이자 시장 개척지를 찾아 침략 정책을 펼쳤다는 것이다. 후자는 개항 이전에도 한국을 방문한 선교사들이 있어, 이들이 한국에 대한 인식을 형성하는데 개항 후 방문한 서양인들보다 큰 영향을 미쳤을 것이다.

1880년대는 미국이 산업혁명에 성공하고 산업자본주의가 완성되던 시기로, 미국은 자본주의의 해외 진출과 미국 개신교의 해외 선교가 서로 맞물려 있었다. 미국 개신교의 해외 선교 붐은 미국의 팽창주의적 대외정책과도 맞물려 있었다. 미국 개신교의 선교사들은 서구 문명과 기독교의 우월성에 대한 신념을 가지고 있다. 즉 미국과 같은 선진국이 아시아, 아프리카의 후진국들을 문화적, 과학적으로 발전시키기 위해 헌신해야 한다는 생각을 갖고 있었다. 따라서 당시 세계 각국으로 파견된 미국의 선교사들은 비서구권의 문명이 열등하다는 인식하에 서구적 공화주의와 기독교를 이식시키고자 했던 것이다.

---

60 조현범, 2009, 『문명과 야만-타자의 시선으로 본 19세기 조선』, 「제1장 19세기 서양 사회의 풍경」, 책세상, pp. 28~37.

미국인들은 그리피스의 저서를 시작으로 해서 1880년대 전반 로웰, 알렌, 데니, 아펜젤러, 언더우드 등이 한국을 방문했고, 1880년대 후반에는 길모어, 헐버트, 샤이에 롱, 다니엘 기포드, 언더우드 부인 등이 한국을 방문했으며, 1890년대에는 노블, 제이콥 로버트 무스, 샌즈 등이 한국을 방문했고, 1900년대에는 버튼 홈스와 와그너, 잭 런던 등이 한국을 방문하였다.

미국인의 한국 입국 여행 경로를 보면, 그리피스의 경우는 1차 방문 시기가 정확하지 않지만, 일본에 체류했던 기록을 보아 일본을 거쳐 한국에 들어왔을 가능성이 있다. 1880년대 전반에 방문한 미국인들 중에 로웰과 아펜젤러, 언더우드 등은 일본을 통해서, 알렌과 데니는 중국을 통해서 한국에 입국하였다. 1880년대 후반에 방문한 미국인들 중에 길모어, 샤이에 롱, 다니엘 기포드 등은 일본을 통해서 한국에 입국하였음이 확인되었고, 헐버트와 언더우드 부인은 입국 경로가 부정확하다. 그러나 헐버트의 경우는 길모어와 함께 입국했기 때문에 일본을 통해 한국으로 입국했음을 확인할 수 있다. 언더우드 부인의 경우는 미국 장로교의 파견이라는 점을 미루어 보아 일본을 통해 입국하였을 것이다. 1880년대 후반에는 그리피스가 언급한 일본으로의 여행 경로를 따라 이동했을 가능성이 높다. 1890년대 노블과 샌즈는 일본을 통해서 입국하였고, 제이콥 로버트 무스의 경우 입국 경로를 확인하기 어렵지만 선교사라는 직업으로 미루어 볼 때 일본을 통해 입국하였을 것이다. 1900년대에는 버튼 홈스와 와그너, 잭 런던 등의 미국인들이 한국을 방문했는데, 버튼 홈스는 중국 제푸烟台를 통해 제물포로 들어왔다. 와그너는 입국 경로가 부정확하나, 미국 남감리교 선교사 파견이라는 점으로 미루어 보아 일본을 통해 입국하였을 것이고, 잭 런던은 일본을 통해 입국한 것을 확인할 수 있다.

여행 경로 또는 입국 경로를 살펴본 결과, 미국인들 중에 선교사로 파견되었을 경우에는 대부분이 일본 요코하마 또는 나가사키를 통해 부산 또는 제물포로 들어왔음을 알 수 있다. 1883년 로웰이 일본 요코하마를 거쳐 한국에 입국한 기록은, 이후 미국인들에게 요코하마와 나가사키를 경유하는 기선로가 한국 방문의 대표적이고 확실한 경로로 인식되었음을 보여준다.

중국을 통해 한국으로 들어온 미국인이 없는 것은 아니다. 버튼 홈스는 일부러 많은 미국인이 가는 일본행이 아니라 중국행을 택했고, 알렌은 중국 상하이에 머물다가 한국으로 들어왔기 때문에 일본을 거치지 않고 상하이에서 제물포로 오는 길을 택했다.

그리피스는 두 차례 한국을 방문했으나, 1차 방문 시기가 불분명하고 저서 출간이 1882년으로 미국과의 조약 체결 시기와 겹치므로 직접 방문해 저술했다고 보기 어렵다. 따라서 일본에 체류하며 한국 관련 정보를 수집해 저술했을 가능성이 크다. 1882년 이후 한국을 방문한 미국인들은 그리피스의 저서를 접했을 가능성이 높으며, 이는 미국인뿐 아니라 다른 서양인들에게도 읽혀 한국에 대한 인식과 관심을 불러일으키는 역할을 했을 것으로 보인다. 그리피스의 저서는 이전에 출시된 프랑스인 달레의 저서와 영국인 존 로스의 저서 등과 비교가 가능하다. 이들의 저서는 제목은 서로 다르지만 한국의 역사와 정치 · 사회 · 경제 · 문화 등 전반적인 생활상을 담고 있어, 1870년대 조약 체결 이전 한국의 모습을 살펴볼 수 있는 중요한 자료가 된다.

샤이에 롱과 샌즈 등 외교관 출신들은 한국의 정치와 더불어 한청 관계에 주목하며, 서양 국가들이 한국과 관계를 맺으려면 중국도 함께 고려해야 한다고 지적하였다. 데니와 샤이에 롱은 1880년대 중후반에 한국을 방문하였고, 샌즈는 1890년대 후반에 한국을 방문하였기에 이들의 저서는 각 시기별로 미국인들의 한국에 대한 외교 관계를 살펴볼 수 있다.

샤이에 롱은 외교관의 신분이지만, 그의 저서를 살펴보면 여행기의 느낌이 더 크다고 할 수 있는데, 일본을 거쳐 한국에 들어왔고 고국에 돌아갈 때는 중국을 거쳐 가는 코스를 택했다. 그는 한국의 모습에 좀 더 중점을 두었던 것으로 파악된다. 즉 '지리적 특성과 역사 · 왕과 정부 조직 · 1860~1870년대 일련의 사건들 · 한양과 궁궐의 모습 · 제주도 여행 · 사회 계층 · 불교와 사찰' 등을 다루었다. 그의 저서는 서울의 모습을 다루었고, 당시 여행하기 힘든 제주도를 여행하여 기록을 남겨 1880년대 후반 제주도의 모습을 살펴볼 수 있는 자료이다. 1898년에 한국을 방문한 샌즈는 샤이에 롱과 같은 외교관 출신으로, 그의 저서는 왕과 한국인의 모습뿐 아니라 제주도에 관한 기록을 샤이에 롱의 저서와 함께 비교할 수 있다. 샌즈는 제주도 관련 기록을 담고 있다는 것이 샤이에 롱과 비슷한데, 샤이에 롱은 제주도에 관해 여행이 목적이었다면, 샌즈는 제주도에서 일어났던 '이재수의 난'을 해결하기 위해 방문하였다는 것이 차이점이다. 샌즈는 제주도를 방문하기 전에 샤이에 롱의 기록을 접하여 제주도에 대한 정보를 가지고 방문했을 것임을 예상할 수 있다.

로웰은 외교사절단으로 한국을 방문해 외교 업무보다는 주로 한국을 소개하는 글로 저서를 서술하였다는 점이 외교관 직업군의 미국인들과 차이점이고, 한국의 종교에 관심을 가져 선교사들에게 읽히거나 영향을 주었을 가능성이 크다. 특히 로웰은 1882년 한국과 미국이 수호통상조약을 체결한 직후에 방문하여 한국의 모습을 남겼기 때문에, 이후에 방문하는 미국인들과 서양인들에게 그리피스의 저서와 함께 한국에 대한 소개서로의 역할을 했을 것이다. 로웰은 직접 방문하여 남긴 기록이기 때문에 자료적 가치가 크다. 주로 서울을 중심으로 한 기록이기 때문에 서울에 대한 정보를 담고 있기는 하지만, 지도 · 부산과 제물포 · 행정조직 · 한국의 사회적 특징 · 종교 · 건축과 복식 등을 기록하였기 때문에 한국에 대한 정보 제공 역할을 했다. 특히 그는 원리의 3화음으로 비개성의 특질 · 가부장제 · 여성의 지위 부재 등 세 가지를 가지고 사회적 특성을 지칭하였다. 원리 3화음은 이후 한국을 방문한 서양인들에게 한국의 특징으로 인식하게 하였다.

알렌과 아펜젤러, 언더우드 등은 각각 1884년과 1885년에 한국에 입국하여 7~30년간 체류하였다. 이들은 이후 한국에 들어오는 서양인 선교사들에게 한국에서 적응할 수 있는 생활 방식과 한국인의 사고방식, 한국인의 전통, 한국인과 소통할 수 있는 방법 등을 알려주었다.

알렌은 의료선교사로 한국에 입국했으나, 갑신정변과 을미사변을 직접 경험했고, 의료 활동을 병행하다 보니 한국인들과 직접 만날 기회가 많아 한국과 한국인에 대한 정보를 갖게 되었다. 우리는 기록을 통해 그가 의료 선교사이지만 고종의 명을 받아 외교관으로서 역할을 함께 수행하게 되면서 개항 초기 한미 관계에 역할을 하였음을 알 수 있다. 알렌의 저서는 알렌의 의료 활동과 외교 활동을 살펴볼 수 있는 자료이다.

아펜젤러는 1885년에 한국에 입국하여 1902년까지 체류한 선교사로서 선교활동에 대한 일기뿐만 아니라 체류 당시 한국에서 일어났던 동학과 청일전쟁 당시의 선교활동을 통해 현장의 모습을 담고 있다. 그는 19세기 말의 한반도 정세를 기록하였고, 그의 저서는 한국과 한국의 대외 정세를 파악하는 자료가 된다.[61]

61 아펜젤러, 「머리말」 · 「아펜젤러의 인간과 신앙」 등 참조.

언더우드는 1885년에 한국에 입국하여 1916년 일제 시기까지 한국에 체류한 의료선교사로 주로 선교활동을 많이 하였다. 그의 저서에는 선교활동에 관한 내용뿐만 아니라 한국에 대한 전반적인 개괄적 내용(지리와 자원)과 한국인의 일상생활(의식주와 산업 · 교육 · 가정생활 · 장례와 혼례 등), 한국의 종교 등에 대해 기록되었다. 선교활동에 대해서는 초창기 선교 방법과 한국에서의 선교활동, 한국에서 활동하는 여러 선교단의 종파들과 사업 등에 대해 기록하여 1880년대부터 1900년대 한국의 선교활동을 총망라하였다.

아펜젤러와 언더우드의 저서는 이후 한국을 방문하는 미국인 선교사들뿐만 아니라 다른 나라의 선교사들에게도 한국에서 선교활동에 대한 방향을 잡는 데 역할을 하였다. 이 세 사람은 1880년대 후반 한국에 입국했던 길모어, 헐버트, 다니엘 기포드, 언더우드 부인 등과 1890년대 전반 한국에 입국했던 노블과 제이콥 로버트 무스 등의 선교사들에게 한국인에 대한 인식을 형성하는 데 큰 영향을 끼쳤다.

길모어와 헐버트는 한국에 동반 입국한 선교사로서 길모어는 1886~1889년까지 약 3년여 간, 헐버트는 1886~1907년까지 20여 년간 한국에 체류하였다. 미국인 선교사로서 이들의 저서를 살펴볼 수 있는데, 길모어는 한국과 한국의 모습에 대해 전반적으로 헐버트보다는 글의 내용이 간략하다고 볼 수 있고, 1880년대 후반에 시도했던 개혁들에 대해 언급하였다. 길모어의 저서에서 한국의 외교 관계를 보면 한국은 '독립국'임을 강조하였고, 앞으로의 한국 선교 사업으로 여성 선교사의 필요성과 의사소통을 위한 한글 습득을 지적하였다. 헐버트는 20여 년간 체류하다 보니 저서의 내용이 풍부하고, 비슷한 분량의 그리피스 저서와 비교 가능하다. 역사와 한국에 대한 모습을 전반적으로 저술하였는데, 1차 방문 시기가 정확하지 않은 그리피스와 직접 경험을 바탕으로 저술한 헐버트의 저서가 개항기뿐만 아니라 개항기 이후 방문하는 미국인들에게 한국에 대한 인식을 형성하는 데 영향을 끼쳤다. 그리피스가 역사 쪽에 좀 더 치중했다면, 헐버트는 한국과 한국인에 대한 전반적인 것에 치중하였다. 헐버트의 저서는 국적이 다른 프랑스 달레의 저서와 영국 존 로스의 저서와도 비교 검토할 수 있다. 달레와 존 로스는 중국에서 수집한 자료를 바탕으로 한국에 관해 저술하였기 때문에 헐버트의 저서와 비교하면서 이들이 얼마나 정확하게 한국에 대해 파악하고 있는지를 살펴볼 수 있다.

다니엘 기포드의 경우 1888년에 입국하여 1900년까지 한국에 체류하였던 선교사로서, 길모어의 저술 내용과 비슷한데 주로 한국인의 생활에 중점을 두어 저술하였기 때문이다. 이것은 「머리말」에서 그리피스와 길모어의 저술을 참고했다고 한 점을 통해 알 수 있다.

언더우드 부인은 미국인 여성 의사라는 특징이 있고, 한국에서 언더우드 목사와 결혼했는데, 1888년에 입국하여 1921까지 한국에 체류하였다. 특히 민비의 주치의로 활동하면서 친분을 쌓았고, 을미사변과 아관파천을 직접 목격한 서양인이기에 이와 관련한 기록들은 서양인들이 인식한 을미사변과 아관파천에 대해 살펴볼 수 있는 자료가 된다. 언더우드 부인은 주로 선교활동에 관한 내용을 담고 있는데, 대표적 선교 지역인 평안도와 황해도의 선교활동에 대해 기록하여 다른 선교사들에게 이 지역의 활발한 선교 상황을 전달했다. 그 영향으로 이후 선교사들은 한국에서 대표적 선교 지역으로 평안도와 황해도를 꼽을 정도였다.

언더우드 부인은 비슷한 시기에 한국에 머문 미국인 여성 선교사 노블과 비교 가능하다. 노블은 1892년에 입국하여 1934년까지 40여 년간 한국에 체류한 미국인 여성 선교사이다.[62] 언더우드 부인이 을미사변과 아관파천을 직접 목격했다면, 노블은 동학농민운동과 청일전쟁, 러일전쟁 등을 경험하였다는 특징이 있다. 이런 차이는 노블이 을미사변 당시에는 한국에 잠시 없었기 때문이다. 여성으로 이러한 현장에서 기록을 남겼다는 것은 당시 서양인의 시각에서 바라보는 한국의 상황을 알 수 있는 자료가 된다. 노블은 평양에 집을 짓고 거주하며 교회를 세워 활동했다는 점에서 이전 선교사들과 차별된다. 다른 선교사들은 지방을 돌아다니면서 선교활동을 벌였지만, 노블의 경우는 직접 거주하면서 그 지역민들을 만나 설교하고 교인이 되도록 이끌었다.

제이콥 로버트 무스는 1893년에 입국해서 1918년까지 한국에 체류한 미국인 선교사이다. 그는 한국에서의 기독교 전도가 시골 생활 속에서 이루어져야 한다고 생각하여 시골 체험기를 기록하였다. 1888년에 입국해 1900년까지 한국에 체류했던 다니엘 기포드와 비교할 수 있다. 두 미국인 선교사는 각각 서울과 시골의 삶을 저술하며, 상업 활동 · 토속신앙 · 선교활동을 통해 한국인의 생활상이 지역에 따라 어떻게 달랐는지를 보여준다.

1900년대에는 여행가였던 버튼 홈스와 교육자였던 와그너 여사, 기자였던 잭 런던 등이 한국을 방문하였다. 1901년 한국을 방문한 버튼 홈스는 대부분의 미국인이 일본을 경유하던 방식과 달리, 중국을 거쳐 입국함으로써 다른 여행 경로를 제시했다.[63] 버튼 홈스의 저서에 담긴 사진들은 여행가이자 사진작가였기에, 비슷한 시기에 한국을 방문하여 저서를 남긴 프랑스의 에밀 부르다레와 조르주 뒤크로, 이탈리아의 로제티 등과 비교 가능하다. 버튼 홈스

62 노블, 「옮긴이의 글」 · 「머리말」 참조.
63 버튼 홈스, 「버튼 홈스에 대하여」 참조.

의 저서에 있는 사진 자료들은 1901~1902년의 한국의 모습을 살펴볼 수 있다.

와그너는 1904년에 입국하여 1940년까지 한국에 머문 미국인 여성 교육자이다. 와그너는 방문 시기는 다르지만 같은 미국인 여성으로서 언더우드 부인(1888년 입국)과 노블(1892년 입국) 등과 함께 개항기 한국을 방문한 대표적인 미국 여성이라고 할 수 있다. 이들의 직업은 와그너가 교육자, 언더우드 부인은 의사, 노블은 선교사로 각각 다르지만, 대부분 30년 이상을 한국에 체류한 장기 체류자들로서 남성들보다 세밀하게 한국인들을 관찰하였다는 특징을 가지고 있다. 특히 여성과 어린이들에 대한 관심을 많이 가져 한국의 생활상과 교육의 필요성을 강조하였다. 이 부분은 언더우드 부인이나 노블도 비슷하게 언급하였다.

러일전쟁이라는 시기적 특성과 함께 나타난 직업이 기자인데, 미국도 기자를 파견하였다. 잭 런던이 그런 사람으로, 그는 일본에서 일본군을 따라 러일전쟁을 취재한 종군기자였다.[64] 이 시기에 한국을 취재하기 위해 파견되었던 영국의 기자 헨리 위그햄과 매켄지, 스웨덴의 기자 아손 그렙스트, 독일의 기자 겐테와 루돌프 차벨 등의 저서와 비교할 수 있다. 헨리 위그햄과 겐테의 경우는 1901년에 방문하였기에 러일전쟁 전의 한국 상황을 살펴볼 수 있을 것이고, 매켄지, 아손 그렙스트, 루돌프 차벨 등은 1904년에 한국을 방문하였기에 그들이 기록하고 보고한 러일전쟁은 어떠했는지를 잭 런던과 비교해 보는 것도 좋겠다. 특히 잭 런던은 직접 일본군을 따라다니면서 취재했기 때문에 러일전쟁의 진행 상황과 현장의 모습을 생생히 담고 있다는 것이 특징이다.

조약 체결 이후 1890년대까지 한국을 방문한 미국인들은 주로 외교관과

---

64 잭 런던, 「추천사」·「역자 서문」 참조.

선교사로 구분된다. 외교관 직업군은 국가 간의 외교 관련 업무를 담당하는 사람들이 방문하여 한국의 상황을 파악하고 정보를 제공하고자 하였다. 선교사 직업군은 종교에 관련된 사람들이 한국에 들어와 기독교와 천주교 등에 대해 선교활동을 펼치고자 하는 목적을 가지고 교육과 의료에 중점을 두어 활동하였다. 1880년대 외교와 관련해서는 로웰과 데니, 샤이에 롱 등을 들 수 있고, 선교와 관련해서는 알렌과 언더우드 부부, 길모어, 헐버트, 다니엘 기포드 등을 들 수 있다. 1890년대 외교와 관련해서는 샌즈를 들 수 있고, 선교와 관련해서는 노블과 제이콥 로버트 무스를 들 수 있다. 하지만 1900년대로 넘어가면서 교육자와 기자 등의 직업군도 보이는데, 와그너와 잭 런던이 그들이다.

정리해 보면, 미국인들은 그리피스의 저서를 중심으로 해서 한국에 대해 알게 되었다. 조약 체결 직후 데니를 통해 한국의 정치와 외교 관계 부분을 제공받고, 알렌과 언더우드를 통해 한국의 종교와 생활 관련 부분을 제공받았다. 이들이 1880년대 후반부터 1910년까지 한국에 입국하는 미국인들에게 한국이 어떤 나라인지를 알게 해주고 한국에 관심을 갖게 하는 역할을 하였다.

미국인의 경우 한국의 역사와 한국, 한국의 모습을 전반적으로 살펴본 그리피스와 헐버트의 저서를 비교할 필요성이 있다. 그리피스의 경우는 1882년 책을 출간하기 전에 한국을 방문하였는지가 확실치 않은 반면에, 헐버트의 경우 20여 년 동안 한국에 체류하면서 직접 경험과 자료 수집을 하였다. 이 비교 작업은 그리피스 저술의 정확성 여부를 파악할 수 있는 작업이 되고, 이 작업을 통해 우리는 개항 초기 서양인들이 인식한 한국에 대해 제대로 파악할 수 있다.

3) 러시아인의 저서적 특징

유럽 국가 중에 러시아의 경우는 다른 서양 국가들과 달리 한국과 지리적으로 가깝다는 이유로 한국에 관심이 많아 미국인 다음으로 많은 러시아인이 방문하였다. 포지오를 제외하고 1880년대 전반에 행정관리였던 다데슈칼리안과 상인이었던 델로트케비치가, 1880년대 후반에 군인이었던 베벨리가, 1890년대 전반에 군인이었던 카르네프와 미하일로프, 알프탄이, 1890년대 후반에 작가였던 가린-미하일롭스키가, 1900년대에 인종학자였던 세로셰프스키 등이 한국을 방문하였다.

러시아인의 한국 여행 경로를 살펴보면, 한국을 방문하지 않은 포지오를 제외하고, 다데슈칼리안과 델로트케비치, 카르네프와 미하일로프, 세로셰프스키 등은 일본을 통해 한국에 입국했다. 베벨리, 알프탄, 가린-미하일롭스키 등은 직접 러시아와 한국의 국경 지역을 통해 육로로 들어왔다. 일본을 거쳐 들어올 경우는 해로를 이용하였고, 러시아와 한국의 국경 지역을 통해 들어올 경우는 육로를 이용했다는 점에서 여행 경로에 따른 교통수단의 차이를 엿볼 수 있다.

러시아가 극동지역에 관한 탐사를 시작한 것은 1880년대부터였으며, 한국에 대한 체계적인 지역연구는 1890년대 중반부터 시작되었다. 러시아는 한국 북부지방의 지리와 지형, 도로 상황부터 한국의 광물군 · 식물군 · 동물군, 경제 · 사회 · 풍속에 이르기까지 다양한 분야에 탐사단을 파견했다.[65]

65 1894년 백두산을 등반하여 천지의 모습을 촬영한 스트렐비츠키(И.И.Стрелъбицкий), 1895년 한국의 북부와 평양까지 2차에 걸친 탐사 이후 「한국의 함경도와 평안도」라는 글을 남긴 루벤초프(А.Г.Лубенцов), 1897년 한국의 광물과 식물군 조사를 위해 한국을 방문한 아네르트(Э.Э.Анерт)와 코마로프(В.Л.Комаров)의 뒤를 이어 1898년 가장 대규모의 탐사단을 구성하여 방문한 것이 즈베긴초프(А.И.Звегинцов) 탐사단이다.

이후에 러시아에서는 1900년 한국을 방문한 동물학자 표트르 슈미트П.Ю.Шмидт와 1903년 한국을 방문한 민속학자 세로세프스키В. Серошевский가 수집한 한국에 대한 자료들이 현재 페테르부르크에 소재한 러시아지리협회 문서국에 남아 있다.[66]

당시 러시아왕립지리협회의 주도하에 진행되었으며, 탐사단장을 비롯해 다수의 단원들이 장교나 군인이었다는 점들에 주목할 수 있다.

개항 이전에 한국을 방문한 러시아인들이 있어 소개하고자 한다. 심지은이 편역하여 2006년에 출간한 『러시아인, 조선을 거닐다』에서는 1885년에 방문했던 델로트케비치의 저서를 포함해 1854년 동해의 해안선을 측량하고 돌아간 곤차로프의 기록과 1869년에 러시아인으로서는 처음으로 한국의 국경도시 경흥을 방문하여 한국인에 대해 다룬 프르제발스키의 기록이 있다. 곤차로프의 기록과 델로트케비치의 기록으로 우리는 개항기 이전에 한국을 방문한 러시아인이 있다는 사실을 확인할 수 있고, 개항 이전에도 러시아의 관심을 받았음을 알 수 있다.[67]

러시아의 특징은 군인이라는 직업군의 러시아인들이 1890년대 전반까지 이어서 방문했다는 것이다. 러시아에게는 한국과 함께 중국 · 일본과의 관계가 군사적으로 중요하게 작용했음을 짐작하게 한다. 포지오는 한국을 방문하지는 않았지만, 중국 · 일본 · 블라디보스토크 등에 체류하면서 한국에 관한 자료를 수집하여 저술하였기 때문에, 그의 저서는 1880년대 한국의

---

66 가린-미하일롭스키, 「해제」, p. 6.

67 곤차로프의 기록은 그의 두 권짜리 세계항해기 『전함 '팔라다'호』 제2권 6장에서 조선 여행 부분만을 발췌 · 번역한 것이고, 프르제발스키의 기록은 『우수리 지방 여행. 1867~1869』 4장 4부 「조선인」편을 발췌 · 번역한 것이다. 곤차로프의 기록은 1974년 『신동아』 8월호에 「미공개자료: 논픽숀 1854년의 조선」이라는 제목으로 박태근에 의해 최초로 번역 · 게재된 바 있다(곤차로프 외 2인 著, 심지은 편역, 2006, 『러시아인, 조선을 거닐다』, 한국학술정보(주), 「역자 서문」 참조).

모습을 엿볼 수 있는 자료가 된다. 이 저서는 1890년대 중반 이후 방문한 카르네프와 미하일로프, 알프탄 등에게 한국에 대한 정보를 제공하였다.

1880년대 전반에 방문한 러시아인으로는 다데슈칼리안과 델로트케비치가 있다. 다데슈칼리안은 정부 관리로서 1885년 당시 한국의 중부 지역에 관한 기록을 남겼고, 상인 델로트케비치는 한국의 경제에 관심을 보여 당시 1885~1886년의 한국의 경제와 무역 관련 기록을 남겼다. 이후 1880년대 후반에 방문한 군인인 베벨리는 한국의 북부 지역에 관한 기록을, 1890년대 전반에 방문한 군인 카르네프와 미하일로프는 한국의 중남부 지역에 관한 기록을, 알프탄은 한국의 중북부 지역에 관한 기록을 남겼다. 즉 이들은 군인 신분이지만 탐사단의 역할을 겸하여 여행하면서 한국의 북부 지역에서 중남부 지역까지의 여행 경로나 지역의 특성(광물 · 동식물 · 경제 · 사회 · 풍속 등) 등을 살펴볼 수 있는 자료를 남겼다. 이러한 자료들은 군사적으로나 경제적으로 이용할 수 있는 가치를 지녔고, 1880년대부터 1890년대 전반까지 한국에 대한 지역적 연구를 통해 정보를 수집했다는 것을 알 수 있다. 이들이 수집한 정보가 이후 1900년 러시아 경제부 사무국에서 개항기 한국에 관한 종합적 내용을 수록하여 발행한 지리지인 『한국지韓國誌』로 집대성되었다.

작가였던 가린-미하일롭스키는 1898년에 약 4개월간 극동지역을 여행하는데, 한국과 만주 · 랴오둥 반도 기행으로, 1898년 9월~10월 40여 일간 한국을 여행하면서 일기 형식으로 기록을 남겼다. 특히 이 저서는 백두산 기행을 중심으로 기록하여 한국의 백두산에 관한 기록을 살펴볼 수 있는 자료가 된다. 백두산 기록에 대해서는 영국인 군인이었던 캐번디시의 저서와 비교할 수 있다. 캐번디시는 1891년 방문이고, 가린-미하일롭스키는 1898

년이라는 시간적 차이는 있지만, 백두산을 여행하는 경로나 여행지의 특성 등의 정보를 비교하여 공유할 수 있기 때문에 백두산 여행기의 대표적 저서라고 할 수 있다.

인종학자였던 세로셰프스키는 러일전쟁 직전에 한국을 방문하여 기록을 남겼는데, 그는 당시 러시아령의 폴란드 출신으로 한국의 입장을 이해하려고 노력했다는 점이 특징이다. 20세기 초에 러시아어로 쓰인 한국에 관한 기록으로는 세로셰프스키의 저서가 가린-미하일롭스키의 저서와 함께 대표적 저서로 꼽힌다. 그의 저서가 현대에서도 러시아 독자들의 호응을 받고 있다는 것은 러시아인의 한국에 대한 관심이 높아졌다는 것을 의미하는 것이다. 이것은 100년 전의 한국에 관해서도 관심을 갖게 되면서 저서의 가치가 커졌다. 가린-미하일롭스키의 저서는 탐험대의 일원으로 백두산 정상을 탐사하였고, 탐사 이유가 두만강 · 압록강 · 쑹화강의 시원을 조사하기 위한 것이었다고 하여 이 강들의 조사가 주요 업무였음을 알 수 있다. 세로셰프스키는 러시아의 인종학자로서 1903년 10월부터 1904년 1월까지 한국에 체류하면서, 이 시기 한국과 한국의 모습에 대해 종교와 산업, 의식주, 교육, 장례, 상공업과 요역, 전쟁 전야의 서울 등을 기록하였다. 세로셰프스키의 저서는 러일전쟁 직전 한국의 긴박했던 상황을 잘 나타내고 있어 러일전쟁 직전의 한국 상황을 살펴볼 수 있는 자료가 된다.

러시아인들은 한국과 가깝다는 특성으로 한국과의 관계 형성에 있어 한국에 관한 지역연구를 기반으로 했다. 러시아인들은 한국의 대외적 상황과 내적 상황을 고려하여 1890년대 중반 이후부터는 일본 못지않게 영향력을 발휘할 수 있게 되었다. 러시아의 한국 연구들은 1880년대부터 1890년대 전반까지 한국을 방문한 러시아인들의 기록이 모아져서 큰 몫을 했다고 여겨진다.

4) 기타 서양인의 저서적 특징

프랑스, 미국, 러시아 이외의 국가들에서도 한국에 대한 관심을 보여 저서를 출간하였다. 대표적으로 영국, 캐나다, 독일, 이탈리아, 스웨덴, 헝가리 등이 있다.

유럽 국가 중의 하나인 영국의 경우는 조약 체결 당시 외교관의 방문을 제외하고는 직업군이 다양한 것이 다른 서양인들과 다른 특징이다. 영국인으로는 1879년에 한국을 방문하지 않고 저서를 출간한 존 로스를 시작으로 해서, 한영수호통상조약이 체결되기 직전인 1883년에 칼스가 방문하였고, 조약 체결 이후 1880년대 후반에 커즌과 새비지-랜도어가, 1890년대 전반에 캐번디시와 비숍이, 1900년대에 헨리 위그햄과 매켄지, 켐프 등이 한국을 방문하였다.

영국인의 한국 여행 경로를 보면, 한국을 방문하지 않은 존 로스를 제외하고 칼스와 캐번디시, 헨리 위그햄, 켐프 등은 중국을 통해서 한국에 입국하였고, 커즌과 새비지-랜도어, 비숍, 매켄지 등은 일본을 통해 한국에 입국하였다. 영국인들은 프랑스인들이 중국을 통해서 한국에 들어왔고, 미국인들이 일본을 통해서 한국에 들어왔던 것과는 달리 중국과 일본을 고루 이용하였음을 알 수 있다.

칼스는 영국이 한국과 조약을 체결하기 바로 직전인 1883년 11월 초에 방문하였다. 그는 한국에 관한 문헌 중에서 『하멜표류기』와 그리피스의 저서인 『은자의 나라 한국』, 달레의 저서인 『조선천주교회사』를 꼽았다. 이 저서들이 1880년대 전반에 영국인뿐만 아니라 많은 서양인에게 한국에 대한 대표적 서적으로 읽혔다는 것을 알 수 있다.[68] 칼스는 조약 체결 직전 혹은 직후에 한국에 파견된 영국인 외교관으로, 이는 미국과 독일이 외교관을 보낸 것과 같은 맥락에서 이루어진 것이었다. 이를 통해 영국 역시 미국과 독일처럼 한국과의 관계를 고려하고 있었음을 알 수 있다. 칼스의 저서는 주로 서울과 경기도, 황해도, 평안도, 한국과 만주 국경지대, 원산 등지를 여행하여 남긴 여행견문기로서의 성격이 강하다고 하겠다.

이후에 1887년과 1892년 두 차례 한국을 방문한 커즌은 학자이긴 하나 국제관계에 관심이 많아 외교관 역할을 하면서 한국과 중국, 일본 등 동아시아에 관한 글을 저술하였다. 그의 저서는 한국뿐만 아니라 그 이웃 나라들에 대해서도 다루어 당시 한반도를 둘러싼 동아시아 상황과 국제 정세를 살펴볼 수 있는 자료이다. 그는 1894년 이후 한국을 방문하는 서양인들에게 한국만이 아니라 주변 정세와 인접 국가들과의 관계를 함께 살펴야 하며, 더 나아가 영국이 동아시아에서 취해야 할 태도와 입장을 고려할 필요가 있음을 강조하였다.[69] 당시 한국과 중국 · 일본의 관계를 바라보는 미국 · 독일과 영국의 인식을 검토할 수 있으며, 더불어 이들 조약 체결국들이 한국에서 중국 · 일본과 어떤 외교적 관계를 맺어야 하는지도 살펴볼 수 있다.

영국인들의 특징으로는 여러 차례 방문한 이들이 많다는 점이다. 커즌, 새비지-랜도어, 비숍, 매켄지 등이 그러한데, 적게는 두 차례이고 많게는 4차례에 걸쳐 방문하였다. 새비지-랜도어와 비숍은 한국에 대한 관심이 높고 방문 당시 한국에 대한 인상이 좋았기 때문에 여러 차례 방문하였다.

새비지-랜도어의 경우 저서 제목이 『*Corea or Cho-sen: The Land of the Morning Calm*』인데, 'The Land of the Morning Calm'이란 표현은 미국인

---

68 칼스, 「원저자 머리말」, p. 7.

69 커즌, 「저자 소개」 · 「역자 서문」 · 「초판 서문」 · 「재판 서문」 등 참조.

로웰의 저서에 쓰였던 표현으로, 1880년대 로웰의 저서가 1890년대 영국인에게도 읽혔음을 알 수 있다.[70] 새비지-랜도어는 1890년에 방문하였는데, 프랑스의 탐험가 샤를 루이 바라의 저서와 비교할 수 있다. 새비지-랜도어가 서울과 서울 근교를 여행했다면, 샤를 루이 바라는 서울에서 부산까지 여행했기에 여행 지역의 차이는 있다. 하지만 두 사람 모두 서울과 서울 근교를 여행했기 때문에 이 지역에 관한 내용을 통해 1890년 전후 서울을 중심으로 한 한국인의 모습과 생활상을 살펴볼 수 있는 자료가 된다.

캐번디시는 1891년 8월부터 10월까지 한국에 체류하면서 백두산을 등정했던 영국 군인이다.[71] 그는 백두산 등정할 때 서울에서 원산 · 장진 · 갑산 · 보천 · 백두산 순으로 경로를 밝혔고, 날짜 · 지명 · 해발고도 · 기온 · 출발시간 · 도착시간 · 거리(리) · 위도와 경도 · 가옥수 · 날씨 등이 기록되어 당시 여행했던 지역에 대한 소개와 정보를 담고 있다. 백두산 여행이라는 점을 가지고 볼 때 러시아 작가 가린-미하일롭스키의 기록과 비교할 수 있고, 이 두 저서는 1890년대 백두산의 모습을 살펴볼 수 있는 대표적 저서이다.

특히 비숍의 경우에는 여성으로서 한국을 방문한 서양인인데, 미국인 여성 선교사였던 노블과 비슷한 시기에 방문을 시작하였기 때문에, 노블과 비숍의 저서는 여성의 시각에서 저술된 작품으로 비교해 보는 것도 흥미로울 것이다.[72] 두 사람 모두 여성이기 때문에 한국인에 대한 관심이 컸고, 직접 한국인들과 생활하면서 인간미가 넘쳤을 것이다. 노블은 1892년에 입국한 미국인 여성 선교사이고 비숍은 1894년에 입국한 영국인 여성 작가이자

---

70 새비지-랜도어, 「역주자 머리말」 참조. 〈표〉에서 로웰과 새비지-랜도어 저서의 원서 제목을 확인하면, 로웰은 『*Chosön, The land of the morning calm*』이고, 새비지-랜도어도 『*Corea or Cho-sen: The Land of the Morning Calm*』이라고 하여 거의 동일하다는 것을 알 수 있다.

71 캐번디시, 「역자 후기」 참조.

72 비숍, 「역주자 머리말」 · 「원저자 머리말」 참조.

여행가라는 것이 차이점이다. 노블은 선교 활동에 중점을 두었고, 비숍은 여행과 견문에 중점을 두었다는 차이를 보인다. 본인들이 여성이기 때문에 한국 여성에 대한 관심을 나타낸 부분이 컸다는 것을 확인할 수 있었다. 비숍은 1910년에 방문한 영국인 여성 여행가인 켐프와도 비교가 가능하다. 방문 시기는 다르지만, 켐프와는 영국인 여성이라는 공통점과 함께 금강산을 여행한 부분도 같다. 금강산 여행 부분은 1894년에 여행한 비숍의 기록과 1910년에 여행한 켐프의 기록에서 금강산의 모습을 살펴볼 수 있다.

매켄지는 1904년과 1906년 두 차례 방문하였는데, 특파원이란 직업으로 러일전쟁을 취재하면서 당시 한국의 상황에 대해 영국과 서양에 알리고자 노력하였고, 1920년에 3·1운동을 중심으로 한국에 대해 저술하기도 하여 한국에 대한 애정을 드러냈다.[73] 매켄지의 저서는 그가 방문한 1904년에 한국에 입국한 독일인 기자 루돌프 차벨과 스웨덴 기자 아손 그렙스트와 비교 가능하다. 국적은 다르나 세 명 모두 기자라는 것과 함께 한국에 들어온 시기가 1904년이라는 공통점을 가지고 있다. 세 사람의 저서는 러일전쟁 당시 한국의 모습과 상황, 국제관계 등을 살펴볼 수 있는 자료가 된다. 저서마다 특징이 있는데, 매켄지는 의병에 관해 다루었고, 루돌프 차벨은 신혼여행을 겸했기 때문에 한국의 남쪽 지역인 부산과 원산을 여행한 기록을 남겼으며, 아손 그렙스트는 독립협회 활동과 강화도 여행을 다루었다. 이 세 사람의 저서는 1904년 한국의 모습과 상황을 자국의 입장에서 각각 어떻게 바라보았는지를 살펴볼 수 있기 때문에 중요한 자료가 된다.

헨리 위그햄은 기자로서 1901년 한국을 방문하여 만주와 대한제국에 대해 저술하면서 당시 열강들의 관심을 받았던 만주와 한국의 상황을 제3국

---

73 매켄지, 「역주자 머리말」 참조.

의 관찰자 입장에서 바라보았다는 것이 특징이다.[74] 1901년에 한국을 방문한 독일인 기자 겐테가 있는데, 같은 시기와 같은 직업군이지만, 내용상의 차이를 보인다. 헨리 위그햄은 한국의 대외 상황에 관심을 가졌고, 겐테는 한국의 지역적 특징에 관심을 가져 한반도 취재에 비중을 두었던 것으로 파악된다. 외교 관계와 관련해서는 1890년대 초에 한국을 방문한 영국인 학자 커즌과 비교할 수 있을 것이다. 커즌은 1890년대 전반 한국과 동아시아의 정세를 파악하고, 영국이 향후 어떤 인식과 관계를 형성해야 하는지를 기록하였다. 헨리 위그햄은 기자로서의 특성을 바탕으로, 1900년대 초 한국과 동아시아 정세 속에서 러시아 · 프랑스 · 독일의 관심이 커지는 상황에서 영국이 어떤 관계를 취해야 하는지를 제시하였다.

1910년 초에 한국을 방문한 여류 여행가 켐프는 중국에 관심을 가지고 만주와 한국을 여행하기로 결심하여 일제 시기 직전의 한국을 방문하여 선교 활동과 대표적 여행지(서울, 부산, 금강산 등)를 기록하였다. 그녀는 1904년에 출간된 헨리 위그햄의 저서를 통해 만주와 한국에 대한 정보를 얻어 방문하였다.[75] 켐프의 저서는 비숍의 저서와도 비교할 수 있다. 두 사람은 같은 영국 여성이자 여행가라는 점과 금강산을 여행한 점을 공통점으로 꼽을 수 있다.

영국인들은 영어권 국가여서 미국인 저서의 영향을 받았다는 것을 확인할 수 있는데, 칼스가 그리피스를 언급한 것이나, 새비지-랜도어가 로웰을 언급한 것을 보아도 알 수 있다. 칼스가 언급했듯이, 하멜 · 달레 · 그리피스

---

74 헨리 위그햄, 「옮긴이의 말」 참조.

75 켐프, 「원저자 머리말」, p. 20. 켐프는 러시아와 일본의 대결이 이루어지는 접경지대로 만주와 한국을 꼽았고, 이 나라들이 1900년대에 변화가 빠르게 진행되어 출간된 저서들이 오히려 낡은 정보가 되는 바람에 당시 만주와 한국의 모습을 책을 통해 보기 어렵다는 의견을 제시하였다.

의 저서는 영국을 비롯한 여러 서양 국가에서 출간·소개되어 서양인들에게 한국의 이미지를 형성하고 한국에 대한 관심을 불러일으켰다.

프랑스인, 미국인, 러시아인, 영국인 이외의 서양인 중에 캐나다인을 제외하고는 모두 1900년대에 입국한 서양인들이다. 캐나다인들은 선교사들의 저서가 대부분이고, 미국의 영향을 받아 미국인의 저서를 섭렵하고 들어온 경우이며, 장기 체류자들로 한국에 대한 이해와 애정을 가지고 있었다. 독일, 이탈리아, 스웨덴, 헝가리 국적을 가진 서양인들도 이미 유럽에서 출간된 저서를 접할 수 있었다. 독일이나 이탈리아의 경우에는 제국주의적 입장을 고수하는 경우가 많고, 스웨덴과 헝가리의 경우에는 20세기 초에 변화된 한국의 모습에 대해 긍정적인 평가와 함께 한국인에 대한 이해와 애정을 가지고 있었다.

캐나다의 경우 선교사 직업군인 게일과 셔우드 홀(부모), 에비슨 등이 한국을 방문하였다. 게일은 1888년에 방문하여 40여 년간 체류하였고, 셔우드 홀의 경우 부모가 1890년에 방문하였는데 셔우드 홀이 1893년에 태어나 1940년까지 체류하였고, 에비슨도 1893년에 방문하여 42년간 체류하였다.

이들은 선교사와 의료선교사라는 공통점과 함께 40년 이상의 장기 체류자라는 공통점을 가지고 있다. 이들은 개항 초기 외교 관계에 중점을 두었던 다른 서양 국가들과 달리 종교 활동을 목적으로 한국을 방문하였다는 것이 다른 나라들과의 차이점이다.

캐나다인의 한국 여행 경로를 살펴보면 모두 일본을 통해서 입국했다. 이는 그들이 선교사였던 직업적 특성에서 비롯된 것으로 볼 수 있다. 즉 미국의 선교사들이 먼저 일본을 통해 입국 방법을 따라 옆의 국가였던 캐나다의 선교사들 역시 선례를 따라 택했을 가능성이 크다.

게일은 1888년에 입국하여 1928년까지 한국에 체류한 캐나다인 선교사이다.[76] 그는 언더우드와는 친분을 쌓았기 때문에 언더우드의 저서와 비교할 수 있다. 1880년대 후반에 한국을 방문한 선교사로는 미국인 길모어, 헐버트, 다니엘 기포드 등이 있으며, 국적은 달랐지만 미국과 캐나다 선교 방식은 유사했을 것으로 예상된다. 이들의 저서를 비교 검토하면 선교 활동과 방법에 대해 대략적으로 정리할 수 있다.

셔우드 홀의 경우는 2대에 걸친 선교사 가족 이야기라는 특징이 있다.[77] 어머니 로제타 셔우드 홀의 일기를 통해 게일과의 친분이나 노블 목사와의 친분 등을 알 수 있어서 당시 미국인 선교사와 캐나다인 선교사가 함께 선교 활동을 벌였음을 파악할 수 있다. 일기 형식으로 볼 때, 셔우드 홀과 노블 여사의 저서를 비교할 수 있는데, 셔우드 홀의 부모와 노블은 평양에 집을 짓고 교회를 세워 활동했다는 공통점을 가지고 있다. 이 둘은 특이하게도 청일전쟁과 동학농민운동, 러일전쟁 등을 직접 경험하면서 한국이 일본의 식민지가 되는 과정을 지켜봤다는 공통점을 가지고 있다. 이 두 저서는 평양에서의 선교 활동이 어떠했는지를 살펴보는 자료로서, 1890년대 중반 이후 1900년대 한국의 모습을 살펴보는 자료로써 활용할 수 있다.

에비슨의 경우는 1893년에 입국하여 1935년까지 40년간 한국에 체류한 캐나다인 의료선교사이다.[78] 그는 미국인 의료선교사인 알렌이나 언더우드와 비교 가능한데, 특징이라면 알렌은 의사이면서 외교관 역할을 하였다는 것이고, 언더우드는 선교 활동에 비중을 두어 활동했다는 것이며, 에비슨

---

76 게일, 「역주자 머리말」 참조.

77 셔우드 홀, 「추천의 글」 참조.

78 에비슨, 「추천사」·「올리버 R. 에비슨의 회고록에 대해서」·「역자 서문」 등 참조.

은 의료 활동에 비중을 두었다는 점일 것이다. 특히 에비슨은 의학전문학교와 세브란스 병원을 설립하여 의료 사업에 중점을 두면서 당시 한국의 정세를 함께 기록하였다는 것이 특징이다.

게일은 선교사로서 종교에 중점을 두어 포교 활동에 관한 기록을 남겼고, 셔우드 홀(부모)과 에비슨은 의료선교사로서 의료 활동과 함께 선교 활동을 겸하다 보니 의료와 선교 두 분야에서 다양한 기록을 남겼다. 이들은 함께 활동했다는 사실로 미국인들과 비교가 가능하다. 게일은 1880년대 방문한 미국인 선교사들, 즉 언더우드와 아펜젤러, 길모어, 헐버트 등과 비교 가능하고, 셔우드 홀(부모)과 에비슨은 1880년대 방문한 미국인 의료선교사인 알렌과 비교 가능하다. 이들은 비슷한 시기에 한국을 방문하였고, 이들의 저서는 각자 활동하면서 경험한 생활을 기록하여 종교뿐만 아니라 한국에 관한 전반적인 모습들을 소개하는 저서가 된다.

독일의 경우에는 개항 전에 한국을 방문했던 오페르트가 있고, 개항 이후 1901년에 기자였던 겐테와 1904년에 특파원으로 파견되었던 루돌프 차벨 등이 한국을 방문하였다.

독일인의 한국 여행 경로를 살펴보면, 루돌프 차벨을 제외하고 나머지 독일인들이 모두 중국을 통해 입국한 것을 확인할 수 있다. 캐나다인들이 모두 일본을 통해 입국한 것과 다른 양상을 보인다. 이것은 독일이 예전부터 일본보다는 중국과 관계가 있기 때문으로 판단된다. 개항 전 오페르트가 중국을 거쳐 한국에 들어왔고, 개항 직후 독일 외교관 묄렌도르프 역시 중국에 머물다 한국에 들어온 사례로 볼 때, 이후 독일인들도 주로 중국을 통한 경로를 이용해 한국을 방문한 것으로 판단된다. 흥미로운 것은 루돌프 차벨이다. 그는 수에즈 운하를 통과해 홍콩을 거쳐 일본 나가사키를 통해 한국에 들어왔다. 서양인들이 일본을 통해 들어올 경우에는 대부분 자국에서 일본으로 향하는 배를 타고 일본을 거쳐 들어오는데, 루돌프 차벨은 중국에서 한국으로 들어온 것이 아니라 일본을 중간에 거쳐 들어왔다는 것이다.

오페르트의 저서는 1880년에 출간되었지만, 방문 시기가 1866년과 1868년이기 때문에 개항 전의 한국에 대한 기록으로 하멜표류기 이후로 한국에 대한 불분명한 정보나 막연한 소문 등에 대해서 체험을 통해 바로잡는 역할을 했다.[79] 이 저서는 개항 후 조약을 체결하고 한국을 방문하는 서양인들에게 개항 전의 한국 상황을 살펴볼 수 있는 자료로 가치를 지녀, 미국의 그리피스와 프랑스의 달레 저서와도 비교 검토가 가능하다.

1901년에 한국을 방문한 겐테와 1904년에 한국을 방문한 루돌프 차벨은 영국의 헨리 위그햄과 매켄지 등과 비교가 가능하다. 겐테와 루돌프 차벨은 기자와 특파원 출신으로, 겐테는 1901년에 중국을 통해 한국을 방문하였고, 제주도를 여행했다는 특징이 있다.[80] 제주도를 여행한 기록은 미국의 샤이에 롱과 샌즈 등의 기록과 비교 가능하다. 샤이에 롱과 샌즈는 미국의 외교관으로서 각각 1887년과 1898년에 입국하여 방문 시기의 차이를 보이고 있으나, 외교관으로서 제주도를 방문하였다는 공통점을 가지고 있다. 샌즈의 경우는 제주도를 방문한 시점이 '이재수의 난'을 해결하기 위해 방문하였고, 겐테의 경우는 제주도를 방문한 시점이 '이재수의 난'이 일어난 직후라는 점에서 제주도 민심을 살펴볼 수 있는 자료가 된다. 겐테는 지리학자답게 한라산의 해발고도를 측정하고 백록담의 분화구 지질을 조사하여

79　오페르트, 「역주자 머리말」 참조. 독일어판의 원제는 『*Ein Verschlossenens Land, Reisen nach Korea*』(1880)이다.

80　겐테, 「옮긴이의 말」 참조.

20세기 초 서양에 제주도에 대한 정보를 제공했다.

루돌프 차벨은 신혼여행을 러일전쟁이 일어나고 있는 한국으로 정해서 당시 한국의 모습을 저술하여 러시아와 일본의 관계 · 러일전쟁과 한일 관계 등에 대해 언급하였다는 것이 특징이다.[81] 루돌프 차벨과 비슷한 시기에 한국을 방문하고 저서를 출간한 영국인 기자 매켄지와 스웨덴 기자 아손 그렙스트가 있다. 이들은 같은 특파원이지만, 이들의 저서는 국가 간의 인식이나 입장의 차이가 있는지를 살펴볼 수 있는 자료가 된다. 이 세 명은 각자 관심을 가진 분야들에서 차이를 보인다. 루돌프 차벨은 한국의 남쪽 지역에 관심을 가졌고, 매켄지는 한국의 의병에 관심을 가졌으며, 아손 그렙스트는 독립협회 활동에 관심을 보였다. 이들이 기자로서 어떤 분야에 관심을 가졌는지도 눈여겨볼 필요가 있다.

겐테와 비슷한 시기에 한국을 방문한 독일인 의사 분쉬가 있다.[82] 분쉬 박사가 남긴 기록은 한국 의학 발달사에서도 중요한 자료일 뿐만 아니라 한국 사학계에도 잘 알려져 있지 않던, 구한말 정부와 외세의 미묘한 관계 및 정치적 · 사회적 상황을 이해하는 데 유익한 자료라는 점에서도 의미가 크다. 분쉬는 금강산을 여행한 기록을 남겼는데, 금강산에 관한 부분은 영국의 비숍과 켐프, 프랑스의 에밀 부르다레와 비교가 가능하다. 이들이 국적과 직업 · 성별의 차이가 있지만 금강산에 관한 기록은 탐사보다는 여행을 목적으로 하여 서양에는 없는 사찰을 방문하였다는 것이 특징이다.

개항기에 영국과 독일을 제외하고 한국을 방문하여 저서를 남긴 유럽인들로는 오스트리아 여행가인 헤세-바르텍과 이탈리아 외교관인 로제티, 스

---

81 루돌프 차벨, 「옮긴이 서문」 참조.

82 분쉬, 「리하르트 분쉬는 누구인가」 참조.

웨덴 기자인 아손 그렙스트, 헝가리 탐험가인 버라토시 등이 있다.

이들의 한국 여행 경로를 살펴보면, 헤세-바르텍과 아손 그렙스트는 일본을 통해서 한국에 들어왔고, 로제티와 버라토시는 중국을 통해서 한국에 들어왔다. 버라토시는 블라디보스토크에서 러시아 국경을 넘어 서울로 들어오는 경로를 택해, 러시아 국경을 통해 들어왔던 러시아인들과 비슷한 경로로 이동하였음을 알 수 있다.

오스트리아 국적을 가진 헤세-바르텍은 1894년 6월부터 7월까지 짧은 기간에 한국을 방문하여 체류한 여행가이다.[83] 1892년에 한오수호통상조약이 체결된 직후에 한국을 방문하여 1890년대 중반 한국의 모습을 기록하였다. 이 시기는 청일전쟁과 동학농민운동이 일어났던 시기인 만큼 영국인 작가 비숍의 저서와 비교가 가능하다.

이탈리아의 경우에는 1884년에 한국과 조약을 체결했지만 다른 나라들이 조약 직후 외교관을 파견하는 것과 달리, 1902년에 로제티를 파견하였다는 것이 특징이다.[84] 다른 나라의 외교관들은 체류 기간이 짧게는 1년 6개월에서 길게는 7년까지인 데 반해, 로제티는 외교관인데도 체류 기간이 8개월~9개월로 가장 짧다. 그는 자신의 직업적 특성에 따라 한국의 역사와 문화를 담은 자료를 수집하였으며, 다양한 사진을 남겨 1904년 당시 한국의 모습을 시각적으로 확인할 수 있는 중요한 기록을 제공하였다.

스웨덴의 경우 기자였던 아손 그렙스트가 저서를 남겼는데, 1904년 말에서 1905년 초에 한국을 방문하여 을사늑약 직전 한국의 모습을 담고 있다.[85] 아손 그렙스트는 이 시기에 한국을 방문한 기자와 특파원들의 저서와 비교

---

83 헤세-바르텍, 「머리말」·「옮긴이의 말」 참조.

84 로제티, 「추천사」·「후기」 참조.

85 아손 그렙스트, 「옮긴이의 말」 참조.

검토가 가능하다. 미국의 잭 런던, 영국의 매켄지, 독일의 루돌프 차벨 등이 비슷한 시기에 한국을 방문하였는데, 이들은 러일전쟁과 한국의 상황을 언급하면서 각 국가 간의 입장에 대해서도 자신의 관점을 나타내고 있기 때문에 각국의 한국에 대한 관계에 대해서 비교가 가능하다.

헝가리 국적을 가진 탐험가였던 버라토시는 1907년과 1920년 두 차례 한국을 방문하였는데, 저서의 제목이 '코리아, 조용한 아침의 나라'라고 표현한 것을 보아 그리피스나 로웰에서 한국을 지칭하는 '은자의 나라' 또는 '고요한(조용한) 아침의 나라'라는 표현이 20세기 초에도 여전히 사용되고 있음을 알 수 있다.[86] 개항기 전 시기를 통틀어 1880년대 전반에 출간된 저서의 제목이 30년 가까이 사용된다는 것은 1880년대 전반에 출간된 저서들이 여전히 30년이란 시간이 흘러도 출간되어 서양인들에게 읽히고 있다는 것을 의미한다. 버라토시는 자신이 방문하기 전에 알려졌던 한국에 대한 잘못된 오해나 소문들이 사실이 아님을 밝히는 데 노력하였다. 20세기 초 한국을 방문한 서양인들은 개항 초기 서양인들의 저술 속에 담긴 한국 인식을 바로잡거나, 그 속에 존재했던 오해와 왜곡 가능성을 지적하였다. 즉 한국의 모습이 변화하는 것만큼 서양인들의 인식에도 변화가 생기고 있다는 것을 알게 해주었다.

이렇게 개항기 방문하거나 기록을 남긴 서양인의 저서적 특징에 대해 국적별로 살펴보았는데, 미국과 프랑스의 저서들이 서유럽(영국·독일·이탈리아·스웨덴 등) 국가들과 중부유럽(헝가리) 국가의 서양인들에게 소개되어 읽히고 한국에 대한 인식을 형성하는데도 역할을 했음을 알 수 있다. 대표적으로

86 버라토시, 「역저자 머리말」·「원저자 머리말」·「부록」 등 참조.

미국인 그리피스의 저서와 프랑스인 달레의 저서가 그러하다. 영국을 통해 유럽 국가들에게 한국에 관한 문헌으로 읽힌 책은 한국을 단행본으로 처음 소개한 하멜을 시작으로 해서 달레와 그리피스가 쓴 책이다. 이 책들은 재판을 거듭하면서 서양 국가들에게 알려졌고, 그 책에 쓰인 한국에 관한 내용들이 한국에 관심을 가진 서양인들의 한국 인식을 형성하는데도 역할을 했다고 생각한다.

프랑스인 달레의 저서는 프랑스의 신부들뿐만 아니라 한국에 관심 있는 프랑스인들이라면 접했을 것이고, 이 저서가 유럽으로 확산되면서 한국에 대한 안내서의 역할을 했다는 점은 이후 유럽 국가들의 서양인 저서에서 확인할 수 있다.

미국인 그리피스의 저서와 헐버트의 저서는 미국에서 한국에 관한 대표적 저서로 꼽힐 수 있다. 그리피스는 1880년대 전반에 출간되어 1907년까지 여러 차례 재판되었다는 점에서 꾸준히 읽히고 있었다는 것을 알 수 있다. 헐버트는 1880년대 중반에 입국해 1907년까지 체류했기 때문에 한국의 변화를 지켜봤던 장본인이다. 그의 저서는 그의 기록에 대한 신뢰성을 갖추어 출간 시기가 1906년이지만 이후 많이 읽혔을 것으로 짐작된다. 이 둘의 공통점은 한국에 대한 백과사전적 내용을 담고 있는 저서라는 점에서 두루 읽혔고, 안내서 역할을 했다는 점이다. 이 둘의 차이는 그리피스의 경우는 역사를 중심으로 정치와 사회 부분을 다루었고, 헐버트는 한국에 대한 전반적인 분야로 정치, 역사, 산업, 문화와 예술, 사회제도 등에 대해 좀 더 세분화하여 다루었다는 점이다. 그리피스는 교육자로서, 헐버트는 선교사로서 이후 방문하는 서양인들에게 교육과 종교 부분에서 각각 관심을 가지고 살펴보는 자료로 활용되었을 것이다.

영국인 존 로스의 경우는 한국을 방문하지는 않았지만, 서양어로 번역한 최초의 한국 역사서라는 의미를 담고 있다. 이 저서는 중국과 한국의 역사를 다루면서 중국과 한국 간의 관계를 담고 있어 서양인들에게 중국과 한국이 어떠한 관계를 과거에 가지고 있었고, 어떠한 영향을 받았으며, 개항 당시 어떠한 관계를 형성하여 갔는지를 알 수 있는 자료로 활용되었다. 많은 서양인들이 자신들의 저서에 한국의 역사 부분을 서술할 때는 그리피스의 역사 부분과 함께 존 로스의 저서를 참고하였을 것이다.

서양인의 한국 인식 흐름을 정리하면서 몇 가지 나라별 공통점을 발견하였다. 첫 번째로 미국과 프랑스의 경우이다. 이들의 공통점은 1890년대까지 외교와 종교 분야의 직업을 가진 사람들이 한국을 방문하였고, 1900년대 이후 다양한 직업을 가진 사람들이 한국을 방문하였다는 것이다. 미국은 외교관과 선교사(의료선교사) 직업을 가진 사람들이 1890년대까지 한국을 방문하였고, 1900년대부터는 교육자와 기자 등의 직업이 보인다. 프랑스는 1890년대까지 신부와 외교관이 주를 이루었고, 1900년대부터는 교육자와 여행가 등의 직업이 보인다. 1880년대 전반까지 선교사로서 미국의 알렌 · 언더우드와 프랑스의 리델이 비교가 가능하고, 1880년대 외교관으로서 미국의 데니 · 샤이에 롱과 프랑스의 모리스 쿠랑이 비교가 가능하다. 1890년대 외교관으로서 미국의 샌즈와 프랑스의 프랑뎅을 비교할 수 있고, 1900년대 교육자로서 미국의 와그너와 프랑스의 에밀 부르다레를 비교할 수 있다.

두 번째로 미국과 캐나다인데, 두 나라 모두 같은 시기에 선교사와 의료선교사를 파견하였다는 점이다. 선교사로서는 미국의 언더우드 · 길모어 · 헐버트 · 다니엘 기포드 등과 캐나다의 게일을 비교할 수 있고, 의료선교사로서는 미국의 알렌 · 셔우드 홀과 캐나다의 에비슨을 비교할 수 있다.

세 번째로 영국과 독일의 경우이다. 이 두 나라는 1883년에 한국과 조약을 체결하였고, 체결 직후에는 외교관을 파견하였다는 공통점이 있는데, 영국의 칼스와 독일의 묄렌도르프가 있다. 1901년에는 영국의 헨리 위그햄과 독일의 겐테가 기자로서 한국을 방문하였고, 1904년에는 영국의 매켄지와 독일의 루돌프 차벨이 특파원으로 한국을 방문하였다는 공통점이 있다. 즉 1880년대 전반에 두 나라 모두 외교관을 파견하였고, 1900년대에는 기자와 특파원을 파견하였다. 1880년대 한국과의 관계를 살펴보는 자료로는 칼스와 묄렌도르프의 저서를, 1900년대 초와 러일전쟁 당시 한국의 상황을 파악하는데 헨리 위그햄과 겐테, 그리고 매켄지와 루돌프 차벨을 비교할 수 있다.

이러한 공통점과 함께 개항 초기부터 일제 시기 전까지 공통으로 사용된 표현이 있다. 그것은 그리피스의 '은자의 나라'와 로웰의 '고요한 아침의 나라'라는 표현이다. 이 표현은 1900년대까지 서양인들이 한국을 지칭하는 것으로 사용하였는데, 이것은 그리피스와 로웰의 저서가 개항기 전 시기를 거쳐서 꾸준하게 읽혔음을 나타내는 것이다. 겐테가 '신선한 나라'라는 표현을 하였지만, 1900년대 한국을 방문한 서양인들의 기록에서 '고요한 나라 한국'이란 표현이 보이는 것으로 보아 30여 년이 지나서는 한국을 지칭하는 대명사 또는 고유 명사화된 것이다. 개항 초기에 표현된 '은자의 나라'나 '고요한 아침의 나라'는 한국이 개항 전 외국과의 교역이 없어 자연적으로 붙여진 것으로, 서양인들에게 '잘 알려지지 않는 나라'라는 뜻을 담고 있었다. 1890년대 중반 이후 서양인들은 예전에 썼던 표현을 그대로 쓰고는 있지만 그 안에 '아직 개발이 덜 된 나라 또는 발전 가능성을 잠재하고 있는 나라 또는 변화를 시작하는 나라'라는 뜻을 담고 있다. 표현은 같으나 개항 초기와 1890년대 중반 이후에 의미하는 바를 보면 내재적 의미에는 차이가 있다.

마지막으로 서양인들은 여행 경로에 따라 한국에 입국하는 방법에서 차이를 보인다. 먼저 중국을 통해서 한국에 입국할 경우 육로나 철도를 이용하여 한국의 국경으로 들어오는 방법을 택했고, 일본을 통해서 한국에 입국할 경우 해상으로 선박을 이용하여 부산에 들어오는 방법을 택했다는 점이다.

제 2 부

기록을 통해 본 국가별 인식과 특징의 변화

한국을 다녀갔던 여행가들과 개항기 한국에서 활동했던 서구의 선교사들이 남겼던 여행기들은 빅토리아 시대의 '발견 수사법discovery rhetoric'에 주로 근거하여 한국을 들여다보았다. 새롭게 발견한 나라와 지역을 본국의 사람들에게 설득력 있게 설명하는 방법인 이 수사법은 세 가지 요소로 이루어졌다. 먼저 그들은 자신들이 발견한 지역을 한 장의 풍경화처럼 묘사하듯이 표현한다. 다음으로 이런 표현에서 가능한 한 많은 형용사를 사용하는데, 관찰자는 형용사를 많이 사용함으로써 본국의 사람들에게 발견된 지역이 마치 본국의 풍경을 연상시키는 작용을 한다. 마지막으로 관찰자는 발견한 지역을 완전히 꿰뚫듯이 파악한다는 것이다. 프랫Mary L. Pratt가 '제국의 눈Imperial Eyes'이라고 명명했던 이러한 관찰법은 빅토리아 시대의 영국인들이 탐방했던 지역들을 제국의 '심상지리心象地理(imaginary geography)'[1]의 지

---

1 심상지리는 어떤 공간을 상상하거나 인식하는 것을 말한다. 심상지리는 거짓이거나, 조작된 공간개념이라고 할 수는 없고 단지 상상되고 인식된 공간개념이라고 해야 한다. 그러니까 심상지리는 실제와 같을 수도 있고 다를 수도 있으나, 주체가 인식하고 상상하는 어떤 공간에 대한 지리적 인식을 말한다. 한마디로 마음이나 관념 속에서 규정된 지리적 개념을 심상지리라고 한다. 심상지리는 탈식민주의 이론 중의 하나로써, 서구 제국주의의 세계지배를 분석하

평 속에서 바라봄으로써, 오리엔탈리즘을 효과적으로 수행하기 위한 방식이었다. 그들은 이런 방식으로 한국을 '발견'하고 만들어 나갔다.[2]

기록을 통한 서양인들의 오리엔탈리즘을 살펴보기 전에 오리엔탈리즘과 여행기에 대해 정리할 필요가 있다.

먼저 오리엔탈리즘은 서양의 대표적 이분법적 사고 중의 하나로서 동양과 서양의 명확한 구분을 의미하는 개념이다. 오리엔탈리즘의 개념은 본래 18, 19세기 유럽의 학자와 예술가들이 아시아 문화를 묘사 또는 모방하는 행위를 나타내기 위해 사용되었고, 때로는 아시아문화를 연구하는 학문을 의미하기도 하였다. 그러나 1978년 에드워드 사이드가 출간한 대표적 저서 『오리엔탈리즘*Orientalism*』[3]에서 후기식민주의 및 '차이와 정치학'과 연관되는 문화적 개념으로 자리 잡았다. 그는 오리엔탈리즘에 대해 서양문명과 동양문명이 존재론적으로 뚜렷이 다르다는 가정을 하는 후기식민주의적 인식론이라고 개념화했다.

오리엔탈리즘은 19세기와 20세기 초반에 걸친 서양 열강들의 아시아 국가에 대한 식민지 지배 이후부터 더욱 뚜렷이 나타났다. 이 이분법 안에서 서양은 항상 중심적, 문명적, 선진적, 규범적, 이성적인 것으로 인식하는 반면에, 동양은 주변적, 후진적, 신비로운, 이국적, 비이성적인 것으로 인식, 묘사, 재현한다. 따라서 위계적인 동양과 서양의 구분을 의미하는 오리엔탈리즘은 서구 제국주의가 식민 지배를 하기 위해 아시아 국가들에게 행했

는 과정에서 생겨난 이론이다.

2 Mary L. Pratt, *Imperial Eyes:Travel Writing and Transculturation*, London: Routledge, 1992, pp. 201~205; 이종찬, 2012, 「한국 오리엔탈리즘의 중층적(重層的) 구조: 역사지리학적 관점」, 『한국문화와 오리엔탈리즘』, 보고사, p. 68 재인용.

3 에드워드 사이드(Edward Said) 지음, 박홍규 역, 1978, 『오리엔탈리즘』, 교보문고(2007 개정판).

던 계몽, 교화, 문명화, 착취 등의 행위들을 정당화하기 위한 수단이자 도구로 이용되었다고 할 수 있다.[4]

여행기는 개인의 관광 경험에 대한 언어적 재현 방법의 하나로서 저자가 방문한 국가 및 지역에서의 관찰과 경험을 표현한 저술을 의미한다. 여행기는 해당 국가나 지역에 살고 있지 않은 외부인에 의해 주로 집필되기 때문에 그 사회 내부에서는 깨닫지 못한 사실을 여행자의 시선으로 서술하게 된다. 따라서 여행기는 해당 문화에 대한 재현일 뿐만 아니라 그 여행기를 집필한 저자 자신의 정체성 및 문화적, 사회적 가치가 바탕이 되어 집필된다. 독자들은 여행기를 통해 저자의 눈으로 재구성된 방식의 해당 문화를 이해하게 된다.

여행기의 역사는 고대 메소포타미아, 이집트 문명까지 거슬러 올라가며, 이후 유럽, 중국, 이슬람 등의 역사를 통해 이루어진다. 여행기는 통치자에게 다른 지역과 문화에 대한 유용한 정치적, 지리적, 종교적, 경제적, 사회적 정보들을 제공하는 중요한 수단으로 활용되었던 것으로 알려졌다. 서양에서는 제국주의 시대로 들어서면서 식민지에 대한 상업적 정보를 목적으로 한 여행기가 많이 발견된다. 20세기 이후 대중적 관광이 활성화되면서 다양한 매체를 통해 여러 가지 주제의 여행기가 출판되고 있으며 최근에는 관광객의 정보 욕구를 충족시키는 안내서의 형태로도 발전하고 있다.[5]

학자들은 여행기를 쓰는 저자들이 자신들이 방문한 지역에 대한 정확한 이해 없이 관광하고자 하는 지역의 특정 측면만을 부각하거나 편견에 사로잡혀 잘못된 정보를 제공할 수 있다는 점을 문제점으로 제시한다. 여행기

---

4 심창섭 · 칼라산토스, 2012, 「미국인의 한국여행기에 나타난 오리엔탈리즘」, 『한국문화와 오리엔탈리즘』, 보고사, pp. 302~303.

5 심창섭 · 칼라산토스, 위의 논문, pp. 303~304.

는 저자의 주관성이 반영되므로, 방문 지역의 사회와 문화를 객관적 사료로 이해하고 활용하는 데 어려움이 있다는 점은 사실이다. 따라서 여행기의 특수성을 이해한 뒤에는 이를 활용하거나 분석할 때 신중하고 비판적으로 접근하며, 주관성을 배제하고 객관적 시각에서 파악하려는 노력이 필요하다.

이 글에서는 먼저 19세기 유럽의 사상사적 흐름과 동아시아에 영향을 끼친 제국주의적 지배 방식에 대해 살펴보고, 국가별로 프랑스 · 미국 · 러시아 순으로 하여 19세기 중엽의 각 국가와 한국과의 관계를 토대로 대표적인 23명 서양인들의 저서를 중심으로 분석한 한국에 대한 인식을 다루려고 한다. 영국을 비롯한 서양 국가들과의 관계는 추후에 다루어볼 것이다.

1. 19세기 유럽의 사상적 흐름과 제국주의 식민지 쟁탈전

1) 19세기 유럽의 사상적 흐름[6]

1789년은 프랑스 혁명이 일어난 해이다. 프랑스 혁명으로 프랑스에서는 군주제가 전복되었고, 계몽주의 사상이 현실에서 제도로 구현되었으며, 유럽 전역에 민족주의, 혁명 민주주의의 열기가 퍼져 나갔다.

1840년~1940년 사이 유럽을 떠나 이주한 사람들의 수는 6,000만 명이

6 하마모토 다카시 지음, 박재현 옮김, 1998, 『문장으로 보는 유럽사』, 달과소; 프랭클린 보머 지음, 조호연 옮김, 2000, 『유럽 근현대 지성사』, 현대지성사; 로버트 B. 마르크스 지음, 윤영호 옮김, 2002, 『다시쓰는 근대세계사 이야기』, 코나투스; 역사교육자협의회 편, 양인실 옮김, 『나만 모르는 유럽사』, 모멘토; 최영보, 2009, 『유럽사의 해석 -유럽 중심주의 사관의 재고찰』, 고려대학교출판부; 데이비스 메이슨 저, 김승완 옮김, 2012, 『처음 읽는 유럽사』, 사월의 책 등 참조. 필자는 이상의 연구 중 최근에 발간된 데이비스 메이슨의 저서를 중심으로 다루었음을 밝힌다.

넘었고, 그중 대다수는 아메리카 대륙으로 갔다. 그들이 이주할 때 유럽의 가치관, 문화, 관습 등도 함께 이동했다. 그러나 유럽 문화의 전파는 덜 순수하고 더 나쁜 방식으로 이루어지기도 했다. 19세기 후반에 절정을 이룬 유럽의 제국주의가 바로 그렇다. 영국, 스페인, 프랑스, 독일, 네덜란드, 포르투갈 등 여러 나라가 18~19세기 세계 전역에 식민지를 건설했다. 특히 1870~1912년 사이에는 경쟁적으로 '아프리카 쟁탈전'이 벌어졌고, 사실상 아프리카 대륙 전체가 쪼개져 유럽 국가들의 손에 들어갔다.

17~18세기에 등장한 계몽주의는 운동인 동시에 사상이었다.[7] 계몽주의는 인간 정신의 힘으로 개인을 해방하고 사회를 개선하는 것에 중점을 두었기에 계몽주의 시대는 '이성의 시대'라는 이름으로 불리기도 했다. 계몽주의 철학자들은 지식이란 오직 경험과 실험, 관찰을 통해서만 얻을 수 있는 것이라고 주장했다. 이들은 사람들이 스스로 비판적으로 사고하여 각자의 정신을 편견이나 검증되지 않은 권위, 교회나 국가의 억압 등으로부터 자유롭게 할 것을 독려했다.[8] 이러한 계몽주의 사상은 19세기 중엽에도 여전히 영향을 끼쳤다.

계몽사상들은 당시 미국과 유럽 사이에서 숱하게 서로 섞이고 영향을 끼치며 발전하였고, 계몽주의의 여파는 프랑스와 미국을 넘어 사실상 유럽 모든 나라와 모든 사회 계층에까지 영향을 끼쳤다. 계몽주의 사상은 자유

---

7 계몽주의(enlightenment, 啓蒙主義)는 지식수준이 낮거나 의식이 덜 깬 사람들을 깨우쳐 인류의 보편적 진보를 꾀하려 한 이념으로, 17세기 후반에 시작되어 18세기 프랑스에서 전성기를 이루었으며, 프랑스 혁명의 사상적 배경이 되기도 하였다. 신이나 교회의 권위에 바탕을 둔 특권이나 제도에 반대하고 인간적이고 합리적인 사유를 제창하였다. 계몽주의는 신(神)·이성(理性)·자연·인간 등의 개념을 하나의 세계관으로 통합한 사상운동으로서 사람들 사이에서 넓은 공감대를 형성하고 예술·철학·정치에 혁명적인 발전을 가져왔다. 계몽주의의 핵심은 이성중심이며, 이성의 힘에 의해 인간은 우주를 이해하고 자신의 상황을 개선할 수 있다고 하는 것이다. 또 지식·자유·행복이 합리적 인간의 목표라고 보았다.

8 데이비스 메이슨 저, 김승완 옮김, 위의 책, 「1. 구체제의 몰락, 계몽주의의 등장」, p. 26.

주의에서 사회주의, 공산주의에 이르기까지 18~19세기에 부상하게 되는 정치 이데올로기들에 영감을 제공했고, 이성과 실험, 관찰, 경험주의 등을 강조함으로써 오늘날 우리가 인간 사회를 연구하고 이해하는 방법의 토대를 마련했다. 무엇보다 중요한 점은 계몽주의가 품고 있던 대의가 인권, 대중 주권, 관용, 법에 대한 존중 등의 가치에 대한 기틀을 다져 놓았다는 것이다. 그러한 가치들은 현대 유럽 사회의 핵심부에 자리 잡고 있다.[9]

1820~1850년 사이에 '자유주의 · 급진주의 · 사회주의 · 민족주의'라는 말이 처음으로 등장했다. 낭만주의 역시 이 시기에 탄생했지만, 정치적인 '주의'와는 달리 문학예술 분야의 운동이었다.[10] 낭만주의는 계몽주의의 순수한 이성을 거부하고, 프랑스 혁명과 산업혁명이 낳은 가혹한 정치 사회적 현실로부터 안식처를 찾고자 했다. 낭만주의자들은 이성만이 아니라 감정도 중요함을 강조했고, 세계는 이성과 과학적 증거만으로는 온전히 이해될 수 없다고 믿었다. 낭만주의는 유럽 전체에 걸쳐 예술가들과 작가들에게 영향을 끼쳤다.[11]

19세기에는 자유주의와 민족주의가 대두하고 있었다.[12] 자유주의와 민족주의 둘 다 계몽주의와 프랑스 혁명에 그 기원을 두고 있었다. 자유주의에는 서로 구분되면서 연관된 두 개의 흐름이 존재했다. 하나는 정치적 자

---

9 데이비스 메이슨 저, 김승완 옮김, 앞의 책, p. 32.

10 낭만주의(Romanticism, 浪漫主義)는 자유로운 공상의 세계를 동경하며 정서, 감정, 개성 등을 중요시하는 예술 사조(藝術思潮)로 18세기에서 19세기에 걸쳐 유럽을 중심으로 발달하였으며, 고전주의와 대립되는 사상이다. 낭만주의는 18세기 말부터 19세기 중엽까지의 서구 문명에서 문학작품 · 그림 · 음악 · 건축 · 비평 · 역사편찬의 특징을 이룬 정신적 자세나 지적 동향이다.

11 데이비스 메이슨 저, 김승완 옮김, 위의 책, 「3. 산업혁명과 자본주의의 탄생」, pp 74~75.

12 자유주의(liberalism, 自由主義)는 집단에 의한 통제보다는 개인의 자발성을 우선시하며, 국가와 사회제도는 개인의 자유를 보장하고 개성을 꽃피우기 위해 존재한다고 보는 철학사조이다. 민족주의(nationalism, 民族主義)는 사람들은 누구나 민족국가(국민국가)에 대하여 최고의 충성심을 품게 된다는 신조이다.

유주의, 또 하나는 경제적 자유주의였다. 정치적 자유주의는 동의에 근거한 정부와 대중 주권 원리, 입헌주의, 다양한 견해에 대한 관용 등을 중심으로 하여 여러 사상가들의 계몽주의 사상을 토대로 성장했다. 경제적 자유주의는 사유재산에 관한 계몽주의 사상과 관련이 있기는 하지만, 정치적 자유주의자들과 마찬가지로 경제적 자유주의자들도 정부 권력을 제한하기를 원했는데, 특히 정부의 경제 규제에 대한 부분에서 그랬다.[13] 19세기 유럽을 움직인 또 하나의 강력한 원동력은 민족주의였다. 민족주의의 궁극적인 목표는 한 국가 안에 한 민족이 살아가는 하나의 통일된 민족국가를 수립하는 것이다. 이러한 민족주의는 19세기 여전히 유럽 대부분을 지배하고 있던 다민족 독재 국가에게 위협이 되었다.

1840년대에는 프랑스, 특히 파리는 산업혁명의 혼란 속에 있었고, 그 결과 도시 노동자 계층이 목소리를 높이며 새롭게 부상하고 있었다. 프랑스를 비롯하여 유럽 여러 나라의 도시들에서 사회주의 사상이 유포되었다.[14] 1848년 1월에는 마르크스와 엥겔스가 사회주의 혁명을 촉구하는 『공산당선언』을 발표했다.[15] 1848년 봄에는 혁명의 열기가 벨기에, 이탈리아, 헝가

---

13 데이비스 메이슨 저, 김승완 옮김, 위의 책, 「4. 1848년 민중의 봄」, pp. 84~85.

14 사회주의(socialism, 社會主義)는 자본주의의 시장원리를 반대하고 생산수단을 공유화함으로써 사회주의 내지 공산주의 사회의 건설을 목적으로 하는 학설 및 정치운동이다.

15 카를 하인리히 마르크스(독일어: Karl Heinrich Marx, 1818년 5월 5일~1883년 3월 14일)는 후대에 큰 영향을 끼친 라인란트 출신의 공산주의 혁명가, 역사학자, 경제학자, 철학자, 사회학자, 마르크스주의의 창시자이다. 1847년 공산주의자동맹을 창설했다. 프리드리히 엥겔스(독일어: Friedrich Engels, 1820년 11월 28일 - 1895년 8월 5일)는 독일의 사회주의 철학자 · 경제학자로 카를 마르크스와 함께 마르크스주의의 창시자 중 한 사람이다. 1844년 9월 독일로 가던 중 엥겔스는 파리에서 카를 마르크스와 만났다. 마르크스의 과학적 사회주의 운동을 적극적으로 돕는 것을 자기 의무로 판단한 엥겔스는 1850년 11월부터 마르크스가 『자본론』 1권을 탈고하고 생을 마칠 때까지 거의 한평생을 같이하며 마르크스를 물질적으로 도왔다. 마르크스가 죽은 후 엥겔스는 국제공산주의운동을 이끌며 마르크스가 살아있을 때 완성하지 못한 『자본론』의 2권과 3권을 정리해서 1885년과 1894년에 각각 출판하였다. 1889년에 그는 제2인터내셔널을 창건하였으며 1891년에는 마르크스의 저서 『고타강령비판』을 출판하였다.

리, 독일, 보헤미아, 네덜란드, 덴마크로 전염되었다.[16]

마르크스의 사상과 공산당 이념은 계몽주의와 프랑스 혁명, 산업혁명과 밀접한 관련을 맺고 있었다. 그 속에는 과학과 역사의 진보, 인간 조건의 개선 등에 대한 계몽주의의 믿음이 깔려 있었다.[17] 인간 사회를 연구하는 데 '과학적'으로 접근하는 마르크스의 방식은 19세기 중반 문학, 예술, 철학 등의 분야에서 낭만주의를 벗어나 리얼리즘과 유물론을 지향하던 추세를 반영하고 있었다. 1848년 혁명이 실패로 돌아간 뒤, 마르크스는 이상적이고 유토피아적인 것이 아닌 현실적이고 빈틈없는 비전을 제시하였다. 마르크스주의 이론의 핵심 요소는 사적 유물론이었다. 마르크스의 가장 큰 유산은 물론 학문 분야보다는 정치 영역에 있다. 마르크스와 엥겔스의 저작들은 유럽에서 사회주의와 사회주의 정당이 발전하는 데 중요한 밑거름이 되었다.[18]

1858년에 영국인 찰스 다윈이 또 하나의 혁명적인 저작 『종의 기원』을 출간했다.[19] 마르크스가 역사와 사회 발전에 관한 보편적인 이론을 만들어 내었다면, 다윈은 살아 있는 모든 종의 기원과 발전에 관한 보편적인 이론을 제시하였다. 다윈 스스로 수집한 광범위한 증거들을 바탕으로 수립한 자연선택이라는 진화론은 생물학에, 나아가 과학 전반에 혁명을 일으켰고, 사회과학의 발전까지 촉진했다. 다윈주의는 인간의 본성과 종교의 근본적

---

16 데이비스 메이슨 저, 김승완 옮김, 앞의 책, p. 99.

17 데이비스 메이슨 저, 김승완 옮김, 위의 책, 「5. 마르크스와 마르크스주의, 그리고 사회주의」, pp. 103~104.

18 데이비스 메이슨 저, 김승완 옮김, 앞의 책, p. 120.

19 찰스 로버트 다윈(Charles Robert Darwin, FRS, 1809.2.12.~1882.4.19.)은 영국의 생물학자, 박물학자이며 철학자로 인정받기도 한다. 진화론을 체계적으로 정리한 뒤 저서 종의 기원을 통해 공식적으로 진화론을 발표하여 논란이 되었다. 『종의 기원(*On the Origin of Species by Means of Natural Selection, or the Preser- vation of Favoured Races in the Struggle for Life*, 種 - 起源)』에서 생물의 진화론을 내세워 코페르니쿠스의 지동설만큼이나 세상을 놀라게 했다.

인 믿음 그 자체에 의문을 제기했다. 결국 다윈주의가 세상에 받아들여졌을 때, 종교와 신학 역시 다윈주의의 영향을 받아 변화하게 되었다. 다윈이 경험주의와 과학을 신봉하는 태도에는 과학혁명과 계몽주의가 반영되어 있었다.[20]

종의 기원에 대한 다윈의 연구는 사회다윈주의(사회진화론)라는 또 다른 일련의 이론을 파생시켰다.[21] '적자생존'이라는 말을 만들어 낸 영국 철학자 허버트 스펜서가 대중화시킨 사회다윈주의는 종의 진화에 관한 다윈의 생각을 인간 사회에 적용해 특정 집단과 인종, 민족 등의 '진화'를 설명하였다.[22] 사회다윈주의는 다음 수십 년 동안 군국주의, 인종주의, 제국주의, 그리고 더 강경한 형태의 민족주의를 뒷받침했다.

다윈과 스펜서의 영향력 있는 저작들이 출간된 시기는 19세기 후반 유럽 식민주의가 급속히 팽창하던 시기와 때를 같이했다. 그것은 제국주의의 시대로, 유럽 국가들은 19세기 마지막 10년 동안 남반구 전체에 걸쳐, 특히 아프리카에 식민지들을 건설했다. 유럽 사회는 아프리카 사회보다 한 발 더 '진화'된, 혹은 더 발전된 단계에 와 있기 때문에 아프리카에서 유럽의 영향력을 퍼뜨리는 것은 곧 아프리카 문화의 진화를 촉진한다는 논리였다.[23]

---

20 데이비스 메이슨 저, 김승완 옮김, 앞의 책, 「6. 다윈주의와 사회다윈주의」, p. 125.

21 사회다윈주의는 다른 말로 사회진화론을 일컫는다. 사회진화론(Social Darwinism, 社會進化論)은 19세기 말에서 20세기 초에 유행한 다윈의 생물 진화론에 기초한 사회이론으로, 대표적인 사회 진화론자는 영국의 허버트 스펜서와 월터 배젓, 미국의 윌리엄 그레이엄 섬너 등이다. 사회 진화론자들은 인간 사회의 생활을 생존 경쟁이라고 생각했고, 그 투쟁은 스펜서가 제창한 적자생존에 의해 지배된다고 주장했다. 사회 진화론은 제국주의적 · 식민주의적 · 인종주의적 정책을 철학적으로 합리화하는 데 이용되었다.

22 스펜서(Herbert Spencer, 1820.4.27~ 1903.12.8.)는 영국의 사회학자이자 철학자이다. 일찍이 진화론을 주장하고 지식의 종합을 통해 많은 영향을 끼쳤으며 사회보다 개인이, 종교보다 과학이 우월함을 주장했다. 명저 『종합 철학체계(*The Synthetic Philosophy*)』는 1896년 완간된 종합 논문집으로서, 생물학 · 심리학 · 윤리학 · 사회학 원리에 관한 여러 가지 논문을 포함하고 있다.

23 데이비스 메이슨 저, 김승완 옮김, 위의 책, pp. 138~139.

다윈주의와 마르크스주의는 둘 다 인간의 발전에 대한 포괄적이고 보편적으로 적용되는 과학적 이론을 전개하려 했다는 점에서 서로 비견될 수 있다. 하지만 현대의 영향력 면에서 보면 다윈의 이론이 마르크스의 이론보다 더 오랜 생명력을 지녔다고 할 수 있다.

2) 제국주의 식민지 쟁탈전

19세기 중반 이후는 지구상의 몇 개국이 전 세계 지역을 자신의 영토로 복속시키고자 대규모 침략을 자행하던 시기였다. 이러한 영토 분할에 적극적으로 참여한 나라는 일본을 제외하면 모두 유럽과 아메리카 대륙의 열강들로 영국, 프랑스, 독일, 이탈리아, 네덜란드, 벨기에, 미국 등이다. 이들이 비서구 사회에서 행한 정치적, 군사적, 경제적, 문화적 행위들을 우리는 식민주의colonialism 또는 제국주의imperialism라고 부른다.[24]

유럽에서 제국주의가 발흥한 이유는 여러 가지였다. 국가적 자부심도 한 가지 이유라 할 수 있다. 전략적 경쟁인 측면도 있었고, 새로운 시장과 원료, 저렴한 노동력을 구하기 위해서이기도 했으며, 사회다윈주의에 어느 정도 근거를 둔 선교의 의미도 있었다. 아프리카인들은 식민지를 경험하면서 유럽의 기술, 사상, 종교 등을 얻었지만 그와 함께 유럽인들의 착취와 우월감 때문에 고통을 겪고 분노를 품게 되었다. 아프리카 대륙이 분할되고 얼마 지나지 않아 아프리카 민족주의자들의 독립운동이 시작되었고, 제2차 세계대전이 끝나고 30년 안에 사실상 아프리카 식민지 모두가 독립 국가가 되었다.

유럽의 팽창주의는 19세기에 등장한 것이 아니라 15세기 스페인과 포르투갈이 식민지 경영과 대제국을 건설하면서부터 시작되었다. 그 후 프랑

24 조현범, 2009, 앞의 책, pp. 21~22.

스, 네덜란드, 영국 등도 그 뒤를 따랐다.[25]

제국주의는 주로 경제적인 동기에 의해 팽창하였다. 산업혁명으로 유럽 내 상품 생산도 상품에 대한 수요도 모두 자극받아, 기업가들과 정부들은 원료의 새로운 원천과 생산품을 판매할 새로운 시장, 노동력의 새로운 공급처 등을 찾아 나섰다. 1873년부터 1890년대 중반까지 유럽에 심각한 경제 불황이 지속되어, 해외시장을 찾고자 하는 욕구가 커졌다. 유럽 국가들은 무역 규제를 받지 않는 시장을 찾고자 했고, 아프리카와 아시아의 식민지에서 원하던 것을 발견했다. 하지만 19세기 제국주의는 이전보다 더 철저하고 많은 비용이 들었다. 식민지에 광산, 대규모 농장, 철도, 항만시설, 은행 등과 같은 것을 만들면서 상당한 자본투자를 하게 되었다. 이 투자를 보호하기 위한 정치력과 군사력이 필요하여 군인과 행정가와 자국민(정착민)이 식민지로 몰려들었다.[26]

유럽의 팽창주의에 인도주의적 요소가 없었던 것은 아니나 유럽인들의 우월감과 사회다윈주의에 의해 퇴색되어, 많은 유럽인이 식민지 경영을 통해 아프리카와 아시아 민족들을 근대화시키고 더 잘 살게 해준다고 생각했다. 기독교 선교사들은 구원의 길에서 벗어나 있는 이교도들에게 그리스도를 알려 주어 영혼을 구원하고 싶어 했다. 많은 선교사와 개혁 성향 정착민이 자신의 눈에 야만적으로 보인 원주민 풍습을 근절하고자 했다. 원주민 풍습으로는 노예제, 아동 결혼, 일부다처제, 식인 풍속 등으로, 그중에 실제로 행해지는 것도 있었지만 유럽인들의 상상이 만들어 낸 것도 있었다. 이런 생각을 뒷받침해 준 것은 사회다윈주의, 즉 소수 인종의 타고난 우월성

---

25 데이비스 메이슨 저, 김승완 옮김, 앞의 책, 「8. 제국주의 시대와 아프리카 쟁탈전」, pp. 168~169.

26 데이비스 메이슨 저, 김승완 옮김, 위의 책, pp. 169~170.

이 후진 민족들에 대한 정복을 정당화한다는 개념이었다.[27]

19세기 유럽의 식민지 사업은 아프리카에서 가장 부산하게 진행되었지만, 아프리카에 국한되지 않고 전 세계로 확대되었다. 아시아 대부분 지역 역시 유럽 열강의 손에 분할되어, 일본만이 진정한 독립국으로 남아 있었다.[28] 유럽 국가들은 초기에는 식민지 지역 탐사와 개발을 국가에서 공인한 무역 회사들에게 주로 맡기고, 개발 비용은 식민화된 국가가 부담할 것을 기대했다. 대부분의 식민지들은 유럽 국가들로부터 멀리 떨어져 있었기 때문에 오직 해군의 탐사와 군사력을 통해서만 식민화가 가능했다.[29]

유럽의 아프리카, 아시아, 중동 지배는 식민지인들에게 긍정적인 결과와 부정적인 결과를 함께 남겼다. 유럽의 언어, 문화, 기술 등이 19세기 남반구 전체에 퍼졌다. 영어는 인도, 나이지리아, 남아프리카 등의 나라에서 정치, 경제 분야 엘리트들의 공용어가 되었고, 부족과 종교 차이로 분열된 나라에 통합과 정체성을 마련해 주는 중요한 원천이 되었다. 유럽인들이 식민지에 건설한 항구, 도로, 철도 등을 통해 식민지와 유럽의 교역이 확대되었고 유럽의 기술이 식민지에 도입되는 기회도 늘어나게 되었다. 또한 도시와 마을이 생겨났고 시골에서는 상품작물 생산으로 현금 경제가 부상했으며, 유럽 제품에 대한 식민지 원주민들의 수요가 증가했다. 유럽의 일반 교육 및 종교 교육과 관련된 체계는 문맹 타파를 촉진하고 교육받은 중산층의 발전을 끌어내고, 선교사들은 기독교를 전파했다. 이 모든 것은 식민지인들의 전통, 자치, 독립, 자존심 등에 타격을 입혔다. 유럽인들은 아프리카, 아시아, 중동 사람들을 지배하고 착취하고 차별했으며, 식민지 각지

---

27 데이비스 메이슨 저, 김승완 옮김, 앞의 책, pp. 171~172.

28 데이비스 메이슨 저, 김승완 옮김, 위의 책, p. 176.

29 데이비스 메이슨 저, 김승완 옮김, 위의 책, p. 179.

의 전통적인 정부 체제를 무너뜨렸다. 식민지들이 독립을 이룬 후에 대부분은 안정된 정치체제를 수립하는 데 어려움을 겪게 되었다. 또한 식민지인들의 마음속에 남아 있는 유럽인들에 대한 반감이 오히려 교역과 원조의 기회를 무산시키기도 했다.[30]

열강의 침략은 1866년 병인양요(프랑스), 1871년 신미양요(미국) 등이 있었고, 결국 1875년 운요호 사건으로 일본에 의해 문호를 개방하게 되었다. 중국이 영국에 의해, 일본이 미국에 의해 문호가 개방된 것과 달리 한국은 같은 동양 국가인 일본에 의해 개방되었다는 점이 차이다. 하지만 최근에 한국의 문호 개방에 대해 일본이 독자적으로 행한 것이라기보다는 영국과 미국의 지지를 받아 수행했다고 보는 견해가 설득력을 얻고 있다.[31] 이후 1882년 미국과 수호통상조약 체결을 계기로 1880년대에는 영국, 독일, 이탈리아, 러시아, 프랑스 등과 차례로 수호통상조약을 체결하여 1882년 이후 서양인의 한국 방문이 본격적으로 이루어질 수 있게 되었다.

2. 프랑스인의 인식과 특징

프랑스인들이 남긴 기록 중에는 중국까지 와서 중국 문헌이나 중국인들의 진술을 듣고 작성한 것도 있으나 대부분은 19세기 전반기 프랑스 신부들이 한국을 직접 방문하여 작성한 것들이다. 이들의 기록은 한국의 이미지 연구에 매우 풍성한 자료를 제공해 주었다.[32]

---

30 데이비스 메이슨 저, 김승완 옮김, 앞의 책, pp. 180~181.

31 조현범, 2009, 앞의 책, p. 26.

32 김성택, 2010, 「프랑스 문헌에 나타난 한국의 이미지」, 『프랑스인의 눈에 비친 한국』, 경북대학교출판부; 이은숙, 2010, 「구한말에 나타난 한국 관련 프랑스 문헌과 오리엔탈리즘」, 『프랑스인의 눈에 비친 한국』, 경북대학교출판부 등 참조.

프랑스는 서구 유럽의 나라들 중 한국에 관련된 문헌을 가장 많이 갖고 있다. 17세기부터 형성되었던 외국에 대한 관심은 여행기를 양산하게 했고, 그 결과로 개항기까지 한국에 관한 자료는 서양 어느 나라보다도 풍부하다. 프랑스는 한국과 접촉하던 초기부터 여러 가지 이유로 한국의 정치와 경제적 이권보다는 종교와 문화에 더 관심을 기울였다. 개항기의 프랑스는 러시아와 동맹관계를 맺으면서 한국에 관한 경제적 이권은 러시아에 양보하지만, 그 대신 문화적 점령과 가톨릭 포교에 대한 우선권을 보장받는다.[33] 이러한 태도는 이후에도 지속되어, 프랑스는 한국의 문화에 더 많은 관심을 기울였으며 사회 · 문화 관련 문헌에서도 한국에 관한 다양한 자료를 풍부하게 남겼다. 이러한 문헌은 타자가 기록한 자료라는 점에서 중요할 뿐만 아니라, 그들이 우리를 어떻게 왜곡해 인식했는지와 그 이유를 검토할 수 있는 귀중한 자료이기도 하다.

프랑스는 유럽에서 양질의 자료를 가장 많이 확보하고 있고, 출판 번역이 활발하게 이루어지고 있으며, 통시적 관점에서 본 한국에 대한 이미지를 가장 풍부하고 완전한 형태로 제공할 수 있는 나라로 알려져 있다.[34] 『착한 미개인 동양의 현자』를 쓴 프레데릭 볼레스텍스는 시대별 한국에 관한 프랑스의 문헌들을 소개하고 있다.[35]

---

33 김성택, 2010, 앞의 논문, pp. 36~37.

34 프레데릭 볼레스텍스 지음, 이향 · 김정연 옮김, 2001, 『착한 미개인 동양의 현자』, 청년사, p. 14.

35 프레데릭 볼레스텍스에 의하면 프랑스인이 쓴 한국에 대한 최초의 기록으로, 기욤 드 루브룩(Guillaume de Rubrouck)의 『몽골제국 여행기(*Itinerarium ad partes orientales*)』에서 한국을 언급한 내용을 지적하였다. 이후 문헌들은 19세기에 이르러 포교활동을 위한 프랑스 선교사의 입국과 병인양요, 한불수호통상조약 등 한국과 프랑스 간 직접적인 교류를 하게 되면서 급속하게 늘어나게 되었다(이은숙, 앞의 논문, p. 65). 기욤 드 루브룩은 한국인과의 만남에 대해 전한 최초의 유럽인이었다. 1254년 몽골의 4차 고려 침입이 있었던 해였고, 당시 고려인 포로의 수는 20만에 이르렀으며, 이때 드 루브룩은 이 포로들을 비롯한 몇몇 왕손과 외교사절을 만난 것이다(프레데릭 볼레스텍스, 위의 책, p. 26).

프랑스는 중국, 일본을 중심으로 시작한 동양 연구를 통해 한국의 지정학적 위치가 내포하고 있는 중요성을 제국주의적 관점에서 파악했음을 알 수 있다. 프랑스가 한국에 대해 서술한 문헌은 크게 학술 서적, 가톨릭 관련 서적, 여행기 등으로 분류해 볼 수 있다.[36] 학술 서적이 오리엔탈리즘의 학문적 발전과 관계가 있다면, 가톨릭 관련 서적은 가톨릭 선교사들이 그들의 선교 대상 국가를 관찰하고 기록한 결과물로서 오리엔탈리즘을 촉진하는 역할을 하였다고 할 수 있다. 선교사들이 전교를 위해 기록한 대상 국가의 인종 · 지리 등의 특성이 그 국가를 정치 · 경제 · 문화적으로 정복하고자 할 때 유용한 정보가 되기 때문이다.[37]

가톨릭 관련 서적과 함께 많은 양을 차지하는 서적이 여행기이다. 1886년 한불수호통상조약 체결 후 탐험가, 교육자, 여행가 등의 다양한 직업군의 프랑스인들이 한국을 방문하였다. 이들은 종교적 성향을 배제하고 직접 보고 경험한 내용을 바탕으로 서술한 체험기이나 견문기라고 할 수 있다.

프랑스 문헌들에는 한국에서 활동한 프랑스 선교사들의 이미지와 한국 · 한국인에 대한 이미지가 대조적으로 나타났다. 즉 프랑스 선교사들은 한국에서 박해받으면서도 전교 활동을 진행한 것에 대해 높이 평가하는 반면에, 선교사들에게 대응하는 한국과 한국인에 대해서는 박해를 들어 잔인하고 무자비한 사람들로 표현하고 있다. 이러한 이분법적 구분은 개항기 천주교 박해와 관련한 기록에서 찾아볼 수 있다.

이 글에서는 여행기를 통한 한국에 대한 인식을 살펴보기 전에 한국과 프랑스의 관계를 다루어 프랑스인의 한국에 대한 인식 형성이 어떻게 이루

---

36 이은숙, 2010, 앞의 논문, pp. 67~76.

37 이은숙, 2010, 위의 논문, pp. 72~73.

어졌는지를 살펴보고, 여행기를 통해 구체적으로 프랑스인의 인식을 분석해 보고자 한다.

1) 한국과 프랑스의 관계

이 글에서는 한국과 프랑스의 관계에 대해 정리하고, 그러한 관계 속에 형성된 한국의 이미지와 인식에 대해 기록을 통해 알아보고자 한다. 프랑스인이 남긴 한국 관련 저서를 통해 그들의 의식 속에 자리한 인식이 무엇이었는지 살펴보고자 한다.

프랑스의 한국 접근은 통상을 목적으로 하기보다는 전교傳敎에 더 비중을 두었다. 한국에 처음으로 진출한 서양인 선교사들은 프랑스의 파리외방전교회원巴里外邦傳敎會員이었고, 이들은 1830년대에 입국하게 되지만, 한국의 천주교는 이미 1784년 창설 당시에 북경의 프랑스 선교사와 인연을 맺었다.[38] 프랑스와 한국의 접촉은 1784년 북경에 갔던 이승훈이 북당北堂에서 천주교에 귀의하여 그라몽Grammont 신부로부터 영세를 받은 데서 시작되었다. 이후 교황청이 1791년에 프랑스인 구베아Gouvéa 주교를 한국 교회의 관리자로 임명함으로써 주로 천주교회를 매개로 교류가 이루어져 왔다.[39] 1831

---

38 파리 외방전교회(Paris Foreign Missions, 巴里外邦傳敎會)는 교황청 포교성성이 1658년 포르투갈과 스페인의 포교상의 보호권을 분쇄하기 위해 프랑스 선교사들의 포교열을 이용하여 선교단체를 창설하고, 주로 아시아 지역에 종신 선교사를 파견한 선교단체이다. 파리 외방전교회가 한국에 처음 진출한 것은 1827년 9월 1일 사제를 요청하는 한국 교우들의 편지를 접한 교황이 파리 외방전교회에 선교사의 파견을 요청함으로써 비롯되었다. 그 후 1886년 조 · 불 수호통상조약이 체결되자 파리 외방전교회의 선교사들은 포교활동에 대한 자유를 보장받게 되고 한국 천주교의 토대를 마련했다.

39 그라몽(Jean Joseph de Grammont, 1736~1812)은 프랑스 출신의 예수회 선교사로 중국명은 양동재(梁棟材)이다. 구베아(Alexander de Gouvea, 1571~1808)는 구베아 또는 고베아(Govea)로 불렸으며, 성 프란치스코회 회원이자 중국(中國) 선교사 · 수학박사 · 북경교구장 · 주교였다. 중국명 탕사선(湯士選)이고 자(字)는 자선(子選)이며 포르투갈의 에보라(Evora)에서 출생하였다.

년에는 천주교 조선교구가 창설되고 이에 대한 관리가 파리외방전교회에 위임됨에 따라 많은 프랑스 신부들이 들어오고 천주교 신자 수가 점점 증가하였다.[40]

프랑스는 한국 정부가 1839년 엥베르Imbert와 모방Maubant 및 샤스탕Chastant 등 프랑스 선교사 3명을 살해한 것을 단서로 한국에 군함을 파견하게 되었다.[41] 주중국駐中國 프랑스함대 사령관이었던 세실Cécille은 클레오파트르Cléopatre호를 이끌고 1839년 5월 20일 마카오를 출항, 도중에서 빅토리외즈Victorieuse호와 사빈느Sabine호를 합류시켜 제주도를 거쳐 8월 6일 충청도 홍주 땅 외인도外烟島에 나타났다.[42] 그는 원래 한국의 대신과 면담하고 3인의 선교사 학살에 관해 해명을 요구할 예정이었다. 현지 관리에게 국서國書를 접수시키는 데 실패하고 그다음 해에 한국 정부의 답서를 받으러 오겠다고 전하고 돌아간 일이 있었다.[43]

프랑스인의 국서에는 프랑스 선교사 학살에 대한 엄중 문책과 위협적인 언사가 담겨 있을 뿐 '통교通交'에 대한 명백한 언급은 없었다.[44] 1847년 한

---

40 최석우, 1986, 「한불조약체결 이전의 양국 관계」, 『한불외교100년사』, 한국사연구협의회, pp. 7~8.

41 엥베르(Laurent-Marius-Joseph, Imbert, 1797~1839)는 파리외방전교회 소속의 신부이다. 마카오, 월남 등지에서 포교하다가 제2대 조선교구장으로 임명되어 1837년 육로로 조선에 입국했다. 정하상(丁夏祥)의 집에 숨어서 포교하다가 수원(水原)에서 체포되어 기해사옥(己亥邪獄) 때 한강변에서 순교했다. 모방(Pierre-Philibert Maubant, 1803~1839)은 파리외방전교회 소속의 신부이다. 1836년 겨울 압록강을 건너 입국하여 교세 확장에 힘쓰는 한편 김대건(金大建)·최양업(崔良業)·최방제(崔方濟) 등을 마카오 신학교로 유학시켰다. 1839년 충청도 홍주(洪州, 홍성[洪城])에서 체포되어 한강에서 처형되었다. 샤스탕(Jacques-Honorè Chastan, 1803~1839)은 프랑스 파리외방전교회 소속의 신부로 1837년 엥베르를 따라 조선에 입국하여 포교에 힘쓰다가 기해사옥(己亥邪獄) 때 순교했다.

42 세실(Jean B. T. Cecile, 1787~1873)은 프랑스 해군 소장이다. 1841년에 동양 정국을 관망하기 위해 광주(廣州)에 도착하여 중국과의 교역을 모색하면서 혁산(奕山)과 기영(耆英) 등을 만났다. 아편전쟁 이후 남경조약(1842)의 체결에 관여했으며, 수사 제독(水師提督)으로 승진했다가 영국 주차 대사로 부임(1849)하였다.

43 최석우, 1986, 위의 논문, p. 17.

국 측 회문回文을 받기 위해 고군산도古郡山島에 나타난 라피에르La Pierre 대령은 전라감사에게 보내는 서한에서 프랑스가 이미 청국과 수호조약을 체결했고, 자신도 한국과 프랑스 제국이 수호를 영구토록 맺기를 절실히 바란다고 하였다.[45] 즉 세실이나 라피에르의 내한來韓한 의도가 '문책問責'과 더불어 '통교'에 있음을 밝히고 있다. 라피에르 일행의 군사 시위 계획은 그의 두 척의 군함이 모두 고군산도 연해에서 폭풍우로 파괴되어 부근에서 피난했다가 상하이에서 용선傭船해 온 영국 선박으로 돌아갈 수밖에 없었다. 결국 프랑스는 계획대로 군사적 시위를 하지 못하였다.[46]

1866년 12명의 프랑스 선교사 중 9명이 살해당하고 한국인 천주교도들이 살해되는 병인박해丙寅迫害기 일어남으로써 로즈Roze 제독의 강화도 원정이 단행되었다.[47] 이 원정은 수교나 통상에 목적이 있는 것이 아니라 프랑스 선교사 살해에 대한 보복 원정이며 나아가 프랑스 제국의 침략적 식민정책 수행의 한 측면이다.[48] 즉 프랑스인 선교사 학살이라는 종교적 문제를 구실로 군사적 개입을 한 프랑스 제국의 '전통적인 군사적 통교 강요의 한

---

44 이원순, 1986, 「병인양요 일고찰」, 『한불수교100년사』.

45 라피에르(La Pierre 또는 Lapierre, ?~?)는 프랑스 중국파견함대 분함대장(分艦隊長), 해군대령이다. 중국명 납별이(拉別耳)이고 프랑스에서 출생했다. 1846년 세실(Cecile) 제독이 엥베르(Imbert, 范世亨) 주교를 포함한 3명의 프랑스 선교사 학살에 대해 조선정부에 항의서한을 전달한 후, 이에 대한 회신을 받고자 1847년 7월 2척의 군함에 메스트로(Maistre, 李) 신부와 최양업(崔良業) 부제를 태우고 중국을 출발하였다. 그러나 조선 근해에 이르러 전라도 고군산도(古群山島)에서 배가 좌초되어 조선정부의 회답을 받지 못하고 종교의 자유를 청하는 서한을 전라도 관찰사에게 전한 후 구조하러 온 영국(英國)배로 중국으로 돌아갔다. 조선정부는 그 후 세실의 편지에 회신을 보냈는데 이 회신은 마카오에 있는 라피에르에게 전달되었다고 한다.

46 이원순, 1986, 위의 논문, pp. 33~34.

47 로즈(Pierre Gustave Roze, ?~?)는 프랑스 극동함대 사령관이다. 대원군정권의 프랑스 신부 박해에 대한 배상과 통상을 요구하며 1866년(고종 3) 9월 군대를 이끌고 강화도에 침략해 병인양요(丙寅洋擾)를 일으켰다. 조선수비대와 의용군의 격렬한 저항에 부딪혀 중국으로 퇴각했다. 퇴각하면서 귀중한 문화유산인 강화도의 사고도서(史庫圖書)를 탈취하는 등 대규모 약탈을 자행했다.

48 우철구, 2000, 「구미 열강의 통상요구」, 『한국사』 37, 국사편찬위원회, p. 78.

전개'였던 것이다.[49]

1875년경부터 한국은 대원군이 정권에서 물러나고 국왕(고종)이 친정하면서 개국외교開國外交로 정책을 전환하였다. 따라서 1876년에는 블랑Blanc[50] 외 2명의 신부가 한국에 입국하였고, 1877년에는 리델Ridel 신부[51]가 2명의 선교사를 인솔하고 재입국하는 데 성공하였다. 이때는 이미 한일수호조약이 체결된 뒤였다. 통상이나 수교보다 국내 천주교도의 재기와 교세 부흥에 희망을 품고 활약하다가 1878년 1월에 리델 신부 이하 선교사들이 다시 한국 관헌에게 체포·투옥되어 위협을 느끼게 되었다. 프랑스 정부의 청탁을 받은 일본이 석방 권유를 겸한 경고문을 보내오고 또 청국 정부에서도 '사명석방査明釋放'하라는 조회가 오는 등 국제적인 석방 운동의 전개로 한국 정부는 그들을 석방·송환하였다.[52]

1882년 한미수호통상조약이 체결되고 한·영, 한·독 간에 수호통상조약이 체결되자 프랑스도 서둘러 한국과 조약을 체결하고자 하였다. 즉 1882년 6월 5일 한국과의 조약을 체결하고자 톈진天津 주재 프랑스 공사 딜롱

---

49 이원순, 1986, 앞의 논문, p. 40.

50 블랑(Jean Marie Gustave Blanc, 1844~1890)은 파리 외방전교회원으로 제7대 조선교구장이다. 주교이며, 한국명 백규삼(白圭三)이다. 1882년 조선교구장으로 임명되었고, 1883년 7월 8일 일본 나가사끼에서 주교 성성식을 갖고 조선에 돌아와 더욱 전교에 힘써 1887년 말에는 14명의 성직자 14명의 신학생과 신자수 1만 5,000명을 헤아릴 수 있게 되어, 박해로 거의 다 쓰러져가던 조선 교회를 재건하는 데 성공하였다.

51 리델(Felix Clair Ridel, 1830~1884)은 조선에서 활동한 프랑스 신부로 한국 이름은 이복명(李福明)이다. 1866년(고종 3) 대원군의 천주교 박해 사실을 중국 주둔 프랑스 극동함대사령관 로즈에게 알려 조선에 대한 무력침공을 결정케 하고, 병인양요(丙寅洋擾) 때는 직접 조선에 침략한 프랑스 함대의 길잡이로 활동했다. 1870년 6월 조선교구 제6대 교구장에 임명되었지만, 대원군의 쇄국정책 때문에 입국하지 못하다가, 개항 후인 1877년에야 2명의 신부와 함께 입국했다. 곧 체포되었으나 프랑스 정부의 항의로 석방되어 국외로 추방되었다. 그 뒤 일본으로 건너가 요코하마(橫浜)에서 최초의 한불사전인 『한불문전(韓佛文典)』의 편찬을 감수했으며, 프랑스로 돌아가 죽었다. 그가 쓴 『나의 서울 감옥생활 1878』은 당시 우리나라의 풍속과 가톨릭의 실정을 파악하는 데 중요한 자료이다.

52 리델신부의 투옥과 석방과정에 대해서는 펠릭스 클레르 리델 지음, 유소연 옮김, 2009, 『나의 서울 감옥생활 1878』[그들이 본 우리 006], 살림을 참조할 만하다.

Dillon이 인천에 도착하였다. 그는 리훙장李鴻章의 편지를 휴대하고 왔다. 딜롱이 소개장을 요구하자 리훙장은 마지못해 한국 정부에 대해 프랑스와 통상조약을 체결할 것을 권고하고 소개장을 써 주기는 했지만, 당시 한・영 조약의 체결을 위해 서울에 와 있던 마첸충馬建忠이 방해하여 뜻을 이루지 못하였다. 마첸충은 딜롱에게 한국에서 천주교의 전교 금지를 주장함으로써 양국 간의 조약 체결이 이루어지지 않도록 하였다. 통킹東京 문제[53]로 인한 청국과 프랑스 간의 관계 악화로 청국 측이 방해한 것이다.[54]

구미 여러 나라들이 통상 무역에 목적을 두고 한국과 수교를 한 것과는 달리 프랑스 정부는 신교信敎의 자유를 중시하였으므로 양국 간의 수교에 관한 정식 교섭은 진전되지 못하였다.

프랑스는 1884년 한・러조약이 체결된 후 1886년 4월에 이르러 다시 꼬고르당F.G.Cogordan을 전권위원全權委員으로 임명하여 파견하였다. 이에 한국 정부도 한성판윤漢城判尹 김만식金晩植을 전권대신全權大臣으로 임명하여 5월부터 회담을 개시하도록 했다. 그 결과 한국과 프랑스는 1886년 6월 4일에 전문 13조로 된 한불수호통상조약과 통상 장정 및 선후속약 등에 조인을 완료하였다. 1887년 4월에 프랑스 전권全權 꼴랭 드 쁠랑시Collin de Plancy가 내한하여 외무독판 外務督辦 김윤식金允植과 함께 조약 비준교환을 완료함으로써 양국 간에 정식국교가 수립되었다. 프랑스 정부는 당분간 주한외교駐韓外交 업무를 주한러시아 공사에게 대리시켰다. 이러한 사실은 프랑스가 선교 사업 이외의 일반 외교 업무를 중시하지 않은 탓으로 여겨진다.[55]

---

53 통킹(Tongking, 東京)은 프랑스 식민지시대의 베트남 북부를 가리키는 이름이다. 중국 제국과 베트남 왕국 사이에서 수세기 동안 종주권을 놓고 영국정부와 중국정부가 여러 해 동안 충돌한 끝에 1883년에 프랑스의 보호국이 되었다. 전(全)역사에 걸쳐서 중국의 영향을 강하게 받았으며, 제2차 세계대전 이후에는 반(反)프랑스 투쟁의 주요핵심지역이었다.

54 우철구, 1999, 『19세기 열강과 한반도』, 법문사, p. 80.

2) 기록을 통해 본 한국에 대한 인식과 특징

이 글에서는 한국과 프랑스의 관계를 토대로 하여 프랑스인들이 한국에 대해 인식한 바를 분석해 보고자 한다. 프랑스인들의 여행기 중에 대표적으로 달레와 샤를 루이 바라, 프랑뎅, 에밀 부르다레, 조르주 뒤크로 등을 중심으로 하여 이들의 인식에 대해 살펴보려 한다.

달레는 프랑스의 신부로서 개항 직전인 1874년에 『한국천주교회사』라는 저서를 출판하였다. 달레는 한국의 천주교회사에 대한 내용과 함께 「서설」 부분에 한국에 관한 전반적인 내용을 서술하여 프랑스를 비롯한 서양인들에게 한국을 소개하는 책으로 손꼽힌다.

이 저서는 「머리말」에 서술하길, 선교사들의 편지와 그들이 번역하여 보낸 한국 사람들의 보고로 꾸며졌다고 하였다. 서양 신부들이 도착하기 이전 시대에 대해서는 대부분의 자료를 다블뤼 주교가 수집한 것이다. 1857년 다블뤼 주교는 베르뇌 주교로부터 당시의 한문·한글 자료를 수집해 불어로 번역하고, 선서宣誓한 목격자들의 증언을 직접 들어 가능한 한 보충하라는 위임을 받았음을 언급하였다. 이러한 것들은 다블뤼 주교가 어떠한 역할을 했는지를 알게 해주었다고 평가하였다. 이 저서는 서설의 부제에 '조선의 역사, 제도, 언어, 풍속, 습관에 관하여'라고 명시하여, 서양인들에게 아직 개방되지 않았던 한국에 관한 정보를 제공했다는 점에서 달레의 저서를 검토해야 할 이유가 된다.

달레는 한국의 자연지리 중에서 한국은 산악 국가이고, 산에는 지하자원이 매장되어 있으며, 기생충으로 외국인의 체류가 힘들다고 하였고, 한국

55 국회도서관, 『구한말조약휘찬 하』, p. 87; 우철구, 2000, 앞의 논문, p. 80.

의 풍토는 좋으나 물이 좋지 않아 질병의 원인이 된다는 견해를 밝혔다.[56] 이러한 견해는 지리적 정보 제공과 함께 한국에 체류할 때 기생충과 물에 대해 신경 써야 한다는 점을 미리 제시하는 것으로, 한국의 위생 상태를 부정적으로 인식한 것이다.

그는 11세기 말경에 고려의 왕이 중국 황제의 종주권을 공식적으로 인정하였고, 14세기 조선 성립 이후 중국의 황제들이 종주권을 확장하여 조선인들에게 중국의 연호年號와 책력冊曆 사용을 강요하여 계속 유지되고 있다고 기록하였다. 그는 한국이 중국의 종속국이라는 견해를 밝혔다.[57] 그는 한국이 은둔하는 이유에 대해 언급하였다.[58] 달레는 한국이 임진왜란과 병자호란을 겪은 뒤, 중국·일본과의 전쟁을 피하고 그들을 자극하지 않으려 교역을 최소화하면서 자연스럽게 쇄국정책을 택하게 되었다고 보았다.

또한 그는 서울에 대해 부정적으로 파악하였다.[59] 이러한 부정적인 시각은 이후 서양인 방문자들에게 그대로 이어져, 서울에 대한 인식을 굳혀 놓았으며, 그 결과 한국을 서양보다 덜 문명화된 나라로 규정하게 되는 계기가 되었다고 할 수 있다.

달레는 한국인의 성격을 인류애를 실천하는 미덕이 있으나, 그로 인해 게으름이 생기기도 한다고 보았으며, 전반적으로는 반미개적 성향과 함께 낭비와 폭식의 단점을 지닌다고 평가하였다.[60] 달레는 한국인의 성격에 대해 장점보다 단점이나 결점을 부각했는데, 이러한 부각은 그가 한국을 방문하지 않고 수집한 정보를 토대로 하여 나타난 결과이다. 즉 한국을 방문

---

56 달레, 「I 조선의 자연지리」, pp. 27~34.
57 달레, 「II 조선의 역사」, pp. 39~40.
58 달레, 「II 조선의 역사」, p. 48.
59 달레, 「IV 정부조직」, pp. 67~68.
60 달레, 「XII 조선인의 성격」, pp. 225~234.

하여 한국인과 부딪히고 대화하면서 그들의 성격을 파악해야 하지만, 그가 이전에 종교인 입국 금지 시기에 방문한 선교사들의 단편적인 보고나 기록을 중심으로 재편하여 정리하다 보니 오해가 생긴 것이다. 재편 과정에서 한국과 한국인에 대해 반드시 우호적이거나 긍정적으로 기록하지 않았을 가능성은 충분히 예상할 수 있다.

샤를 루이 바라는 프랑스의 탐험가로서 1888년 10월에 중국을 통해 입국하여 1889년까지 체류하였다.[61] 그는 중국의 제푸라는 항구 도시를 거쳐 제물포로 들어오는 경로를 이용하면서 제푸와 제물포를 비교하였다. 그에 의하면 제푸는 자신뿐만 아니라 유럽인들이 즐길 수 있는 요양소이자 유람이 가능한 지역이라고 기록하였다.[62] 그는 제물포를 중국의 제푸와 비교하면서, 제푸가 유럽인에게는 좋은 이미지를 주는 항구인 반면, 제물포를 일본인 마을과 한국인 촌락으로만 인식하여 부정적으로 평가하였다.[63]

그는 입국 당시 중국에 비해 한국의 이미지를 부정적으로 보았으나, 여행하면서 인식의 변화를 보였다. 그는 서양 문물 도입의 필요성을 강조하면서 은연중에 우월함을 드러내었다.[64] 그는 한국의 미래에 대해 발전 가능성을 긍정적으로 평가하였다.[65]

프랑뎅은 프랑스의 외교관으로서 1892년 4월에 입국하여 1894년 2월까지 한국에 체류한 장기 체류자이다. 그는 한국의 자연에 대해 식민지 개척자들로부터 비법 전수를 꿈꾼다는 식민주의적 사고방식과 함께 한국은 식

---

61 샤를 루이 바라는 제푸(Chefoo, 芝罘. 현재 지명은 옌타이(煙台)로 산둥성 북부 해안 항구도시)에서 제물포로 들어오는 경로를 이용하였다.

62 샤를 루이 바라, 「I 제푸」, p. 50.

63 샤를 루이 바라, 「I 제물포」, p. 57.

64 샤를 루이 바라, 「IV 짐꾼들, 문관의 푯대」, pp. 154~155.

65 샤를 루이 바라, 「V 조선인과 일본인」, pp. 191~192.

민지가 될 것이라는 운명관을 나타내었다.[66] 이것은 프랑스가 당시 식민지화에 관심 가졌음을 표출한 것이다.

그는 외교관이라는 직업적 자부심과 함께 프랑스의 종교적 입장을 가지고 한국을 바라보면서 단편적인 서술을 많이 하였다. 그는 외교관으로서 한국의 국제 정세를 분석하며 한국의 식민지화 가능성을 예견한 것으로 평가된다.[67]

그는 '토착민에 대해 베풀 수 있는 진정한 예의와 토착민의 호감을 살 수 있는 최선의 방법은 토착민의 풍습에 순응하는 일'이라고 하였다.[68] 이러한 자세는 여행자의 자세를 나타낸 것으로, 문화를 이해하고자 하는 자세이다. 그는 여행자의 자세를 잘 이해하고 있었음에도 불구하고 한국에 대해서는 부정적·비판적으로 서술하며 생각과 기록 사이에 차이를 드러냈다.

그 예로 '한국의 건축술에 대해 원시 시대의 우스꽝스러운 모습을 만들어내고 있었다'고 하였고, '중국과 마찬가지로 한국에서도 의식주衣食住의 불결함은 고질적이다'라고 보았다. 그는 '유럽인들이 일상용품으로 사용하는 손수건이나 냅킨을 두고 한국인들은 그것을 조잡하고 불결한 것으로 치부하곤 했다'라고 하면서 청결에 대한 관념조차 정확하게 잡혀있지 않다고 보았다.[69] 그는 한국의 예술[70]이나 사법제도[71]에 대해 단편적이고 부정적인 평가를 내렸다. 프랑뎅은 한국인이 의지가 없고 권력에 복종한다[72]고 보거

---

66 프랑뎅, 「4. 가마와 조랑말과 인부들」, p. 22.

67 프랑뎅, 「4. 가마와 조랑말과 인부들」, p. 22.

68 프랑뎅, 「5. 여행길에 만난 장승」, p. 26.

69 프랑뎅, 「6. 객관의 마을」, p. 28 · 「7. 여성과 복식(服飾)」, p. 29 · 「16. 한국의 식생활(食生活)」, pp. 56~57.

70 프랑뎅, 「18. 여성에 관련된 풍속들」, p. 62.

71 프랑뎅, 「18. 여성에 관련된 풍속들」, p. 63.

72 프랑뎅, 「21. 한국인의 문자 생활」, p. 71.

나 한국인이 게을러서 돈을 모을 욕망도 없고 열등하다는 사실을 믿는다[73] 고 하여 한국인에 대한 부정적인 인식을 서술하였다. 그는 여행자가 그 나라의 풍습에 순응해야 한다고 하면서도 한국인에 대해 부정적인 평가를 내리거나 인식했다는 점에서 자신의 우월의식을 강조한 것이다.

서울에 입성하여 프랑스 공사관으로 가는 길에 대해 묘사하길, 성벽을 지나 프랑스 공사관 근처까지의 거리는 불결한 환경이 조성되어 있으나 프랑스 공사관 근처부터 공사관까지는 잘 정돈되고 깨끗하다고 표현하였다. 프랑스 공사가 공사관 근처를 잘 조성했다는 서술로 자국 공사를 치하하였다. 반면 그는 한국인과 한국 정부가 환경에 전혀 관심을 두지 않는 것처럼 묘사하였다.[74] 이러한 견해는 서양의 우월주의적 입장에서 바라보았음이 분명하다. 그는 가톨릭 선교사들의 활동에 대해 프랑스의 종교적 우위를 나타내었다.[75]

그는 시신 매장과 관련된 혼백 문제에서 한국인이 서양과 다르다는 점을 인식하고, 한국인의 입장을 대변하듯 서술하였다.[76] 그의 기록을 보면 서양과 달리 전통과 관습을 고수하고자 하는 신비로움을 간직한 나라로 바라보고 있다는 느낌이 강하다. 그는 한국의 종교적 특징을 이해하는 모습을 보였지만, 동시에 한국인에 대해서는 간접적으로 비판하였다.

에밀 부르다레는 프랑스의 교육자로서 1901년과 1903년부터 1904년까지 체류한 장기 체류자이다.[77] 그는 1901년 대한제국이 경의 철도를 자력으

---

73 프랑뎅, 「37. 한국의 사회 구조」, p. 113.

74 프랑뎅, 「11. 입성(入城)」, p. 42.

75 프랑뎅, 「30. 관리들과 평민들의 생활」, p. 93.

76 프랑뎅, 「12. 사형장」, p. 47.

77 에밀 부르다레는 나가사키를 통해 여객선을 타고 부산과 제물포를 거쳐 서울로 들어오는 경로를 택했다.

로 부설하기 위해 서북철도국을 설치했을 때, 철도 기사로 한국에 초빙되었다. 그는 철도 기사로 입국했지만 프랑스어학교 교사로도 활동했기에, 그의 저서는 한국에서 교육자로 머물며 체험한 내용을 바탕으로 한 것으로 볼 수 있다.

그가 방문한 시기는 한국과 수도가 빠른 변화를 나타내고 있던 시기였다. 그는 변화에 대해 긍정적으로 평가하기보다는 아직 발전이 미흡하다는 견해를 밝혀, 이전 프랑스인들이 보여주었던 오리엔탈리즘적 사고방식을 그대로 유지하였다.

그는 부산에 도착한 후 한국인에 대한 인상으로 한국인은 착한 아이 같고 마음씨가 좋아 보인다고 하여 러시아의 가린-미하일롭스키와 같은 견해를 나타내었다.[78] 즉 서양에 알려진 한국인의 인상에 대해 성숙한 어른이 아닌 아이라는 이미지가 여전히 고정관념화되어 존재하였다는 것을 알려준다. 서울에 대해서는 아름다움에 대한 감정을 느끼지 못할 뿐 아니라 매력적인 면도 거의 없고 수도다운 면모도 보이지 못한다고 부정적으로 서술하였다.[79] 이러한 서술은 자국 프랑스와 비교하여 발전하지 못했다고 단정 지어 평가한 것이다.

그는 한국에 대해 중국의 영향을 언급하여 중국 문명의 영향과 종속국의 의미를 부여하였다.[80] 그는 한국에도 번영기가 있었지만, 수 세기에 걸쳐 고립과 퇴행의 결과를 볼 수 있다고 지적하였다.[81] 이러한 부정적인 견해는 에밀 부르다레가 1900년대 방문했음에도 여전히 이전에 방문한 서양인들

78 에밀 부르다레, 「1장 부산 외국 조계지에 여장을 풀다」, p. 33; 가린-미하일롭스키, 「9월 11일 [1898.09.23.]」, pp. 175~176.

79 에밀 부르다레, 「2장 시내 멋쟁이」, p. 68.

80 에밀 부르다레, 「3장 조선의 상처: 조상숭배가 지배하는 나라」, pp. 83~85.

81 에밀 부르다레, 「7장 폐허 한복판에 선 조선의 학교」, p. 221.

과 의견을 같이한다는 의미로, 프랑스인의 한국에 대한 인식을 볼 수 있다. 즉 프랑스인의 우월의식이 그대로 표출된 것이다.

에밀 부르다레의 저서는 '제물포의 외국인 거류지, 전차를 타고 교외로 놀러 가는 젊은이들, 사격 훈련을 받는 친위대 병사들, 황제 접견과 궁중 연회의 식순, 고관 집의 가구들, 협률사 극장의 내부 구조와 공연 레퍼토리, 서북철도국의 경의 철도 부설 공사, 개성의 인삼 농업과 상업, 평양에서 진행된 제2 황도건설사업' 등 잘 알려지지 않거나 극히 단편적으로만 알려진 사실들에 대해 1900년대 후반 한국을 방문하거나 관심을 가지는 서양인들에게 많은 새로운 것들을 알려주었다.[82] 하지만 그의 기록에는 프랑스인의 전형적인 우월의식이 드러나 있으며, 이를 부정할 수는 없다.

조르주 뒤크로는 여행가이자 시인이고 외교관으로 1901년 12월에 북경을 거쳐 한국에 입국해 1902년 1월까지 체류한 단기 체류자이다.[83] 그는 1901년 한국의 상황을 기록하였다.[84]

그는 1901년 무렵을 기록하면서 프랑스가 문명국으로서의 역할을 했다고 자부했다. 그는 이러한 상황을 한국의 속담 중에서 찾아내어 비유적으로 표현했는데 이것은 주변국에 의해 억압받는 상황을 한국에서 존재하는 속담을 통해 나타낸 것이다.[85] 그는 이러한 속담이야말로 장날이나 주막집에서 주로 들을 수 있는 것으로 한국인들의 사고방식을 엿볼 수 있는 것이라는 작가적 견해를 나타내었다.

---

82 에밀 부르다레, 「머리말」, p. 13.

83 조르주 뒤크로의 탐험대는 1901년 7월 탐험길에 올라 1902년 2월 다시 프랑스로 돌아갔다. 파리를 출발한 일행은 유럽을 횡단, 시베리아, 만주, 북경을 거쳐 제물포에 도착하여 크리스마스를 서울에서 보내고 약 2주간 머문 후 서울을 떠나 프랑스로 돌아갔다.

84 조르주 뒤크로, 「책 머리에」, pp. 9~10.

85 조르주 뒤크로, p. 110.

그는 당시 지정학적 상황에 대한 자료들을 제공할 뿐만 아니라 한국과 한민족, 한국 문화를 따뜻한 시선으로 바라보고 있었다. 다른 관찰자 · 기자 · 분석가 · 전략가들이 한반도를 둘러싼 갈등 관계, 지배 · 소유라는 관점에서 접근할 때, 조르주 뒤크로 자신은 한국과 한민족에 대해 따뜻하며, 편견이나 계산이 배제된 시각을 가지고 접근하여 인류학적 관심을 나타내었다. 그는 1901년 12월에 제물포에 도착한 날부터 한국 민족에 대해 애정을 가지고 관찰하여 한국 민족의 독창성, 남다른 점, 문화의 매혹과 아름다움을 보기도 하였다. 한편으로 그는 이 모든 것들이 곧 위협받는 상황에 놓일 것임을 잘 알고 있었다.[86]

정리해 보면, 달레는 한국에 대한 정보를 제공했다는 점에서 긍정적 평가를 내릴 수 있지만, 한국에 대한 인식은 부정적인 경향이 크다. 그는 대표적으로 한국에 대해 위생 상태가 불결하다는 점과 중국 황제들이 종주권을 확장했다는 견해로 중국의 지배를 받는 나라로 인식한 점, 은둔과 쇄국 정책을 고수하는 이유는 중국 · 일본과 전쟁을 하지 않고 교역의 최소화를 위해서라는 점, 서울에 대해 부정적 서술로 이후 방문하는 서양인들에게 한국의 이미지를 고착화시켰다는 점, 한국인의 성격에서 인류애와 미덕을 장점으로 파악했으나 반미개 · 낭비벽 · 폭식 등의 단점을 서술함으로써 비문명국이라는 이미지를 형성한 점 등 부정적 인식이 컸다.

샤를 루이 바라는 한국에 입국 당시 중국에 비해 부정적으로 인식했으나, 발전 가능성을 긍정적으로 평가했다는 점이 달레와 다른 점이다. 단 그의 한국에 대한 발전 가능성에는 유럽 문물 유입을 전제로 한 평가라는 점

86 조르주 뒤크로, pp. 11~12.

에서 프랑스인으로서의 우월의식을 가지고 있음을 나타내었다.

프랑뎅은 한국을 자국과 비교하며 외교관으로서 프랑스의 우월성을 강조하고, 종교적 우월성을 통해 변화를 이끌 수 있다는 점을 부각하였다. 그는 문화적 측면에서 한국의 독창성을 이해하려고 하거나 여행 시 토착민의 풍습을 따르는 것이 예의라고 언급한 부분을 보면, 절대적으로 문명 우월주의를 고수하지 않았다. 이것은 앞서 살펴본 샤를 루이 바라와 같은 입장이다. 이들의 한국에 대한 인식을 보면, 프랑스인들은 1886년 한불수호통상조약 체결 이후 한국을 방문하면서 우월주의적 사고를 지니고 있었지만 동시에 한국에 대해 호감을 가지고 있었음을 알 수 있다.

에밀 부르다레는 철도 기사이자 교육자라는 두 가지 직업을 가지고 있었는데, 그의 저서는 교육자적 입장에서 서술한 측면이 강하다. 그는 한국인은 착한 아이와 같다는 인상과 한국인 특징으로 게으르다는 인식을 가져 인상과 인식의 변화를 보이지 않았다. 한국을 자국과 비교하거나 중국의 영향과 종속적 관계를 지적하거나 그밖에 고립과 퇴행의 길을 걷고 있다는 등의 그의 서술은 프랑스가 가지고 있는 우월주의를 그대로 글 속에 투영시킨 것이다. 그는 생활상이나 한국인의 입장을 이해하려고 한 부분도 있지만, 1890년대 중반 이전(개항기 전반)에 방문한 프랑스인들과 뚜렷한 인식의 차이를 보이지 않았다.

조르주 뒤크로는 다른 프랑스인들이 가지고 있는 프랑스의 우월주의를 갖고 있지만 인종이나 국가적 관심보다는 인류학적·문화적 관심을 가지고 접근하였다. 그는 한국인 자체에 관심을 가지고 이해하려고 노력했다는 점이 앞서 언급한 프랑스인들과의 차이점이다.

프랑스인들 중 대표적으로 달레, 샤를 루이 바라, 프랑뎅, 에밀 부르다레,

조르주 뒤크로 등 5명의 한국에 대한 인식을 살펴본 결과 고수파는 달레, 유지파는 샤를 루이 바라, 프랑뎅, 에밀 부르다레 등으로, 수용파는 조르주 뒤크로로 인식의 유형화를 구분할 수 있다.

프랑스는 개항 전에 천주교 신부들의 박해를 경험해서인지 개항 전 달레의 저서를 통해 한국에 관한 정보를 알게 되었지만, 개항 후 조약 체결 이전까지 신부들의 활동이나 저서를 접하기는 힘들고, 주로 외교관이나 탐험가(여행가) 등의 저서를 통해 한국을 알렸다. 미국이 외교와 종교 분야의 직업군이 두드러졌다면, 프랑스는 외교와 여행가로 직업군을 구분할 수 있겠다.

프랑스는 초기에 한국과 만나면서 그들의 외교정책에 따라 이해관계가 얽힌 정치나 경제의 측면보다는 문화와 종교의 측면에서 한국을 이해하려고 노력한 편이었다. 그 결과 남아 있는 문헌에서도 이런 방면의 기록을 상당히 찾아볼 수 있다. 프랑스 선교사와 여행가, 탐험가, 교육자 등이 이러한 문헌의 서술자이거나 관찰자인 경우가 많다.

프랑스의 기록을 통해 우리는 한국에 대한 이미지를 찾아볼 수 있었다. 대부분의 서술은 오리엔탈리즘적 시각에서 서구 중심의 우월의식을 반영하며, '문명과 야만'이나 기독교적 '선과 악' 같은 이분법적 관점으로 한국을 분류하고 이미지화하였다. 한국에 대한 부정적인 이미지는 프랑스인들이 천주교를 전파하는 과정에서 만난 한국을 프랑스인의 시각에서 서술한 결과이다. 이러한 이미지는 한국이 아니라 프랑스가 만든 것으로, 오리엔탈리즘에 기반한 동양적 유형화에서 비롯된 것임을 알 수 있다.[87]

19세기 프랑스는 한국에 대해 종교를 통한 교화의 대상으로 보았을 뿐만 아니라, 정치 · 경제적 식민지로 서술하였다. 프랑스인들은 당시 러시아를

---

87 에드워드 사이드, 박홍규 옮김, 1978, 『오리엔탈리즘』, 교보문고, p. 164; 이은숙, 2010, 앞의 논문, pp. 76~77 등 참조.

비롯한 서구 열강의 각축장이었던 한국이 지정학적으로 매우 중요하다는 사실을 인식하였다.

19세기 말의 프랑스인들에게 한국은 극동에 있는 단순한 지역적 의미를 넘어 자신들이 지배자로서 가졌던 우월의식을 반영시킨 대상이었다고 할 수 있다. 이 시기 프랑스인들은 오리엔탈리즘의 영향을 받아 한국을 그들의 의식 속에 넣고 인식하거나 관찰하였다고 볼 수 있다. 이렇게 만들어진 문헌들은 이후 서양인들의 기록에서 서로 보완하거나 차용되거나 재생산되면서 프랑스가 한국을 바라보는 시각에 지속적으로 영향을 끼쳤음은 분명하다.

3. 미국인의 인식과 특징

미국인이 방문하고 기록을 남겨서 가장 많이 방문한 직업군이 선교사이기 때문에 미국 선교사들을 중심으로 정리해 보고자 한다.[88] 먼저 개항 초기 미국 선교사들의 한국 인식은 당시 동양 인식을 지배했던 오리엔탈리즘의 영향을 직접 또는 간접으로 받아서 형성되었다. 미국 선교사들은 서양 우월적 문화 속에서 성장 · 교육 · 사회화를 받았을 뿐 아니라, 오리엔탈리즘에 기반한 사회과학 이론과 역사관을 습득했기에 한국을 방문할 때 오리엔탈리즘적 시각을 지녔을 것으로 쉽게 추측할 수 있다.

한국을 소개하는 개항 초기의 저서들은 오리엔탈리즘의 영향을 반영함

88 김태진 · 최 웅 · 박규환 · 정광용, 1977, 「미국인의 대한국관 연구(Ⅰ)」, 『미국학연구』 5, 전남대학교 미국문화연구소; 정동귀, 1990, 「미국인의 대한관(大韓觀)」, 『사회과학논총』 8, 경희대학교 사회과학대학; 1990, 「미국인의 대한관(大韓觀) 2」, 『사회과학논총』 9, 경희대학교 사회과학대학; 이향순, 2003, 「미국 선교사들의 오리엔탈리즘과 제국주의적 확장」, 『선교와 신학』 제12집, 장로회신학대학교출판부 등.

으로써 이후에 내한한 서양인들의 오리엔탈리즘적 한국관을 형성하는데 이바지했다. 미국 선교사들의 한국관은 동양을 타자화하고 비하하는 오리엔탈리즘을 고스란히 반영하고 있을 뿐만 아니라 기독교를 전하는 사명을 강조하는 이면에 동양을 미개와 야만으로 규정하는 서양 우월주의의 오리엔탈리즘이 담겨 있다. 그들은 서양의 우월한 기독교 문명을 전파하며 동양의 미신을 타파하고 선교의 사명을 강조했는데, 그 속에는 문화 제국주의적 오리엔탈리즘이 내포되어 있었다.[89]

내한 미국 선교사들은 전도, 교육, 의료 등의 분야에서 활동을 벌였는데, 이들은 미국의 대표적인 교단인 남 · 북 장로교회와 남 · 북 감리교회 소속으로 청년들이었고, 계층적으로는 중산층 출신의 고등 교육을 받은 엘리트였다.[90] 이들의 배경은 당시에 미국과 서양 문명 우월주의와 같은 오리엔탈리즘적 성향을 보인 것과 연관성이 있다. 오리엔탈리즘은 비서구 사회를 비문명과 야만, 열등 등으로 간주하는 반면 서양 문명의 우월성을 주장함으로써 서구 세계의 자기 정체성을 규정하였다. 서양의 우월한 기독교 문명을 전파하면서 동양의 미신을 타파하고 선교의 사명을 강조했으며, 그 속에는 문화 제국주의적 오리엔탈리즘이 내재되어 있었다.[91] 미국인이 한국의 불결함과 비위생을 비문명 · 야만과 동일시한 것은 서구 문명 우월주의에 입각한 오리엔탈리즘적 사고가 투영된 것이다.[92] 선교사들 모두가 한국의 불결과 비위생을 매도한 것은 아니다. 길모어의 경우는 한국과 한국

---

89 이향순, 2003, 「미국 선교사들의 오리엔탈리즘과 제국주의적 확장」, 『선교와 신학』 제12집, 장로회신학대학교출판부, pp. 217~222.

90 류대영, 2003, 『초기 미국 선교사 연구:1884~1910』, 한국기독교역사연구소, p. 27.

91 게일은 조선에서 선교의 어려움을 나열했는데, '온돌방 · 잠자는 것 · 음식 · 대중 · 벌레 · 질병과 죽음 · 언어' 등으로 구분하여 비위생과 불결을 강조하였다(게일, 「제6장 선교사들의 전교(傳教) 방법」, pp. 128~130).

92 이향순, 위의 논문, pp. 224~225.

인이 깨끗하다고 할 수는 없으나 그렇다고 유달리 더 더러운 것은 아니라고 하면서 한국인들이 청결하지 못한 이유로 흰 무명천의 옷 때문이라고 하였다.[93]

일부 미국 선교사들은 서양의 근대 사회과학과 역사 이론에 담겨 있는 오리엔탈리즘의 전형적인 주장들을 답습하고 있다. 그들이 거론하는 것들로는 합리성과 정확성의 결여, 봉건제의 부재와 그로 인한 정체성과 전제정치, 관리들의 부패와 착취, 근대적인 과학과 교육의 결여 등이 있다. 이들은 자국 문명과 문화 중심적인 가치관을 지니고 있음을 나타낸 것이다.[94]

미국 선교사들의 선교활동 목표는 한국의 미신을 타파하는 것으로, 기독교화만이 아니라 문명화까지 지향하게 되어 그들은 기독교화를 통한 문명화를 이룰 수 있다는 것이 지배적인 견해였다. 기독교화를 통한 문명화 담론은 기독교 우월주의와 서구 문화의 우월성을 과시하는 서구 중심주의 담론이다.[95] 개항 이후 내한한 미국 선교사들은 이전의 가톨릭교회가 당했던 종교적 박해를 겪지 않아도 되었기 때문에 그들은 처음에 서구의 근대적 문물과 제도를 소개하고 전파함으로써 정부와 왕실의 신뢰를 얻는 우회적이고 간접적인 선교 방법을 택했다. 개항 초기 한국을 방문한 선교사들은 의료와 교육 사업을 통해 간접적으로 기독교 신앙을 전파하는 방법을 택했다. 이러한 선교 방법에서 문제가 되는 것은 서양 문물과 과학 및 제도 등을 소개하고 도입하도록 하는 것이 우선시되어 강조하다 보니 기독교 신앙의 전파가 주가 아닌 종속되는 결과를 보였다는 것이다. 결국 미국 선교사들은 문명화를 곧 기독교화로 보는 태도를 보였으며, 이는 기독교 선교가

---

93 Gilmore, 「CHAPTER V THE PEOPLE」, p. 92(길모어, 「제5장 국민」, p.74).

94 이향순, 앞의 논문, p. 227.

95 이향순, 2003, 「서구 중심주의에 대한 반성과 아시아 선교」, 『선교와 신학』 제11집, p. 28.

서양 문화의 우월주의적 오리엔탈리즘을 드러내는 방식이었다.

미국 선교사는 단순히 기독교 신앙을 전파하는 전도자 역할뿐만 아니라 미국의 정치적 힘과 법률적 관할권을 대변하였다. 미국 선교사 중에는 선교사로 내한해서 왕실과 조정의 고문 역할을 하기도 하고, 외교관으로 변신해서 한국의 정치와 외교에 관여하는 사람들도 있었다. 헐버트와 알렌이 대표적이다. 왕실이 미국 선교사들에게 호의적이었던 이유는 기독교에 대한 호감이 아니라 미국과 미국이 가진 힘에 대한 존경이었다고 할 수 있다. 미국에 대한 호의는 왕실과 조정뿐 아니라 한국인들 또한 미국의 강력한 정치 · 군사력과 진보된 문명이 자신들을 보호하고 보살펴 줄 것이라 기대했음을 의미한다. 미국 선교사들은 곧 미국이었으며 미국의 정치적 · 군사적 힘을 대변하고 있었던 것이다.

미국 선교사들은 한국에 대한 제국주의 열강들의 침략을 목격했다. 미국은 중국, 러시아, 일본 등의 열강들과 경쟁을 벌여 한국을 식민지화할 의도보다는 경제적 이권에 중점을 두고 정치적으로 열강들과 세력균형을 이루는 방향으로 관계를 만들어가고자 했다.

미국 선교사들이 제국주의자로서 경제적 이권과 관련하여 역할을 한 부분이 있고, 한국과 한국인을 오리엔탈리즘적 의식 속에서 인식하고 이해했다는 것을 알 수 있다.

1) 한국과 미국의 관계

미국인의 한국에 대한 인식을 살펴보기에 앞서 한국과 미국의 관계에 대해 정리해 보고, 그러한 관계 속에 형성된 한국의 이미지와 인식에 대해 기록을 통해 알아보고자 한다. 미국인들이 남긴 한국에 대한 저서를 가지고 그들의 의식 속에 있는 인식이 어떠한 것이었는지도 살펴보려 한다.

19세기 중 · 후반에 걸쳐 미국의 대외정책을 적극적으로 주도한 국무장관으로서 1840년대의 웹스터Daniel Webster, 1860년대의 슈어드William Seward 그리고 1890년대의 헤이John Hay 장관을 들 수 있다.[96] 그 가운데 슈어드 국무장관은 1868년 상하이 총영사 슈어드George F. Seward에게 한국과 미국 간 통상조약을 체결하도록 권한을 부여하였다.[97] 조지 슈어드 총영사는 윌리엄 슈어드 국무장관에게 셔먼Sherman호 사건을 조사하고 통상조약을 체결한다는 2개의 목적을 가진 원정을 제의하였다. 그의 제의는 받아들여졌고 새로 부임한 피쉬Hamilton Fish 국무장관은 1870년 4월 20일 로우F.F.Low 북경공사에게 조선 국왕에게 보내는 그랜트Grant 대통령[98]의 서한을 동봉하였다. 한국과의 조약 체결은 난파선의 구조 · 보호를 확약하는 통상조약으로 할 것과 교섭을 위해서는 제독을 동반하여 무력시위를 하도록 하였다.[99] 이때의 수교 교섭은 양국 간의 전쟁을 가져온 신미양요로 끝나게 되었다.

1879년 미국 정부는 슈펠트Robert W. Shufeldt 제독에게 한국과의 교섭에 관

---

96 웹스터(Daniel Webster, 1782.1.18.~1852.10.24.)는 미국 뉴햄프셔 솔즈베리에서 출생하였고 매사추세츠 마시필드에서 사망한 미국의 웅변가 · 정치가로, 연방대법원에서 저명한 변호사로 활약했고, 미국 하원의원(1813~17, 1823~27) · 상원의원(1827~41, 1845~50) 및 국무장관(1841~43, 1850~52)을 지냈다. 슈어드(William Henry Seward, 1801.5.16~ 1872.10.10)는 에이브러햄 링컨과 앤드루 존슨 밑에서 미국 상원 의원이자 미국 국무장관을 역임한 12번 째 뉴욕 주지사이다. 미국 남북 전쟁으로 치닫게 만든 노예 제도의 확산을 막은 결정적인 인물이다. 존 헤이(John Hay, 1838.10.8.~1905.7.1.)는 미국의 정치인, 외교관, 작가, 언론인이다. 1898년부터 1905년까지 윌리엄 매킨리, 시어도어 루스벨트 두 대통령 아래에서 제 37대 미국 국무부 장관을 지냈다.

97 조지 슈어드(George F. Seward)는 미국의 외교관으로 상해 총영사(1861)와 북경 주차 공사(1876~1880)를 지내면서 한 · 미 수교 이전에는 대한 업무까지 처리했다. 저서로 『중국 이민의 사회 · 경제적 고찰』이 있다.

98 그랜트(Hiram Ulysses Grant. 1822.4.27.~1885.7.23.) 대통령은 미국 오하이오 포인트플래전트에서 출생하였고, 뉴욕 마운트맥그레거에서 사망하였다. 미국 남북전쟁 말기(1864~1865)에 북군 총사령관을 지낸 미국의 장군으로 미국 제18대 대통령(1869~1877 재임)이다.

99 동덕모, 1980, 『한국의 개국과 국제관계』, 서울대출판사, p. 52.

한 권한을 부여해 파견하였다.[100] 미국은 한국과의 교섭을 위해 먼저 일본의 도움을 요청하였다. 이에 일본은 부산에 있는 일본 영사에게 슈펠트를 소개하는 편지를 써 주었고 슈펠트는 이를 가지고 1880년 5월 4일 부산에 입항하였다. 다음날 일본 영사 곤도 마스케近藤眞鋤는 동래부사東萊府使를 방문하여 미국이 한국과 수교하기를 원한다는 내용의 미국 국서國書를 중앙정부에 전달해 줄 것을 요청하였다. 동래부사 심동신沈東臣은 이를 거부하였다.

일본의 중재를 통한 교섭이 실패하자 슈펠트 제독은 일본으로 돌아가 동경 주재 미국 공사 빙햄John A. Bingham과 함께 외무경外務卿 이노우에 가오루를 찾아가 한국과의 수교를 알선해 줄 것을 간청하였다.[101] 부산 영사 곤도 마스케는 서한을 예조판서 윤자승尹滋承에게 전달하였다. 그러나 윤자승은 2차 수신사로 일본에 파견되는 김홍집金弘集을 통해 이노우에 가오루에게 서양 제국과는 통교하지 않는다고 하였고, 미국과의 수교를 거절하였다. 미국 측 국서는 개봉도 하지 않고 돌려보냈다. 빙햄 공사는 다시 이노우에 가오루 외무경에게 알선을 요청했으나 이노우에 가오루가 거절하였다.

일본이 미국의 알선 요구를 거절하자, 청국이 이를 지원하고 나섰다. 슈펠트가 나가사키에 체류하고 있는 동안 슈펠트의 나가사키 체류 목적을 탐지한 나가사키 주재 청국 영사 여휴余瓗가 이 사실을 리훙장에게 보고하였고 리훙장은 1880년 7월 24일부로 슈펠트를 톈진으로 초청한다는 편지를 보냈다.[102] 리훙장의 초청을 받은 슈펠트는 톈진으로 가서 8월 26일부터 리

---

100 슈펠트(Rovert Wilson Schufeldt, 1822~1895 한국명 설비이[薛斐爾])는 뉴욕 출신의 미국 해군제독이다. 1839년에 해군에 입대하여 브라질 · 아프리카 · 지중해에서 활약하다가 퇴역하였다. 그는 1882년 조선과 한미수호통상조약을 체결하였다.

101 이노우에 가오루(Inoue Kaoru, 井上馨, 1836.1.16~1915.9.1)는 일본의 정치가로서 일본 나가토 구니(長門國) 조슈(長州)에서 출생하였고, 도쿄(東京)에서 사망하였다. 메이지 시대(明治時代: 1868~1912)에 일본을 지배한 과두제 정치체제의 일원이었다.

102 리훙장(Li Hungchang, 李鴻章, 1823.2.15.~1901.11.7.)은 중국 안후이 성(安徽省) 허페이(合

홍장과 회담을 가졌다. 이 회담에서 리홍장은 한미 교섭을 청국이 알선할 용의가 있음을 약속하였다. 리홍장은 1879년 8월 이유원에게 편지를 보내 한국이 미국과 수교하도록 권고하였다. 이유원은 사은겸동지정사謝恩兼冬至正使 한경원韓敬源을 통해 미국과의 수교 권고를 받아들일 수 없다고 거절하였다.

1880년에 들어와 한국 정부는 지금까지와는 달리 미국과 수교하는 쪽으로 움직였다. 그 까닭은 수신사 김홍집 일행이 동경에 체재하는 동안 주일 청국공사 허루장何如璋,[103] 참찬관參贊官 황쥰센黃遵憲[104] 등과 여러 차례 회담을 하면서 국제 정세, 특히 러시아의 남진 위협에 대한 이해를 높였으며 일본의 외상도 러시아의 위협에 관해 경고하였다. 특히 황쥰센의 『사의조선책략私擬朝鮮策略』을 귀국하는 김홍집에게 주었다. 『조선책략』은 러시아의 한반도 진출을 저지하기 위한 이이제이以夷制夷의 책략으로서 "친중국親中國·결일본結日本·연미국聯美國 하여 방아防俄해야 한다"는 것이 핵심 내용이었다. 김홍집은 귀국 후 『조선책략』을 국왕에게 바쳤고 국왕은 이최응李最應 등 정부의 고위 정책 결정자들에게 검토할 것을 지시하였다. 그 결과 그들은 "방금 천하 각국이 합종合縱하지 않음이 없을 뿐 아니라 아국我國은 해로요충海路要衝에 처하고 있어서 미국과 연교聯交하는 것이 양책良策이라고 하지 않을 수 없다"고 건의하였다.[105] 국왕은 미국과 수교를 하기 위해 이동인·

肥) 출신의 중국 청대말 정치가이다. 자는 소전(少荃), 호는 의수(儀叟). 중국 근대화에 기여했다.

103 허루장(何如璋, 1838~1891)은 중국 청나라 말기의 외교관이다. 호는 자아(子峨)이다. 광둥 성 다부 출신으로, 1868년 진사가 되어 한림원에 들어갔다. 1877년 초대 주일 공사로 임명되어, 3년 간 공사로 지냈다. 1879년 류큐 처분 사건이 일어났을 때 허루장은 일본의 조치 강행에 대해 항의했다. 이 시기에 남긴 책으로, 일본에 머무르면서 메이지 유신을 지켜본 기록과 평가를 담은 『사동술략(使東述略)』이 있다.

104 황쥰센(Huang Tsunhsien, 黃遵憲, 1848~1905.3.28.)은 중국 광둥 성(廣東省) 가응(嘉應: 지금의 메이 현(梅縣))에서 출생, 사망한 중국의 시인·정치인이다. 문학과 사회 개혁에 앞장섰다.

탁정식卓挺埴 등을 비밀리에 허루장 공사에게 파견하는 등 미국과의 수교에 적극적인 태도를 보였다.[106] 그러나 국내적으로 보수적 유생들은 『조선책략』의 내용을 비판하면서 미국과의 수교를 반대하였다. 위정척사운동이 전개되었다. 결국 1882년에 들어와서 수교를 위한 교섭이 활발하게 진전되어 1882년 5월 20일 조약을 체결하게 되었다.

2) 기록을 통해 본 한국에 대한 인식과 특징

이 글에서는 한국과 미국의 관계를 토대로 하여 미국인들이 한국에 대해 인식한 바를 분석해 보고자 한다. 미국인들의 여행기 중에 대표적으로 그리피스, 로웰, 알렌, 언더우드, 길모어, 헐버트, 샤이에 롱, 다니엘 기포드, 언더우드 부인, 제이콥 로버트 무스, 샌즈, 와그너 등을 중심으로 하여 한국에 대한 인식을 살펴보려 한다.[107]

그리피스는 교육자로서 두 차례 한국을 방문하였다. 1차 방한 연대는 밝혀지지 않았고, 2차는 1926~1927년이다. 1871년부터 1874년까지 일본에서 생활하면서 일본 측 사료에 의거해 기록했다는 특징을 가진다.

그리피스는 한국의 지리적 위치에 대해 언급하길, 한국의 지리적 위치는 불행하고, 천연 경계는 이전의 장벽 역할을 하던 것이 한국으로 들어오는 확실한 진입로 역할을 하도록 바뀌었으며, 한국의 장래는 문호를 개방하기에 이를 것이라는 예상과 함께 일본의 메이지유신 이전의 모습으로 비교하

---

105 『승정원일기』, 고종 17년 9월 8일.

106 이광린, 1981, 『한국사강좌』 V 근대편, 일조각, p. 102.

107 미국인들의 저서 중에 '그리피스, 알렌, 언더우드, 길모어, 헐버트, 다니엘 기포드, 언더우드 부인, 제이콥 로버트 무스, 샌즈' 등은 원서와 비교하여 원서와 번역본을 함께 다루었다.

였다.[108] 그는 한국이 일본에 비해 아직 문명화되지 못했다는 점을 단정적으로 서술하였고, 문호 개방 당시의 한국에 대해 일본의 메이지유신 이전의 일본과 닮은 점이 많다는 것을 지적하여 서양의 우월의식과 친일적 성향을 드러내었다.

그는 한국에 야만적이고 봉건적인 관습과 풍습 및 제도가 남아 있다는 점을 지적하였다.[109] 그는 고문과 사형제도, 한국의 봉건적 사회 형태로 남아 있는 농노나 노비제도, 매우 원시적인 건축양식, 불충분한 화장실 시설, 중세 유럽과 같은 실정, 한국인의 타고난 야만성과 수준 낮은 인도주의 등을 들어 한국을 봉건제적 국가이자 비문명국으로 인식하도록 서술하였다.[110]

그는 개항 직후 중국은 조약을 통해 유리한 입장을 취해 기회를 놓치지 않았다고 하여 1880년대 중국이 계속하여 한국에 영향력을 행사하고 있음을 지적하였다.[111] 그는 한국과 러시아의 관계를 언급하며, 한국이 중국·일본과 함께 러시아의 관심 대상이 되어 이에 대응해야 하는 대외적 과제에 직면했음을 지적하였다.[112]

---

108 Griffis, 「CHAPTER Ⅰ. THE COREAN PENINSULA」, pp. 9~10(그리피스, 「제1장 한반도」, pp. 45~47).

109 Griffis, 「CHAPTER XXIX. CHILD LIFE」, p. 260·「CHAPTER XXX. HOUSEKEEPING, DIET, AND COSTUME」, p. 274(그리피스, 「제29장 아동 생활」, p. 340·「제30장 가정·음식·복식」, p. 357).

110 Griffis, 「CHAPTER XXVI. ORGANIZATION AND METHODS OF GOVERNMET」, pp. 234~235·「CHAPTER XXVII. FEUDALISM, SERFDOM, AND SOCIETY」, p. 238·「CHAPTER XXX. HOUSEKEEPING, DIET, AND COSTUME」, p. 262·270·「CHAPTER XXXVIII. EDUCATION AND CULTURE」, p. 344(그리피스, 「제26장 정부 조직과 통치 방법」, pp. 310~311·「제27장 봉건제도·농노·사회제도」, p. 314·「제30장 가정·음식·복식」, p. 342·352·「제38장 교육과 문화」, p. 442·「제50장 내정(內政): 중국인과 일본인」, p. 585 등 참조. 「제50장」의 경우는 1882년 출간판에 없는 내용이다).

111 Griffis, 「CHAPTER XLVII. THE PORTS OPENED TO JAPANESE COMMERCE」, pp. 427~428·「CHAPTER XLVIII. THE YEAR OF THE TREATIES」, p. 436(그리피스, 「제47장 대일(對日) 문호 개방」, p. 545·「제48장 조약의 체결」, pp. 556~557).

112 Griffis, 「CHAPTER XXIII. THE EIGHT PROVINCES」, p. 212(그리피스, 「제23장 8도의 지리

그는 동아시아의 미래 역사의 중축中軸으로 한국을 꼽았다. 그는 동아시아에서 어느 나라가 우위를 차지할 것인가 하는 문제는 서로 질투하고 있는 적대 세력인 중국 · 일본 · 러시아에 의해 한국의 국토 위에서 결판이 날 것으로 파악하였다.[113] 개항 이후 한국의 대외 상황에 대한 그의 견해는 1880년대 이루어졌던 열강들과의 조약 체결을 통해 파악한 부분이다.

1907년 제8판에 추가된 내용에서 보면, 그는 "조선은 외국과 통상을 맺고 외국의 사상을 받아들임으로써 스스로 윤택하게 되기 시작하자 조선의 모든 사정은 바뀌었다. 새로운 통상 방법, 과학, 그리고 종교에 직면한 지각 있는 조선 사람들은 생각과 행동하는 면에 있어서 새로운 용기를 얻게 되었다."[114]라고 하여 한국에 변화가 이루어지고 있음을 지적하였다. 그는 열강의 약탈과 집단 · 종족 또는 친지의 관념에서 벗어나지 못한 한국인의 윤리적 수준, 그리고 주변 정세와 조화시키는 문제 등을 해결해야 할 문제로 지적하였다.[115]

로웰은 미국 외교사절단으로서 1883년 12월에 입국해 1884년 3월까지 체류한 단기 체류자로 서울에만 머물다가 귀국하였다.[116] 그는 일본에 대해 '하루가 시작되는 곳'으로 표현하였지만, 한국에 대해서는 '고요한 아침의 나라'라 표현하였다. 그는 조선朝鮮의 한자를 뜻풀이하여 '고요한 아침의 나라'로 표현하였고, 이 표현은 이후 방문하거나 한국에 관심을 가지는 서양

와 풍물」, p. 282).

113 Griffis, 「CHAPTER XLVIII. THE YEAR OF THE TREATIES」, p. 441(그리피스, 「제48장 조약의 체결」, p. 563).

114 그리피스, 「제49장 경제 사정」, pp. 569~570.

115 그리피스, pp. 571~573.

116 로웰은 미국에 파견되는 한국사절단이 일본에서 미국으로 가는데 안내 역할을 하였고, 이 사절단이 다시 돌아올 때도 마찬가지로 미국에서 일본까지 안내 역할을 담당했으며, 일본에서 한국으로 귀국하는 사절단과 함께 입국하는 경로로 한국에 들어왔다.

인들에게 한국을 일컫는 표현으로 사용되었다.[117]

로웰은 자신의 우월의식과 함께 일본에서 체류하면서 경험한 것을 바탕으로 한국의 첫인상을 파악하였다.[118] 그는 세계와 일본이 변화하는 것과는 달리 한국은 시간이 정지되어 있고 몇백 년 전의 옛 모습을 그대로 간직하고 있다는 점을 들어 한국의 정체성론을 나타내었다.

그는 많은 서양인들 마음속에 세계를 문명인과 야만인의 세계로 분류하던 옛 로마 시대 사고방식의 잔재가 남아 있어, 유럽인의 혈통을 이어받지 못한 사람들이 사는 나라는 반드시 열대 지방일 것이라는 그릇된 생각이 퍼져 있다고 지적하였다.[119] 한국은 기후만을 가지고 볼 때는 문명국에 가까운 나라이지만, 그 외에 조건들에서 보이는 모습들은 문명국이라고 보기 어렵다는 점에서 문명화시켜야 할 나라로 파악하였다.

로웰이 이야기하는 한국의 외부와의 교류 단절에 대해서는 서울의 주위 환경을 예로 들 수 있다. 그는 성벽이 단절과 장벽의 의미를 담고 있다고 판단하였다.[120] 그는 서울에 대해 다양함의 결핍을 언급하였는데, 이러한 결핍의 원인으로 종교의 부재를 꼽았다.[121] 로웰은 종교적 활동이 다양하지도 활발하지도 않기 때문에 종교적 의미를 가진 건축물이나 행사를 찾아볼 수 없어 서울은 다양함이 결핍되었다고 파악하였다. 이러한 견해는 방문 당시가 계절상 겨울이었기 때문에 종교적 행사를 보기 어려웠다는 전제를 두고 판단해야 한다.

그는 '중국이 조선이란 학생의 선생'이라는 표현을 사용하여 한국은 중국

---

117 로웰, 「1장 하루가 시작되는 곳」, p. 17, 주1) 참조.
118 로웰, 「1장 하루가 시작되는 곳」, pp. 16~17.
119 로웰, 「3장 조선의 사계」, pp. 28~29.
120 로웰, 「9장 거대한 성벽으로 둘러싸인 도시」, p. 76.
121 로웰, 「19장 종교의 부재」, pp. 152~153.

문명을 수용하여 삶의 표준으로 삼았음을 지적하였는데, 이것 또한 중국의 영향력을 나타낸 것이다.[122] 그는 한국이 중국에 대한 존경의 표시로 수도 이름을 '한양漢陽'이라고 지었고, 서울의 중심으로 흐르는 강도 '한강漢江'으로 지었다고 하여 한국에 남아 있는 중국 중심의 사고방식에 대해 명칭을 통해 언급하였다.[123] 그는 한국이 중국을 모방한 제도로 관직과 시험제도(과거제도), 혈통 등을 예로 들면서 이러한 것들이 서로 복잡하게 관련되어 있음을 지적하였다.[124]

그는 한국의 사회적 특징으로 '비개성적 특질 · 가부장제 · 여성 지위 부재' 등 세 가지를 꼽아 이것들을 '원리 3화음'이라고 표현하였다. 이러한 사회적 특징은 자국이나 서양과 비교하여 문명화가 되지 않았음을 나타낸 것이다. 서양에서 개인의 개성이 중시되지만, 한국은 개인의 개성을 중시하지 않는 것, 서양에서 남녀평등을 외치고 있는 시점에서 한국은 남성 중심의 가부장제 사회라는 점, 그리고 마지막으로 서양에서 여성을 중시하는 반면에 한국에서는 여성이 존중받기는커녕 사회적 지위조차 무無에 가깝다는 점 등을 들어 국가 발전 초기 단계에 머물러 있을 뿐 근대화 또는 문명화되지 못했다는 것을 세 가지 사회적 특성으로 강조해 나타낸 것이다.[125]

알렌은 의사이자 외교관으로 1884년 7월에 입국해 1905년까지 장기 체류하였다. 그는 정치적 · 문화적 · 종교적 · 상업적인 면은 물론, 의학적인 측면에서도 22년간 많은 활약을 했다.[126] 그는 1908년 저서 출간 전 항로의

---

122 로웰, 「12장 원리의 3화음」, p. 100.

123 로웰, 「7장 고요한 아침의 나라」, p. 63 · 「9장 거대한 성벽으로 둘러싸인 도시」, p. 78.

124 로웰, 「11장 조선의 행정 조직」, pp. 91~93.

125 로웰이 언급한 원리 3화음에 대한 보다 자세한 내용은 로웰, 「13장 비개성의 특질」, pp. 104~111 · 「14장 가부장제」, pp. 112~119 · 「15장 여성의 지위」, pp. 120~127 등을 참조할 만하다.

126 알렌은 1884년 상해에서 제물포로 가는 남경호를 타고 나가사키의 길고 좁은 항구에 머물렀다가 부산에 도착하는 여행경로를 택했다. 즉 중국에서 직접 한국으로 들어온 것이 아닌 일본

변화를 지적하였다. 여기서 '예전'이라고 표현한 부분이 있는데, '예전'이라 함은 1880년대 중반의 상황을, '요즈음'이라고 표현한 부분은 귀국 직전인 1900년대 중반의 상황을 나타낸 것이다. 그는 한국으로 가는 여행 경로와 교통편을 소개하며, 일본과 한국의 교통수단 발달을 언급해 서양화된 모습을 보여주었다.[127] 그는 이러한 여행경로와 교통편을 소개하면서 한국에 대한 첫인상을 서술하였다. 한국에 들어오기 전 바깥에서 바라보았던 한국의 모습과 한국에 체류하면서 눈으로 확인한 한국의 모습에서 차이를 보일 수 있음을 지적하였다.[128] 이러한 견해는 1880년대 중반에 한국에 들어왔을 당시에는 한국에 대한 첫인상이 황량하게 느껴졌을 수도 있지만, 1890년대와 1900년대를 살면서 한국과 한국인에 대한 인식이 바뀐 경우이다. 1880년대 중반에 입국해 10년 이상 체류한 서양인들 대부분이 첫인상과 인식의 변화를 느끼고 있었다. 이것은 본인이 우월의식을 가지고 있지만, 장기 체류로 인해 한국에 대한 문화를 이해하고 수용하면서 동화되었다고 판단된다.

알렌은 일제 강점 직전 한국의 상황을 기록하길, 책 출간 당시(1908) 「원저자 머리말」에서 일제 강점기 직전 한국의 상황에 대해 절망적이었다고 서술하였다. 서양이 충분히 도움을 주지 못하고 조약 의무를 이행하지 못한 것이 한국이 통감부 체제를 맞이하는 데 기여했다고 보았다.[129]

알렌은 미국인들의 지도로 미국의 영향력이 대단한 것처럼 보이나, 실제로 1905년 미국이 한국에서 철수하면서 일본이 한국을 병탄하는데 유리한

을 경유했다는 것이 특징이다.

127 Allen, 「V. STEAMSHIP TRAVEL TO AND ABOUT THE FAR EAST」, 'A Tourist Route', pp. 47~48(알렌, 「제5장 극동의 기선(汽船) 여행」, '항로', pp. 49~50).

128 Allen, 「VI. A RAMBLE IN COUNTRY AND TOWN」, pp. 50~51(알렌, 「제6장 시골과 도시의 풍물」, pp. 51~52).

129 Allen, 「PREFACE」, pp. 7~8(알렌, 「원저자 머리말」, p. 16).

여건을 마련해주었다고 하여 미국의 외교에 대해 비판하였다.[130] 그는 한국이 일본의 식민지가 되는데 미국이 유리한 여건을 마련해준 것도 있지만, 한편으로 한국 정부가 제대로 역할을 하지 못한 것도 이유가 된다고 보았다. 그는 1880년대 중반 방문 당시에는 미국이 도움을 주면 문명화되고, 미국의 영향력을 펼칠 수 있을 것으로 기대했으나, 점차 시간이 지나면서 경험한 바에 의하면 많은 외국 세력들이 러일전쟁 이후 철수하면서 일본에게 식민지화할 수 있는 여건을 마련해주었다는 점을 강조하였다. 한국이 발전을 위해 노력했음에도 불구하고 외국 세력에 의해 점차 발전의 기회를 상실하게 되어 결국 일본의 손에 넘어갔다는 것이다. 알렌과 같은 견해를 제시한 서양인들은 대부분 1880년대 중반에 들어와 10년 이상 또는 1900년대까지 체류하면서 한국의 상황을 지켜본 서양인들로, 한국이 일본의 식민지화 되는 것에 대해 안타까움을 표시하였다. 알렌은 왕의 친절한 성품과 우유부단함이 약점으로 작용해 발전의 기회를 상실했다고 주장하였다.[131]

그는 한국인의 천성과 함께 한국인을 서양인이 가르쳐야 할 대상인 어린아이로 파악하였는데, 이것은 알렌이 한국과 한국인에 대해 이해하고 수용하려는 입장이면서도 자신의 의식 속에 서양인의 우월주의적 사고방식을 그대로 담고 있다는 것을 보여주는 예이다.[132] 하지만 한국인의 특징으로 친절하고 인정이 많다는 점과 온순 · 근면 · 검소하다는 점을 들어 긍정적으로 파악하였다.[133]

---

130 Allen, 'Our Mistake',pp. 219~220(알렌, '미국의 과오', pp. 196~197).

131 Allen, 「XVI. POLITICAL CHANGES AND PROBABILITIES」, 'Korea's Lost Opportunity', p. 249(알렌, 「제16장 정치적 개혁과 그 가능성」, '조선의 실기(失機)', p. 220).

132 Allen, 「VI. A RAMBLE IN COUNTRY AND TOWN」, 'A Petty Aristocrat', p. 59(알렌, 「제6장 시골과 도시의 풍물」, '어느 양반의 이야기', p. 58).

133 Allen, 「VIII. KOREA AND THE KOREANS」, 'OCCUPATIONS', 〈Labourers〉, p. 96 · 'HOSPITALITY', pp. 115~119(알렌, '4. 직업', 〈노무자들〉, p. 91 · '7. 인정', pp. 108~111).

그는 1888년 견미遣美 사절단 파견 당시 중국이 한국의 종주국이라는 낡은 의식을 강요하여 사절단을 파견하는 것을 반대하였고, 한국은 사절 파견의 목적이 한국의 독립을 주장하는 것이기에 파견하려고 했었다는 점을 서술하였다.[134] 결국 1880년대 후반에도 중국은 한국을 종속국이라 선전했으며, 이는 서양인들에게 그대로 전달되어 그렇게 인식되었을 가능성이 크다.

알렌은 한국인들이 선교사를 실제적인 조력자로 인식하였다는 점을 강조하였다. 선교사의 입장에서 한국인들이 어려운 상황에서 기독교로 입문하는 것을 통해 한국에서의 성공적인 선교활동을 언급하였다. 이는 선교사들이 자신의 선교 업적을 높이 평가하며, 기독교 전파를 곧 문명 전파로 인식했음을 보여주는 대목이다.[135]

알렌은 1880년대 중반에 입국할 당시의 첫인상과 달리 체류하면서 한국에 대해 인식의 변화를 겪어 한국의 문화를 이해하고 수용하려고 노력한 서양인 중 한 사람이었다.

언더우드는 의료선교사로서 1885년 4월에 입국해 1916년까지 30여 년을 체류한 장기 체류자이다.[136] 한국의 첫인상에 대해서는 토지의 비옥도를 가지고 서술하였다. 그는 일본의 비옥한 언덕을 보고 온 사람이 한국에 들어서면 황량하고 헐벗은 산에 놀라게 된다며, 외부 침입자를 막기 위해 해안지대를 의도적으로 황폐화시켜 매력 없는 나라처럼 보이게 했다고 기록하였다.[137] 이러한 견해는 단순히 첫인상에 대해 황량하다고 표현한 1880년

---

134 Allen, 「X. A MISSION TO WASHINGTON」, 'Presentation', pp. 162~163(알렌, 「제10장 견미(遣美) 사절」, '신임장 제정', pp. 150~151).

135 Allen, 「XI. MISSIONARY COMMENTS」, 'Practical Assistance', pp. 172~173(알렌, 「제11장 선교사로서의 의견」, '실제적인 조력', p. 159).

136 언더우드는 북미에서 태평양을 거쳐 일본 나가사키로 향했고 동해로 들어왔다.

137 Underwood, 「CHAPTER I. THE COUNTRY」, 'Fertility of Soil', p. 23(언더우드, 「제1장 국토」, '토지의 비옥도', p. 9).

대 후반의 방문자들과 달리 장기 체류하면서 황폐화시킨 이유를 파악하여 서술함으로써 한국에 대한 이해도를 높였다.

그는 많은 서양인들이 한국인에 대해 첫인상을 나쁘게 말하지만, 겉모습만으로 판단하면 잘못될 수 있으므로 주의해야 하며, 중국인 · 일본인과 한국인을 비교 검토할 필요가 있다고 지적하였다.[138] 언더우드의 한국인에 대한 서술은 한국인에 대해 이해하려고 노력한 모습이 보이는 부분이다.

그는 한국에 30년 이상을 체류하면서 한국에 나타난 변화로 전통적인 교통수단도 있지만 그 외에 증기선, 전차와 기차 등이 생겨났고, 전신과 전화선이 가설되었다는 점을 들었다.[139] 이러한 변화에 대한 견해는 장기 체류하면서 몸소 체험한 결과를 나타낸 것이다. 그는 한국이 지리적으로 일본과 중국의 중간에 위치하고, 동양에서의 지배권 쟁탈의 중심지가 되어 왔다고 파악하여 한국과 주변 국가와의 상황을 직시하고 있었다.[140] 그는 한국이 학문과 종교, 정치면에서 중국과 밀접한 관계를 맺고 있었고, 고대 중국의 것을 많이 보유하고 있다는 견해를 나타내었다. 그는 만약 한국을 획득하게 되면 중국의 복음화에 큰 영향을 끼치고, 한국 국민을 기독교화시킨다는 것은 그리스도를 위해 중국을 앞지를 수 있음을 의미한다고 서술하였다. 이러한 견해는 한국에서의 선교활동이 중국에까지 영향을 끼칠 수 있음과 복음 전파력이 크다는 점을 지적한 것이다.

그는 한국인에 대해 우호적인 평가를 내리면서 한국인을 이해하려고 노

138 Underwood, 「CHAPTER II. THE PEOPLE: THEIR SECULAR LIFE」, 'Chinese, Japanese, and Koreans compared', pp. 45~46(언더우드, 「제2장 국민: 일상생활」, '중국인 · 일본인 · 한국인에 대한 비교', pp. 30~31).

139 Underwood, 「CHAPTER I. THE COUNTRY」, 'Distribution of population', pp. 42~43(언더우드, 「제1장 국토」, '인구와 분포', p. 27).

140 Underwood, 「CHAPTER I. THE COUNTRY」, 'Distribution of population', p. 43(언더우드, 「제1장 국토」, '인구와 분포', pp. 27~28).

력하였다. 한국의 독창성에 대해 지적했는데, 대표적인 예로 부교浮橋와 철갑선鐵甲船, 한국의 알파벳, 지게 등을 들었다.[141] 특히 철갑선은 임진왜란 당시의 거북선을 이야기하는 것이고, 한국의 알파벳은 한글을 의미하는 것으로 한글에 대해 독자성과 독창성을 모두 갖추고 있다고 평가하였다. 그는 공예와 산업 부분에서 도자기와 놋그릇, 염료, 종이, 강화 돗자리, 자수 등이 유명하다고 하여 한국의 예술적 가치와 생산성을 지적하였다.[142]

언더우드는 30년 이상을 체류하다 보니 서양과 동양, 서양과 한국이라는 이분법적 논리보다 한국이라는 나라 자체와 한국인이라는 국민 자체에 관심을 가지고 직접 부딪혀 경험하여 한국의 특징을 찾아내려고 노력한 서양인 중 대표적인 사람이다.

길모어는 선교사로서 1886년 7월에 입국해 1889년까지 체류한 장기 체류자이다. 한국은 고종의 뜻에 따라 신교육 기관인 육영공원育英公院을 설치하고 여기에 근무할 미국인 3명을 요청했는데, 길모어가 그중 한 사람이었다. 그는 한국에 가는 가장 빠른 직선 코스를 소개하였다. 즉 샌프란시스코나 밴쿠버에서 태평양을 지나 일본의 요코하마 항구를 거쳐 동해로부터 남동쪽으로 뻗어 나온 반도에 도착하는 코스이고, 그 반도가 한국이라고 하였다. 이러한 소개는 1880년대 후반 이후 한국에 들어오는 여행경로로 서양인들에게 이용되었을 것이다.[143]

길모어는 한국이 '은자의 나라'로 불리는 데에 대한 견해와 한국인에 대

---

141 Underwood, 「CHAPTER II. THE PEOPLE: THEIR SECULAR LIFE」, 'First suspension bridge', p. 47 · 'First ironolad', pp. 47~48 · 'Strength of the laboring men', p. 49(언더우드, 「제2장 국민: 일상생활」, '최고의 부교', pp. 31~32 · '세계 최고의 철갑선', pp. 32~33 · '노동자의 체력', pp. 33~34 등 참조).

142 Underwood, 'Art and industries', pp. 63~65 · 'Arts', pp. 65~66 · 'Embroidery, etc.', pp. 66~69(언더우드, '공예와 산업', pp. 49~50 · '예술', p. 51 · '자수', pp. 51~54).

143 Gilmore, 「CHAPTER I. THE COUNTRY」, pp. 9~10(길모어, 「제1장 국토」, p. 15).

한 편견을 서술하였다.[144] 그는 한국의 본질로서 '은자의 나라'라는 표현은 적당하지만, 외국에게 문호를 개방한 마지막 나라라는 이유로 은자의 나라라고 불리는 것에 대해서는 비판적이다. 한국인에 대한 편견에 대해서는 일본과 중국이 소문을 만들어내어 그 소문을 근거로 한국인을 대하는 서양인들에 대한 불평과 함께 알려진 바와 다른 한국인의 모습을 소개하여 직접 체험한 서양인들의 충격과 혼란을 지적하였다.[145]

그는 서울의 모습 중에 하수처리 체계가 정비되어 있다고 보았고, 한국인의 독창성과 문학적 능력이 시를 통해 입증된다고 파악하였다.[146] 그는 한국인의 특징에 대해 '체격적으로 중국인과 일본인 중간 정도 된다는 점, 상류 계층 여성의 격리 생활, 외국인에 대한 반감이 없다는 점, 호기심이 많다는 점, 가난하지만 애국심이 강하다는 점, 청결 문제에 있어 옷의 재료를 고려해 보면 더럽다고 단정 지을 수 없다는 점, 관습상 외국의 약을 혐오한다는 점' 등을 열거하였다.[147] 이러한 한국인의 특징은 길모어가 한국인을 직접 만나 대화하고 관찰하면서 체득한 것들로, 이러한 특징이 서양인들이 한국인을 야만인으로 여기는 데에 대한 반증이 될 수 있다.

그는 한국의 독립에 대해 국제법상으로 서양과의 조약 체결을 들어 조약은 독립국 간에만 체결되는 것이기에 한국은 독립국으로 볼 수 있다는 입장을 표명하였다.[148] 1880년대 후반에 방문한 서양인들의 경우 청일전쟁 이전이기 때문에 대부분 한국은 중국의 종속국이라고 파악한 것과는 다른 입

---

144 Gilmore, 「CHAPTER I. THE COUNTRY」, pp. 10~11(길모어, 「제1장 국토」, pp. 15~17).

145 Gilmore, 「CHAPTER II. THE GOVERNMENT」, p. 32(길모어, 「제2장 정부」, p. 30).

146 Gilmore, 「CHAPTER III. THE CAPITAL」, pp. 48~49 · 「CHAPTER IV. THE LANGUAGES」, p. 73(길모어, 「제3장 서울의 모습」, p. 41 · 「제4장 언어」, p. 57).

147 Gilmore, 「CHAPTER V. THE PEOPLE」, pp. 75~95(길모어, 「제5장 국민」, pp. 61~76).

148 Gilmore, 「CHAPTER XIII. FOREIGN RELATIONS」, pp. 250~253(길모어, 「제13장 외교 관계」, pp. 191~193).

장을 보였다. 특히 그는 1882년 「한청상민수륙무역장정」 체결을 가지고 한국이 중국의 종속국이면 이러한 조약을 체결할 필요가 없으나, 체결했다는 것은 중국이 종주권을 포기하고 한국이 주권 국가라는 것을 인정한 것으로 파악하였다.[149]

그는 한국의 개항 후 결과에 대해 긍정적으로 보았다. 즉 '미국에 사절단 파견, 왕실 후원의 학교 건립, 국왕의 재가를 받은 고아원 설립, 군비 강화에 역점을 둠, 국제우편연합 가입 계획 준비, 국립 조폐국 건립, 농업 수준 향상시키기, 수도에 병원 건립, 봉화에서 전신으로 통신수단 대체, 한국인들의 점진적인 외래 사고의 유입을 수용하는 방향으로 유도되고 있는 상황' 등을 들었다.[150] 그는 개항 후 한국이 점차 변화를 시도하며 서양 문물을 받아들이는 방향으로 나아가고 있음을 지적하고, 이를 긍정적으로 평가하였다. 1880년대 후반의 모습에서 이러한 변화를 기록하였다는 것은 다른 서양인들과 달리 한국과 한국인 그 자체를 이해하고 수용하고자 했기 때문에 가능했다고 여겨진다. 만약 그가 우월의식을 가지고 있었다면 이러한 변화와 시도가 있어도 글에 남기지 않았을 수도 있기 때문이다. 그가 한국과 한국인을 이해하고 수용하고자 한 입장은 앞서 언급한 언더우드와 같다.

헐버트는 선교사로서 1886년에 입국하여 1907년까지 20여 년가량 체류한 장기 체류자이다. 그는 한국의 문화와 정세를 소개하기 위해 1901년부터 감리교계 월간지인 『코리아 리뷰*The Korea Review*』의 편집을 주관하면서 한국에 관한 글을 계속 발표하였다.[151] 그는 기선을 타고 갑판에서 한국을

---

149 Gilmore, 「CHAPTER XIII. FOREIGN RELATIONS」, pp. 252(길모어, 「제13장 외교 관계」, p. 192).

150 Gilmore, 「CHAPTER XII. PROGRESS TOWARD CIVILIZATION」, pp. 226~249(길모어, 「제12장 문명화로의 진보」, pp. 173~189).

151 헐버트, 「역주자 초판 머리말」, p. 8.

바라본 느낌을 통해 한국의 풍경은 매우 보잘것없어 한국을 둘러본 관광객들이 귀국하여 '한국은 나무 하나 없는 황무지'라고 말하게 된다고 서술하였다. 그러나 한국에 단 몇 년이라도 살아본 사람은 한국을 떠날 때 오히려 대자연의 풍경을 좋은 추억으로 간직하게 된다고 하여 첫인상과 직접 경험의 차이를 나타내었다.[152]

그는 「원저자 머리말」에서 책을 쓰게 된 배경과 한국인에 대해 서술하였다.[153] 헐버트는 한국이 외세의 시달림, 즉 중국과 일본에 시달리고 있으며 한국인의 약점으로 무지를 들었지만, 기회를 가지면 발전할 것이라고 하였다. 이러한 서술은 문명화의 인도와 교리 전파를 사명으로 여긴 선교사의 사고방식을 보여준다. 이러한 사명감은 선교사라면 누구나 가지고 있는 것이고, 한국에 들어와 제국주의적 우월의식을 갖고 인식하기보다는 한국을 이해하려는 자세를 보였다는 점에서 1880년대 중반 이후 방문한 서양인들과의 차이라고 하겠다.

그는 한국인을 중국인(실리주의자) · 일본인(이상주의자)과 비교하여 이들의 중간 형태의 특징을 가지고 있다고 파악하여 합리적 이상주의자로 보았다.[154] 한국인이 중국인의 특징과 일본인의 특징을 모두 가지고 있다고 파악한 것은 언더우드와 같다. 헐버트는 한국인의 특징으로 '보수적, 너그러움과 인정스러움, 강한 자존심, 평화를 사랑한다는 긍정적인 부분과 진실적이지 못함, 흥분 잘함, 질병에 대한 무관심, 검약 습성이 비교적 적다'라는 부정적인 부분을 함께 다루어 다양한 한국인의 특징을 서술하였다.[155]

---

152 Hulbert, 「I. WHERE AND WHAT KOREA IS ABOVE AND BELOW GROUND」, p. 12(헐버트, 「제1장 한국의 위치와 배경」, pp. 33~34).

153 Hulbert, 「PREFACE」(헐버트, 「원저자 머리말」, p. 17).

154 Hulbert, 「II. THE PEOPLE」, pp. 30~31(헐버트, 「제2장 민족」, pp. 53~54).

155 Hulbert, 「II. THE PEOPLE」, pp. 35~44(헐버트, 「제2장 민족」, pp. 58~69).

그는 이러한 한국인의 다양한 특성에 대해 주위 환경이 인간의 심리적·도덕적 특성에 영향을 끼쳐 나타난 현상이라고 파악하였다.[156]

헐버트는 1880년대 중반부터 1890년대 전반, 청일전쟁이 일어나기 직전까지 10년 동안의 상황에 대해 기록하였다. 그는 한국에 대해 중국의 침해를 받고 있으나 기독교 유입, 항구 개항, 전신선 가설, 영어 학교와 병원 설립, 서구 사상 유입 등의 변화를 겪었다고 기록하였다. 그는 1890년대 후반의 한국에 대해 철도 부설과 교육제도 일반화, 통화제도 개선 계획, 무역 증가, 우편 제도 창설 등을 지적하여 물질적인 진보와 어느 정도의 발전을 이루었다고 평가하였다.[157] 이러한 견해는 한국이 변화하고자 시도하였다는 점을 긍정적으로 평가한 것이다. 그는 한국의 변화를 누구보다 반겼고, 한국이 외국에 대한 적대감보다 수용적이라는 점을 강조하였다. 그는 청일전쟁이나 러일전쟁을 통해 한국은 '고래 싸움에 새우 등 터지는 격shrimp between two whales'이라는 상황과 이들 전쟁에서 누가 이기든 한국이 전승 국가의 전리품이 되리라는 사실로 이중 고통을 받는다고 전해 1890년대 중반 이후 1900년대까지의 한국의 대외적 상황을 한 문장으로 표현하였다.[158] 이러한 인식은 그가 한국을 둘러싼 국제관계를 예리하게 파악했다고 볼 수 있다.

그는 1886년에 한국을 방문한 여행자가 20년 후인 1906년에 다시 방문하면 대외 문호 개방에서 빚어진 물질적 변화에 놀랄 것이라고 기록하였다. 그는 서울을 중심으로 볼 때 통금이 폐기됐다는 점, 부동산 가격 급상승, 위생적 측면에서 깔끔해졌다는 점, 여객 운송 발전, 우편 제도 개설과

---

156 Hulbert, 「II. THE PEOPLE」, pp. 33~34(헐버트, 「제2장 민족」, p. 57).

157 Hulbert, 「X. THE INDEPENDENCE CLUB」, pp. 167~168(헐버트, 「제10장 독립협회」, p. 207).

158 Hulbert, 「XII. THE JAPAN-RUSSIA WAR」, p. 187(헐버트, 「제12장 러일전쟁(1)」, p. 225).

국제우편연합 가입 등의 변화를 보였다고 서술하였다. 그는 20년 사이의 이러한 변화를 긍정적으로 보았고, 한국인들이 이러한 변화를 수용하고 자유롭게 이용한다는 점을 높이 평가하였다.[159]

그는 한국인들이 외교적 측면에서 일본보다 못하지는 않지만 일본의 무력에는 아직 역부족이라는 것을 지적하였다.[160] 그는 한국이 무력을 강화해야 한다는 점을 강조한 것이다.

그는 저서의 마지막 장에서 러일전쟁 후 일본이 한국을 지배할 수 있는 지위에 이른 상황에서 한국이 앞으로 어떠한 태도를 취해야 하는지를 서술하였다. 그는 교육을 강조하면서 이러한 교육에 한국에서 거주하고 있는 미국인 선교사들이 역할을 해야 한다고 지적하여 미국인의 관심과 도움을 청하였다.[161]

그는 체류 기간이 20년가량 되면서 언더우드와 비슷하게 선교사로서 한국과 한국인에 대해 이해하려고 노력하였고, 우호적으로 바라본 서양인이다.

샤이에 롱은 외교관으로서 1887년에 입국해서 1889년까지 체류한 장기 체류자이다. 그는 미국의 서울 주재 총영사이자 공사관의 서기관으로 부임해서 22개월가량 체류하였다.[162] 그는 한국의 쇄국정책에 대해 비판하면서 그리피스와 같은 '은자의 나라'라는 표현을 사용하였다.[163] 그는 한국이 스스로 외부로부터 차단해서 '은자의 나라'라고 불린다고 하면서 중국이 한국에

---

159 Hulbert, 「XXXIX. MODERN IMPROVEMENTS」, pp. 456~460(헐버트, 「제34장 한국의 근대화」, pp. 523~528).

160 Hulbert, 「XXVI. EDUCATION」, p. 342(헐버트, 「제26장 교육제도」, p. 404).

161 Hulbert, 「XXXV. THE FUTURE OF KOREA」, p. 463(헐버트, 「제35장 한국의 장래」, p. 532).

162 샤이에 롱은 1887년 9월 3일 뉴욕을 떠나 샌프란시스코를 경유해 10월 10일 일본 요코하마에 도착, 20일 요코하마를 출발해 24일 나가사키에 도착하였다. 이후 10월 28일 제물포에 도착해 29일 제물포를 출발, 마포에 도착해 서울에 들어오는 이동경로를 택했다.

163 샤이에 롱, 「I 개요와 역사」, p. 234.

대해 종주권을 행사해 왔으며 공식 서한에서조차 '형제의 나라'로 칭하고 있었다고 서술하여 개항 이후에도 여전한 중국의 영향력을 나타내었다.[164]

개항한 지 10여 년밖에 되지 않아 한국에서 외국인에 대한 집단적 분노와 저항이 표출되었다고 그는 서술하였다. 그는 일본의 침략과 조상숭배를 거부하는 서양 선교사들 때문에 외국인에 대한 반발심과 거부감이 나타난다고 보았다. 이러한 외국인에 대한 반발과 거부감은 제주도를 방문하였을 당시 강력했음을 서술하였다. 그는 제주도민들이 외국인에 대한 적대감과 외부 세계로부터의 완전한 고립감으로 이러한 적대감과 고립감이 절대적으로 종교화되어 있었다고 표현하였다.[165] 이러한 적대감과 거부감에 대한 그의 견해는 조상숭배를 거부하는 선교활동으로 인해 생긴 것으로 보고 있으나 한편으로는 선교사 입장에서 선교활동 거부에 대한 반감을 서술한 것이라는 생각이 든다.

그는 한국인에 대해 민속학적 관점에서 중국인이나 일본인과 거의 닮지 않았다고 하면서 북방의 고원으로부터 이주해 온 여러 민족의 합성체일 것으로 파악하였다.[166] 한국인은 한반도에 사는 토착민과 한반도 근처에서 이주해 온 민족의 혼합으로 이루어진 민족이라는 점에서 중국인이나 일본인과는 다른 차이를 나타낸다고 보았다.

샤이에 롱이 잘못 이해한 부분이 있다.[167] '부산은 1868년까지 쓰시마의 영지였다.'라고 쓴 부분이다. 그는 "바로 그 시기에 이 항구는 일본으로부터 조선에 자진 헌납된 것이다"라고 서술했는데, 이는 일본을 거쳐 들은 정

---

164 샤이에 롱, 「I 개요와 역사」, pp. 234~235.
165 샤이에 롱, 「V 한양에서 켈파에르트 섬, 즉 제주도까지」, p. 270.
166 샤이에 롱, 「II. 조선의 와, 이희 폐하」, p. 247.
167 샤이에 롱, 「VI. 켈파에르트의 수도」, p. 287.

보일 수도 있고, 부산이 쓰시마와의 무역을 통해 영향을 받았다고 인식한 것일 수도 있다. 어느 쪽이든 부산을 쓰시마의 영지라고 여긴 부분은 무지의 소산이다.

다니엘 기포드는 선교사로서 1888년에 입국해 1900년까지 12년가량 체류한 장기 체류자이다.[168] 당시 서양 열강들에게 한국의 역사적 서술이 일본의 영향을 받아 적용되다 보니 다니엘 기포드도 같은 영향을 받았다. 일본을 통해 한국으로 입국할 경우 대부분의 서양인들은 일본에서 한국에 대한 정보를 일부 접하고 들어오는데 역사 부분이 특히 영향을 많이 받았다. 결국 그도 일본 중심의 역사관, 즉 식민사관에 입각하여 한국의 역사를 이해했는데 임나일본부설이나 삼국시대 이후 계속 한반도를 일본의 조공국으로 이해한다는 점 등을 구체적인 예로 들었다.[169] 그의 이러한 견해는 식민사관에 입각한 것이면서 일본을 옹호하는 친일적 성향으로 판단된다.

그는 한국이란 나라가 청일전쟁 이후 많은 외국인들에게 알려졌고, 미국인들에게는 한국이 열대지방에 위치한 하나의 '섬' 정도로만 생각하고 있다고 하였다. 1890년대 중반까지도 한국은 미국인에게 잘 알려지지 않은 미지의 나라로서 하나의 '섬'이란 이미지를 가지고 있음을 알려주었다.[170] 그는 한국의 역사가 동쪽, 서쪽, 북쪽에 각각 호전적인 나라들에 둘러싸인 역사로, 중국 · 몽골 · 일본으로부터의 침략전쟁으로 얼룩진 역사의 연속이었다고 하였다. 그는 전쟁이 끝나면 한국인들이 국가로서의 명맥을 유지하면서 일정기간 조공 국가로서 공물을 승전국에게 바치곤 했다고 하여 한국을

---

168 다니엘 기포드는 일본 나가사키에서 증기선을 타고 부산과 제물포를 거쳐 서울로 들어왔다.

169 다니엘 기포드, 「옮긴이의 말」, pp. 4~5. 임나일본부설과 일본의 조공국이 되었다는 주장에 대해서는 Gifford, 「II. A Historical Vitascope」, p. 30(다니엘 기포드, 「2. 역사적 소묘」, pp. 21~22) 참조.

170 Gifford, 「I. Where Is Korea?」, pp. 11~12(다니엘 기포드, 「1. 조선은 어딘가」, p. 9).

패전국이자 조공국의 역사를 가지고 있는 나라로 표현하였다.[171]

그는 식민사관에 입각한 임나일본부설과 한국이 일본의 조공국이었다는 주장 외에 갑오개혁에 대해 일본에 의한 한국의 개혁은 완벽하고 훌륭했다는 평가를 내려 일본에 편파적인 서술을 하였다는 점에서 다른 선교사들과 차이를 보였다. 헐버트가 갑오개혁에 대해 일본의 간섭으로 독립적인 개혁이 되지 못했다고 판단한 것과는 달랐다. 오히려 다니엘 기포드는 샤이에 롱과 비슷한 입장으로 보여 선교사라는 종교적인 입장보다는 정치적 입장에서 일본을 옹호하는 태도를 취했다고 판단된다.

그는 한국에 대해 사회적으로 볼 때 타락행위가 만연하고, 한국인은 이방인이나 아편을 제외하고는 가능한 한 모든 악습을 다 갖고 있다고 파악하여 한국에 대해 부정적으로 인식하였다. 이러한 인식은 서양의 우월의식에 입각해 종교적 사명감으로 바라보기보다는 문명인인 서양인이라는 입장에서 문명인과 다른 한국인을 폄하하여 인식했다고 볼 수 있다.[172] 물론 그도 한국인은 천성적으로 친절한 백성이며 외국인을 대할 때 존경심을 표한다는 점, 호기심이 많다는 점 등을 서술하였는데, 이것은 한국인에 대한 부정적인 인식의 서술보다 간단하게 서술하였다.[173]

그는 한국에 10년 이상 체류한 장기 체류자인데도 불구하고, 일상생활을 제외한 나머지 부분에서 1890년대 전반에 입국한 단기 체류자들과 비슷한 견해와 일본을 옹호하는 식민사관을 나타내었다. 다니엘 기포드는 1890년대 전반에 입국한 다른 장기 체류자들과 다른 인식과 입장을 보였다고 판단되어 전형적인 제국주의적 우월의식을 유지한 서양인으로 분류할 수 있다.

---

171 Gifford, 「II. A Historical Vitascope」, pp. 26~27(다니엘 기포드, 「2. 역사적 소묘」, p. 19).

172 Gifford, 「III. How The People Live」, pp. 58~61(다니엘 기포드, 「3. 일상 생활」, p. 41).

173 Gifford, 「III. How The People Live」, pp. 66~68(다니엘 기포드, 「3. 일상 생활」, pp. 47~48).

언더우드 부인은 여의사로 1888년에 한국에 입국해 1921년까지 체류한 장기 체류자이다. 그녀는 한국에 입국해 1889년에 언더우드 목사와 결혼했다. 여행 경로를 정확히 확인하기는 어렵지만, 그녀가 미국 장로교 선교국 파견 여의사였던 점과 당시 장로교 선교사들이 주로 일본을 통해 한국에 입국했다는 사실로 미루어, 그녀 역시 일본을 거쳐 입국했을 것으로 추정된다.

그녀가 1888년에 입국해 느낀 첫인상으로는 한국인은 몽고 인종의 특성을 가졌다는 점, 제물포는 수도를 위한 주요한 항구이기 때문에 다양한 민족들이 뒤섞여 있다는 점, 버섯 모양의 오두막집들, 집에 관련된 모든 것은 비위생적이며 불결하고 해충으로 가득 차 있다는 점 등을 들어 다른 서양인들과 비슷하게 서술하였다.[174] 이 저서를 쓰고 있던 시기인 1900년대 후반의 모습에 대해서는 철도가 부설되어 제물포에서 2시간 30분이면 서울에 도착한다는 점, 위생 상태 개선과 깨끗한 거리를 만들려고 노력한다는 점 등을 들었다. 그녀는 20여 년 동안 변화된 모습을 기록하여 한국이 변화를 꾀했다는 점을 긍정적으로 보았다.[175] 그녀는 한국 평민 가정의 경우 미국의 평민 가정과 비슷하다고 보았다. 런던이나 뉴욕의 빈민층과 비교하면 서울에서는 얼어 죽거나 굶어주는 사람들이 거의 없다는 서술에서 보면, 오히려 서양보다 빈부격차가 덜 난다고 파악하였다.[176] 이는 다른 서양인들처럼 우월주의적 사고방식을 한국인에게 그대로 적용한 것이 아니라, 한국인의 생활을 이해하려는 노력과 관찰에서 비롯된 결과이다.

---

174 Mrs. Underwood, 「CHAPTER I」, 'First Impressions', pp. 2~3 · 'Korean Houses', pp. 4~5(언더우드 부인, 「제1장 조선에의 도착」, '첫인상', pp. 25~26 · '집', pp. 28~29).

175 Mrs. Underwood, 「CHAPTER I」, pp. 2 · 5(언더우드 부인, 「제1장 조선에의 도착」, pp. 26 · 29).

176 Mrs. Underwood, 'The City of Seoul', p. 4(언더우드 부인, '서울의 모습', p. 28).

1880년대 후반 방문 당시 한국에는 '어린이 유괴 소동'과 외국인들의 어린이에 대한 잔인한 행위 등에 관련된 소문들이 나돌아서 의사인 그녀가 치료를 위해 방문했음에도 치료는커녕 오히려 적대감과 반발심을 유발하는 존재였다는 점을 지적하였다.[177] 그녀는 이러한 선입견으로 인해 외국인이 어린이를 유괴하거나 실험 대상으로 삼는다는 인식이 퍼져, 한국인들이 병원에 가기를 꺼리게 된 점을 안타까워하였다.

그녀는 여성 의사로서 민비를 만나게 되는데, 민비의 관대함은 왕비의 친절한 성격을 나타내는 것일 뿐만 아니라 한국의 조정이 미국인들에게 주는 호의를 나타낸 것이라고 일반화시켰다.[178] 이것은 왕비를 통해 한국인의 미국인에 대한 태도를 나타낸 것으로, 보다 크게 보면 한국과 미국의 관계를 나타낸 것으로 파악한 것이다.

그녀는 의사 활동과 함께 선교활동에도 관심을 가져 한국인에 대한 이해를 높인 미국인이다.

제이콥 로버트 무스는 선교사로서 1893년에 입국하여 1918년까지 25년 가량을 체류한 장기 체류자이다. 그는 대부분의 서양인들이 자국의 공사관이 있는 서울에 거주하면서 체험한 것을 바탕으로 기록한 것과는 달리 지방을 다니면서 백성들의 삶의 현장에서 보고 듣고 체험한 것을 바탕으로 기록한 점이 차이점이다. 그는 미국의 같은 직업군이었던 언더우드, 헐버트와 같이 장기 체류하면서 한국과 한국인에 대해 이해하고 수용하려는 입장을 가졌다.

그는 한국에 들어오기 전 미국에서 "일본국, 조선, 서울"로 부친 편지를

---

177 Mrs. Underwood, 'The "Baby Riots"', pp. 15~16(언더우드 부인, '어린이 유괴 소동', pp. 39~40).

178 Mrs. Underwood, 「CHAPTER II」, 'The Queen's Generosity', pp. 26~28(언더우드 부인, 「제2장 궁중 생활의 인상」, '민비의 관대함', pp. 53~54).

받은 적도 있고, 또 "중국, 조선, 서울"이라고 쓴 주소를 본 적도 있다고 하였다. 그는 1890년대 전반까지도 한국이 서양에게 알려지기를 일본이나 중국의 한 지방으로 인식되고 있었다고 파악하였다. 그는 한국이 서양에 알려진 것은 청일전쟁과 러일전쟁 덕분이라고 기록하여 한국이란 나라에 대해 알려진 것이 1890년대 중반 이후라는 점을 지적하였다.[179] 그가 이러한 전쟁을 언급한 것은 한국이 중국이나 일본, 러시아 등과 전쟁을 벌인 것이 아니라 중국과 일본, 러시아와 일본 사이의 전쟁이 한국이란 나라에서 발발했기 때문에 전쟁의 상황을 파악하기 위해서는 한국에 대해 알아야 하기 때문이다.

그는 여러 지역을 돌아다니다 보니 한국에서 강은 교역을 위한 수로 역할을 한다는 점과 산 중에는 양질의 목재와 상업적 가치가 큰 지하자원들도 있다고 보아 산업적 가능성을 지적하였다.[180] 이러한 지적은 한국의 자원들과 관계된 이익이 열강에게 돌아갔지만, 1890년대 전반에 아직 서양에 덜 알려진 한국의 장점으로 자원이 풍부하다는 것을 언급하고자 한 것이라고 볼 수 있다.

그는 청일전쟁에서 일본의 승리가 동아시아의 주도권이 일본으로 넘어가는 계기가 되었다고 서술하였다. 이 전쟁의 승리로 인해 중국으로부터 대만을 할양받았으며, 중국이 한국에 대한 모든 권리를 포기하여 일본이 한국의 개혁에 간섭하게 되면서 결국 일본이 한국을 장악하려는 야욕을 드

---

179 Moose, 「I. GEOGRAPHICAL SKETCH」, pp. 13~14(제이콥 로버트 무스, 「01. 조선의 지리와 산천」, pp. 22~23).

180 Moose, 「I. GEOGRAPHICAL SKETCH」, pp. 15~16 · 18~21(제이콥 로버트 무스, 「01. 조선의 지리와 산천」, '1만 개 섬의 나라', p. 27 · '산, 산, 산', pp. 30~34). 특히 그는 한국의 자원에 대해 장을 따로 하여 지하자원뿐만 아니라 평야, 농작물 등에 대해서도 기록하였다(Moose, 「II. RESOURCES」, pp. 23~31(제이콥 로버트 무스, 「02. 이 땅에서 나는 것들」, pp. 36~45)).

러내었다고 파악하였다.[181]

그는 서울의 상인들은 새벽에 문을 열고 오전 아홉 시면 문을 닫는다고 하여 시장에 대한 정보를 제공하였다.[182] 이러한 정보는 한국에 대한 애정도와 이해가 깊지 않으면 얻기 어려운 정보이다. 오히려 서울을 방문한 서양인들의 대부분은 물건을 구입하고 싶어도 문을 열지 않아 구입할 수 없었다는 불만과 함께 한국인들은 장사를 제대로 하지 않아 게으르다는 오해를 불러일으키는 부분인데, 그는 한국 시장구조의 형태를 비교적 정확히 파악하였다. 그는 지방에서는 5일마다 오전에 장場이 열린다고 하여 서울과 지방의 시장이 다르다는 것을 제대로 파악하고 있었다.[183]

그는 한국인이 게으르다는 단편적 판단에 대해 농부를 예로 들어 부지런함을 강조하였다.[184] 이러한 견해는 한국에서는 농부들이 아침 일찍 일하러 나가 오전 9시경 새참을 먹고 잠시 낮잠을 자는데, 관광객들이 이것을 볼 때는 게으르다고 인식하게 된다는 것이다. 관광객들은 그들이 잠을 자는 아침 동안에 농부들이 일한다는 사실을 인식하지 못했다는 것이다. 이와 같은 견해는 지방을 순회하고 그들과 같이 생활하면서 경험한 것을 토대로 인식하여 한국과 한국인에 대한 이해와 애정을 드러낸 부분이다.

한국인에 대해서는 양반과 백성으로 구분하였다. 양반은 대부분 서울에 거주하는 직업도 없고 일도 하지 않는 특별한 존재로 무가치한 인간이라고

---

181 Moose, 「Ⅲ. HISTORICAL SKETCH」, pp. 38~41(제이콥 로버트 무스, 「03. 간추린 조선의 역사」, '백성으로 구성된 적들', pp. 54~56 · '일본의 야욕', pp. 56~57).

182 Moose, 「Ⅳ. THE CAPITAL」, pp. 54~55 · 「XIII. THE VILLAGE FARMER」, pp. 135~136(제이콥 로버트 무스, 「04. 조선의 영혼, 서울」, '상점으로 쓰이는 집', pp. 73~74 · 「13. 조선의 뿌리, 농민」, '조선의 농부는 게으르지 않다', pp. 183~185).

183 Moose, 「Ⅶ. THE VILLAGE INN」, pp. 79~81(제이콥 로버트 무스, 「07. 여행객들의 쉼터, 주막」, "장 마을' 그리고 '육상열차", pp. 108~110).

184 Moose, 「XIII. THE VILLAGE FARMER」, pp. 135~136(제이콥 로버트 무스, 「13. 조선의 뿌리, 농민」, '조선의 농부는 게으르지 않다', pp. 183~185).

보았다. 백성들은 대부분 일밖에 모르고 휴식도 모르는 근면한 노동자라고 보았다.[185] 이러한 구분과 파악은 그가 백성의 입장에서 백성을 옹호하는 반면, 양반에 대해서 적대감을 표현한 것으로 판단된다.

그는 한국인의 지적 능력에 대해서 조건과 환경이 동일하다면 서양인들과 같은 수준의 문명 상태에 있다는 것을 확신한다고 하였다. 장터의 역할에 대해서는 많은 사람들이 처음으로 복음에 대해 듣게 되고 접하게 되는 곳이 장터라고 강조하였다.[186] 이러한 견해는 선교사라는 종교적 · 직업적 입장과 장기 체류자의 입장에서 한국과 한국인을 이해하려고 노력하였기 때문에 가능한 것이다.

샌즈는 외교관으로서 1898년에 한국에 입국해 1905년까지 체류한 장기 체류자이다. 그는 도쿄 공사관 2등 서기관으로 2년(1896~1898)을 보내고 한국으로의 근무를 자청해 1898년 조선 주차 미국 공사관 1등 서기관으로 부임 후에 변리공사로 승진하였고, 1900년에 공사직을 사직하고 고종의 고문이 되어 한국 근대사의 목격자가 되었다.

그는 낯섦과 이방성이 이해의 장애물이 된다고 보았고, 진정한 장벽은 서양인 내면에 있다고 파악하였다.[187] 샌즈는 많은 서양인들이 갖고 있는 오리엔탈리즘적 사고방식에 대해 비판하였다. 낯섦과 이방성은 서양인들뿐만 아니라 동양인들도 느끼는 것이고, 그러한 것들은 동양과 서양이라는 막연한 거리감을 만들어냈으며, 그 거리감으로 인해 내면에 만들어진 의식

---

185 Moose, 「Ⅳ. THE CAPITAL」, pp. 58~60 · 63(제이콥 로버트 무스, 「04. 조선의 영혼, 서울」, '훌륭한 경관의 수도', pp. 79~80 · '경찰이 필요 없는 소동', pp. 84~85).

186 Moose, 「Ⅷ. THE VILLAGE BOY」, pp. 90~91 · 「XV. THE VILLAGE MERCHANT」, p. 149(제이콥 로버트 무스, 「08. 남자들의 짧은 소년 시절」, '교육에 달려 있다', pp. 122~123 · 「15. 조선의 동력, 시장과 상인들」, '복음이 전해지는 곳', p. 202).

187 Sands, 「CHAPTER Ⅰ : Japan」, p. 20(샌즈, 「제1장 일본(日本)」, p. 29).

이 이해의 장벽을 만들었다고 보는 것이다. 이러한 견해는 샤이에 롱과 다른 점이다.

그는 외교관으로서 일본과 중국이 한국에 대해 서로 종주권을 주장했으나 1894년 청일전쟁 이후 중국은 한국에 대한 모든 요구를 철회했고, 한국은 미국에 대표를 파견하여 조약 체결권을 승인받았고, 결과적으로 주권과 독립을 인정받게 되었다고 기록하였다.[188] 이러한 기록은 대부분의 서양인들이 청일전쟁 이전에 한국은 청의 종속국이었다고 파악한 것과는 다른 견해이다. 그는 일본과 중국을 동시에 거론한 점에서 차이를 보이고, 한국에 대해 주권 국가이자 독립국이라는 점을 강조하였다.

그는 한국에서 미국과의 이해관계가 걸린 사업들, 즉 철도, 금광, 발전소, 하수도 시설, 공장 등의 주요 시설을 설립 · 운영하는데 미국인들이 관장하였다는 점과 그 외에 교회의 선교 사업으로 고아원 시설과 학교, 병원, 선교단체 등 활발한 선교활동을 미국인들이 주도하였다는 점 등을 들어 일상생활 속에서 한국인들이 미국인의 사고와 관행에 익숙해지기 시작했다고 인식하였다.[189] 그의 이러한 인식은 사업에 관한 미국의 관여와 함께 한국인들의 서양 문물 수용에 대한 부분을 긍정적으로 평가한 것이다.

그는 20세기 초 한국의 상황에 대해 "한국은 과도기적 외교의 가장 좋은 사례이다. 왜냐하면 한국은 내부적으로 취약할 뿐만 아니라 열강들 사이에 확실한 공식적 보호국이나 우호국이 없다는 면에서도 극동 국가들 사이에서 가장 약한 나라였기 때문이다."[190]라고 하였다. 한국의 내부적 취약은 관

---

188 Sands, 「CHAPTER II: Korea」, pp. 38~39(샌즈, 「제2장 조선」, p. 49).

189 Sands, 「CHAPTER III: The Diplomatic Corps and the Foreign Colonies at Seoul」, p. 48(샌즈, 「제3장 서울의 외교 사절들」, p. 57).

190 Sands, 「CHAPTER III: The Diplomatic Corps and the Foreign Colonies at Seoul」, p. 56(샌즈, 「제3장 서울의 외교 사절들」, p.65).

리들의 파벌 조성과 수탈을 들었고, 열강들과의 관계가 확고하게 잡혀있지 않은 상태임을 지적하여 샌즈가 한국의 상황을 직시하고 있었음을 알 수 있다.

샌즈는 한국인들이 바라는 것은 개인으로서의 미국인이 아닌 미국 정부의 호의였고, 미국인 고문관을 통해 미국 정부가 유럽과 일본 정부 등에 대한 친절한 중재자로 행동해 주길 원한다고 파악하여 한국이 원한 미국과의 관계를 기록하였다.[191] 이러한 견해는 당시 아관파천 이후 일본과 러시아의 경쟁 속에 있는 한국의 불안한 상황을 또 다른 열강인 미국과의 관계로 풀어가고자 하는 국가적 입장을 간접적으로 나타낸 것이다. 그는 한국을 미국화할 생각이 없고, 단지 한국인들이 불필요한 분쟁에 휩싸이지 않을 정도로 서구 문물에 친숙해짐으로써 가능한 한 토착 문화를 지키기를 바랐다. 그는 외국인들이 서로 경쟁하기보다는 협력함으로써 국제적으로 한국을 돕기를 원한다고 하였다. 그는 한국인들의 분쟁 해결을 위한 서구 문물의 친숙함과 함께 한국의 전통과 문화를 지킬 수 있도록 열강들의 도움이 필요하다고 표현하였다.[192]

그는 한국이 독립 국가로서의 지위를 상실하게 된 이유가 일본과 러시아 사이에 벌어진 경쟁 때문이라고 하였다. 그는 이 문제가 전쟁을 통해 해결되는 것을 막기 위해 어떠한 협조도 이루어지지 않은 이유는 이권利權 외교의 체계 때문이라고 보았다. 그는 외교관으로서 국가 간의 공식적인 관계뿐만 아니라, 보이지 않는 경제적 외교, 즉 이권 외교에도 깊은 관심을 가졌으며, 특히 한국에서 열강들이 이권을 획득하는 방식에 대해 비판적인 시각을 드러냈다. 그는 열강들이 자국의 이익 획득에만 열을 올리고, 한국에

191 Sands, 「CHAPTER Ⅷ: The Advisor to the Emperor」, p. 118(샌즈, 「제8장 황제의 고문관」, p. 126).

192 Sands, pp. 121~122(샌즈, pp. 129~130).

대해 실질적인 도움은 주지 않아 결국 독립 국가로서의 지위를 상실하게 되었다고 판단한 것이다. 샌즈는 한국에 대한 깊은 이해와 국제관계에 대한 명확한 인식을 지닌 친절한 외교관이었지만, 제국주의의 경쟁적 본질을 간과하는 경향이 있어 외교관이라기보다는 종교적 이상주의자로 여겨지기도 했다. 이권 외교 체계를 예로 들면, 그는 외교관으로서 제국주의의 경쟁적 속성을 충분히 인식하기보다는, 한국의 독립 국가로서의 지위 상실을 걱정하는 미국인의 시각을 지닌 듯하다.

와그너는 여성 선교사이자 교육자로서 1904년에 입국하여 1940년까지 35년 이상 체류한 장기 체류자이다.[193] 그녀는 여성으로서 한국의 가정과 아동 생활에 대한 관심이 많았다. 그녀는 한국에 대해 입국 시기부터 일제 시기 전 일본의 영향을 덜 받았던 시기까지, 즉 1904년부터 1910년 합방 전의 한국과 한국인의 생활에 대해 기록하였다.

그녀는 여성으로서 가정생활에 관심을 나타내었다. 그녀는 '가정이라는 것이 그의 진정한 뜻을 갖게 되는 것은 그리스도의 정신'이라는 점과 한국에는 '오늘날 사랑이 깃든 초가지붕의 토담집이 많이 있다는 사실을 기억해야 할 것'이라는 점을 들어 가정이란 표면적으로 보이는 집house을 뜻하는 것이 아니라 집이란 공간에 존재하는 정신이라고 파악하였다. 그녀는 한국 여성의 폐쇄성과 교육에 대해 비판하면서도 여성의 입장에서 구속과 폐쇄성이 부도덕한 한국 사회로부터 최상의 보호책으로 작용할 수 있음을 파악하였다.[194] 이것은 그녀가 선교사이면서 도덕적 관점을 강조한 것이다.

그녀는 기독교 국가와 비기독교 국가를 비교함에 있어서 여성의 지위에

---

193 와그너의 여행경로에 대해 정확한 파악이 어려우나 미국인 선교사라는 점에서 일본을 통해 입국할 가능성이 크기 때문에 일본을 통한 여행경로로 입국한 서양인으로 분류하였다.

194 와그너(1911), 「제3장 한국의 어머니」, p. 32.

대한 비교보다 더 명확한 양자 간의 차이를 보여주는 방법은 없다고 서술하였다. 그녀는 한국에 대해 남성의 지위와 여성의 지위에는 월등함과 열등함의 차이를 나타낸다고 파악함으로써 비기독교 국가에 속한다는 점을 지적하였다.[195] 즉 기독교 국가에서는 여성의 지위가 남성과 동등하거나 비슷한 것과 달리 비기독교 국가는 그렇지 않다는 점에서 한국은 여성의 지위가 열악하기 때문에 비기독교가 국가에 속한다고 판단했다.

그녀의 글을 통해 볼 때, 그녀도 서양인의 우월의식을 가지고 있는 외국인이었다. 그러나 35년 이상 장기 체류하면서 여성 선교사로서 기독교라고 하는 종교적 토대 위에서 한국인들과 생활하고 한국인을 교육하는 가운데 한국인에게 동화되어 한국과 한국인에 대한 애정을 담고 있다는 것은 분명하다.

정리해 보면, 그리피스는 한국의 지리적 위치에 대해 일본과 중국 사이에 끼어 있는 불행한 위치로 파악하였고, 이러한 위치로 인해 중국과 일본의 영향을 받을 수밖에 없다는 견해를 밝혔다. 즉 그는 한국이 일본보다 문명화되지 못하였고, 중국의 영향을 받았으나 봉건적 관습과 사회제도가 남아 있다는 점을 강조하여 한국이 서양의 봉건제 국가의 이미지를 갖도록 하였다. 문호 개방 이후 한국은 서양 열강의 관심 대상이 되었을 뿐만 아니라 러시아의 경우 한국을 이용해 중국을 견제하고 해양 강국이 되기 위해 한국을 필요로 한다는 견해를 밝혀 미국인의 러시아에 대한 인식을 나타내기도 하였다. 결국 그는 동아시아 미래 역사의 중심축으로 한국을 꼽았으나 한국의 미래를 긍정적으로 보기보다는 중국 · 일본 · 러시아가 한국 영토 안에서 우위를 판가름내는 것이라고 전망하여 개항 직후 한국과 동아시아

195 와그너(1911), 「제8장 서당 생활」, p. 53.

의 상황을 정치 외교적 차원에서 직시했다. 1907년 판에 추가된 내용에서는 그동안 한국을 방문했던 미국인들을 비롯한 서양인들과 정보 공유 및 수집을 통해 한국의 변화를 서술하였다. 여기에는 한국이 외국과 조약 체결 및 통상을 하면서 변화되었다는 전제가 들어가 있다는 점을 염두에 두고 보아야 한다. 그리피스는 미국인의 우월의식과 친일적 사고를 담고 있다.

로웰은 미국이 한국과 조약 체결 직후 방문하여 그리피스와 같이 친일적 성향과 우월주의를 기록에 그대로 나타내었다. 그는 일본의 변화와 대조적으로 한국의 정체성 문제를 강조하거나, 황량한 해안 풍경을 외부와의 교류를 꺼리는 모습으로 해석하는 등의 서술을 통해, 한국을 문명화가 필요한 나라로 바라보았다. 그는 서울의 성벽과 종교 부재를 다양함의 부족 원인으로 보거나 문명화에 대한 극동과 서양의 대조적인 시각으로 파악하였다. 그는 한국의 사회적 특징을 '원리 3화음'이라고 하여 '비개성적 특질 · 가부장제 · 여성의 지위 부재' 등을 꼽아 서양과 다른 중세적 특징을 가지고 있음을 강조하였다. 이러한 그의 인식은 외교적 입장에서 대우를 받아 미국이 한국보다 우위에 있다는 우월의식과 문명화시켜야 할 나라라는 사고를 고수한 채 한국을 보았기에 전반적으로 부정적으로 볼 수밖에 없고, 기록도 부정적인 것이다.

알렌은 여행 항로의 변화와 발전에 대해 서술하면서 해안가는 황량하나 내륙으로 들어가면 성공적인 쌀 경작과 능력 있는 농부 모습을 볼 수 있다고 하여 인상의 변화를 나타내었다. 그는 일제 강점기 직전의 한국 상황을 절망적으로 바라보며, 서양 열강이 조약상의 의무를 이행하지 않고 한국을 도와주지 못한 결과, 결국 일본의 식민지가 되었다고 보았다. 이에 따라 열강, 특히 미국이 일본의 한국 식민지화를 가능하게 하는 여건을 마련해 주었다고 비판하였다. 알렌은 서양인 선교사들이 한국인에게 실제적 조력자로서 역할을 했다는 선교사의 업적을 부각시켰는데, 이것은 선교사들의 활발한 활동과 기독교 문명의 전파라는 사명감을 실천하고 있다는 자부심을 나타낸 것이다. 알렌은 의사, 선교사, 외교 관련 업무 등 다양한 일을 하면서 우월의식을 나타내기보다는 자신의 눈에 비친, 있는 그대로의 한국 모습을 보고 서술하여 한국을 이해하고 알고자 하는 자세를 보였다.

언더우드는 한국의 첫인상에 대해 황량하고 매력적인 나라로 볼 수 있지만 외부의 관심을 받지 않기 위해 일부러 황폐화시켰다는 정부의 의도를 파악하였다. 그는 첫인상만 가지고 한국을 판단해서는 안 된다고 경고하였다. 한국에 나타난 변화를 긍정적으로 보면서 한국과 주변 국가(중국과 일본) 상황을 직시하였는데, 이것은 알렌과 같다. 그는 한국의 독창성을 기록하여 장기 체류자가 가질 수 있는 특징을 나타내었다. 장기 체류자들은 한국에서 생활하면서 자국에서 발견할 수 없는 한국만의 고유성과 독창성을 찾아낼 수 있고, 한국인에게 동화되어 한국인 입장에서 이해하려는 노력과 함께 한국의 문화 부분을 높이 평가하였다는 공통점이 있다. 언더우드는 한국의 고유성과 독창을 찾아낼 만큼 한국에 대해 이해도가 높았다.

길모어는 은자의 나라라는 의미에서 외국에게 문호를 개방한 마지막 나라라는 그리피스와 의견을 달리하여 쇄국정책상 은자의 나라라는 표현은 적당하다고 보았다. 서울의 모습과 조선인의 특징을 긍정적으로 파악하였는데, 2년 반이라는 기간 동안 한국 생활에 동화되고 한국인을 이해하려는 자세에서 비롯된 것이다. 그는 한국을 독립국으로 인정하였고, 개항 후 나타난 결과에 대해 긍정적으로 보았다. 그가 긍정적으로 보는 것은 개항 후 경과가 서양 문물의 수용으로 인한 서양화로 진행되어 가는 모습을 긍정적으로 보았기 때문이다. 그는 다른 선교사처럼 10년 이상 장기 체류하지는 않았지만, 한국의 특징을 파악하려고 노력하였다.

헐버트는 장기 체류자이면서 선교사라는 점에서 언더우드와 같다. 이 둘은 황량하다는 첫인상과 대자연의 풍경을 보게 되어 경험의 차이를 나타내었고 중국과 일본의 영향을 받는다는 점과 중국인 · 일본인과 다른 한국인의 특징들을 나열하였다. 그는 1880년대 중반부터 청일전쟁이 일어나기 직전까지 한국의 변화와 함께 1890년대 후반 어느 정도의 발전을 이루었다는 평가를 내려 우호적인 태도를 보였다. 1900년대 물질적 변화에 대해 긍정적인 평가와 한국인들이 물질적 변화를 수용하고 이해한다는 점을 들어 한국인들도 변화에 동참하고 있다는 것을 알렸다. 한국인의 지적 능력을 높이 평가하였고 교육을 강조하여 능력을 갖추어야 한다는 필요성을 주장하였다. 그는 언더우드와 길모어처럼 한국을 이해하려는 입장에서 글을 남겼다.

샤이에 롱은 쇄국정책을 통해 '은자의 나라'라는 표현을 하였고, 개항 이후에도 다방면에서 중국이 영향을 끼쳤다는 점을 지적하였다. 한국인의 외국인에 대한 분노와 저항(반발심과 거부감)을 표현하였는데, 특히 제주도민을 예로 들었다. 이러한 반발과 거부는 일제 침략과 조상숭배 거부로 인해 나타난 것으로 보고 있다. 한편 그는 부산을 '쓰시마의 영지'로 인식하였는데, 잘못 이해한 부분이다. 샤이에 롱은 비슷한 직업군이었던 로웰과 비교하면 한국에 대해 부정적으로만 평가하지는 않았지만 우월의식을 담고 있다.

다니엘 기포드는 12년이란 장기 체류자였음에도 불구하고 식민사관에 입각한 일본 옹호자의 성향이 강하다. 그는 한국을 '하나의 섬'으로, 조공국의 역사를 가진 나라로 보았다. 특히 갑오개혁에 대해서는 일본에 의한 한국의 개혁으로 완벽하고 훌륭했다는 평가를 내렸다. 이것은 전형적인 일본의 입장에서 내린 평가이다. 그는 사회적인 악습을 가지고 있다는 견해를 밝혀 종교인의 입장보다는 문명인의 입장에서 비문명인을 지적한 느낌을 갖게 하였다. 그는 그리피스·로웰과 같이 친일적 성향을 담고 있으나 1888년부터 1900년까지 체류하면서 경험한 것들을 기록으로 남겨 한국에 대해 부정적으로만 보지는 않았다.

언더우드 부인은 첫인상은 부정적이나 1900년대 변화된 모습을 서술하여 변화에 대한 긍정적 평가를 내렸다. 또한 자국의 평민과 한국의 평민 가정을 비교하여 한국이 빈부격차가 덜하다는 견해를 밝혔는데, 한국인의 생활을 관찰한 결과라고 볼 수 있다. 중국인이 퍼뜨린 서양인의 '어린이 유괴 소동'은 서양인 의사들에게 적대감과 반발심을 유발하게 만들어 의료에 대한 선입견으로 치료 거부 상황에 대한 의사로서의 안타까움을 서술하였다. 그녀는 왕비를 만나 호의를 받았는데, 이것은 개인적 호의가 아닌 정부의 미국에 대한 호의를 나타낸 것이라고 파악하였다. 언더우드 부인은 여성이자 장기 체류자로서 한국인에 대한 이해도를 높여 기록하였다.

제이콥 로버트 무스는 25년간 장기 체류자로서 지방을 순회했던 선교사라는 특징을 가지고 있다. 한국이란 나라가 서양에 본격적으로 알려진 것은 청일전쟁 이후라는 점을 지적하였는데, 청과 일본, 러시아와 일본 간의 전쟁이 한국에서 벌어져 전쟁이 일어난 장소로서 관심을 끌었기 때문이라고 보았다. 그는 서울 시장은 새벽에 문을 열고 오전에 문을 닫는다고 하여 오전에 문을 열지 않아 게으르다는 다른 서양인들의 견해를 비판하였다. 또 서양인 자신들이 자고 있을 때 아침 일찍 나가 일하는 농부들에 대해 언급하여 '한국인은 게으르다'라는 견해에 반대 입장을 밝혔다. 새벽시장과 부지런한 농부에 대한 파악은 그가 장기 체류하면서 세밀하게 관찰하여 인식한 결과이다. 선교활동에 장터가 좋은 장소라는 것도 장기 체류하면서 스스로 터득한 것이고, 한국의 미래에 기독교가 큰 영향을 끼칠 것으로 전망하였다. 그는 미국인이라는 우월주의적 입장보다 종교인의 입장에서 기독교화에 더 집중하였다. 헐버트, 언더우드, 길모어 등과 같이 한국을 이해하고 한국인의 생활에 동화되었던 미국인이다.

샌즈는 2년 미만의 외교관들과 달리 7년이나 체류한 장기 체류자이다. 그는 낯섦과 이방성이 서로를 이해하는 데 있어 장애물이 되고, 진정한 장벽은 서양인 내면에서 자신들이 만들어낸 거리감이라고 보았다. 또한 그는 일본과 중국이 한국에 대한 종주권을 주장했으나 청일전쟁 이후 미국에서 조약 체결권을 승인받아 주권과 독립을 인정받았기 때문에 한국이 주권 국가이자 독립국임을 강조하였다. 그는 한국이 대내외적으로 불안정한 상황으로, 미국의 도움이 필요하다는 것을 언급하였다. 그는 한국이 독립 국가로서의 지위를 상실(을사늑약)하게 된 이유가 이권 외교 체계 때문에 이익에만 급급하고 한국에 실질적인 도움은 주지 않았기 때문이라고 하여 미국과 열강들을 비판하였다. 그는 외교관으로서 한국의 독립이 유지되길 원했고, 한국이 서양이나 일본의 영향을 받지 않길 원했던 미국인이었다.

와그너는 여성 선교사이자 교육자로 35년 이상 체류하였다. 그녀는 가정과 아동 생활에 대해 관심을 가졌다. 여성의 폐쇄성에 대해서는 부도덕한 한국의 사회로부터 보호책이 된다는 견해를 밝혀 여성의 입장에서 이해하려고 하였다. 기독교 국가와 비기독교 국가의 기준을 남성과 여성의 평등성과 비 평등성으로 삼았다. 즉 남녀가 평등하면 기독교 국가이고, 한국처럼 남성의 지위는 월등하고 여성의 지위는 열등하면 비기독교 국가라고 파악하였다. 그녀는 20세기 초에 방문하여 이전에 방문한 서양인들과 다르게 긍정적으로 이해하려는 태도를 보였다.

미국인들 중 대표적으로 그리피스, 로웰, 알렌, 언더우드, 길모어, 헐버트, 샤이에 롱, 다니엘 기포드, 언더우드 부인, 제이콥 로버트 무스, 샌즈, 와그너 등 12명의 한국에 대한 인상과 인식에 대한 기록을 살펴본 결과 고수파는 그리피스와 로웰로, 유지파는 샤이에 롱과 다니엘 기포드로, 수용파는 알렌, 언더우드와 언더우드 부인, 길모어, 헐버트, 제이콥 로버트 무스, 샌즈, 와그너 등으로 인식의 유형화를 구분할 수 있다.

이렇게 미국인들은 그들의 의식 속에 서양의 우월의식과 오리엔탈리즘적 사고방식을 가지고 한국을 바라보았다. 미국이라는 나라와 한국이 지리적으로 멀리 떨어져 있다 보니 전통적인 오리엔탈리즘적 견해를 갖는 것은 당연하다. 한국이라는 공간 속에서 장기적으로 체류하는 미국인의 경우에는 한국의 생활 방식과 한국인을 이해하려고 노력하는 모습을 보였다. 이들은 무조건적인, 또는 이분법적인 구분과 견해보다는 한국과 한국인의 사회와 문화를 이해하고 수용하는 입장으로 고유성과 독창성을 찾아내기도 했기에 이것이 미국인만의 특징이 될 수 있다.

시기별로 살펴보면 1882년 한미수호통상조약을 체결하고 나서 곧바로 한국에 파견된 미국인의 경우에는 서양과 다른 모습에 문화적 충격을 받아 한국의 모습에 대해 강한 부정적 인식을 나타낼 수밖에 없다. 또한 이들이 잠시 한두 달 체류할 경우에는 제대로 한국에 대해 이해하거나 알 수 없다. 결국 1880년대 전반의 단기 체류자들은 자국이나 서양과 대비하여 이분법적인 구분을 통해 자신이 가지고 있던 우월의식과 오리엔탈리즘을 고착화 또는 관념화시킴으로써 한국에 대한 편견과 고정관념을 형성하였다. 하지만 1880년대 후반에 들어와 1890년대를 거쳐 1900년대까지 장기 체류한 미국인들의 경우에는 한국에 대해 제대로 보고 한국인과 함께 생활하고 경험을 하면서 사회나 문화 속에서 한국의 고유성을 찾는 노력을 보이기도 하였다는 점에서 시기별, 체류 기간별 차이를 보인다고 하겠다.

끝으로 미국인의 경우 한국의 역사와 한국, 한국의 모습을 전반적으로 살펴본 그리피스와 헐버트의 저서를 비교할 필요성이 있다고 생각한다. 그리피스의 경우는 1882년 책을 출간하기 전에 한국을 방문하였는지가 확실치 않은 반면, 헐버트의 경우 20여 년 동안 한국에 체류하면서 직접 경험한 것과 자료 수집을 하였기 때문에, 그리피스 저술의 정확성 여부를 파악할 수 있는 작업이 될 것이다. 이 작업을 통해 우리는 개항 초기 서양인들이 인식한 한국에 대해 제대로 파악할 수 있을 것이다.

4. 러시아인의 인식과 특징

개항기 러시아 탐험가들의 한국 관련 기록에 대한 연구는 아직도 미비한 수준에 머물러 있다.[196] 오리엔탈리즘 이론과 같은 탈식민지적 접근법에 의한 연구 작업은커녕, 관련 기록들의 체계적인 국역조차도 거의 이루어지지 않은 상태이다.

1900년, 러시아와 일본의 한반도를 둘러싼 각축전이 절정에 이르던 시기에 러시아 대장성大藏省이 편찬한 『한국지韓國誌, *Описание Кореи*』[197]라는 대

196 강인구, 2001, 「러시아인의 한국인식」, 『서울학연구』 16호, 서울시립대학교 서울학연구소; 박노자, 2006, 「착한 천성의 아이와 같은 저들 -1880~1900년대의 러시아 탐험가들의 한국 관련 기록에서의 오리엔탈리즘적 (허위)인식의 스펙트럼」, 『대동문화연구』 제56집, 대동문화연구원, 성균관대학교출판부; 이희수, 2008, 「1895~1898년 한국방문기를 통해서 본 러시아의 한국인식」, 『대동문화연구』 제61집, 대동문화연구원, 성균관대학교출판부.

197 『한국지(韓國誌, Описание Кореи)』는 1900년 러시아 경제부 사무국에서 한말 한국에 관한 종합적 내용을 수록하여 발행한 지리지이다. 전3부 1,256쪽에 달하는 방대한 분량의 이 책은

한제국 관련 백과사전적 참고서가 있었다. 이 책은 1984년 정신문화연구원(현 한국학중앙연구원)에 의해 국역되어 국사학도들에게 귀중한 자료로 제공되었다. 이 책은 당시까지의 한국 관련 자료를 망라하고, 러시아인의 답사와 탐험 결과, 외교관들의 증언까지 수록한 귀중한 기록물이다.

가린-미하일롭스키Н.Г.Гарин-Михайловский의 여행 기록은 1898년에 저서로 처음 출간되었으며, 그 저서는 1981년에 국역되어 나왔다. 그러나 그의 기록은 주목받지 못했다.[198] 그 후 개항기 러시아 탐험가들 기록의 국역들은 철저한 고증이나 주해 작업이 생략된 채 간헐적으로 나왔을 뿐이다.[199] 이 기록들 속의 개항기 한국에 관한 목격담이나 통계는 학술적 가치를 지니며, 화자話者인 러시아 장교 · 탐험가들의 시각 역시 외국인의 한국 이미지 형성 과정을 연구하는 차원에서 충분히 주목할 만한 의의를 지닌다. 구한말의 러시아 여행 기록은 아직도 학계의 주목을 받지 못하고 있는 실정이다. 그 이유는 개항기 연구에 있어서 일차적으로 일본 자료와 영미권 자료, 중국이나 프랑스, 독일 자료들에 우선적으로 의존하고, 기타 국가들의 한국 관련 기록들을 거의 도외시하는 오랜 관습 때문이다.

제정 러시아는 아관파천(1896.2) 이후부터 러일전쟁 발발(1904.2)이라는 8년 동안에 아무리 강력한 정치적 영향력을 가지고 있었다고 하더라도 종교나 문화 등 '연성軟性 권력'을 거의 행사하지 못하고 있었다. 러시아 정교회는 1900년부터 서울에서 선교활동을 시작하여 러 · 일 전쟁이나 1910년의 식민화 등의 역경에도 불구하고 꾸준히 선교, 교육, 정교회 경서 번역 등의 여

당시까지의 한국에 관한 자료를 망라하고 러시아인의 한국답사와 탐험의 결과 및 외교관의 증언도 모은 것이다.

198 N,G.가린, 1981, 『조선, 1898』 상 · 하, 단국대학교출판부.

199 카르네프 · 미하일로프, 다데슈칼리안, 알프탄, 베벨리 등의 기록은 카르네프 외 저. A. 이르계바예브 · 김정화 옮김, 2004, 『내가 본 조선, 조선인 -러시아 장교 조선 여행기』, 가야넷.

러 사업을 해왔다. 1910년대 후반에 러시아 정교회에서 세례를 받거나 학습 받은 적이 있는 사람은 전국적으로 약 6백 명에 불과했으며, 이 정도의 선교활동은 개신교나 천주교의 대규모 선교 사업과 비교가 될 수 없는 것이었다.[200]

개항기 한반도를 향한 러시아인의 서구 문명 지상주의적 오리엔탈리즘에 관한 연구는 19세기 말이나 오늘날에 와서도 구미인에 의해 오리엔탈리즘적 타자화의 대상이 되었다. 러시아의 '아시아적 성격'이나 '후진성', '폭정에의 길들여짐' 등은 '타자화의 근거'가 되기도 했지만, 또 한편으로는 그 타자화의 근저에 서구(미국)의 경쟁자로서의 제정 러시아(소련)에 대한 정치적인 적대 의식이 깔려 있기도 했다.[201]

서구화를 진행했던 제정 러시아 지배층이 서구의 오리엔탈리즘적 시각을 거의 그대로 전유하였다. 러시아의 지배층은 지배자에 비해 훨씬 덜 '문명화'되었다고 여겨진 본국의 평민들, 그리고 '러시아화'를 통해 '문명화'되어야 한다고 간주된 제국 내 종족적·종교적 소수자들을 대상으로 우월적 시각에서 타자화를 실행하였다. 러시아 탐험가들이 100년 전 한국에 적용했던 오리엔탈리즘은 일종의 '2차적 오리엔탈리즘secondary Orientalism'에 해당된다. 이른바 '전유된 오리엔탈리즘'의 특징인, 짙은 열등감이 배어 있는 자국의 '문명 기준 충족'에 대한 강조, 그리고 서구의 강력한 '문명국가'들을 동시에 '문명의 기준'이자 '경쟁자', 나아가 '침탈자'로 바라보는 이중적 태도는, 100년 전 한반도를 향한 러시아인의 시선을 통해 선명하게 드러난다.[202]

---

200 박노자, 2006, 「착한 천성의 아이와 같은 저들 -1880~1900년대의 러시아 탐험가들의 한국 관련 기록에서의 오리엔탈리즘적 (허위)인식의 스펙트럼」, 『대동문화연구』 제56집, 대동문화연구원, 성균관대학교출판부, p. 139.

201 박노자, 위의 논문, p. 140.

202 박노자, 위의 논문, pp. 140~141.

1) 한국과 러시아의 관계

러시아인의 한국에 대한 인식을 살펴보기에 앞서 한국과 러시아의 관계에 대해 정리해 보고, 그러한 관계 속에 형성된 한국의 이미지와 인식에 대해 기록을 통해 알아보고자 한다. 러시아인들이 남긴 한국에 대한 저서를 가지고 그들의 의식 속에 있는 오리엔탈리즘이 어떠한 것이었는지도 살펴보려 한다.

러시아가 한국에 대해 관심을 갖기 시작한 것은 이미 1850년대부터 시작되었다. 1854년 러시아 군함 '팔라다'호는 두만강 어귀에 나타나 수역을 측량하고 다시 남하하여 영흥만을 라자레프Lazareff만으로 명명하였다. 그리고 영일만을 '운코프스키'만으로 명명하였다.

러시아가 한국에 통상을 요구하기 시작한 것은 1860년 중국과 러시아가 북경조약을 체결하여 두만강을 경계로 한국과 국경을 맞대게 된 이후부터이다. 1864년 2월에 러시아인 5명이 두만강을 건너 경흥부慶興府에 와서 통상을 요구하는 문서를 제출하고 회답을 요구하였다. 이후 1865년 2월과 9월에도 러시아인들은 국경을 넘어와 통상을 요구하였다. 1865년 11월과 1866년 가을에도 러시아인들은 계속 영흥부에 와서 통상을 요구하였고, 그때마다 한국 정부는 외국과의 통상은 지방 관헌의 권한 밖 일이라던가 또는 국교가 없는 외국인의 입국은 허락할 수 없다는 등의 이유로 완강하게 거절하였다. 하지만 러시아인들이 국경을 넘어 통상을 요구하는 사건은 계속 일어났다.[203]

러시아가 한국에 대해 통상을 요구하면서 러시아인이 국경을 넘어 한국으로 오는 경우는 계속되었다. 이에 한국의 대원군 정부는 북경 정부에 이

203 우철구, 2000, 「구미 열강의 통상요구」, 『한국사』 37, 국사편찬위원회, pp. 73~74.

러한 사실을 알리는 동시에 청국의 총리아문이 러시아 정부에 대해 항의할 것을 요청하기도 하였다. 또한 한국인도 두만강을 건너 연해주 방면으로 이주하였다.

1876년 한국과 일본 사이에 강화도조약이 체결되고 한국은 개국하였다. 일본에 의해 개국하면서 한국은 1882년과 1883년에 미국 · 영국 등 서양 열강과도 수호통상조약을 체결하였다. 미 · 영과 조약을 체결하기 전 러시아는 1880년 통상 문제와 함께 연해주 방면으로의 한국 이민 문제에 대해 이야기하면서 러시아와 통상조약 체결의 가능성에 대해 타진하였다. 한국은 그들의 통상 요구를 거절하였다.

1881년 리홍장이 한 · 미 통상조약의 체결을 주선하고 나서자 러시아는 다시 통상교섭을 시도하였다. 1881년 1월, 이선창李先昌이라고 하는 조선 청년이 '아나사국 남방우수리관찰교계관俄羅斯國 南方于藪理觀察交界官'이라는 신분으로 경흥부사 앞으로 직접 글을 보냈다. 그 서한은 러시아어도 아니고 중국어도 아닌 조선어로 쓰인 것이었다. 이 서한의 주요 내용은 앞으로 전염병이 유행할 때 두 나라 사이에 서로 통보하자는 것과 한국 측에서 러시아 통역이 필요하다면 알선해 보내겠다는 것이었다. 함경감사 김유연金有淵의 보고를 받은 한국 정부는 첫 번째 요구는 받아들이고 두 번째 통역관 문제는 완곡하게 좋은 말로 거절하였다.[204] 이렇게 하여 러시아는 지방에 국한되었지만, 한국에 접근할 수 있게 되었다.

1882년 5월 한미수호통상조약이 체결되고, 뒤이어 한 · 영, 한 · 독 조약이 체결되자, 청국 주재 러시아 공사 카시니Cassini는 리홍장에게 한 · 러 조약 체결의 알선을 요청하였다. 그러나 러시아에 대해 경계심을 갖고 있던

---

204 『고종실록』 권19, 고종 8년 2월 27일; 진단학회, 1981, 『한국사 최근세편』, 을유문화사, pp. 764~779.

리홍장은 러시아의 요구를 거절하였다. 그러자 러시아 정부는 청국의 도움 없이 독자적으로 한국과 통상조약을 체결할 목적으로 1884년 5월 톈진天津 주재 러시아 영사 베베르K.I.Waeber[205]를 한국에 파견하였다.

베베르는 1883년 리홍장이 추천하여 한국 정부에 고빙된 외교 고문 겸 해관총세무사였던 묄렌도르프Möllendorf(穆麟德)[206]에게 접근하였다. 묄렌도르프는 한국 국왕과 대신들을 설득하여 러시아와 통상조약을 맺도록 하였다. 결국 한국 정부는 외무독판 김병시金炳始를 전권대표로 임명하여 베베르와 협상에 나섰고, 1884년 7월 7일 마침내 한러수호통상조약을 체결하였다. 그 이듬해 9월 베베르가 한국 주재 러시아 대리공사 겸 총영사의 자격으로 서울에 파견되었고, 조약 비준서도 교환되었다.

한·러 수호통상조약은 본 조약 13개 조항과 부속 조항, 즉 부속 통상 장정 3개 조항으로 구성되었다. 이 조약에 의해 양국은 정식으로 통상외교 대표를 파견하게 되었고, 러시아는 한국에서 치외법권(제3조)을 포함하는 이권을 획득하게 되었다. 제4조에서는 러시아에 인천·원산·부산·서울·양화진을 개방하였고, 각 개항장에서 러시아인들의 가옥 및 토지 임차 등 여러 가지 특권을 규정하였다. 다른 조항에서는 러시아인들의 상업상의 특권,

---

205 카를 이바노비치 베베르(러시아어: Карл Иванович Вебер, 영어: Karl Ivanovichi Weber, 1841년 6월 17일~1910년 1월 8일)는 러시아 제국의 외교관으로 1885년부터 1897년까지 주(駐)한국 러시아 공사로 근무하였고, 고종의 개인적인 친구이기도 했으며, 웨베르로 불리기도 했다. 베이징(北京) 공사관 서기를 거쳐, 톈진(天津) 주재 영사로 있던 중, 1884년(고종 21) 6월 러시아 전권대신으로 조선에 와 파울 게오르게 폰 묄렌도르프의 알선으로 그해 7월 한·러 수호통상조약(韓露修好通商條約)을 체결했다.

206 묄렌도르프(Paul George von Möllendorf, 1848~1901)는 독일 외교고문으로 1869년 청의 세관리(稅關吏)가 되었다. 1882년 임오군란이 일어나자 한국 정부는 청에 제3국인 고문관 초빙을 요청했다. 이때 리홍장(李鴻章)의 추천으로 한국 최초의 서양인 고문으로 부임해 통리아문의 외무협판이 되어 외교고문 역할을 담당했다. 또한 해관총세무사(海關總稅務司)가 되어 해관 신설 등 통상무역 업무도 총괄했다. 1884년 한·러 수교를 위해 톈진(天津) 주재 러시아 공사 베베르(Waeber)가 내한하자 적극 주선에 나서, 한러수호통상조약이 체결되는 데 일조했다. 저서로 『만주어문전(滿洲語文典)』이 있다.

최혜국 대우, 조차지租借地 설립 등에 관해 상세히 규정하였다. 군사 면에서도 러시아 군함이 한국의 '일체 항구에 자유롭게 입항할 수 있다'고 규정하였고, '한국 정부는 한국 영해의 측량에 종사하는 러시아 정부에 속하는 선박에 최대의 편리를 허락할 것'을 규정하였다(제8조). 부속 통상 장정에서는 선박의 출입항 수속, 화물의 양육 및 적재, 관세 납부, 세관 수입 보증에 대해 러시아의 상업적 특권을 상세히 규정하였다. 이 한 · 러 조약도 러시아의 일방적 권리와 한국 측의 일방적 의무를 규정한 불평등조약이었다.

2) 기록을 통해 본 한국에 대한 인식과 특징

이 글에서는 한국과 러시아의 관계를 토대로 하여 러시아인들이 한국에 대해 인식한 바를 분석해 보고자 한다. 러시아인의 여행기 중에 대표적으로 다데슈칼리안, 카르네프 · 미하일로프, 알프탄, 가린-미하일롭스키, 세로셰프스키 등을 중심으로 이들의 인식에 대해 살펴보려 한다.

다데슈칼리안К.Н.Дадешкалиани은 러시아의 행정관리로서, 부제에 '1885년 조선의 현 상황에 대한 짧은 기록'에서 보는 것처럼 여정 자체보다는 한국의 중부 지역과 동북쪽의 국경지대, 기후, 동식물, 관습, 국가 조직 등에 대해 체계적으로 기술하였다.[207] 또한 그는 한국에 대해 나무와 인삼 재배는 중국으로의 수출을 위한 것, 호랑이와 표범 가죽은 권력의 상징으로 여겨진다는 것, 광물은 국가 재산의 원천으로서 부를 향상시켜 줄 것으로 기대한다는 것, 한국은 하나의 언어를 쓰고 하나의 종교를 믿으며 동일한 관

207 다데슈칼리안, 「머리말」, p. 6. 여행경로는 나가사키에서 부산, 제물포를 거쳐 서울로 가는 경로를 택했다.

습을 가진 단일성은 유지한다는 것 등을 기록하였다.[208] 즉 단일성 부분에서 하나의 언어는 한글을, 하나의 종교는 유교를 나타낸 것이다. 하지만 한국인들의 종교에 대해 신앙심이 깊다고 볼 수 없으며, 종교의식을 행하는 것은 종교심에 의해서라기보다는 오락적인 측면에서 이루어지고 있다고 파악하였다.[209] 그의 이러한 견해는 천주교 선교사들이 기독교로 쉽게 개종시킬 수 있을 것이라 기대한 데서 비롯된 것으로, 서양 종교인들이 종교 전파를 가치 있게 여기고 있음을 보여준다.

그는 한국인들이 특성상 그들이 모방하고 있는 중국인들보다는 일본인들 쪽에 더 가깝다고 평가하면서 한국인들은 지혜롭고 활발하며 지식욕이 풍부하다고 파악하였다.[210] 그러나 그는 한국이 제도와 법 제도 측면에서 여전히 중국의 영향에서 벗어나지 못하고 있으며, 특히 형벌과 노비 제도를 그 근거로 제시하였다.[211]

그는 쇄국정책에 대한 비판과 함께 일본의 영향력과 서양의 문명 의식을 나타내기도 하였다.[212] 이처럼 그는 한국이 쇄국정책을 고수한 이유를 정부와 양반 계층의 기득권 유지에서 찾았다. 그는 한편으로 서양의 문명을 적극 수용한 일본에 대해 긍정적인 평가와 함께 한국의 젊은 사람들에게 일본의 영향이 급속도로 미쳤음을 통해 한국이 일본을 따라가는 모양새로 표현하였다.[213] 그는 한국이 은둔 정책을 취한 이유를 광물과 연관 지어, 금과 은을 개방할 경우 외국인들의 한국에 대한 관심을 불러일으킬 수 있었을

208 다데슈칼리안, '조선의 식물군', pp. 160~161 · '조선의 동물군', pp. 161~162 · '조선의 광물', pp. 163~164 · '조선의 인구와 단일 언어', p. 164. 등 참조.

209 다데슈칼리안, '조선인들의 종교', p. 165.

210 다데슈칼리안, '조선인들의 특성과 기질', pp. 165~166.

211 다대슈칼리안, '법부', p. 182.

212 다데슈칼리안, '조선인들의 특성과 기질', p. 167.

213 다데슈칼리안, '조선인들의 쇄국 의지', pp. 207~208.

것이라고 보았다. 그는 한국이 탐욕을 자극하지 않으려는 의도에서 광물을 개발하거나 허가하지 않고, 외국인과의 교류도 회피하는 은둔 정책을 펼친 것으로 파악하였다.[214] 한국이 취하는 쇄국정책과 은둔 정책에 대한 비판과 함께 1880년대 중반 한국이 대외적으로 어떻게 대응하고자 하는지에 대한 그의 생각을 보여주었다.

그는 1885년 자신이 한국을 방문했을 당시, 갑신정변 이후의 상황을 언급하며 한국이 독립국임을 강조하는 한편, 이러한 독립이 오히려 일본으로 하여금 한국을 위기에 빠뜨릴 수 있다는 점을 지적하였다.[215] 그는 갑신정변 이후 동아시아의 상황에 대해 서술하였다.[216] 그는 한국이 많은 열강들에게 관심의 대상이 되었고, 1880년대 중반의 상황에서 러시아는 관심을 가져야 하지만 관망하는 편인 반면 오히려 일본은 적극적으로 한국을 통치하려는 의도를 가지고 있다는 것을 통해 러시아가 앞으로 취해야 할 방향에 대해 지적하였다.

특이하게 다데슈칼리안은 한국인의 이민에 대해 관심을 보였다. 그는 한국의 이민이 영토와 관련된 것이 아닌 사회구조의 문제 때문임을 지적하였다.[217]

흥미롭게도 그는 미국인 그리피스의 저서에 대해 일본에서 근무하면서 일본 사료를 참고로 하여 책을 쓰는 동안 시종일관 일본의 편견 아래 놓여 있었다고 비판하였다.[218] 이러한 비판은 당시 미국과 러시아의 관계가 한국에서는 경쟁 관계였기 때문에 그리피스 개인 비판이라기보다는 미국인에

214 다데슈칼리안, '재무부 -탁지부', p. 201.
215 다데슈칼리안, '수호 통상 조약의 전말', pp. 212~213.
216 다데슈칼리안, '갑신정변에 도사린 음모', pp. 217~218.
217 다데슈칼리안, '조선의 계급 제도', pp. 172~175.
218 다데슈칼리안, '외부', pp. 205~206.

대한 비판일 가능성이 높다.

카르네프Карнеев · 미하일로프Михайлов는 둘 다 육군 대령과 중위로서 1895년 12월 입국해 1896년 4월까지 체류한 단기 체류자이다. 이들의 저서는 한국의 중남부 지역을 여행하여 이 지역에 대한 전반적인 정보와 여정 등으로 매우 사실적이고 일목요연하게 기술하였다.[219] 이들은 일본 나가사키에서 부산에 도착하여 부산에 대한 인상으로 '한국과 일본이 혼재한 부산'이라는 표현을 사용하였다. 같은 부산이라도 북쪽은 한국인 거주지, 서쪽은 일본인 거류지로 구분되어 있었으며, 특히 일본 거류지에 주둔한 보병과 헌병이 전신선 보호 임무를 맡고 있다는 사실은 근대적 시설에서 일본의 영향력이 크게 작용했음을 보여준다.[220] 이러한 인상은 일본의 영향력을 나타낸 것으로, 부산에 대한 특징으로 일본과의 지리적 · 전략적 요충지로서의 중요성에 대해 전신을 가지고 설명하고 일본의 역할을 강조하였다.[221] 또한 부산은 중요한 무역항이기 때문에 러시아에게도 중요한 항구로서 관심의 대상이 되어 부산에 대한 기록을 많이 남겼다. 그는 제물포항이 개항되면서 부산에서의 거래액이 조금 감소하기도 하였으나 점진적인 성장세를 보이고 있다고 하여 부산의 무역 현황을 나타냈는데, 이러한 현황 분석은 일본을 견제하고자 하였다.[222]

이들은 을미사변에 대해 일본인들의 태도를 비난하였다.[223] 이러한 일본

---

219 카르네프 · 미하일로프는 부산(동래)에서 양산, 경주, 영일, 영현, 양현 등을 거쳐 낙동강을 건너 한강으로 충주, 여주, 양평 등을 통해 서울에 입성하였다.

220 카르네프 · 미하일로프, '자국을 비호(庇護)하는 일본 영사', pp. 24~25 · '조선과 일본이 혼재한 부산', pp. 25~28.

221 카르네프 · 미하일로프, '부산만의 특징', p. 34 · '조선과 일본이 혼재한 부산', pp. 25~28 · '부산만의 특징', pp. 31~34 등 참조.

222 카르네프 · 미하일로프, '부산의 무역 현황', pp. 28~31.

223 카르네프 · 미하일로프, '왕비 시해 사건의 전모', p. 93.

인에 대한 태도는 러시아인으로서 일본에 대한 적대감의 표현이라고 생각한다.

이들은 선교사들의 견해에 따라 한국인들은 자신의 일에 만족하고 있고 착하고 온순하며 근면하다고 보았으며, 특히 선교사를 존경의 대상으로 삼고 있음을 지적하였다. 이러한 지적은 선교사가 서양인이라는 점을 전제할 때, 한국인들이 서양인을 존경의 대상으로 인식하고 있으며 동시에 선교사가 종교를 통해 한국인을 문명화하려는 데 동의하고 있음을 의미한다고 볼 수 있다. 그러므로 이들도 선교사를 빗대어 표현했지만, 같은 서양인으로서 문명화라는 측면에서 우월의식을 가지고 있다는 것을 알 수 있다.

알프탄B.A. Альфтан은 군인(육군 중령)으로서 1895년 12월부터 1896년 1월까지 한국에 체류한 단기 체류자로, 러시아 국경에서 함흥을 거쳐 원산까지 이동하여 한국의 중북부 지역 여행기를 남겼다. 중북부 지역 여행기인 만큼 지역에 대한 기록을 자세히 기록하였다.[224] 그는 한국의 북쪽 지형에 대해서는 단조롭다는 평가를 내렸다. 특히 러시아 본국과의 경계에 있는 두만강에 위치한 경흥 지역에서 군수가 유럽식 생활양식으로의 변화를 꾀했다고 하였다. 러시아의 관습과 전투 교육, 러시아어 등에 관심을 보인다는 기록을 통해 1890년대 중반 서양 문물의 전파와 한국인의 러시아에 대한 관심을 통해 우월의식을 나타내었다.[225] 하지만 이것은 러시아와 국경이 가까운 지역에 한하여 보았던 모습이기 때문에 러시아가 한국인에게 영향을 끼치고 있음을 단편적으로 강조하여 표현한 것이다.

알프탄은 '조선인들의 관습'이란 소주제로 한국인의 기질을 기록하였다.[226]

---

224 알프탄은 러시아의 국경을 통해 경흥에서 경성, 길주, 성진, 단천, 이원, 북청, 홍원, 함흥 등을 거쳐 원산에 도착하는 경로로 이동하였다.

225 알프탄, '유럽식 생활 양식으로 바꾼 군수', pp. 230~231.

그는 한국인에 대해 수동적이며 진취적이지 못한 기질을 가지고 있어 발전하기 어렵다는 점과 자국인 러시아의 우월감을 한국인들의 기질을 통해 강조하였다. 이것은 1895년 말 1896년 초에 방문한 러시아인으로서 한국의 변화를 보기보다는 중북부 지역을 여행하기에 바빴고, 체류 기간도 약 한 달가량으로 짧았기 때문에 제대로 한국인에 대해 파악한 기록이라고 평가하기 어렵다.

그는 원산 지역과 부산 지역을 통해 일본의 영향력을 기록하면서 러시아인으로서 자국인 러시아가 한국에서 일본과 경쟁해야 한다는 사실을 강조하였다.[227] 이 시기는 갑오개혁이 진행되던 시기여서 알프탄은 러시아가 한국에 관심을 가지고 있었고, 영향력을 끼치기 위해서는 일본의 영향력을 살펴보아야 했다.

가린-미하일롭스키는 작가로 1898년 9월부터 10월까지 40여 일간 한국에 체류한 단기 체류자이다.[228] 그가 참가한 탐사는 당시 러시아왕립지리협회의 주도하에 진행되었으며, 탐사단장을 비롯해 다수의 단원들이 장교와 군인이었다는 점에서 가린-미하일롭스키가 작가이지만 제국주의적 사고방식과 러시아의 우월의식을 그대로 반영하였을 가능성이 크다. 그는 노보키엡스크의 러시아 행정관과의 대화를 통해 러시아 군인들의 한국인 약탈을 '백조사냥'으로 일컫는다는 점[229]과 본인 또한 그 지역에서 본 한국인에 대

---

226 알프탄, '조선인들의 관습', p. 255.

227 알프탄, '원산의 변화', p. 235 · '외국인의 토지 소유에 대하여', pp. 235~236 · '일본만을 위한 항구 부산', pp. 237~238.

228 이 여행기의 중심은 한국이다. 저자는 두만강과 백두산, 압록강 지역의 도로와 강의 수심, 식물군 · 광물군의 분포 등을 조사하는 것을 총괄했고, 동시에 여행기를 집필하고 한국의 민담을 수집하면서 1,600㎞를 통과했다. 두만강을 따라 백두산으로 말을 타고 이동하고, 다시 압록강을 따라 지금의 의주까지 배로 이동하는 40여 일에 걸친 힘들고 긴 여정으로 한국에 체류한 기간은 1898년 9월 22일~10월 31일(러시아구력으로 9월 10일~10월 19일)이다(가린-미하일롭스키, 「해제」, pp. 5~6).

해 "흰옷을 입은 한인들은 정말로 흰 백조를 연상하게 한다."[230]라고 기록하여 한국인을 새에 비유했다는 점은 그만큼 낮추어서 인식했다는 것이다. 그는 경찰서장과의 대화에서 경찰서장이 한국인에 대해 '한국인은 순수하고 매력적이며 아이와 같은 마음을 가지고 있다'라거나 '겁이 많고 게으르기도 해서 절도는 하지 않지만 매우 자존심이 강한 민족이다'라고 말한 것을 기록하였다.[231] 이러한 기록들은 그가 한국에 들어오기 직전 국경 지역의 러시아인이 말한 바로, 19세기 후반 러시아인의 한국인에 대한 인식을 살펴볼 수 있는 대목이다. 러시아인이 한국인을 아이처럼 여긴다는 점은 곧 한국인을 성숙하지 못한 존재로 인식했음을 보여주며, 이는 그 또한 이전에 한국을 방문했던 러시아인들과 마찬가지로 제국주의적 우월의식을 지니고 있었음을 드러낸다.

그는 한국인을 '화석과 아이'에 비유했고, 자신을 문화의 개척자로 표현할 만큼 러시아는 문명국이고 한국은 비문명국임을 강조하였다.[232] 이러한 인식은 전형적인 오리엔탈리즘적 사고방식이다.

그는 한국인에 대해서는 '정직하고 선하며, 지혜롭고 교양 있는 사람들이다'라고 표현할 만큼 그가 만난 한국인에 대해서는 긍정적으로 보았다. 그러나 그가 제국주의적 우월의식을 가지고 있기 때문에 한국인이라는 민족에 대해서는 '아이'로 여겨 문명을 전달해 주어야 하고 가르침을 주어야 하는 존재로 인식하였다는 점에서 제국주의적 사고방식을 고수하고 있다는 것을 알 수 있다.

---

229 가린-미하일롭스키, '9월 7일[1898.09.19.]', pp. 174~175.

230 가린-미하일롭스키, '9월 11일[1898.09.23.]', p. 184.

231 가린-미하일롭스키, pp. 175~176.

232 가린-미하일롭스키, '9월 15일[1898.09.27.]', p. 216.

세로셰프스키는 인종학자로서 1903년 10월에 한국에 입국하여 1904년 1월까지 체류한 단기 체류자이다. 그는 약 4개월 동안의 단기 체류자였지만 인종에 대한 관심과 원래 폴란드계 러시아인으로서 한국에 대한 관심을 다른 러시아인들보다 많이 가지고 있었다.[233]

그는 부산에 대해 이미 400년 동안 일본에 속해왔다고 보았으나 이것은 일본에서 접한 정보를 그대로 서술하여 나타난 결과이다.[234] 또한 그는 부산에 머물면서 한국인과 일본인을 통해 '대조적인 두 동양'이란 표현을 사용했는데, 이것은 일본인 거류지와 한국인 거주지를 둘 다 돌아보고 일본인 거류지는 일본화하여 발전한 것으로, 한국인 거주지는 일본에 비해 발전하지 못한 것으로 파악하였다.[235] 그는 제물포로 들어와 제물포 무역에 대해 언급했는데, 제물포가 도시적 발전을 이룬 것은 일본인들 때문이라고 하여 변화된 모습에 대해 일본의 공을 지적하였다.[236] 그는 한국의 쇄국정책에 대해, 임진왜란 이후 극심해진 민중의 고통으로 외부와의 관계를 단절하고 선박 건조와 해상 교류를 극도로 제한하여 해안을 사실상 방치하게 되었다고 기록하였다.[237] 그가 부산을 통해 한국에 입국하여 남긴 기록들을 살펴보면, 한국이 일본의 영향을 많이 받고 있고, 일본이 한국을 변화시키는데 기여했다는 점을 강조하였다. 이것은 러시아인들이 일본에게 반감을 가지고 있던 것과는 달리 일본에게 호의적이었음을 알 수 있는 대목이다.

---

233 세로셰프스키는 1장에 부산에 대한 기록을 남겨 일본을 통해 입국했음을 짐작할 수 있게 하였고, 「역사후기」에서 보면, "당시 러시아에게 있어 한국이란 나라의 의미가 단순한 경유지 이상의 것이었음을 부인할 수 없는 사실이다."라고 하여 단기체류했지만 러시아인으로서 한국에 대한 관심을 많이 갖고 있었음을 알 수 있었다(세로셰프스키, 「역자후기」, p. 430).

234 세로셰프스키, 「1장 부산항에 발을 딛다」, p. 15.

235 세로셰프스키, '대조적인 두 동양', pp. 19~22.

236 세로셰프스키, '한국 연안의 항구 도시들', p. 26.

237 세로셰프스키, '쇄국의 '오랜' 짐', p. 30.

그 밖의 한국이 일본의 영향을 받았거나 대조적으로 기록한 부분들이 있다. 먼저 기독교 공동체가 자발적으로 등장한 유일한 나라가 한국인데, 일본이 한국에게 기독교를 전래했다는 내용이다.[238] 두 번째로는 한・중・일의 음식을 비교했는데, 한국 요리가 중국 요리를 본받은 것은 확실하나 몹시 쓰고 매운 조미료를 쓴다는 점에서 일본 요리와 대단히 유사하다고 판단하면서 한국이 중국에서 일본으로 전해지는 과정의 간이역 역할을 했다고 파악하였다.[239] 세 번째로는 한국의 농업상에 대해 나쁘거나 태만하다고 할 수는 없지만 자기완성을 향해 나아가는 노력이나 열정이 결여되어 있어 발전하고 있는 일본과 정반대라는 견해를 밝혔다.[240] 네 번째로는 한국은 어업의 나라로 수산자원이 풍부하나 제대로 이용하지 못하고 있는 실정으로 일본인 어부와 경쟁이 되지 않는다고 지적하였다.[241] 마지막으로 그는 일본은 개혁이 진행되고 있으나 한국은 퇴보하고 있다고 하여 대조적인 비교를 제시하였다.[242]

하지만 그는 한국이 일본의 영향을 받았다고 하면서도 중국의 영향도 받았다는 점을 지적하였다. 먼저 한국의 장례 풍습에 대해 복잡하고도 많은 비용이 드는 장례 의식은 중국인들에게서 들여온 풍습이라는 점,[243] 한국의 의복은 중국 명왕조(1368~1644) 시대의 복장을 본떠 만든 것이라는 점,[244] 한국의 상업조합은 중국의 상업조합을 모방한 형태라는 점,[245] 한국의 재정

---

238 세로셰프스키, 「4장 한국의 종교」, '자발적으로 등장한 기독교 공동체', p. 71.
239 세로셰프스키, 「8장 음식과 기후」, '한・중・일 음식 비교', pp. 118~121.
240 세로셰프스키, 「6장 한국의 농업과 경작물들」, '인삼과 담배', p. 100.
241 세로셰프스키, 「10장 호랑이 사냥꾼」, '수렵의 나라', pp. 145~146.
242 세로셰프스키, 「18장 한국의 상공업과 해외 교역」, '성장과 퇴보를 가른 개항과 개혁', p. 272.
243 세로셰프스키, 「13장 공동묘지와 장례의식」, '죽은 자의 분노에 대한 두려움', pp. 186~187.
244 세로셰프스키, 「15장 한국의 의복」, '바지 저고리와 치마', pp. 220~221.
245 세로셰프스키, 「18장 한국의 상공업과 해외 교역」, '상업조합들', p. 265.

체계 역시 중국의 예에 따라 정비되었다는 점[246] 등과 함께 한국의 왕이 새로 즉위할 때마다 중국의 '승인'을 요청해야 했던 것에서 중국에 대한 한국의 종속 정도를 짐작할 수 있다고 하여 청일전쟁 이전 중국의 영향력을 언급하였다.[247]

그는 한국이 일본과 중국의 영향을 받았다고 보았다. 일본에 대해서는 일본의 영향을 받았고 일본과 비교하여 대조적인 부분을 강조한 것과 달리, 중국에 대해서는 이전에 서양인들이 남겼던 중국과 한국 간의 관계를 그대로 수용하여 기록했다.

그는 한국인이 일반적으로 호기심이 많고 부지런한 농부라고 하여 근면성을 지적하였고, 또한 대체로 예의 바르고 손님을 환대하는 민족이지만 노예근성은 없다고 파악하였다. 이러한 견해는 그가 한국을 여행하면서 만났던 한국인에 대한 생각을 그대로 기록으로 남긴 것이다.[248]

특이하게도 그는 한국인의 장단점에 대해 언급하면서 한편으로 한국인을 유럽인과 비교하여 두 가지 측면에서 동일하다고 파악하였다. 하나는 장례 의식을 통해 한국인이 느끼는 슬픔의 정도는 유럽인과 크게 다르지 않을 것이라는 기록이고, 다른 하나는 친족을 대하는 한국인의 태도에서 순박함과 진실함이 담겨 있는데 유럽인과 다를 바가 없다는 기록이다.[249] 이러한 기록은 인종학자로서 인간의 감정이나 어른을 대하는 태도에 대해 한국인이나 유럽인이 동일하다는 의미를 지닌다. 이것은 크게 보면 동양과

---

246 세로셰프스키, 「21장 전쟁 전야의 서울」, '거덜난 국고', p. 377.
247 세로셰프스키, 「20장 간추린 한국사」, '조선', p. 325.
248 세로셰프스키, 「12장 농부와 가축」, '호기심 많고 부지런한 농부들', pp. 163~166 · 「16장 일기 중에서」, '10월 30일', p. 234.
249 세로셰프스키, 「13장 공동묘지와 장례의식」, '상을 당한 사람과 범죄자는 똑같은 '죄인'', pp. 190~191 · 「14장 가문과 여성의 지위」, '부드럽고 선한 폭군', p. 198.

서양의 구분, 한국과 서양의 구분, 인종차별적 구분을 지었던 다른 서양인들과는 달리 인간은 국적만 다를 뿐 감정은 비슷하다는 것을 지적한 것이다.

그는 서울에 대해서 다양한 사람들이 지나다니고, 서울 중심 대로에는 가톨릭 성당과 전차가 다니며, 지저분하고 추한 잿빛 도시가 색깔을 갖고 있어 가게와 상점들은 깔끔하고 풍요로워 보였다고 하여 서울의 활발한 모습을 묘사하였다.[250] 이는 다른 서양인들이 서울을 부정적이거나 비관적으로 묘사한 것과 달리, 직접 서울을 돌아다니며 관찰한 모습을 바탕으로 인간미를 강조하고 긍정적으로 파악한 서술이라고 할 수 있다.

정리해 보면, 다데슈칼리안은 1885년 당시 한국에 대한 대략적인 정보들을 파악했으나 오리엔탈리즘적 사고방식을 가지고 한국과 한국인을 파악하였다.[251] 그는 당시 유럽 사상의 영향을 받아 이분법적인 방식을 그대로 고수하여 한국은 일본보다 덜 문명화한 나라, 그러나 일본보다는 러시아의 가르침을 받아야 할 나라로 인식하였음을 알 수 있다.

카르네프 대령과 미하일로프 중위의 보고서는 고종의 신뢰를 받아 외국인으로서 시찰하기 어려운 수많은 시설들을 자세히 볼 수 있어 군대와 관련된 내용을 담고 있다는 것이 특징이다. 이들의 기록은 1890년대 중반 일본을 견제하려는 경향을 기록하였다. 대표적으로 부산의 무역 현황과 을미사변을 들어 견제하거나 적대감을 드러내었다. 이들은 한국인들이 선교사를 존경의 대상으로 삼고 있다고 지적했으며, 이는 선교사가 서양인이라는

---

250 세로셰프스키, 「16장 일기 중에서」, '10월 30일', pp. 238~241. 서울에 대한 보다 자세한 기록은 · 「21장 전쟁 전야의 서울」, '서울 거리의 풍경', pp. 385~392 · '외국인 거주지역', pp. 392~394 · '부자들이 사는 구역, 다방골', pp. 394~398 등을 참조할 만하다.

251 다데슈칼리안, 「조선인들의 특성과 기질」, p. 166.

점을 강조하고, 동시에 서양인이 한국인을 문명화할 존재로 인식하였음을 보여준다. 이들은 10년 전에 방문했던 다데슈칼리안과 같이 러시아가 한국을 일본으로부터 보호해 줄 것이라는 의미에서 일본과 자국을 비교하였다. 이들이 방문한 시기가 아관파천이 이루어졌던 시기인 만큼 러시아의 영향력도 강해지던 시기였기에 일본 대 러시아의 구도로 기록하였다고 생각한다.

알프탄은 1890년대 중반 러시아 국경지대를 중심으로 한 보고서를 작성하였는데, 국경지대의 군수가 러시아에 관심을 보였고, 유럽식 생활양식으로의 변화를 꾀했다는 점을 긍정적으로 평가하였다. 이러한 평가는 서양 문물 전파와 우월의식을 나타낸 것이다. 그는 군인으로서 자국에 대한 자긍심을 가지고 있어 한국의 러시아에 대한 관심과 변화에 대해 러시아가 영향을 끼쳐 변화한 것으로 파악한 것이다.

가린-미하일롭스키는 한국에 대한 오리엔탈리즘적 사고방식을 정확하게 표현한 사람이다. 그가 한국인을 백조로 비유하거나 아이와 같다고 기록한 점에서 확인할 수 있다. 즉 그는 자신이 러시아인으로 성인이자 문명인이지만, 한국인은 아직 성숙하지 못한 아이에 불과하고 한국은 문명화시켜야 할 나라로 인식한 것이다. 그는 작가로서 앞서 언급한 장교나 군인들보다는 한국과 한국인에 대해 더 관심을 가졌고, 그 결과 한국 민담을 수집하여 저서로 출간할 만큼 작가적 특성도 있었다.

세로셰프스키는 철도 기사이자 인종학자로서 다른 러시아인들과는 달리 한국에 대한 관심을 많이 가졌다. 하지만 그는 한국을 일본·중국과 비교하여 한국과 한국인에 대해 비관적으로 언급한 부분은 그도 제국주의적 우월의식을 가지고 문명화를 중심에 두고 파악한 부분이다. 그러나 유럽인과 비슷한 부분을 찾아내거나 20세기 초 서울에 대해 긍정적으로 바라보았다는 점은 그가 인간적인 호감을 가지고 한국을 인식했을 가능성도 있다고 판단된다.

러시아인들 중 대표적으로 다데슈칼리안, 카르네프 · 미하일로프, 알프탄, 가린-미하일롭스키, 세로셰프스키 등 6명의 한국에 대한 인상과 인식에 대한 기록을 살펴본 결과 고수파는 다데슈칼리안과 카르네프 · 미하일로프, 알프탄 등이고, 유지파는 가린-미하일롭스키로, 수용파는 세로셰프스키로 인식의 유형화를 구분할 수 있다. 러시아인들은 가린-미하일롭스키와 세로셰프스키를 제외하고 군인이라는 직업상 우월의식을 강하고 가지고 있어 고수파로 분류되는 특징이 있다.

이렇게 러시아인들은 미국인들과 마찬가지로 서양의 우월의식과 오리엔탈리즘적 사고방식을 가지고 한국을 바라보았다. 하지만 미국과 다른 특징은 지리적으로 가깝다는 점과 러시아가 동서양의 중간 지대에 위치해 있다는 점이다. 러시아는 다른 서양 국가들보다도 한국에 대한 이해를 높일 것이라는 생각과는 달리 오히려 미국보다 강한 우월의식과 오리엔탈리즘적 사고를 보였다. 다데슈칼리안부터 가린-미하일롭스키의 인식을 보면 알 수 있다. 이것은 러시아가 제국주의적 관점에서 한국을 지배하고자 하는 의도가 담겨 있다고 하겠다. 지리적 근접성 때문에 오히려 한국을 다른 열강보다 쉽게 지배할 수 있다고 여겼던 것은 아닌가 하는 생각이 든다.

한국을 방문한 러시아인들은 다데슈칼리안을 제외하고 대부분 3개월 미만의 단기 체류자였다. 미국인들처럼 한국에서 생활하면서 한국인을 만나 경험할 기회가 그리 많지 않았을 것이고, 한국의 사회와 문화 등에 대한 이해나 관심을 갖기에는 시간적 여유도 없었을 것으로 판단되는바, 이들은 자신들이 가지고 있던 우월의식을 그대로 기록에 반영하여 남겼을 것이다.

그중에 세로셰프스키는 3개월이라는 체류 기간에도 불구하고 자국(폴란드)이 처한 입장과 한국이 처한 입장이 비슷했고, 러일전쟁 직전의 한국 상황을 러시아 입장에서 보기보다는 인종학자로서 학자의 입장에서 한국을 파악하려고 노력하였다.

이상으로 개항기에 방문하거나 저서를 남긴 서양 국가 중에 프랑스, 미국, 러시아를 중심으로 기록에 나타난 한국에 대한 인식과 특징은 어떠하였는지를 살펴보았다.

문헌들을 통해 전반적인 서양 중심의 우월주의와 기독교화·문명화적 관점을 가지고 한국을 인식하였다는 점에서는 우리가 알고 느끼는 바와 큰 차이가 없다.

하지만 국가별로 살펴보면서 문헌 사이의 차이를 엿볼 수 있었다. 프랑스는 개항 전부터 종교적으로 관심을 많이 가지고 있었고, 개항 전 병인박해와 병인양요를 겪으면서 한국에 대한 이미지가 상당히 부정적으로 각인되어 있었음을 알 수 있었다. 개항 후 수호통상조약을 체결하고 나서는 정치적·경제적 이권과 함께 종교적 측면에서 활동을 벌였다. 아관파천 이후 프랑스는 정치·경제적 이권을 포기하고 종교·문화에 집중했으며, 방문자는 미국에 비해 적지만 한국 관련 저서를 다수 출간해 한국 연구에 큰 도움을 주고 있다.

프랑스는 정치와 경제적 측면보다는 종교와 문화적 측면에 중점을 두었다. 개항기 전반에는 외교관, 신부들이 방문하였고, 후반에는 여행가나 교육자들이 방문하였다. 개항기 전반에는 국가관계와 종교적 활동을 함께 하였지만, 후반에는 특히 아관파천 이후에는 국가관계보다는 종교적·문화적 활동에 치중했다는 점에서 미국이나 러시아와 구별되는 차이점이라고 하겠다. 그러나 프랑스인의 저서들은 오리엔탈리즘적 성격을 다분히 담고 있고, 그것들을 살펴본 결과 프랑스인들은 개항 전이나 개항 후, 일제 시기 전까지 한국에 대한 이미지가 한결같이 부정적인 것으로 일관되어 있다는 것을 알 수 있다.

미국은 개항 전에 신미양요를 통해 한국에 대해 침략한 경험이 있는데, 서양과의 최초 조약을 미국과 했다는 점에서 개항 직후 한국에 대한 관심이 높았다는 것을 알 수 있다. 개항기 한국을 방문한 서양인들 중에 가장 많은 비중을 차지하고, 저서도 많이 출간되었다.

미국인들도 프랑스인과 마찬가지로 정치적 · 경제적 이권과 함께 종교와 문화적 활동을 하는데, 프랑스와 다른 점은 미국은 후반에도 계속해서 정치와 경제적 측면이 종교와 문화적 측면과 연결되어 이어졌다는 점이다. 미국이 선교사를 통해 경제적 이권을 취하고, 한국이 선교사를 외교관계의 매개로 활용했다는 사실은, 양국 관계가 정교분리라기보다는 정교일치적 성격을 지녔음을 보여준다. 또한 이 점이 러시아와도 다른 점이기도 하다.

미국인들은 개항기에 한국에 들어와 문명화를 기독교화와 동일시하여 종교 활동을 하면서 의료와 교육을 병행하는 형태를 취했다. 문제는 이들이 서양의 문물과 기술, 제도 등을 들여와 이식시키고자 하는 목적을 가지고 있다 보니 종교 활동보다는 의료와 교육 쪽에 치중하여 원래 목적인 기독교화가 종속된 활동으로 여겨졌다는 점이다. 한국인들도 미국인들이 하는 활동에 대해 종교가 문명화시키는 활동의 일부로 생각했다는 점에서 서양인들이 강조했던 기독교화가 프랑스에 비해서 약한 것은 아닌가 싶다. 왜냐하면 선교활동에 있어서 프랑스와 미국은 차이를 보인다고 생각하기 때문이다. 프랑스는 선교 사업이 한국인을 기독교인으로 만드는 것을 일차적 목적으로 삼았던 반면, 미국은 선교 사업이 한국인을 종교인으로 만드는 것보다는 문명화, 서구화시키는 것이 일차적 목적이어서 교육과 의료, 계몽 등에 치중하였다. 이 점이 프랑스와 미국의 차이를 나타낸 것이기도 하지만, 기독교화에 대한 방향이 다르다고 여겨지는 부분이다. 이러한 기독교화 방법의 차이는 당시 미국인들도 느끼는 바였다.[252]

왕실과 정부와의 관계에서 미국은 프랑스보다 깊었는데, 이는 고종의 서양 문물에 대한 관심과 더불어 미국 선교사들이 서구화와 문명화를 지속적으로 강조했기 때문에 고종과 정부, 그리고 한국인들 모두가 미국에 호의와 관심을 보였다. 미국인 중에는 20년 이상 장기 체류한 사람들이 있다 보니 자연히 한국 문화에 대해 독창성과 고유성을 수용하는 자세를 보이기도 한다. 헐버트가 그러한 사람들 중 한 사람이다. 하지만 이러한 자세를 보이는 미국인은 극히 소수이다.

미국인들은 문명화와 기독교화를 동일시하며, 문명화 작업을 곧 기독교화의 실현으로 이해했던 것으로 파악된다. 방법이야 다르지만 미국인들도 오리엔탈리즘적 사고를 방문하기 전에 담고 있었기 때문에 한국을 방문하였다고 변하지는 않았다. 문명화시켜야 한다고 했던 점이 바로 오리엔탈리즘적 사고방식의 하나라고 생각한다.

러시아인들도 오리엔탈리즘적 성격으로 보면 앞서 살펴본 프랑스·미국

252 대표적으로 미국인 샌즈의 기록을 통해 살펴볼 수 있다. "프랑스 신부들은 조선의 국민을 기독교도로 만드는 데 일차적인 관심이 있었을 뿐 그들은 조선 사람들을 서구화하거나 서구 언어에 전문가가 되도록 하는 데에는 관심이 없었다. 오히려 그들은 스스로 가능한 한 토착 풍습에 가까이 순응함으로써 그들 자신의 언어를 거의 잊어버리는 예가 많았다. …… 그런 반면에 미국의 선교 사업은 병원과 학교에서 서양 지식을 가르쳤을 뿐만 아니라 조선 사람의 서구화와 자유화를 시도했다."(Sands, 「CHAPTER VI: Missionaries」, pp. 90~91(샌즈, 「제6장 선교사들」, pp. 100~101)).

과 같다. 하지만 러시아는 국경이 한국과 가깝고, 개항 전부터 국경 지역에서는 교역이 이루어지고 있었기 때문에 한국에 대해 아주 부정적이지는 않았다. 한국은 아이와 같아 러시아의 보호를 받아야 한다는 기록을 볼 때 러시아도 제국주의적 · 식민지적 오리엔탈리즘의 사고방식을 나타내었다.

러시아는 프랑스와 미국처럼 종교에 관심을 보이기보다는 정치적, 경제적 측면에 중점을 두었다고 보인다. 개항기 전반에 파견한 군인들로 이루어진 탐사단을 통해서 한국에 대한 정보를 수집하였고, 이러한 정보를 통해 한국에서 일본과 대립 구도를 형성하고 아관파천까지 하면서 영향력을 확대하여 정치적 위치를 확보하고 경제적 이권을 챙기게 되었다고 할 수 있다. 러시아도 일본과 같이 한국을 식민지화하려는 의도를 담고 있었다.

개항기 후반에는 주로 작가나 학자들이 방문하는 것을 확인할 수 있는데, 직업군은 다르지만 이들 또한 오리엔탈리즘적 사고를 가지고 글을 서술하였다는 점에서 전반과 크게 다르지 않다. 가린-미하일롭스키가 기록한 대로 한국을 '천성이 착한 아이들'로 여겨 일본에게 대항하기 위해서는 러시아의 보호를 받아야 한다고 주장하는 것을 보면, 전반보다 더 강한 정치적 · 오리엔탈리즘적 성격을 담고 있다.

프랑스 · 미국과 러시아의 다른 점은 러시아가 한국에 대해 식민지적 의도를 겉으로 드러낸 점이다. 즉 제국주의 열강들은 모두 한국에 대해, 크게는 동아시아에 대해 식민지화하려는 의도를 담고 있었다. 서양 열강들이 동아시아 쪽에 식민 지배한 것을 보면 알 수 있다. 하지만 프랑스와 미국은 한국에 대해 그러한 의도를 겉으로 드러내기보다는 종교나 문화에 중점을 두고, 외교에서도 침략 쪽보다는 중립적인, 또는 우호적인 쪽을 택했다는 점에서 러시아와 다르다. 러시아도 한국에 대해 우호적인 것은 사실이나,

1880년대 중반부터 1890년대 전반까지 대규모 탐사단을 통해 정보 수집을 하였다는 것과 아관파천 이후 노골적인 간섭과 이권 수탈 등을 볼 때 앞서 프랑스, 미국과는 또 다른 성격과 의도를 가지고 있다고 하겠다.

최근 들어 러시아인의 한국, 한국인에 대한 인식 연구가 이루어지고 있다. 프랑스나 미국에 비해 러시아의 문헌은 적지만 우리와 지리적 가까움과 소비에트 연방이 사라지고 러시아 연방으로 바뀌면서 우리가 중국 못지않게 관심을 가지는 나라이기도 하다. 러시아도 동아시아 지역에서 중국·일본과 함께 한국에 대한 관심이 커졌기 때문에 러시아의 한국 관련 문헌들이 발굴되면 다른 국가들과 다른 특징을 찾아낼 수 있을 것이다.

이렇게 프랑스, 미국, 러시아의 오리엔탈리즘적 또는 우월의식에 대한 차이를 분석해 보았다. 이들 국가들은 서양 중심의 우월주의를 모두 가지고 있었다. 하지만 그 서양 중심의 우월주의 안에서 차이를 정리해 보면, 프랑스는 종교적 관점에서 기독교화를 내세운 사고방식을, 미국은 종교와 정치를 동일시하여 한국인 자체를 미국인화, 서양화, 문명화시키려는 사고방식을, 러시아는 종교에는 관심을 보이지 않고 정치적·경제적 근대화를 내세운 사고방식을 보였다.

대부분의 서양인들이 오리엔탈리즘적 사고방식을 가지고 있으나, 그중에는 직업과 방문 시기, 국가 관계 등에 따른 인식의 변화를 보이기도 하였다. 국가별 인식과 특징 분석을 통해 이러한 사고방식을 고수하고 유지한 부류와 사고방식의 변화를 보인 수용파로 구분하여 개항기 서양인들의 한국과 한국인에 대한 인식을 분석해 보고자 한다.

제 3 부

한국 지배체제와 사회구조에 대한 서양인의 인식

이 글에서는 제2부에서 국가별 인상과 인식의 변화를 통해 인식의 유형화 도출을 토대로 하여 한국의 지배체제와 사회구조에 대한 인식을 중심으로 하여 유형화별 차이가 있는지를 살펴보려 한다. 이 글에서는 인식의 유형화에 따른 차이와 함께 국가별 특징을 찾아보려고 한다. 물론 인식이라는 것이 개인적인 성향에 의한 것이기는 하나, 국가별로 직업이나 교육 수준이나 자라온 환경 등에 따라 사고방식을 달리할 수 있기 때문에 국가별 차이와 함께 직업별 차이도 나타날 수 있을 것이라는 판단하에 분야별 인식을 분석해 보려고 한다.

제2부 국가별 인상과 인식의 변화에서 다루었던 프랑스, 미국, 러시아 등 세 나라의 23명 서양인들을 중심으로 한다는 점을 밝혀둔다. 제2부에서 인식의 유형화를 도출하였다면, 이 글에서는 인식의 유형화에 대해 구체적인 인식 분석을 통한 확인 작업을 하려고 한다.

공통 관심사에 따른 인식 분석은 편의상 방문 시기를 1894년 전반(개항기 전반)과 후반(개항기 후반)으로 나누어 살펴보겠다. 1894년을 기준으로 삼은 이유는 이 시기에 민중에서는 동학농민운동이, 정부에서는 갑오개혁이, 대외적으로는 청일전쟁이 일어나는 대내외적 혼란기이면서 한국 사회가 급변하는 시기이기 때문이다. 그리고 체류 기간별, 여행 경로별, 국가별, 직업별 특징을 가지고 인식의 유형화별 차이를 살펴보겠다.

1. 한국의 지배권과 관료제에 대한 인식

'은자의 나라'란 말이 있다. 이것은 19세기 서양인들이 우리나라에 붙인 이름이다.[1] 한국인들은 동아시아의 문화와 정세로부터 고립되어 살아오지는 않았다. 중국과 일본에 비해 한국의 쇄국정책이 더욱 철저하였기에 그렇게 부른 것이었다. 통상과 외교를 위해 한국에 찾아왔던 서양의 여러 나라들은 한국 정부의 거절로 말미암아 별 성과 없이 돌아갔다. 이 과정에서 서양인들은 한국인들이 자신들을 불신하고 배척한다는 생각을 갖게 되었다.

나라의 문호가 열리고 서구 열강들과 통상조약이 체결된 1880년대 중반 이후에 선교사, 외교관, 정부 고문, 사업가 등의 서양인들이 한국에 찾아오기 시작했다. 그러나 이들이 받은 한국과 한국인에 대한 인상은 전반적으로 매우 부정적이었다. 무능하고 부패한 왕실과 정부 관리, 백성을 착취하여 그들의 생산 의욕을 박탈하는 양반 계층 등 주로 지배계층에 대한 비판이 그들 체험담의 주류를 이루었다.

한국의 정치제도를 언급한 외국인 중 군주제에 관심을 갖고 있는 외국인들이 많았다. 서양인들의 '군주제'에 대한 인식은 '왕의 권력은 절대적이고

---

1 손철배, 1999, 「서양인이 본 한국과 한국인」, 『우리는 지난 100년 동안 어떻게 살았을까』 3, 역사비평사, pp. 141~143.

군주권은 세습되는 절대군주제'라는 것이다. 이러한 인식에 대해서는 대부분의 서양인들이 지적하는 바이다.

1) 한국의 지배권에 대한 인식[2]

서양인들이 인식한 한국의 정치에서 대표적인 관심 대상은 지배체제와 한국 사회를 부정적으로 인식하게 된 관료제로 추려볼 수 있다. 이러한 대상은 서양인들의 서양 중심적 우월주의를 드러내는 대표적 비교 대상으로 기능하였다.

국왕의 지배권에 대해 프랑스인들의 기록을 살펴보면, 신부였던 달레는 한국을 방문하지 않았다는 전제를 하더라도 이전에 방문한 프랑스 신부들의 기록을 토대로 하여 기록하였다. 1870년대 프랑스인들이 한국의 정치체제와 지배권에 대해 어떤 인식을 가지고 있었는지 추론할 수 있다.

달레의 기록은 이후 프랑스인들뿐만 아니라 다른 국가의 서양인들에게도 영향을 끼쳐 수호통상조약 체결 이후 한국을 방문하는 많은 서양인들에게 '한국은 절대군주제'라는 인식을 고정화시켰다.[3] 이것은 한국이 봉건제 국가임을 강조하는, 아직 근대적인 지배체제를 갖추지 못했다는 서구 중심

---

2 최덕수, 1997, 「개항기 서양이 바라본 한국인 · 한국역사」, 『민족문화연구』 제30집, 고려대학교 민족문화연구소; 정연태, 1999, 「19세기 후반 20세기 초 서양인의 한국관」, 『역사와 현실』 34호, 한국역사연구회; 2001, 「광무년간 서양인의 고종관」, 『한국사연구』 115, 한국사연구회; 이배용, 2001, 「서양인이 본 한국근대사회」, 『이화사학연구』 제28집, 이화여자대학교 이화사학연구소; 오인영, 2003, 「서양인이 본 한국과 한국인」, 『개화기 한국과 세계의 상호이해』, 단국대학교 동양학연구소; 한미라, 2004, 「개항 전후의 국내정치와 서양인이 본 한국에 관한 연구」, 『논문집』 제12권, 여주대학출판부; 조현범, 2009, 『문명과 야만-타자의 시선으로 본 19세기 조선』, 책세상 등 참조.

3 달레, p. 55. 주2) 참조.

의 우월주의를 자국의 정치체제와 비교하여 나타낸 것이다.

프랑스 탐험가였던 샤를 루이 바라는 왕의 신격화된 권위와 경외심을 서술하여 입헌군주제나 민주주의와는 전혀 다른 지배 형태라고 하여 부정적인 견해를 드러내었다. 샤를 루이 바라의 견해에서 볼 수 있는 특징은 백성에 관한 부분이다.[4] 한국 백성들이 무조건적인 순종을 하고 있다는 표현을 하여 한국인은 미개하다는 것을 간접적으로 나타내었다. 이는 서양인의 오리엔탈리즘을 보여준다.

이후 방문한 프랑뎅과 에밀 부르다레는 지배체제에 대한 언급보다는 왕을 직접 만났다는 사실을 강조하였다.[5] 프랑뎅은 외교관이기에 가능하였고, 에밀 부르다레는 서울 프랑스어 교사로 일했기 때문에 교육과 관련하여 왕을 만나는 것이 가능했다. 이 둘은 왕과의 알현 시간을 기록했는데, 당시 왕과의 알현 시간이 곧 국가 간의 관계가 얼마나 긴밀한지를 보여주는 예이기 때문에 중요하게 여겼다. 즉 왕과의 알현 시간이 길다는 것은 그만큼 국가 간의 관계가 긴밀하고 우호적이라는 것을 의미하고, 짧다는 것은 예의상 방문한 서양인에 대한 인사 정도로 국가 간의 관계가 친밀하지 못하다는 것을 나타내는 것으로 그들도 알고 있었다. 왕과의 만남은 서양인들에게 중요한 사건이었고, 외교 관계에서도 의미 있는 계기가 되었다. 여기서 주목할 것은 왕과 어떤 대화를 나누었는지 자세히 기록하지 않고, 왕과 만났고 궁궐에 들어갔다는 간략한 사실을 기록으로 남겨 형식적인 만남이었을 가능성을 나타내었다.

1890년대 후반부터 프랑스인들은 달레의 영향을 받아 방문하기 전에 한

---

4 샤를 루이 바라, 「I. 조선의 사회 행정적 기구」, pp. 66~67.

5 프랑뎅, 「26. 왕과의 대화」, pp. 81~82; 에밀 부르다레, 「4장 고종황제를 알현하다」, pp. 125~132.

국은 절대군주제의 나라라는 관념을 머릿속에 담고 들어와 거기에 대한 반론을 제기하는 기록을 찾아보기 어렵다. 지배권에 대한 기록을 남길 필요성을 느끼지 못해 지배권에 대해 기록하지 않은 것으로 파악된다. 결국 이러한 고정관념화가 프랑스인의 한국에 대한 오리엔탈리즘적 사고방식을 보여주는 예라고 여겨진다.

이상과 같이 달레와 샤를 루이 바라의 기록을 통해 볼 때, 프랑스인들은 한국 왕의 지배권에 대한 인식으로 절대군주제라는 인식에서 크게 벗어나지 않았고, 이것은 서양 또는 자국과 비교하여 봉건제적이라는 점을 강조하는 인식이다. 달레는 방문하지 않았고, 샤를 루이 바라는 6개월 정도(1888.10~1889) 체류했기 때문에 한국 왕의 지배권에 대한 상세하고도 구체적인 파악이 어려웠다고 하겠다.

왕의 지배권에 대해 미국인들의 기록을 살펴보면, 외교사절단 역할을 했던 로웰은 한국의 지배체제를 민주주의에 반대되는 개념으로 서술하였다.[6] 이것은 오리엔탈리즘의 이분법적 방식을 그대로 적용하여 나타낸 것이다.[7]

이러한 로웰의 견해는 이후 방문하는 미국인들과 다른 서양인들에게도 영향을 끼쳤다. 로웰도 달레의 영향을 받았을 가능성이 크지만, 달레의 경우는 방문하지 않고 남긴 기록인 반면 로웰은 3개월이란 짧은 기간이지만 방문하여 남긴 기록이기 때문에 더 확실하게 인식을 고정화시키는 역할을 하였다.

선교사였던 헐버트는 왕이 가지는 권력이 절대적임을 서술했지만, 왕의

---

6 로웰, 「19장 종교의 부재」, p. 152.

7 로웰, 「11장 조선의 행정 조직」, pp. 89~90.

권한을 제한하는 성문법이 있다는 점을 지적하였다는 점이 다른 서양인들과의 차이점이다.[8] 그는 한국의 법 체제가 서양과 크게 다르지 않다는 점으로 이해하려고 하였다.

헐버트의 기록에서 보면 헐버트도 왕의 절대권에 대해서는 다른 서양인들과 같은 견해를 나타내었으나, 성문법이 존재한다는 사실을 기록하여 한국 사회를 보다 이해하려고 노력했다. 다른 서양인들처럼 오리엔탈리즘적 이분법 구분으로 단정 짓기보다는 한국 사회에 대한 이해를 높이고자 한 것이 다른 서양인들과의 차이점이다. 헐버트는 한국에서 1886년부터 1907년까지 20여 년을 체류하면서 경험하고 목격하여 한국과 한국인을 그 자체로 이해하고자 했다.

외교관이었던 샤이에 롱은 "조선의 정부 형태는 외견상 절대군주제를 갖추고는 있으나, 사실 철저한 봉건제라고 볼 수 있다."[9]라고 하여 절대군주제이면서 봉건제임을 언급하여 외교관으로서 정치형태를 파악하려고 했다. 다른 분야와 달리 정치에 대해서는 미국의 민주주의나 자유주의와 대비시켜 부정적인 견해를 밝힘으로써 로웰과 같은 견해로 오리엔탈리즘적 사고를 나타내었다. 이와 같은 견해와 사고는 로웰과 샤이에 롱이 외교 관련 직업을 가졌다는 공통점을 통해 1890년대 전반까지 한국을 방문했던 미국 외교관들의 지배권에 대한 인식을 짐작할 수 있다.

선교사였던 다니엘 기포드는 한국의 권력 체계가 절대 왕권제이나 임금이 정치 자문을 받고 있음을 언급하였다.[10] 이러한 견해는 1888년에 입국하여 1900년까지 장기 체류하면서 경험한 것을 토대로 한 것이다. 그는 한국

8 Hulbert, 「III. GOVERNMENT」, pp. 45~46(헐버트, 「제3장 정치제도」, pp. 70~71).

9 샤이에 롱, 「II. 조선의 왕, 이희 폐하」, p. 241.

10 Gifford, 「III. How the People Live」, pp. 56~57(다니엘 기포드, 「3. 일상 생활」, p. 39).

의 정치 형태가 절대 왕권제이지만 왕이 절대권을 행사하기보다는 자문을 구한다는 점에서 무조건적인 권력 행사를 하지 않는다는 점을 지적함으로써 한국의 정치 운영 형태를 나타내었다.

선교사였던 제이콥 로버트 무스는 '국왕에 의한 1인 통치가 모든 해악의 근원'이라는 표현으로 절대군주체제를 설명하였다.[11] 그는 한국에 장기 체류하면서 한국에 대한 이해도가 높으나, 정부와 국왕에 대해서는 비판적 입장을 취했다. 이와 같은 입장은 그가 다른 미국인들처럼 오리엔탈리즘적 사고방식이나 서양의 우월주의적 사고방식을 가지고 있어서라기보다는 민중의 입장에서 판단하여 강한 비판을 나타낸 것이다.

외교관이었던 샌즈는 왕이 절대군주이지만, 중대한 결점으로 의지력이 없다는 점을 들어 측근 세력과 서양 열강의 영향을 받고 있음을 나타내었다.[12] 샌즈는 1898년에 입국해 1905년까지 한국에 체류한 외교관으로 정치에 관심이 많았다. 이 시기는 대한제국 시기이므로 고종이 중앙집권화를 하고자 했던 시기이기도 하다. 그러나 열강들이 영향력을 행사하자 고종은 신중한 태도를 취했으며, 이는 샌즈를 비롯한 당시 서양인들에게 황제가 의지력이 부족한 것으로 비쳤을 것이다. 왕의 절대권을 드러내며 권력이 강하다고 하면서도, 동시에 고종의 의지가 약하다고 서술해 모순된 표현을 남겼다. 샌즈가 방문한 시기는 대한제국 시기이므로 황제권 강화와 서양 열강들의 이권 침탈이 이루어지던 시기였다는 점을 염두에 두고 보아야 한다. 황제권 강화로 인해 서양인의 눈에 비친 황제는 절대군주로 보였다. 그러나 서양 열강에 이권을 양도하는 행위는, 황제가 열강의 영향 아래 그들의 요구를

---

11 Moose, 「XIX. THE VILLAGE LAWSUIT」, pp. 181~182(제이콥 로버트 무스, 「19. 정의와는 거리가 먼 사법 체계」, '모든 해악의 근원은 1인 통치', pp. 243~244).

12 Sands, 「CHAPTER IV: The Emperor」, p. 59(샌즈, 「제4장 황제」, p. 69).

수용하는 모습으로 비쳐 의지력 부족으로 평가되었던 것으로 보인다.

여성 교육자였던 와그너는 정부의 형태와 왕의 권한에 대해 서술하였다.[13] 그녀는 헐버트와 같은 견해로 성문법이 있으나 왕의 의지에 따라 정책 결정이 이루어진다고 파악하였다.

이상과 같이 로웰과 헐버트, 샤이에 롱, 다니엘 기포드, 제이콥 로버트 무스, 샌즈, 와그너 등의 기록을 통해 보면, 직업별 구분이 가능하다. 외교사절이나 외교관으로 로웰과 샤이에 롱, 샌즈 등을, 선교사로 헐버트와 다니엘 기포드, 제이콥 로버트 무스 등을, 교육자로는 와그너를 들 수 있다. 체류 기간별로는 로웰은 1883년 12월부터 1884년 3월까지 4개월가량 체류한 단기 체류자이고, 샤이에 롱은 1887년 10월부터 1889년 8월까지 22개월가량 체류한 장기 체류자이고, 나머지 헐버트(1886~1907), 다니엘 기포드(1888~1900), 제이콥 로버트 무스(1893~1918), 샌즈(1898~1905), 와그너(1904~1940) 등은 최소 7년 이상의 장기 체류자들이다. 방문 시기별로는 개항기 전반에 로웰, 헐버트, 샤이에 롱, 다니엘 기포드, 제이콥 로버트 무스 등이 방문했고, 개항기 후반에 샌즈와 와그너가 방문하였다. 하지만 헐버트, 다니엘 기포드, 제이콥 로버트 무스 등은 개항기 전반에 방문하여 개항기 후반까지 체류한 장기 체류자들이라는 점을 염두에 두고 봐야 한다.

로웰과 샤이에 롱, 샌즈 등은 외교사절과 외교관이라는 공통점으로 인해 한국 왕의 지배권에 대해 전제적, 절대적이라는 표현을 하였지만, 방문 시기에 따른 인식의 차이를 보였다. 로웰과 샤이에 롱은 1880년대 중반과 후반에 방문하였고, 샌즈는 1890년대 후반에 방문하였다. 로웰과 샤이에 롱

13 와그너(1931), 「제2장 한국의 전통」, '옛 정부', p. 37.

은 자국인 미국과 비교하여 민주주의의 반대 개념으로써 절대군주제라는 단정적이고 부정적인 인식을 했는데, 이러한 인식은 오리엔탈리즘적 사고 방식에 의한 서양과 동양이라는 이분법적 대비를 가지고 파악한 것이다. 반면 샌즈는 왕은 절대 군주이나 의지력이 약해 측근 세력과 서양 열강의 영향력을 받는다고 파악하여 왕의 의지력을 비판하였다. 샌즈는 왕의 지배권에 대해 선교사였던 다니엘 기포드와 비교 가능하다. 다니엘 기포드는 절대군주제이나 정책 결정에서 자문을 구한다고 하였다. 샌즈는 절대군주제이나 왕의 의지력이 약해 측근 세력과 서양 열강의 영향을 받는다고 하여 왕이 절대권을 행사하지 않는다는 의미는 같으나 자문을 구한다와 의지력이 없다는 표현으로 달리하였다. 자문을 구하는 것이나 측근 세력의 영향을 받는 것이나 결과적으로 왕이 정책 결정에 있어 절대적 권한을 행사하지 않는다는 의미는 같다. 샌즈는 외교관으로서 선교사보다 정치에 관심을 기울여 비판적으로 판단한 것이다.

헐버트와 다니엘 기포드, 제이콥 로버트 무스는 지배권에 대해 절대군주제이기는 하나 형식적인 체제일 뿐 왕권은 절대적이지 않다는 견해를 나타내었다. 이들은 선교사라는 직업적 공통점이 있다. 헐버트는 절대군주제이나 성문법도 있고, 왕권에 불문법이나 판례가 영향을 끼친다고 하여 절대적 권력 행사를 하지 않는다는 점을, 다니엘 기포드는 권력체계는 절대왕권제이나 정책 결정에 있어 자문을 구한다고 하여 왕이 절대권을 행사하지 않는다는 점을, 제이콥 로버트 무스는 정부와 국왕에 대해 강력히 비판했지만 민중의 입장에서 비판이지 외교적 또는 정치적 입장에서 비판은 아니었다. 이들은 종교적 사명감을 가지고 입국했기 때문에 한국의 정치에 대해 단정적 표현보다는 정치 운영이 어떻게 이루어지고 있는지에 더 관심을 가졌다. 직업과 체류 기간을 통해 보면, 외교 관련 직업일 경우 정치에 대해 자국과 비교하여 우월의식을 기반으로 비판적인 반면 선교사 관련 직업일 경우 장기 체류하면서 보다 구체적으로 살펴볼 수 있어 덜 비판적이었다.

와그너는 왕의 지배권에 대해 선교사였던 제이콥 로버트 무스와 같이 강한 부정적 견해를 나타내었다. 그녀는 교육에 관심을 가지고 민중의 이야기에 귀 기울여 기록함으로써 왕권을 강조했다. 즉 제이콥 로버트 무스와 와그너는 민중의 입장에서 왕을 바라보고 파악했기 때문에 절대권을 강조한 것이지 로웰이나 샤이에 롱처럼 외교적 관점에서 자국의 정치형태와 비교한 것은 아니었다.

이렇듯 개항기에 방문한 서양인들 중에는 오리엔탈리즘적 사고를 가지고 방문하였으나 직접 경험하고 나서 자신이 갖고 있던 관념과 달라 혼란을 보이기도 했는데, 긍정적으로 표현하기보다는 부정적으로 표현하는 경향이 많았다. 샌즈의 기록이 대표적이다.

미국인들이 인식한 왕의 지배권에 대한 인식은 한국은 절대군주제라는 점에서는 큰 이견을 보이지 않으나, 헐버트처럼 10여 년 이상 장기 체류한 경우에는 더 세밀한 관찰과 경험을 통해 단정적인 이분법적 표현을 하기보다는 한국의 특성을 보려고 한 점이 특징이자 차이라고 하겠다.

러시아인들이 인식한 한국 정치에 대한 관심은, 프랑스나 미국처럼 지배권 자체에 큰 비중을 두지는 않았다. 이유는 당시 러시아도 제정러시아로 황제를 두고 있었기 때문이기도 하고, 러시아는 국가적 관심이 한국의 지배권보다는 한국의 전반적인 정보를 수집하는 것이 목적이었기 때문이기도 하다. 오히려 이후에 다루어지는 관료제에 더 큰 관심을 보였다. 그리하여 왕을 만났던 다데슈칼리안과 세로셰프스키의 기록이 대표적이다. 또한 러시아 장교들의 경우, 지배권에 관한 기록이 보이지 않는 점으로 미루어 한국의 정치보다는 정보 수집을 더 중시했음을 알 수 있다.

러시아 행정관리였던 다데슈칼리안은 한국의 정치 형태와 왕에 대해 러시아의 황제와 비교하여 한국의 왕과 정치형태에 대해 서술하였다.[14] 그가 방문했던 시기는 1885년으로, 자국이 제정러시아 시대로 군주제 국가였다. 그는 한국의 정치형태에 대해서는 중앙 집권제이자 전제 정치로 파악하였고, 한국의 왕에 대해서도 자국의 짜르와 같은 인식을 하여 왕의 특권으로 모든 토지와 자원의 소유권을 들었다. 이러한 견해는 그가 행정관리로서 왕권 중심의 국가임을 강조한 것이다.

러시아 작가였던 세로셰프스키의 경우 한 백성의 이야기를 통해 왕의 특권은 이론상으로는 국가와 국고, 모든 것이 왕의 소유물이나, 실제적으로는 관료들의 수중으로 들어가고 있다고 하여 점진적인 인식의 변화를 간접적으로 제시하였다.[15] 왕의 특권에 대한 견해는 다데슈칼리안과 같다. 하지만 다데슈칼리안과 다른 점이라고 한다면 세로셰프스키는 왕의 특권에 대해서 기록하면서도 한국 백성들이 생각하는 왕에 대한 기록을 남겨 특권이 형식상 존재하는 것일 뿐, 실제 소유권은 관료들에게 돌아간다는 것을 파악하였다는 점이다.

이상과 같이 다데슈칼리안과 세로셰프스키의 기록을 통해 볼 때, 개항기 전반에 다데슈칼리안(1885)이 방문했고, 후반에 세로셰프스키(1903.10~1894.1)

14 다데슈칼리안, '재무부-탁지부', p. 201.

15 세로셰프스키, 「20장 간추린 한국사」, '개항기의 국내외적 소용돌이', pp. 376~377.

가 방문했으며, 둘 다 체류 기간은 1년 미만이다.

다데슈칼리안은 한국 왕의 지배권에 대해 전제 정치형태와 왕의 특권에 대해 지적하였다. 그는 러시아의 행정관리로서 1885년에 방문하였는데, 그는 러시아와 비슷한 정치형태를 가지고 있었기 때문에 이에 대한 비판이라기보다는 정보 수집 차원에서 들었던 내용을 그대로 기록에 남겼을 가능성이 크다. 그는 1885년 당시 중북부 지역을 탐사하고 러시아로 돌아갔기 때문에 백성들로부터 들었던 전언에 불과한 내용을 바탕으로 왕의 지배권에 대해 간략히 다루었다. 그 당시 한국인의 입장에서 모든 토지와 자원은 왕의 것이라는 인식을 가지고 있었기 때문이다. 세로셰프스키의 경우 폴란드 출신의 작가로서 왕의 특권에 대해서 다데슈칼리안과 같은 견해를 가진 듯하나, 방문 시기가 1903년이라는 20세기 초의 상황이어서 사회적 비리 현상으로 인해 실질적인 소유권이 왕이 아닌 관리들에게 넘어갔다는 점을 지적하여 보다 자세히 파악하였다.

러시아인들은 왕의 지배권에 대해 많은 기록을 찾기 어려운데, 개항기 후반에 방문한 프랑스인들처럼 방문하기 전에 인식하고 있어서 기록으로 남길 필요성을 느끼지 못한 것일 수도 있다. 즉 절대군주제라는 인식을 밑바탕에 깔고 한국을 보았기 때문에 관심 대상으로 보지 않았다는 것이다.

이와 같이 한국 왕의 지배권에 대해 살펴보았는데, 프랑스, 미국, 러시아 등 세 나라들은 왕의 지배권에 대해 절대군주제로 인식하였다. 프랑스와 미국은 지배권에 대한 관심을 높인 반면 러시아는 지배권에 대해 앞의 두 나라들처럼 관심을 크게 두지 않았다.

프랑스인들은 개항기 전반에 지배권에 대해 '절대군주제'라고 파악한 이유가 왕을 만나기 어렵기 때문에 피상적으로 달레의 기록을 따라 인식했을 가능성이 크다. 하지만 개항기 후반에 프랑뎅과 에밀 부르다레는 왕을 직접 만나면서 지배권에 대한 관심보다는 왕에 대한 관심이 더 높았고, 왕을 만났다는 것에 의미 부여를 하였다. 개항기 프랑스의 인식은 여전히 한국을 절대군주제로 보는 시각에서 크게 달라지지 않았다.

미국인들은 개항기 전반에 프랑스인들과 같이 지배권에 대해 '절대군주제'로 파악했으나, 후반에 가면 헐버트가 서술한 대로 성문법의 존재를 언급하였다. 샌즈는 왕의 의지력이 약하다고 하면서 절대 권력을 행사하고 있지 않다는 의견을 제시하기도 하여 개항기 후반에 프랑스인들과 차이를 보인다.

러시아인들은 지배권에 대해 프랑스인과 미국인들처럼 관심을 두지 않았는데, 이들은 정치보다는 경제나 국가 정보가 더 중요했기 때문이다. 이것이 프랑스·미국과의 차이점이다. 다만, 서양의 우월주의적 사고방식이 그들의 의식 기반이었음을 전제로 볼 필요가 있다.

프랑스는 오리엔탈리즘적 사고방식으로 인해 서양과 대비되는 절대군주제로 인식하였고, 미국은 직업과 방문 시기가 다양하여 인식의 차이도 다양하게 보였고, 반면에 러시아는 왕의 지배권에 대해 프랑스와 미국만큼의 관심을 보이지는 않았다고 정리할 수 있다.

직업별 인식으로는 외교 관련 업종과 선교사, 작가, 교육자 등으로 분류할 수 있다. 외교 관련 직업군은 지배권에 대한 관심이 높은 반면, 나머지 직업군은 입국 전에 알고 있던 정보나 민중들이 이야기하는 것을 가지고 단순히 기록하는 경우가 많다. 외교 관련 직업군은 자국과의 관계 형성에 있어 정치가 중요했기 때문에 관심을 가졌을 것이다. 나머지 직업군은 각자 직업에 충실하여 정치에 대한 관심을 덜 가졌고 단편적인 기록으로 소개하는 정도의 서술을 하였을 가능성이 크다. 단, 장기 체류자 중 한국에 대한 이해와 애정으로 정치에도 관심을 가진 헐버트와 같은 선교사는 예외이다.

2) 한국의 관료제에 대한 인식[16]

대부분의 서양인이 지적하는 한국의 가장 큰 문제점으로 지배층의 부정부패와 무능, 그리고 민중들에 대한 수탈이었다.[17] 당시 서양인의 눈에 비친 한국의 정치구조와 정치 문화는 후진성을 띠고 있다고 하거나 지배층 내에서 매관매직, 수탈과 착취로 인해 정치적 부패가 이루어져 한국인의 발전 잠재력에 장애물로 작용한다고 보았다.

서양인들이 한국의 정치에서 관심을 가지는 것이 왕권과 함께 관료제이다. 특히 이 관료제도에 대해서는 서양인의 오리엔탈리즘을 대표적으로 나타내는 항목이라고 하겠다. 즉 서양인들이 한국의 무능함과 정치적 비문명화로 꼽는 것이 관료제의 부정부패, 매관매직, 관리들의 수탈 등이기 때문이다. 어느 사회에나 정치세력의 부정적 측면은 존재하지만, 서양인들이 이를 한국에서 유독 강조한 것은 자신들의 오리엔탈리즘적 사고방식을 투영하여, 한국인보다 자신들이 문명화되고 우월하다는 점을 드러내기 위함이었다.

프랑스인들이 인식한 한국의 정치제도 중에 관료제에 대한 관심이 높았

16 정연태, 1999, 「19세기 후반 20세기 초 서양인의 한국관」, 『역사와 현실』 34호, 한국역사연구회; 이배용, 2001, 「서양인이 본 한국근대사회」, 『이화사학연구』 제28집, 이대역사연구소; 오인영, 2003, 「서양인이 본 한국과 한국인」, 『개화기 한국과 세계의 상호 이해』, 단국대학교 동양학연구소 등 참조.

17 정연태, 위의 논문, pp. 185~189; 이배용, 위의 논문, p. 116.

는데, 주로 관리의 착취와 부정부패, 뇌물수수, 매관매직, 권력남용으로 인한 수탈 등을 기록하였다. 이것은 프랑스인뿐만 아니라 다른 서양인들도 마찬가지이다. 여기에 관심을 많이 가지는 이유는 자신들의 오리엔탈리즘적 사고를 그대로 투영시켜 서양의 우월함을 나타내기 위해서이다. 즉, 한국은 정치적 무능으로 인해 관리들의 부정부패가 빈번하고, 그 결과 백성들이 살기 어려운 나라라는 식으로 인식되었다.

달레는 한국에서 관직이 매매되는 매관매직을 언급하면서 관직을 얻기 위해 돈을 들인 만큼 민중의 착취로 해결하고자 했다고 서술하였다.[18] 달레는 한국의 관직 매매와 착취를 연관 지어 서술하였다. 한국을 방문하지 않고 이전에 방문했던 신부들의 보고서와 중국을 방문한 한국인들의 이야기를 토대로 한 것에 자신의 서구 중심 우월주의를 주입시켜 적용하여 기록하다 보니 관료에 대한 부정적인 인식을 강하게 드러내었다.

프랑뎅은 관직 매매가 서양 고대 군주국에서 시행되었던 제도라고 하여 한국의 정치가 서양의 고대와 비슷하다는 점을 강조하였다.[19] 프랑뎅은 관직 매매가 서양의 고대 군주국 제도에서는 일정한 목적 아래 이점을 가진 제도로 활용된 반면, 한국에서는 본래의 목적에 맞게 운영되지 않고 중간에서 착복이 이루어지는 부패 상황으로 나타났다고 지적하였다. 프랑뎅은 특히 서양 고대의 제도와 비교함으로써 한국에 고대 제도가 남아 있다는 점을 인식하게 하는 한편, 제도의 목적에서도 부정적인 부분을 강조하여 한국의 정치 제도상의 부정부패와 비리를 부각시켰다.

에밀 부르다레는 관리들의 약탈을 언급했는데, 여기서는 권력남용에 대

---

18 달레, 「IV 정부조직」, pp. 74~75.

19 프랑뎅, 「31. 왕의 행차 광경」, pp. 96~97.

한 항의가 있다는 점을 지적하여 민중이 불이익에 대항하는 모습을 서술하였다.[20] 에밀 부르다레는 민중의 수탈을 언급하면서 권력남용에 대한 항의도 있었음을 기록했다. 1901년에 교육자로서 한국을 방문해 1904년 초까지 한국에 머물면서 민중들과 많은 접촉을 하여 민중들을 무조건 수탈을 당하는 존재로만 인식하지는 않았다. 이것이 앞서 언급한 달레 · 프랑뎅과 인식의 차이를 나타내는 것이다. 에밀 부르다레는 항의에 대한 사실적 기록을 남기기는 했으나 이것을 가지고 한국인의 의식이 성장했다고 평가하거나 직접적인 언급을 기록하지 않아 그의 의식 속에도 여전히 서양 우월의식이 담겨 있다고 하겠다.

이상과 같이 달레와 프랑뎅, 에밀 부르다레의 기록을 볼 때, 달레는 한국을 방문하지 않았고, 프랑뎅은 1892년 4월부터 1894년 2월까지 체류하였으며, 에밀 부르다레는 1901년과 1903년 3월부터 1904년 2월까지 두 차례 방문하여 체류하였다. 프랑뎅과 에밀 부르다레는 1년 이상의 장기 체류자들이다. 직업별로는 신부(달레)와 외교관(프랑뎅), 교육자(에밀 부르다레) 등으로 구분할 수 있다.

달레와 프랑뎅의 기록을 보면 둘 다 관료제에 대해 관직 매매를 문제로 들었다. 달레는 관직 매매의 문제점만 기록한 반면, 프랑뎅은 외교관으로서 1892년 방문 당시 관직 매매의 장점보다는 오히려 이것이 정치 사회적 문제점으로 한국 정치의 부패상이 된 점을 서술하였다. 교육자였던 에밀 부르다레는 관리들의 약탈을 언급하면서도 권력남용에 대한 항의도 있었다는 점을 지적하였다. 그의 기록은 민중의 입장에서 착취당하는 대상이지만 부당한 경우 항의라는 방법을 사용하기도 했다고 하여 가만히 착취만

---

20 에밀 부르다레, 「6장 고관의 권력 남용과 독립파」, pp. 187~189.

당하지는 않았다는 점을 지적한 것이다. 에밀 부르다레는 한국 사회에 대해 비교적 정확한 파악을 하였다.

개항기 전반기에 방문하거나 기록을 남긴 프랑스인들은 서양 중심의 우월주의적인 사고를 그대로 기록에 반영하여 한국의 정치적 부패 상황을 극대화시켰다. 하지만 개항기 후반에 방문한 프랑스인들의 경우에는 한국인도 문명과 개화에 대해 인식하였고, 갑오개혁 이후 많은 변화들을 보였기 때문에 이전과는 다른 모습에 적잖이 당황하기도 했지만 자신의 관념을 쉽게 변화시키지는 않았다.

프랑스인들의 왕에 대한 지배권과 비교해 보면, 개항기 전반에 한국을 방문하거나 한국에 대한 기록을 남긴 프랑스인들의 경우는 지배권에 좀 더 관심을 보인 반면, 개항기 후반에 한국을 방문하거나 한국에 대한 기록을 남긴 프랑스인들의 경우는 지배권에 대해서 이미 확고한 의식을 가지고 있었다. 개항기 후반에 한국을 방문한 프랑스인들은 기록으로 남기지 않고, 대신 정치적 상황에 관심을 기울여 보다 관심의 폭을 넓혀갔다. 그러나 관심의 폭이 넓어졌다고 해도, 서양 중심의 우월주의적 사고방식은 여전히 그들의 의식 속에 깊이 자리한 기저로 확인된다.

미국인들도 한국의 정치 중에 관료제에 대한 관심을 많이 가졌다. 개항기 전 시기에 걸쳐 기록을 남겼는데, 주로 착취, 매관매직과 수탈 관계, 뇌물수수와 과거제도의 관련성 등을 기록하였다.

그리피스는 백성들이 일을 해야 하는 동기부여를 갖지 못하는 이유로 관리들의 약탈을 들었다.[21] 그리피스의 견해는 방문하지는 않았지만 일본에

---

21 그리피스, 「제49장 경제 사정」, p. 569.

체류하면서 수집한 자료와 정보를 통해 개항 직후 한국의 정치적 부패 상황을 서술한 것이다. 그는 지배층의 수탈을 서양의 우월주의에 비교되는 대상으로 삼아 서양보다 정치적 발전을 기대하기 어려운 나라로 표현하였다.

알렌도 고관들의 축재로 인해 한국인 기질에 절약심이 없는 이유를 언급하였다.[22] 알렌은 관리의 착취에 대해 부정적인 견해를 나타내면서 세력이 없는 소작인이나 노동자들이 재산을 축적하려고 하지 않는 이유에 대해 설명하였다. 알렌의 기록은 서양인들이 한국인은 저축에 무관심하다고 하거나 경쟁하지 않는다고 하는 견해에 대한 이유를 설명한 것이다. 민중이 재산 축적을 하지 않는 이유에 대한 설명을 했다는 것은 다른 서양인들의 기록에서 찾아보기 어려운 사실적 기록이나, 알렌 역시 관리의 착취에 대해서는 부정적인 인식을 보여 그 역시 서양 우월의식이 기저로 작용했음을 알 수 있다.

헐버트는 관직 매매와 착취에 대해 서술했고, 관직과 관련해서는 돈의 위력을 지적하여 매관매직과 수탈의 상관관계를 자세히 언급하였다.[23] 즉 관직 매매에 사용된 돈은 결국 백성들의 수탈로 만들어진 것이라고 하여 현대의 물질만능주의를 표현한 것이다. 헐버트는 19세기 말 당시 한국의 정치 상황을 직시하였다. 그는 관직의 매매와 수탈을 강조하여 한국이 정치적 발전을 이루기 어렵다는 점을 시사하였다. 결국 그도 정치적 부정부패 척결을 해야 한다는 입장에서 보면 서양 우월주의적 입장을 갖고 있다고 하겠다.

샌즈는 앞서 미국인들이 관직과 매매를 언급한 것과는 다르게 과거제도와 함께 뇌물수수가 자행되고 있음을 지적하였다.[24] 샌즈도 앞서 언급한 미

---

22 Allen, 「Ⅷ. KOREA AND THE KOREANS」, 'MANUFACTURES', p. 103(알렌, 「제8장 조선과 조선 사람들」, '5. 수공업[수탈]', pp. 98~99).

23 Hulbert, 「Ⅲ. GOVERNMENT」, pp. 50~51(헐버트, 「제3장 정치 제도」, pp. 75~76).

국인들의 견해와 크게 다르지 않다. 샌즈는 과거제도를 언급하기는 했지만 과거를 보는 이유가 관직을 얻기 위함이라는 점에서 관직과 연결되는 것이고, 이에 뇌물수수가 이루어지므로 과거제도의 비리 역시 지적한 것이다. 그에 의하면 한국인들은 뇌물을 써서 관직을 얻고, 그 비용을 과세로 거둬들인다는 점을 지적한 것으로 이러한 견해도 서양 우월의식을 가지고 바라보았음을 알 수 있다.

와그너의 경우 친절한 관리도 주변 상황으로 인해 노련한 정치인의 먹잇감으로 전락한다는 것을 상기시켰다.[25] 와그너는 한국의 정치 상황으로 관료 체제하에서는 더 이상 발전을 기대하기 어렵고, 결국 친절했던 관리들도 장관직에 오르게 되면 주위에 혜택을 받고자 많은 사람들이 모여들어 결국 부정부패가 생긴다는 견해를 제시하였다.

이상과 같이 그리피스와 알렌, 헐버트, 샌즈, 와그너 등의 기록을 볼 때, 방문 시기와 체류 기간별로 보면 그리피스는 방문하지 않았고, 알렌은 1884년 7월부터 1905년까지, 헐버트는 1886년부터 1907년까지, 샌즈는 1898년부터 1905년까지, 와그너는 1904년부터 1940년까지 체류하였다. 그리피스를 제외하고 알렌, 헐버트, 샌즈, 와그너 등은 7년 이상의 장기 체류자들이다. 직업별로는 교육자, 의료선교사와 선교사, 외교관 등으로 구분할 수 있다.

그리피스는 관리들의 약탈로 인한 백성들의 일에 대한 동기부여 결여를 관료제의 문제점으로 꼽았고, 알렌도 한국인의 기질에 절약심이 없는 이유로 관리들의 축재를 들었다. 헐버트는 매관매직과 수탈의 상관관계를 서술하였다. 샌즈는 과세 수탈 문제의 원인을 분석했고, 와그너는 관직에 오를

---

24 Sands, 「CHAPTER Ⅷ: The Advisor to the Emperor」, pp. 119~121(샌즈, 「제8장 황제의 고문관」, pp. 127~129).

25 와그너(1931), 「제7장 학교생활」, pp. 136~137.

경우 주위 세력에 의해 비리에 동참하게 된다고 파악하였다.

그리피스는 방문하지 않고 기록한 것이지만, 일본에 체류하면서 수집한 정보를 토대로 하여 한국의 정치적 부패상을 부각시킨 측면이 있다. 그러나 이러한 그리피스의 기록은 알렌의 기록에서도 나타나, 그리피스 기록의 영향을 확인할 수 있다. 알렌은 의사이면서 선교사, 외교관 역할까지 다방면에서 활약한 미국인으로 1886년부터 1905년까지 체류했기 때문에 그리피스보다는 알렌의 기록이 신빙성이 있다. 그러나 그리피스와 크게 다르지 않아 그리피스가 한국의 정치 상황에 대해 비교적 정확히 파악했다고 판단된다.

헐버트는 선교사로서 1886년부터 1907년까지 체류했기 때문에 매관매직과 수탈의 상관관계를 통해 한국의 정치적 부패 척결을 강조함으로써 한국이 정치적 발전을 이루려면 이러한 문제를 해결해야 한다는 입장을 취했다. 이렇게 문제 해결이 쉽게 되지 않을 것을 알고 있으면서 문제 해결을 요구하는 것은 반대로 한국이 정치적 발전을 이루기 어렵다는 방증을 나타낸 것이다.

샌즈는 외교관으로서 앞서 미국인들이 관직 매매에 집중하여 기록한 것과 다르게 과거시험이 제대로 제도적 역할을 하지 못해 관직을 얻는 데 돈이 들게 되고, 관직을 얻기 위해 쓴 비용을 과세에 포함시켜 거둬들인다고 하여 과세 수탈의 문제점에 대한 원인을 분석하였다. 와그너는 여성 교육자로서 장기 체류하면서 한국의 정치적 상황을 지켜본 경험을 토대로 기록하였다. 와그너는 한국의 관리들이 장관직에 오르게 되면 혜택을 보고자 하는 주위 세력들이 몰려들게 되고, 노련한 정치인들이 장관직에 오른 관리를 길들여 자연적으로 부정부패가 조성된다는 견해를 밝혔다.

이렇듯 고관들의 착취로 인해 노동 의욕이 결여되고 재산 축적에 무관심해진 모습은 한국인의 결점으로 비칠 수 있는 부분이다. 하지만 미국인들은 프랑스인들과는 달리 한국의 정치 상황을 이해하면서 관료제에 대한 견해를 밝혔다는 점이 특징이다. 그럼에도 한국의 관료제가 정치적 발전을 저해했고, 장애가 되었다는 점은 프랑스인과 별반 다르지 않다. 즉 미국인들도 서양 우월의식을 가지고 정치제도를 바라보았기 때문에 정치적 상황을 깊게 이해하기보다는 서양보다 발전하지 못한 한국 정치상의 문제로만 지적한 것이다.

프랑스인들은 지배권보다 관료제에 관심의 폭을 넓힌 반면, 미국인의 경우는 지배권에 대해서는 절대적이라고 하면서도 성문법이 존재한다거나 또는 왕의 의지력이 약하다는 결점을 나타내기도 하였다. 관료제에 대해서는 시대적 차이 없이 부정부패와 수탈, 착취를 한국 정치사회의 문제이자 한국인의 결점으로 지적하며, 한국 정치 상황을 한층 더 부정적으로 보았다. 즉 미국인들은 한국의 정치 상황에 대해 서양의 정치와 비교하여 자신들의 우월함을 드러내었다.

러시아인의 한국 관료제에 대한 견해를 살펴보면, 앞서 지배권에 대해 다데슈칼리안과 세로셰프스키의 간략한 기록만을 볼 수 있었던 것과 마찬가지로 관료제에 대해서도 다데슈칼리안은 관료가 어떤 사람들인지에 대한 간략한 기록을 남겼기에, 알프탄과 세로셰프스키의 기록을 중심으로 살펴보겠다.[26]

러시아 육군 중령이었던 알프탄은 한국에는 고을마다 관청이 있는데, 관청에서 중요하고 유일한 걱정거리로 여기는 것이 오직 백성들에게서 마지

26 다데슈칼리안, '조선의 국가 조직', pp. 175~176.

막 한 푼까지 착취해 내는 것이라고 하여 관리들의 착취가 얼마나 심했는지를 나타내었다.[27] 알프탄은 고위 관료에 대해 관리 임명 방식이 관리의 능력 위주가 아닌 매관매직으로 이루어지고 정부가 그러한 매관매직을 더욱 부추긴다고 서술하였다.[28] 그는 한국의 관료가 능력을 인정받아 관직을 얻은 것이 아니기 때문에 무지하다는 표현을 과감히 사용하였다. 그는 한국의 고위 관리들이 직책에 걸맞은 업무를 수행하지 않고, 나라의 문제들이 하급 관리나 한량들에 의해 해결되는 과정을 서술하면서 관리들의 부정부패를 강조하였다. 이러한 견해는 한국인이 능력 없는 사람들이 자리만 차지하고 있을 뿐 제대로 된 정치적 활동을 하지 않는다는 인식을 심어주는 것이다.

세로셰프스키는 관료제에 대해 상세히 설명하면서 관료주의, 혈연주의, 한탕주의가 될 수밖에 없는 이유를 언급하였다.[29] 세로셰프스키는 한국 사회가 관료주의로 흘러가고 있는 상황을 잘 설명하면서 혈연주의가 작용했다는 점을 강조했고, 한국의 사회와 정치에서 만성적인 병폐로 관리와 양반을 들었다.[30] 한국 군대 몰락의 주범은 한국의 보편적인 질병이라 할 관료주의의 타락과 부패라고 보았다.[31]

세로셰프스키는 한국의 관료제에 대한 관심을 많이 보였다.[32] 그가 방문한 시기가 1903년 말에서 1904년 초로 당시 한국의 상황은 러일전쟁 직전의 긴박한 상황이었다. 이 당시에는 한국의 정치적 상황이 중요하게 인식되었기 때문에 이전에 방문해서 기록을 남긴 러시아인들과 달리 세로셰프

---

27 알프탄, '농부의 나라 조선', p. 239.

28 알프탄, '조선의 관리 임명 제도', pp. 260~261.

29 세로셰프스키, 「19장 사회는 '욕창 앓는 몸'」, '관료주의 · 혈연주의 · 한탕주의', pp. 299~300 · 309~310.

30 세로셰프스키, '만성적 병폐의 화신, 양반과 관리', pp. 294~298.

31 세로셰프스키, 「21장 전쟁 전야의 서울」, '군사력 쇠퇴의 진짜 이유', p. 371.

32 세로셰프스키, 「19장 사회는 '욕창 앓는 몸'」, pp. 307~308.

스키는 관료제에 대한 기록을 자세히 남겼다. 세로셰프스키는 관료제를 한국 사회의 병폐이자 발전 저해 요소로 지적했으며, 이는 러시아와의 비교 속에서 더욱 부정적인 시각을 드러낸 것이다.

세로셰프스키를 제외한 나머지 러시아인들은 주로 군인이라는 직업군으로 탐사 목적을 두고 기록을 남겨 자연히 한국의 정치에 대한 부정부패, 비리, 수탈 등에 대한 관심을 두지 않았다. 또한 이들은 탐사에 충분한 시간을 할애하지 못했기 때문에, 한국의 전반적 상황을 파악하기에는 시간상으로 한계가 있었다. 그러므로 한국의 정치와 관련된 내용은 프랑스나 미국에 비해 적을 수밖에 없다. 세로셰프스키는 인종학자로서 3~4개월의 짧은 체류 기간이었지만, 앞의 군인들과는 다른 러일전쟁 직전의 한국에 대해 관심을 가지고 여행하면서 기록을 남길 수 있었다.

러시아인들은 한국의 관료제에 대해 알프탄의 경우처럼 '무식한 관료'라는 표현을 사용하여 한국의 정치가 러시아에 비해 문명화하지 못하고 관료들은 돈으로 해결하려 하는 경향을 나타냄으로써 한국인의 이미지를 관념화하였다. 1895년 12월부터 1896년 1월까지 체류한 알프탄의 지적은 1890년대 중반 한국의 정치에 대한 러시아인의 인식이 어떠했는지를 짐작하게 하였다. 세로셰프스키는 1903년 10월부터 1904년 1월까지 체류했기에 20세기 초 한국을 자국과 비교하여 한국의 정치적 상황에 대한 심각성을 부각시킴으로써 관료주의, 혈연주의, 한탕주의 등의 단어로 한국의 사회를 표현하였다.

이와 같이 한국의 관료제에 대해 살펴보았는데, 세 나라 모두 관료제에 대해 부정적인 견해를 밝혔다. 미국인들은 관료제에 대해 개항기 전 시기에 걸쳐 일관적으로 관리의 약탈로 인해 노동의 동기부여 결여와 저축에 대한 무관심, 관직 매매와 착취(수탈)의 상관관계 등을 언급하였다. 반면 프랑스인들은 개항기 전반에 관직 매매와 그에 따른 민중 착취를, 개항기 후반에 관리 약탈이 있긴 하지만 그에 대한 민중의 항의가 있었다고 하여 후반기에 대해서는 미국인들과 차이를 보였다. 러시아인들은 관료제에 대해 크게 관심을 갖지 않았다는 점이 프랑스·미국과의 차이점이다. 그러나 러시아인들도 관리의 무지와 함께 관료주의와 혈연 주의의 연관성을 지적하여 관료제에 대한 인식의 차이는 크지 않았다.

국가별 인식을 정리하면, 프랑스인들이 인식한 한국의 정치제도 중에 관료제에 대한 관심이 높았는데, 주로 관리의 착취와 부정부패, 뇌물수수, 매관매직, 권력남용으로 인한 수탈 등을 기록하였다. 이것은 프랑스인뿐만 아니라 다른 서양인들도 마찬가지이다. 이렇게 관심을 많이 가지는 이유는 자신들의 오리엔탈리즘적 사고를 그대로 투영시켜 서양의 우월함을 나타내기 위함이다. 즉, 한국은 정치적 무능으로 인해 관리들의 부정부패가 빈번하고, 그 결과 백성들이 살기 어려운 나라로 인식되었다.

이렇게 개항기 전반에 방문하거나 기록을 남긴 프랑스인들은 서양 중심의 우월주의적인 사고를 그대로 기록에 반영하여 한국의 정치적 부패 상황을 극대화시켰다. 하지만 개항기 후반에 방문한 프랑스인들의 경우에 한국인도 문명과 개화에 대해 인식하고 있었고, 갑오개혁 이후 많은 변화들을 보았기에 이전과는 달라진 모습에 적잖이 당황하면서도 자신의 관념을 쉽게 변화시키지는 않았다.

미국인들도 프랑스인들과 마찬가지로 한국의 정치 중에 관료제에 대한 관심을 많이 가졌다. 개항기 전 시기에 걸쳐 기록을 남겼는데, 주로 착취,

매관매직과 수탈 관계, 뇌물수수와 과거제도의 관련성 등을 기록하였다. 하지만 미국인들은 프랑스인들과는 달리 한국의 정치 상황을 이해하면서 관료제에 대한 견해를 밝혔다는 점이 특징이다. 그럼에도 한국의 관료제가 정치적 발전을 저해하였고, 장애가 되었다는 점은 프랑스인과 별반 다르지 않다. 즉 미국인들도 서양 우월의식을 가지고 정치제도를 바라보았기 때문에 정치적 상황을 깊게 이해하기보다는 서양보다 발전하지 못한 한국 정치상의 문제로 지적한 것이다.

프랑스인들은 지배권보다 관료제에 관심의 폭을 넓힌 반면, 미국인의 경우는 지배권에 대해서 절대적이면서 성문법이 존재한다거나 또는 왕의 의지력이 약하다는 결점을 나타내기도 하였다. 관료제에 대해서는 시기별 차이나 이견 없이, 한국 정치사회의 문제이자 한국인의 결점으로 부정부패와 수탈, 착취를 지적하였다는 점에서 한국의 정치 상황을 더욱 부정적으로 인식했다고 볼 수 있다. 즉 미국인들은 한국의 정치 상황에 대해 서양의 정치와 비교하여 자신들의 우월함을 드러내었다.

러시아인들은 대부분 군인으로 탐사 목적의 기록을 남겨 한국 정치에는 관심이 적었고, 체류 기간도 짧아 전반적 상황 파악이 어려웠다. 반면 인종학자 세로셰프스키는 러일전쟁 직전 한국에 관심을 갖고 3~4개월간 체류하며 정치 관련 기록을 남겼다.

직업별로는 교육자, 의료선교사와 선교사, 외교관, 군인, 작가 등으로 분류할 수 있다. 관료제에 대해서는 1890년대 중반 이후 방문한 교육자나 선교사, 작가 등의 직업군에서 강한 부정을 엿볼 수 있어 이들은 1890년대 중반 이후 관료제의 문제로 부정부패와 비리가 더욱 심각해졌음을 나타내고자 하였다.

2. 국내 상업활동과 대외 무역에 대한 인식

서양인들은 개항과 더불어 한국의 대외 무역과 국내 상업 활동에 대해서 관심을 보였다. 서양인들은 한국의 산업에 대해 전반적으로 낙후되어 있으나, 개항 이후 서양인들이 들어오면서 개혁을 통해 점차 근대적 모습으로 변화하고 있음을 문호개방정책과 함께 지적하였다. 한국의 경제가 전반적으로 낙후되었다고 보는 이러한 견해에서 서양인의 우월의식이 의식 속에 담겨 있음을 알 수 있다.

1) 국내 상업활동에 대한 인식

국내의 상업활동에 대해서는 거래가 주로 장날의 장시를 통해 이루어지고 있다고 하였다. 서양인들이 인식하길, 장시에는 가게를 가지고 있는 상인과 장날마다 돌아다니며 물건을 파는 보부상들이 있었다고 언급하였다. 또한 국내 산업과 교역 발전의 장애 요소로 화폐유통과 교통로 부재를 꼽았다. 국내 교역은 자국 경제와 비교·분석하거나 무역 가능성을 검토하기 위해 주목해야 할 대상이다. 서양인들은 한국의 상업활동을 평가하면서 자신들에게 불편한 점을 장애 요소로 지적했는데, 이는 서양 중심의 우월의식을 반영한다. 국내 상업 활동 중에서 관심을 보였던 장시와 상인에 대해서 살펴보려 한다.

한국의 상업활동 중에서 거래가 이루어지는 곳이 바로 장場이다. 한국의 경우 지방에는 항상 장이 서 있는 것이 아니라 5일이나 7일, 길게는 10일에 한 번씩 지방별로 장이 서서 상인들은 장날에 물건을 가지고 나와 거래한다.

서양인들은 한국의 상업활동에서 거래가 이루어지는 장소인 장터도 중요하지만 거래를 하는 사람들, 즉 상인들에 대해서도 관심을 보였다. 서울의 경우는 가게를 가지고 거래를 하는 상인들이 있지만, 지방의 경우 대부분 행상인 또는 보부상이라고 불리는 사람들이 물건을 직접 나르고 거래까지 하기에 이들에 대해 관심을 보였다. 특히 서울의 경우는 서양인들이 생각하는 가게의 이미지를 담고 있으나, 지방의 경우는 매일 열리는 것이 아닌 5일이나 7일에 한 번씩 장이 열려 물품을 필요할 때 구입할 수 없다는 점과 장시마다 돌아다니면서 물건을 파는 사람들, 사람이 가게 역할을 한다는 점에서 문명화가 덜 되었다고 보는 것이다.

프랑스인들이 한국의 경제에서 관심을 가진 것은 장시와 상인이다. 한국의 국내 상업에 대해서 부정적이며, 상업 활동을 하는 상인에 대해 더 관심을 보였다.

달레는 한국을 방문하지 않았기 때문에 국내 상업에 대해 별로 발달하지 못했다는 결론을 쉽게 내리고 거래는 정기적으로 열리는 장에 의해서 이루어진다고 서술하였다.[33] 달레의 견해는 이전에 방문한 신부의 보고서와 중국에서 전해 들은 이야기에 기초하여 기록한 것이다. 서양인의 시각에서 한국의 상업이 서양보다는 발전하지 못했다는 의식을 가지고 보았던 것이다. 즉 달레뿐만 아니라 그전에 방문한 신부들도 이러한 의식을 가지고 보고서를 작성했을 것이고, 그 보고서를 토대로 달레가 기록하여 이러한 의식이 관념화되었다고 하겠다.

탐험가였던 샤를 루이 바라는 한양의 장과 상인을 통한 운송에 대해 언

---

33 달레, 「XV 산업과 국제관계」, p. 265.

급하면서 보부상에 대한 기록을 자세히 남겼다.[34] 샤를 루이 바라는 짐꾼들이 동업조합을 만들어 여러 권한을 행사하고 있었다고 하여 당시 한국에서 활발한 활동을 벌이는 상인 조합에 대해 기록하였다.[35] 이것은 사람을 통한 운송 방법이 운송에 있어 덜 발달된 측면을 나타낸 것으로, 짐꾼의 특수상황을 눈으로 보고 기록하였으나 그의 의식 속에도 전반적인 상업 활동에 대한 부정적 인식을 담고 있다.

에밀 부르다레는 파주에 머물던 중 파주 장날을 구경할 수 있었다. 그는 곡물 상인의 장사가 가장 잘 되었다고 서술했고, 그 외에 면직물과 삼베 모자 등이 잘 팔렸다며 거래되던 물품에 대해 언급하였다.[36] 그는 태백산성을 여행하면서 만난 보부상에 대해서도 기록하였다.[37] 그는 상인에 대한 관심이 높았다고 볼 수 있는데, 보부상이라는 조합의 역할과 상징적 표식을 가지고 있다고 기록하여 자세히 관찰했다.

이상과 같이 달레와 샤를 루이 바라, 에밀 부르다레 등의 기록을 통해 볼 때, 체류 기간과 방문 기간별로 살펴보면 달레는 한국을 방문하지 않았고, 샤를 루이 바라는 1888년 10월부터 1889년까지 체류했으며, 에밀 부르다레는 1901년과 1903년부터 1904년까지 두 차례 방문하였다. 직업별로는 신부(달레)와 탐험가(샤를 루이 바라), 교육자(에밀 부르다레) 등으로 구분할 수 있다.

달레는 한국을 방문하지 않았기 때문에 상업이 발달하지 않았다는 단편적 기록만 남겼다. 샤를 루이 바라는 선교사들이 인식한 것과 달리 보부상에 대해 운송수단의 미발달로 여전히 사람이 물건을 운반하는 데에 부정적

---

34 샤를 루이 바라, 「II. 한양 사람들」, p. 82 · 「II. 인력에 의한 운송수단」, p. 91.

35 샤를 루이 바라, 「IV. 짐꾼들, 문관의 푯대」, pp. 152~154.

36 에밀 부르다레, 「10장 파주 장이 서던 날」, pp. 288~289.

37 에밀 부르다레, 「11장 태백산성으로 떠나다」, p. 309.

인식을 하였다. 교육자였던 에밀 부르다레는 1901년과 1903년부터 1904년 두 차례 한국을 방문하여 20세기 초 한국의 상업 활동을 지켜보았다. 그는 보부상이라는 상인에 대한 관심을 가졌고, 이들의 역할과 조합원들만의 상징적 표식을 기록하여 그들이 상인 조합인 것을 알 수 있도록 했다고 정보를 제공하였다.

프랑스인들은 국내 상업 활동 중에서 장시보다는 상인에 대한 관심을 더 크게 보였다. 한국을 방문했던 샤를 루이 바라와 에밀 부르다레의 기록을 보면 장터보다는 상인 조합인 보부상에 대한 관심이 높았다. 개항기 전반에 방문한 샤를 루이 바라는 운송수단의 의미를, 개항기 후반에 방문한 에밀 부르다레는 보부상이 하는 역할에 중점을 두었다. 시기별로 같은 상인을 두고 바라보는 관점에 차이가 났다.

미국인들은 한국의 상업 활동 중 장시와 상인에 관심을 보였으나, 장시보다는 상인에 더 큰 주목을 하였다. 이는 장터 자체보다는 상인이라는 인물과 그들의 활동에 초점을 맞춘 인식으로 이해할 수 있다.

알렌은 서울의 중심부에 상인 조합이 있고, 이곳에서 각자의 전문 분야에 따라 전국의 거래를 통제할 뿐 아니라 일종의 은행 구실도 하고 있다고 보았다. 그는 서울의 상인들이 자기 매점 문간에 다리를 꼬고 앉아 있는데, 자신의 물건이 돋보이도록 하는 데에는 관심이 없는 듯하다고 하였다. 그는 거리에 인도를 따라서 진열품들과 함께 금속, 도자기와 식료품을 판매하고 있는 작은 상점들이 있는데, 물건을 사려면 많은 에누리를 붙여야 한다고 하였다. 이유는 상품에는 일정한 가격이 매겨져 있는 것이 아니고 상인들은 손님이 얼마나 낼 수 있는지를 계산하여 값을 부르기 때문이라고 하였다. 또한 한국의 상인들은 서양에서 거래하고 있는 도매와 소매의 거래가 뒤바뀐 것 같다고 언급하였다. 이러한 것은 한국의 특성으로 해석될 수 있으나, 알렌은 이를 상업 활동과 연관 지어 부정적으로 평가하였다.

선교사였던 길모어는 교역이 이뤄지는 장터가 5일마다 열린다고 언급하였다. 길모어는 보부상에 대해 부상과 보상으로 구분하고, 특히 부상의 경우는 정보원이나 군역으로도 활용하고 있음을 나타내었다.[38] 그는 상인의 종류와 조합이 있다는 점을 지적하면서 이러한 조합이 상업 활동 이외에 정보원이나 군역 역할까지 담당한다는 점을 언급하여 장기 체류자로서 상인에 대한 파악을 비교적 정확히 하였다.

선교사 헐버트도 한국에 정기적인 시장이 열리는 특정한 지역이 있다고 언급하면서 오일장을 다루었고, 계절별 상품 품목에 대해서도 서술하였다.[39]

선교사였던 제이콥 로버트 무스는 서울의 새벽시장[40]과 지방의 장날[41]에 대해 자세히 서술하였다. 제이콥 로버트 무스는 서울의 시장에 대해 상인들이 지방에서 직접 물건을 들고 서울로 와서 팔고 바로 내려가기에 새벽부터 거래가 이루어지고 길가에 있는 작은 상점들은 아침부터 서울 사람들을 대상으로 거래한다는 것을 알려주었다. 또한 그는 지방의 장날 모습을 서술하여 장날의 장터가 거래가 이루어지는 장소이기도 하지만, 정보와 소식을 교류하는 장소가 되기도 한다는 점을 제시하였다. 그는 장터에서 거래

---

38 Gilmore, 「CHAPTER VI. DOMESTIC LIFE」, p. 128~129(길모어, 「제6장 가정 생활」, pp. 98~99).

39 Hulbert, 「XX. DOMESTIC AND FOREIGN TRADE」, p. 281(헐버트, 「제20장 국내외 무역」, p. 336).

40 Moose, 「IV. THE CAPITAL」, pp. 53~55(제이콥 로버트 무스, 「04. 조선의 영혼, 서울」, '상점으로 쓰이는 집', pp. 73~74).

41 Moose, 「VII. THE VILLAGE INN」, pp. 79~81(제이콥 로버트 무스, 「07. 여행객들의 쉼터, 주막」, "장 마을' 그리고 '육상열차", pp. 108~110).

되는 물품이 너무 다양해 일일이 언급하기는 어렵지만, 한국 가정에 필요한 물품은 모두 큰 장터에서 구할 수 있다는 점을 강조하였다. 또한 그는 수천 명의 사람들이 처음으로 복음에 관해 듣게 되는 곳도 장터라고 하여 장터의 중요성을 강조하였다.[42] 그는 시장이 하는 역할에 대해 정확히 파악하였다. 그는 선교사로서 지방으로 선교활동을 다니며 한국인을 이해하려고 했다.

제이콥 로버트 무스는 서울의 가게를 가지고 있는 상인은 흥정하여 물건 값을 정하고,[43] 지방의 경우에는 장터를 떠돌아다니는 시골 상인과 농민이 직접 상품을 판매하기도 한다[44]고 하면서 보부상 조직에 대해 서술하였다.[45] 제이콥 로버트 무스와 같이 한국의 시장과 상인에 대한 관심을 높인 서양인들을 찾기 쉽지 않은 점에서 그의 기록이 자료적 가치를 가진다고 하겠다.

이상과 같이 미국인들 중에 헐버트와 길모어, 알렌, 제이콥 로버트 무스 등의 기록을 통해 볼 때, 알렌이나 헐버트는 프랑스의 샤를 루이 바라나 에밀 부르다레와 같이 상인에 대한 관심을 나타냈을 뿐이다. 개항기 전반인 1886년에 들어와 1889년까지 체류한 길모어는 보부상에 대한 역할과 활동에 대해 자세히 기록하였다. 개항기 후반에 방문한 제이콥 로버트 무스의 경우는 주로 서울보다는 지방을 여행하면서 경험한 것을 바탕으로 기록하여 한국인을 이해하려고 노력한 측면을 엿볼 수 있다.

알렌을 제외하고 나머지 서양인들은 선교사라는 공통된 직업군이면서

---

42 Moose, 「XV. THE VILLAGE MERCHANT」, pp. 148~149(제이콥 로버트 무스, 「15. 조선의 동력, 시장과 상인들」, "'있을 것은 다 있는' 장터 · 복음이 전해지는 곳', pp. 201~202).

43 Moose, 「XV. THE VILLAGE MERCHANT」, pp. 144~146(제이콥 로버트 무스, 「15. 조선의 동력, 시장과 상인들」, '싸움 같은 흥정', pp. 196~198).

44 Moose, 「XV. THE VILLAGE MERCHANT」, pp. 146~148(제이콥 로버트 무스, 「15. 조선의 동력, 시장과 상인들」, '장을 따라 떠도는 장사꾼들', pp. 198~200).

45 Moose, 「XV. THE VILLAGE MERCHANT」, pp. 147~148(제이콥 로버트 무스, 「15. 조선의 동력, 시장과 상인들」, pp. 199~200).

장기 체류자로 생활에 익숙하여 장터와 보부상에 대해 보다 구체적인 기록을 남겼다. 한국의 생활에 익숙한 서양인들의 경우에는 장시와 보부상이라는 상인에 대해 구체적으로 서술하여 이후 방문하거나 한국에 관심 있는 서양인들에게 정보를 제공해 주었다. 선교사 직업을 가진 서양인들의 경우에는 상설 시장이 있는 것은 아니지만 날짜별·지역별로 장이 열리기 때문에 잘 이용하면 물건을 구입할 수 있고, 이러한 장터에 사람들이 많이 모이기 때문에 선교활동 하기에 적합한 장소라고 파악하였다. 또한 보부상이 상인 조합을 이루고 있어 상업 활동을 하는 사람이지만, 한편으로 시장에서 얻은 정보원이나 유사시 군역으로도 활약할 수 있다는 점을 지적하였다. 이러한 선교사들의 견해는 장터와 보부상의 특성을 파악하려고 노력했음을 알 수 있는 부분이다. 제이콥 로버트 무스의 새벽시장 관련 내용은 한국인이 게으르다는 편견을 깨뜨리게 하였다.

러시아인들이 한국의 경제에서 관심을 가진 것으로 장시와 상인에 대한 것으로 앞서 프랑스, 미국과 관심 대상이 비슷하다. 카르네프·미하일로프가 장시에 대해 간략히 언급하였다. 알프탄은 프랑스인 달레, 미국인 알렌과 같이 한국의 상업에 대해 부정적인 견해를 나타내었다. 알프탄은 상업 발전의 저해 요인을 들어 서양 우월주의적 사고를 표현하였다. 세로셰프스키는 장시와 상인에 대해 관심이 높았다.

알프탄은 러시아의 국경을 통해 한국에 들어오면서 상업에 대해 언급하길, 경흥을 비롯하여 많은 고을에 일상 생활용품을 파는 상점이 단 한 곳도 없다는 사실은 한국의 상업이 저조함을 보여주는 예라고 하였고, 상점이 없는 것을 보완하기 위해 큰 마을에서는 부근의 주민들이 주기적으로 모여

드는 장이 섰다고 하였다.[46] 알프탄은 북쪽에서는 일상 생활용품을 파는 상점을 보기 어려웠으나 남으로 내려가면 마을도 크고 그 마을에 상점도 있었다고 전했다. 남쪽 각 지역의 상점마다 거의 똑같은 상품을 팔고 있었는데, 긴 담뱃대가 달린 조선 담배와 송곳, 단추, 실, 바늘, 염료, 성냥, 조선산 마포, 작은 거울, 나무빗, 중국산 비단 등이 가게마다 천편일률적으로 진열되어 있었다고 언급하였다.[47]

러시아 군인 장교였던 카르네프·미하일로프는 일행이 마산포에 들렀을 때 한 달에 여섯 번 열리는 장날에 부근 마을에서 쌀과 고기, 생선 등을 공급받을 수 있다고 언급한 것으로 보아 오일장이 열리고 있었음을 나타내었다.[48] 이들은 물건을 공급받기 위한 방법을 제시하고, 또 정보 제공 차원으로 오일장을 언급하였다.

세로셰프스키는 시장의 형성에 대해 언급하면서 시장이 생산 경제에서 중요하다는 것을 지적하였다. 보부상에 대한 기록은 미국인 제이콥 로버트 무스와 비교할 수 있다. 세로셰프스키는 시장 형성의 역사와 시장이 민중들에게 생산 경제로서의 중요성을 지니고 있기 때문에 필수 조건이 되는 것이고, 거래 품목도 생활필수품이 주가 되었음을 서술하였다.[49] 특히 그는 상인으로서의 부상과 보상을 구분하여 부상의 역할을 강조했고, 유럽 상업 단체들이 경쟁해야 할 상대가 부상이라는 점을 지적할 만큼 상인에 대한 관심이 컸다.[50] 세로셰프스키도 1903년 말 당시 한국의 상황을 파악했고, 앞으로 서양인들이 한국에서 경제활동을 하는 데 있어 염두에 두어야 할 상대

---

46 알프탄, '무역과 주요 산업 현황', pp. 255~257.

47 알프탄, '무역과 주요 산업 현황', pp. 256~257.

48 카르네프·미하일로프, '풍요로운 마산포', pp. 142~144.

49 세로셰프스키, 「12장 농부와 가축」, '극동의 최우량종, 한국소', pp. 166~168.)

50 세로셰프스키, 「18장 한국의 상공업과 해외 교역」, '보상과 부상', pp. 267~270.)

를 지적하여 한국의 경제를 관찰하려고 노력했음을 알 수 있다.

이상과 같이 러시아인들 중에 알프탄과 카르네프 · 미하일로프, 세로셰프스키 등의 기록을 살펴보았다. 이들 중에 세로셰프스키를 제외하고 알프탄과 카르네프 · 미하일로프는 군인이라는 직업적 특성과 1895년 12월에 입국했다는 공통점을 가지고 있다. 특히 알프탄은 상업 발전의 저해 요소를 지적하여 한국 상업이 해결해야 할 문제를 제시하였다. 알프탄이 카르네프 · 미하일로프보다 한국의 상업에 대한 관심이 높았다는 것을 알 수 있었고, 문제점을 부각시킨 것은 자국의 우월의식을 가지고 있었기 때문이다. 세로셰프스키는 1903년 10월에 입국해 1904년 1월까지 약 4개월간의 짧은 기간에 많은 관찰을 통해 시장 형성과 이 시장이 미치는 영향에 대해서 언급함으로써 다른 러시아인들보다 관심이 많았음을 확인할 수 있었다.

한국의 국내 상업 활동 중에 장시와 상인에 대해 살펴보았는데, 프랑스인들은 장터보다는 상인에 대한 관심이 높았다. 이것은 샤를 루이 바라나 에밀 부르다레의 경우처럼 탐험가나 교육자라는 직업과도 연관성이 있다고 여겨진다. 즉 이들은 여행하면서 보부상들이 돌아다니는 모습을 자주 목격하게 되었고, 보부상들이 조합을 형성하여 활동하는 것 이외에도 다양한 활동을 함께 병행한다는 점에서 관심을 끌었던 것이다. 하지만 운반 방법에서는 여전히 사람에 의해 행해진다는 점을 지적하였다. 프랑스인들은 한국에서 물건을 운반할 때 자신들이 직접 운반하지 않고 짐꾼이나 사람을 부른다고 하여 사람에 의해 운반되는 것에 대한 충격과 함께 자신들의 서양 우월의식을 드러내었다. 이러한 점은 프랑스뿐만 아니라 미국을 비롯한 다른 열강 국가 서양인들의 기록에서도 보이는 부분이다.

미국인들도 장시와 상인에 대해 관심을 가졌다. 개항기 전반에 입국한 알렌의 경우는 부정적 이미지를 가지고 있어서 프랑스인과 크게 다르지 않다고 볼 수 있다. 하지만 1893년에 입국하여 장기 체류한 제이콥 로버트 무스처럼 시장과 상인에 관심을 많이 가지고 이들에 대한 이해를 높인 미국인도 있다는 점을 인식해야 한다. 미국인들 중에는 20년 이상 한국에 체류한 장기 체류자들이 다른 나라에 비해 많다. 이들은 한국인의 삶에 동화되어 이해하고 수용하는 측면을 보인다는 점에서 다른 국가들과 차이를 찾아낼 수 있다.

러시아인들도 시장과 상인에 대해 관심을 가졌고, 상업 전반에 대한 부정적 인식을 담고 있다. 하지만 한국인들에게 있어 시장의 중요성과 함께 서양인들이 앞으로 무역 활동에서 경쟁상대로 삼아야 하는 상인들에 대해서도 언급하여 러시아가 한국의 경제에 관심이 컸다는 것을 알 수 있다. 또한 한국인 자체에 대한 이해도를 높이고자 했다는 것을 기록을 통해 알 수 있다. 개항기 후반에는 한국과 한국인에 대해 좀 더 세밀한 관찰과 이해를 통한 기록을 남기고자 했다는 것이 관심 대상을 통해 알 수 있다.

서양인들의 직업을 살펴보면 의료선교사나 선교사, 외교관, 탐험가, 작가, 군인 장교, 교육자 등으로 구분할 수 있다. 이 중에서 국내 상업 활동 중 장시와 상인에 대한 관심도가 높았던 직업군은 선교사이다. 이들은 주로 장기 체류하면서 한국 생활에 동화되고 익숙해지면서 다른 서양인들이 호소하는 물품 구입의 어려움이나 불편함보다는 오히려 5일에 한 번씩 열리는 장터가 복음 전파 장소로서 적합하여 선교활동의 긍정적 효과를 기대하기도 했다는 점에서 인식의 차이를 볼 수 있다. 미국의 선교사들을 제외하고는 대부분 자국의 시장과 비교했고, 필요한 물건을 구매하는 데 따른 어려움을 상업의 미발달로 표현하여 자국이 문명화되었음을 강조하였다.

이와 같이 한국의 국내 상업 활동에 대해서 세 나라 모두 관심 대상도 같고 대상에 대한 견해도 비슷하다는 것을 알 수 있었다. 한국의 시장에 관심을 가지는 것은 자국과 관계를 갖기 위해 필요한 관심이고, 자국과 비교하여 시장이 발달하지 못했다는 인식이 대다수이다. 상인에 대한 부분은 한국인이라는 그 자체로 이해하려는 부분도 있다. 또 이들은 한편으로 한국의 상인들이 자국의 상인들과 경쟁해야 하는 입장이기 때문에 관심을 보였고, 그들이 볼 수 없었던 특수한 상업 활동(장시와 상인)에 흥미를 느꼈다.

2) 대외 무역에 대한 인식[51]

서양인들은 한국의 대외 무역에 관해서 주로 개항장을 통해 물건을 들여오고 내보냈으며 관세를 책정하였다고 하였다. 서양인들은 1880년대에 개항장 근처로 제한되었던 행동반경과 거류지가 1890년대에 내륙지방까지 활동할 수 있게 됨으로써 서양인들의 무역 활동이 활발해지게 되었다고 설명하였다. 한국의 수입품은 주로 면직물과 완제품류이고, 한국의 수출품은 원료종류가 많았으며 중국과 일본에게 밀수나 밀무역을 하기도 했다고 언급했다.

프랑스인들은 한국의 경제 중에 대외 무역에 대한 관심보다는 국내 상업 활동에 대한 관심이 높았고, 또한 문호 개방에 대한 관심이 컸다. 또한 경

---

51 김정기, 1990, 「자본주의 열강의 이권침탈연구」, 『역사비평』 11, 역사비평사; 김기정, 1993, 「19세기 후반기 제국주의와 동아시아」, 『1894년 농민전쟁연구』 3, 역사비평사; 최덕수, 1996, 「개항 이후 국제관계와 대외인식」, 『한국역사입문』 3, 풀빛; 2000, 「강화도조약과 개항」, 『한국사』 37, 국사편찬위원회; 이윤상, 1996, 「제국주의의 경제침탈」, 『한국역사입문』 3, 풀빛 등 참조.

제적 이권보다는 종교적 활동에 중점을 두어 외교와 관련된 부분에 관심을 높였다. 대외 무역에 대해 구체적인 기록보다는 주로 문호 개방에 대한 기록을 살펴볼 수 있다.

먼저 프랑스 신부였던 달레는 개항 직전 한국의 무역 상황을 소개했다. 달레는 1870년대 중반 이전, 즉 개항 이전의 무역 상황과 외국과의 관계에 대해 언급하였다.[52] 그는 개항 전 한국의 무역이 주로 중국과 일본에 의해 이루어지고 있었고, 중국과는 국경 무역을, 일본과는 해상 무역을 중심으로 행해지고 있었다는 점을 지적했다. 또한 그는 개항 이전 무역 관계에 있어 제한 조건들을 기록하여 서양 국가들에게 한국과 무역할 때 고려해야 한다는 점을 언급했다. 1870년대 중반에 서양의 국가들은 중국과 일본을 통해 한국의 자원에 대한 관심을 가졌기 때문에 무역에 대한 관심도 컸고, 달레의 무역 관련 기록이 정보 수집에 활용되었을 것이다.

탐험가 샤를 루이 바라는 대원군의 쇄국정책과 천주교 박해에 대해 다루면서 고종의 문호 개방에 대해서도 언급했다. 샤를 루이 바라는 고종의 문호 개방에 대해 우호적으로 표현했다.[53] 이러한 우호적 표현은 자국인 프랑스가 한국과 교류를 할 수 있기 때문에 내린 평가이기도 하고, 문호 개방으로 인해 서양 국가들에 의한 한국으로의 침투가 가능해졌다는 것에 의미 부여를 한 것이다.

외교관 프랑뎅은 1892년에 방문하여 1894년까지 한국에 체류했는데, 한국의 문호 개방과 한불수호통상조약에 대해 다루었다. 대외 무역에 관해서 다루기보다는 개방과 조약에 대해 다룬 이유는 프랑뎅이 외교관이라는 직

---

52 달레, 「XV 산업과 국제관계」, pp. 268~270.

53 샤를 루이 바라, 「I 조선의 사회 행정적 기구」, pp. 66~67.

업 때문이다.

프랑뎅은 외교관으로서 문호 개방에 중점을 두었고, 여기에 의미를 부여했다.[54] 특히 조약 체결로 인해 프랑스인이 얻게 되는 권리를 부각시켰는데, 이것도 서양의 우월의식에 의해 한국을 문명화로 이끌 수 있다는 사고방식의 기록이다. 탐험가였던 샤를 루이 바라도 문호 개방에 의미 부여를 했다. 1894년 이전에 방문한 프랑스인들은 한국의 문호 개방에 대해 프랑스가 한국에 진출할 수 있다는 의미에서 관심이 높았던 것이다.

프랑스의 경우 달레와 샤를 루이 바라, 프랑뎅 등의 기록을 통해 볼 때, 개항 이전의 무역 상황에 대해 언급한 달레를 제외하고 샤를 루이 바라와 프랑뎅은 한국의 문호 개방과 함께 한국이 서양과 조약 체결한 부분에 대해서 긍정적인 평가를 내렸다. 이것은 이전에 한국이 중국·일본과 교역에서 서양과 교역으로 교역의 폭을 넓힌 것도 있지만, 자국의 입장에서 문호 개방과 조약 체결로 인해 국제법상 한국과 교역이 가능하게 되었다는 점에서 긍정적 평가를 내린 것이다.

미국인들은 국내 상업 활동에도 관심이 많았지만 대외 무역에도 관심을 보였다. 미국은 정치적으로 우호적인 관계를 유지하면서 경제적 이득을 획득하는 것이 교류의 목적이었기 때문이다. 흥미로운 점은 샌즈의 기록이다. 프랑스인 프랑뎅이 외교관으로서 문호 개방에 중점을 둔 반면에, 샌즈는 같은 직업인 외교관이지만 이권利權에 중점을 두어 한국의 대외 무역에 대한 전망을 한 점이 차이점이다.

교육자 그리피스는 대외 무역에 대한 전망과 함께 한국을 일본과 비교하

---

54 프랑뎅, 「49. 한국의 개방」, pp. 148~149.

여 여전히 일본이 우위에 있음을 언급하였다.[55] 그리피스는 한국이 대외 관계에서 취해야 할 자세를 언급하였다. 그는 한국의 대외 무역에 대해 개항 이후 한국이 가야 할 방향을 전망하였다는 점이 특징이다. 방문하지 않고도 이러한 전망을 하였다는 것은 열강들이 어떠한 방향으로 갈지를 알고 있었기 때문이다. 또한 일본과 비교하여 일본은 한국과 달리 문명화되었다고 하여 높이 평가한 점에서 같은 문명화론에 입각하여 같은 동양 국가라 하더라도 서양의 우월주의가 다르게 적용된다는 것을 알게 해주었다.

그리피스는 1896년 이후의 상황을 조금 다르게 보았다. 그는 한국의 해외 무역이 계속 증가하고 있었고, 한때 극동에서 가장 지저분하고도 후진적인 도시 중의 하나였던 서울은 미국인의 자본과 노력으로 전기가 들어오고 철도가 부설되고 근대적인 수도가 시설된 깨끗하고 매혹적인 도시로 변했다고 전했다.[56] 이러한 견해는 그리피스의 저서가 1907년에 다시 출간되면서 추가된 내용이다. 그는 해외 무역 증가와 근대적으로 변화한 것에 대해 미국인의 자본과 노력이 함께 했다고 하여 한국이 미국의 도움으로 변화했다는 우월주의를 담고 있다는 것을 확인시켜 주었다.

선교사 헐버트는 대외 무역에 대한 관심이 가장 많았던 서양인들 중에 한 사람으로 조약 체결과 문호 개방으로 인한 무역 상황, 관세 등에 대해 다루었다. 헐버트는 일본과의 강화도조약을 시작으로 서양과 처음 조약을 체결한 것은 미국이었다는 것을 언급하였다. 그는 한국이 서양의 여러 국가들과 조약 체결한 이후인 1884년부터 1894년까지의 변화를 간단히 서술하였다.[57] 그는 문호 개방으로 인해 한국이 서양과의 무역을 통해 성장하고

55 그리피스, 「제49장 경제 사정」, pp. 571~572.

56 그리피스, 「제52장 러일전쟁」, p. 612.

57 Hulbert, 「Ⅷ. THE OPENING OF KOREA」, pp. 114~128(헐버트, 「제8장 문호의 개방」, pp.

있음을 언급했고, 판로에 대해서도 서술하여 서양인들에게 상업 활동에 대한 정보를 제공하였다.[58] 그는 한국 정부의 재원 10여 가지 중에 관세가 포함되어 있음을 언급해 관세가 이루어지는 과정을 설명했다.[59] 헐버트는 조약 체결과 서양과의 무역, 관세 등을 통해 한국이 외국과 외교 고문의 영향을 받게 되었다는 점에서 그리피스와 같은 의식을 가지고 있다. 그는 개방 후, 특히 1901~1904년 사이의 무역에 대해 수출과 수입으로 구분하여 정리했고, 철도 부설로 운송 시설이 갖추어진다면 보다 발전할 가능성이 있다는 점을 시사했다.[60]

샌즈는 외교관으로서 이권利權 외교에 대해 다루었다.[61] 샌즈는 이권에 대해 그리피스와 같은 의견을 제시하여 그리피스가 당시 한국의 대외 무역에 대한 상황과 전망을 정확히 파악하였다고 볼 수 있다. 하지만 샌즈는 이권을 통한 외교로 인해 경제와 정치의 연관성과 함께 한국의 경제 전망을 부정적으로 본 점에서 당시 한국의 경제 상황에 대한 인식을 반영한 것이다. 그가 발전 가능성이나 잠재적 능력에 대한 언급 없이 다른 나라에게 이권을 계속 침탈당할 것이라고 한 점은 한국보다 우월한 열강들이 한국의 자원을 비롯한 경제적 예속을 만들 것이라는 점을 시사한다고 하겠다.

미국의 경우 그리피스와 헐버트, 샌즈 등의 기록을 통해 볼 때, 그리피스는 대외 무역 전망에 대해 일본과 한국을 비교하여 일본의 우위를 제시하

148~164).

58 Hulbert, 「XX. DOMESTIC AND FOREIGN TRADE」, p. 285(헐버트, 「제20장 국내외 무역」, pp. 340~341).

59 Hulbert, 「XV. REVENUE」, pp. 225~233(헐버트, 「제15장 재정」, pp. 269~277).

60 Hulbert, 「XX. DOMESTIC AND FOREIGN TRADE」, p. 284~286(헐버트, 「제20장 국내외 무역」, pp. 339~341).

61 Sands, 「XIII. Concession Diplomacy」, pp. 197~198(샌즈, 「제13장 이권(利權) 외교」, pp. 205~206).

였다. 이러한 그리피스의 견해는 그가 일본에서 1871년부터 1874년까지 3년간 체류하면서 경험한 것을 토대로 비교한 것이다. 이 시기 일본은 메이지유신이 진행되고 있었던 반면, 한국은 여전히 중국 · 일본과의 무역만 고집하고 있었다. 그리피스는 일본이 서양 열강들과 동등한 지위를 확보하게 되었으나, 한국은 그렇지 못하다고 인식하였다. 이러한 인식은 그가 일본에 체류했고, 일본을 통해 한국에 입국한 점과도 무관하지 않다. 헐버트는 1886년에 입국하여 1907년까지 20여 년간 한국에 체류하여 한국의 무역에 대해서 많은 기록을 남겼다. 그는 프랑스인들이 지적한 조약 체결과 문호 개방에 대해 다루면서 한편으로 한국이 서양과 무역을 통해 성장하고 그에 따른 관세 수입도 증가했다고 하여 긍정적 평가를 내렸다. 미국의 외교관이었던 샌즈는 국가 간의 관계를 염두에 두고 파악하여 이권 외교와 관련된 부분을 지적했다. 이것은 서양에게 이익이 되겠지만 한국에게 이익이 되지 않고 오히려 경제적 예속을 초래할 수 있다는 점을 나타낸 것이다.

러시아인들은 한국의 경제에 있어 대외 무역과 관련해 관세, 열강의 도움, 무역 상황의 부진, 무역 관계에서의 문제 등을 관심 대상으로 꼽았다. 이것은 미국과 비슷하다고 하겠다.

러시아의 행정관리였던 다데슈칼리안은 방문 당시인 1880년대 중반에 한국의 관세 수입이 초기 단계이지만 시간이 갈수록 큰 규모로 발전할 것이라고 전망했다. 그는 한국에 육지 세관과 해양 세관, 두 개의 세관이 있는데, 육지 세관은 러시아와 청국 국경에 있는 지방 책임자의 관할하에 있고 육지 세관을 정확하게 관리하면 수입은 청국 국경에서 매우 클 것이라고 전망했다. 그에 의하면 해양 세관은 유럽식으로 조직되어 있고 외국인에게 개항된 부산, 원산, 제물포 등 세 항구에서 활동했으며, 이 항구들의 개항과 함께 한국에서 국제 무역과 유럽 세관의 활동이 시작되고 있었다고 전했다.[62] 다데슈칼리안은 한국인들이 서양인들로부터 근대적 문물에 대한 지식을 전수 받고 있음을 언급하여 문명 전수와 서양의 우월의식을 반영하였다.[63] 다른 서양인들이 한국의 대외 무역에 대한 전망을 부정적으로 보았으나 다데슈칼리안은 1880년대 중반의 관세 수입 면에서 발전할 것이라고 보았다.

육군 중령 알프탄은 한국의 무역과 주요 산업 현황에 대해 언급하길, 한국의 무역은 아직 걸음마 단계에 있다고 하였다. 주요 품목은 가축, 여우 모피, 가죽, 생선 등이었는데, 지적할 사항은 한국인들이 어업에 종사하기를 꺼려 일본인들이 한국 바다에서 물고기를 잡는다는 점을 언급하였다. 또 무역의 전문성이 결여되어 있어 산업 발전이 극도로 부진하기 때문에 한국의 국내 산업은 더욱 비참한 상황에 처해 있다고 전했다. 대표적인 산업으로 놋그릇 제조, 갓 제작, 토기 공장, 종이 생산 등에 대해 다루었고 그 밖에 기억나는 상품으로 나막신, 나무상, 목침, 악기, 활, 소총 등이 있다고 나열했다.[64] 이러한 견해는 한국의 무역이 아직 초기 단계이나 무역의 전문성이 결여되어 산업 발전이 부진하다고 보아 한국의 발전을 전혀 고려하지 않는 우월의식을 나타낸 것이다.

러시아 장교 카르네프 · 미하일로프는 부산항을 통해 대외 무역을 정리하였다. 부산항이 공식적으로 개방된 것은 1883년 이후라고 하였고, 1895년 부산의 총무역량은 1893년과 비교하였을 때 53할 이상 증가했다고 전했다.

62 다데슈칼리안, '재무부-탁지부', pp. 193~194.

63 다데슈칼리안, '재무부-탁지부', pp. 194~195.

64 알프탄, '무역과 주요 산업 현황', pp. 255~257.

가장 많이 수입된 것은 일본 상품이고, 그다음이 독일산, 영국산 순이었다고 하였다. 주요 품목으로 회색 세틴, 일본산 직물, 목면포와 모슬린, 등유, 비단, 소금, 일제 성냥 등이었다. 수출은 수입보다 조금 적은 편이나 가죽, 면직물, 대두, 쌀, 생선, 종이, 해초 등의 제품을 내보내 점차 수입과 수출량이 비슷해지고 있음을 알렸다.[65] 이들은 블라디보스토크에서 나가사키로, 나가사키에서 부산으로 들어오는 여행경로를 통해 부산의 무역에 대해 관심을 가졌고, 부산이 대외 무역의 대표적 항구로 인식하여 부산을 통한 대외 무역을 기록한 것이다. 이 기록을 통해 1895년, 즉 1890년대 중반 한국의 무역에 대한 수입품과 수출품 품목도 함께 알 수 있다. 이들이 러시아 군인이었음에도 무역에 대해 자세히 기록을 남긴 것은 서양에 알리기 위해 서라기보다는 자국에 보고하기 위해 자세히 조사했다.

작가 세로셰프스키는 교역 협정 순서는 미국, 중국, 영국과 독일, 이탈리아, 러시아, 프랑스, 오스트리아-헝가리 순이었다고 서술하였고, 개항장 중심의 선박 출입을 다루었다. 세로셰프스키는 교역 협정 순서를 언급하였고, 개항장 중심으로 서양인들의 활동 범위와 교역을 위해 들어오는 선박들에 대해서 출입이 가능함을 기록했다.[66] 1903년 말에서 1904년 초에 방문한 기록이기 때문에 20세기 초 한국의 대외 무역과 관련한 사항을 제공했다. 그는 개항 직후 일본이 얻은 권리에 대해 부산·원산·제물포 세 항구와 그 반경 5km 이내의 지역에만 국한되어 있었다고 하였다. 그는 일본에게 물건을 파는 한국 상인들이 관헌의 탄압과 뇌물 수뢰와 간계를 상대해야만 했기에 정상적인 교역은 엉망이 되어 이윤 높고 손쉬운 밀수로 전

---

65 카르네프 · 미하일로프, '부산의 무역 현황', pp. 28~31. 수입품과 수출품에 대해 품목과 가격을 정리해 놓은 표를 참고할 만하다.

66 세로셰프스키, 「18장 한국의 상공업과 해외 교역」, '일본의 한반도 교역 전략', pp. 275~277.

락하게 되었다고 하여 개항 직후의 무역 상황을 언급하였다.[67] 또한 그는 한국의 해외 무역 수치를 대조해 볼 때 수출이 수입보다 훨씬 빠르게 증가하고 있고, 소득의 주요 시장이 일본임을 알 수 있다고 하였다.[68] 이러한 견해는 한국 상인들의 교역 어려움으로 관리의 탄압과 뇌물을 들어 관료제에 대한 비리를 언급했고, 그로 인해 밀수라는 문제를 발생시켰다고 하여 한국의 관료제에 대한 평가를 부정적으로 인식했음을 알 수 있다.

러시아의 경우 다데슈칼리안과 알프탄, 카르네프 · 미하일로프, 세로셰프스키 등의 기록을 볼 때, 다데슈칼리안은 1885년 방문하였기 때문에 1880년대 중반의 한국의 관세 수입에 대해 초기 단계이지만 발전할 것이라는 전망을 하였다. 그는 한국의 세관으로 육지 세관과 해양 세관으로 구분하여 육지 세관은 러시아와 청의 국경 지역을 중심으로, 해양 세관은 개항한 항구를 중심으로 이루어질 것이라고 예견했다. 그는 행정관리이지만 러시아에게 한국의 경제가 중요한 관심사였고, 특히 무역과 관련된 부분이 중요한 정보이기 때문에 관심을 가졌던 것이다. 장교였던 알프탄과 카르네프 · 미하일로프는 러시아 정부에 보고하기 위해 한국의 무역과 산업 현황을 조사했고, 세로셰프스키는 작가로서 1903년 말 한국의 무역 상황과 무역의 문제점으로 밀수를 들어, 보다 현실적인 기록을 남겼다.

이와 같이 한국의 대외 무역에 대한 기록을 살펴보았는데, 프랑스와 미국 · 러시아 간 약간의 차이를 엿볼 수 있었다. 프랑스인들은 한국 경제 분야에서 대외 무역보다는 국내 상업 활동에 관심을 더 가졌다. 미국인들은

---

67 세로셰프스키, 「18장 한국의 상공업과 해외 교역」, '개항 전후의 무역 사정', pp. 272~275.

68 세로셰프스키, 「18장 한국의 상공업과 해외 교역」, '한국의 수출 · 수입 품목과 교역량', pp. 277~282.

국내 상업 활동과 마찬가지로 대외 무역에도 관심을 크게 보였다. 러시아인들은 대외 무역에 대한 관심을 높였다. 즉 대외 무역 부분에서는 미국과 러시아가 관심을 높인 반면, 프랑스는 관심이 덜하였다는 것을 확인할 수 있었다.

프랑스인들은 대외 무역에 대해 경제적 이익이나 무역 활동보다는 문호 개방과 조약 체결이라는 교류와 외교 관계에 중점을 두었다. 미국인과 러시아인들은 경제적 이익과 관련한 무역 상황에 중점을 두었다. 대표적으로 프랑스의 프랑뎅은 외교관으로서 문호 개방에 초점을 맞춘 반면, 미국의 샌즈는 같은 외교관이었지만 이권 외교에 초점을 맞추었다는 것을 통해서도 알 수 있듯이 국가 간의 관계를 중심으로 입장을 표명한 것이다.

이렇게 차이를 보이지만, 세 나라 모두 서양 중심의 우월의식을 가지고 있다. 프랑스는 문호 개방과 조약 체결을 통해 문명의 전파를 강조하였고, 미국과 러시아는 경제적으로 한국에 도움을 주는 국가임을 내세웠다. 이러한 서술은 결국 그들의 의식 속에 자리한 우월의식이 대외 무역에도 그대로 반영되었음을 보여준다.

국가별 인식을 정리하면, 프랑스인들은 한국의 경제 중에 대외 무역에 대한 관심보다는 국내 상업 활동에 대한 관심이 높았고, 또한 문호를 개방한 것에 대해 관심이 컸다. 프랑스인들은 경제적 이권보다 종교적 활동에 더 큰 비중을 두었으며, 외교와 관련된 사안에도 관심을 기울였다. 프랑스인들은 대외 무역에 대해 구체적인 기록보다 주로 문호 개방에 대한 기록을 더 많이 남겼다. 프랑스인은 대외 무역의 직접적인 교류를 기록하기보다는 종교적 · 문화적 · 외교적 측면에서 국가 관계 형성에 의미를 두었으며, 이에 따라 문호 개방과 조약 체결에 중점을 둔 것으로 파악된다. 이것이 대외 무역에 관심이 있는 미국인, 러시아인과 다른 점이다.

미국인들은 한국의 경제에서 국내 상업 활동에도 관심이 많았지만 대외 무역에도 관심을 보였다. 미국은 정치적으로 우호적인 관계를 유지하면서 경제적 이득을 획득하는 것이 교류의 목적이었기 때문이다.

미국인들은 한국의 문호 개방과 조약 체결에 대해 우호적으로 평가하였다. 이후 대외 무역 상황에서 미국의 도움을 받아야 한다고 한 점이나 열강들에게 이권을 빼앗긴다는 점에서 한국이 서양에 비해 경제적으로 발달되지 못한 나라라는 인식을 주었다. 이것은 한국이 대외 무역을 통한 경제 발전을 이루기 위해서 미국의 도움이 필요하다는 것을 역설한 것이다. 즉 서양의 우월의식, 미국의 우월의식을 그대로 나타내었다고 하겠다.

러시아인들은 한국 경제에 있어 대외 무역과 관련해서 관세, 열강의 도움, 무역 상황의 부진, 무역 관계에서의 문제 등을 관심 대상으로 꼽았다. 이것은 미국과 비슷하다고 하겠다.

러시아인은 미국과 같이 대외 무역에 대한 관심이 높았다. 국경과의 근접성과 기존의 교역 경험으로 인해 경제적 이익을 얻을 수 있다고 판단하여 대외 무역에 관심을 보였으며, 관세 부과나 조약 체결에 따른 개항장 출입 등에 대해 서술하였다. 다데슈칼리안만이 관세 수입에 대한 전망을 긍정적으로 하였다. 반면 이후 방문한 러시아인들은 개항 이후 무역이 초기 단계로 발전이 부진해 국내 상업 활동에까지 영향을 미쳤다고 하였다. 그들은 관료들의 부정부패로 인해 상인들의 밀수가 생기는 문제를 발생시켰다고 보아 부정적인 인식을 강하게 드러내었다. 이것은 미국인이 미국의 도움을 받아야 한다고 했던 것과 별반 다르지 않다는 생각이다. 즉 한국은 무역에 있어서 러시아의 도움을 받고 러시아에게 경제적 이익을 안겨 주어야 한다는 것이다.

직업별로는 선교사, 교육자, 행정관리와 외교관, 탐험가, 작가 등의 직업군으로 구분할 수 있다. 행정관리나 외교관 등의 경우에는 자국의 이익 창출을 위해 수출품과 수입품 관련 자료조사나 교역의 발전 가능성, 이권 외교 등에 중점을 두었다. 선교사나 탐험가 등은 문호 개방과 조약 체결로 외국인들이 들어올 수 있는 길이 열렸다는 점에 의미를 부여하였다. 교육자(그리피스)의 경우 일본 체류 경험을 토대로 비교하였고, 작가(세로셰프스키)의 경우 20세기 초 한국의 무역과 무역의 문제점에 중점을 두었다.

3. 가부장제 사회와 여성의 지위에 대한 인식

서양인들은 한국의 사회문화에 대해 많은 관심을 보였다. 19세기 초부터 신분 계급의 붕괴 현상이 진행되면서 19세기 말에 신분제의 해체기로 여러 계급이 생겨났는데도 서양인들의 시각에서는 양반과 관료 중심의 사회가 조성되어 관습이 남아있음을 언급하였다. 한국은 양반 중심의 사회라는 표현을 많이 하였고, 관료제의 결과로 나타난 사회현상에 대해서도 지적하였다. 또한 한국의 사회는 남성 중심의 가부장제 사회여서 여성의 지위는 거의 존재하지 않는 것으로 여겨진다고 언급하였다.

이 글에서는 신분제에 대한 인식은 앞서 살펴본 관료제로 대신하고 남성 중심의 가부장제와 여성의 지위에 대한 인식을 중심으로 살펴보려 한다.

1) 남성 중심의 가부장제 사회에 대한 인식[69]

서양인들은 한국이 남성 중심의 사회로 가장의 권위를 중시하는 가부장제이면서 가족을 중시했다고 언급하였다. 서양인들은 한국인들이 부모에게 효도하고 복종하기를 요구하며, 조상을 숭배하는 것이 강하다고 하였다. 서양인들은 한국인들이 가족을 중시하여 가장의 권위와 함께 장자를 중요시하고 재산을 장남에게 물려주는 장자상속제에 대해 언급하였다. 장자를 중시하는 것에 대해 대代를 이어야 한다는 관념 때문에 남아선호사상과 입양이 보편화되었다고 하였고, 아버지의 성을 따라 이름을 짓는데 이름에도 규칙이 있다고 지적하였다.

서양인들은 한국을 남성 중심의 사회로 인식했는데, 특히 가장의 권위와 가부장제를 특징으로 내세웠다. 서양인들은 이러한 특징으로 가족제도, 즉 친족관계가 중요하게 작용했음을 지적하였다.

프랑스인들은 한국의 가부장제와 가족제도에 주목하였으며, 자국과 비교했을 때 개인보다 가족을 더 중시하는 긴밀한 공동 이해관계가 형성되어 있다는 점에서 문화적 차이를 인식하였다.

달레는 가족제도에 관심을 보여 친족관계 형성과 공동의 이해관계에 중점을 두었다. 달레는 친족관계가 서양에 비해 긴밀하게 연결되어 있고, 공동 이해관계가 형성되어 상부상조하였음을 언급하면서 가족 간의 유대관계 또는 연대 의식이 강하다는 점을 강조하였다.[70] 이러한 인식은 서양의

---

69 이배용, 2001, 「서양인이 본 한국근대사회」, 『이화사학연구』 제28집, 이대사학연구소; 오인영, 2003, 「서양인이 본 한국과 한국인」, 『개화기 한국과 세계의 상호 이해』, 단국대학교 동양학연구소; 김현숙, 2009, 「서양인 여행기에 표상된 '공존 · 공생'의 조선사회상」, 『역사와 담론』 제54집, 호서사학회 등 참조.

근대 사회가 개인 중심의 경쟁 관계로 가는 반면, 한국은 여전히 공동체 의식을 가지고 있다는 점에서 비교 대상으로 삼았다.

교육자였던 에밀 부르다레는 한국은 가부장적 가족제이고, 연대 의식이 오히려 악용될 수 있음을 지적하였다.[71] 에밀 부르다레는 한국 가족제도의 특성으로 가부장적 가족제도를 지적하였다. 그는 1901년과 1903년부터 1904년 두 차례 방문하면서 자국의 가족제도에 있어서 친족관계를 중시한다는 공통점을 언급하였다. 이러한 언급은 동양과 서양이라는 이분법적 구분이 아니라 인간 관계상 가족을 중요시하는 것으로 어느 나라나 어느 민족이나 마찬가지라는 점을 강조하고자 서술했다. 그는 가족관계를 중시한다는 공통점과 달리, 한국인들은 친척 부양의 의무를 오히려 악용한다는 점을 부정적으로 보았다.

이렇게 프랑스인들 중에 대표적인 달레와 에밀 부르다레의 기록을 살펴보았다. 에밀 부르다레는 20세기 초에 방문하여 달레와 시기상 차이를 보였으나, 한국의 가부장제와 가족제도에 대해서 표현을 달리할 뿐 비슷한 견해를 보였다. 즉 달레가 지적했던 가족 간의 친밀함과 공동체적 이해관계(유대관계)가 서양보다 많다는 점과 가족 부양에 대해 의무적으로 생각하고 도와주며 생활한다는 점은 이후 방문한 에밀 부르다레에서도 확인되는 내용이다. 하지만 에밀 부르다레는 이러한 가족제도의 특성을 오히려 악용하는 사례를 직접 눈으로 보았기 때문에 가족제도의 문제점으로 지적하였다.

프랑스인들은 가부장제에 대해서는 한국 사회 가족제도로서 인식하였던 측면이 강하고, 가족제도의 장단점을 파악하여 사회적 특성을 나타내고자

---

70 달레, 「X. 가족제도」, pp. 202~205.

71 에밀 부르다레, 「5장 여성 지위의 변천과 신분계급」, pp. 137~138.

하였다. 가부장제에 대해서는 정치나 경제에 비해 강한 부정적 인식을 나타내지는 않았다. 즉 한국의 정치나 경제에 비해 동양과 서양의 이분법적 구분이나 우월의식을 뚜렷이 나타내지 않았다.

미국인들은 한국의 가부장제와 가족제도에 대해 혈족 중심의 유대관계를 형성하였고, 민족의 특성으로 가부장제를 꼽았으며, 단일 가족이 아닌 대가족 중심의 사회라고 인식하였다.

교육자였던 그리피스는 한국뿐만 아니라 동아시아에서 가족의 유대가 얼마나 중요한지를 지적하면서 이 유대로 인한 문제점을 언급하였다. 그리피스는 한국 가족의 유대가 혈족 중심인 혈족주의로 이루어져 상부상조와 연대책임에 대해 불평이 없다는 점을 서양인과의 차이로 들었다. 그는 이러한 혈족 중심의 유대관계가 선교활동과 개인적 변화나 개인적 발전에 장애물이 되고 있음을 지적하였다.[72] 즉 서양인들은 가족의 유대도 중요하지만, 그보다 개인의 발전을 더 중요하게 여겨 이러한 혈족 중심의 공동적 이해관계가 긍정적으로 보이지 않았다.

외교 사절이었던 로웰은 한국의 민족적 특성으로 비개성적 특성과 함께 가부장제를 다루었는데, 이것은 서양과 비교하여 공동으로 이해관계를 형성한 것에 대한 견해를 밝힌 것이다. 로웰은 한국의 사회적 특성이자 민족적 특성으로 비개성적 특성과 가부장제, 그리고 여성의 지위 부재를 들었다. 그는 그중에 가부장제의 경우 비개성적 특성과 함께 다루어지면서 한국인들이 공동체적 이해관계를 형성해 개인주의와 개성이 없다고 보았다. 그는 이러한 공동체적 이해관계가 가부장제에 의한 가족의 유대관계와 연

72 Griffis, 「XXIX. CHILD LIFE」, pp. 260~261(그리피스, 「제29장 아동 생활」, pp. 340~341).

관이 있다고 보았다.[73] 이러한 견해는 그리피스와 마찬가지로 서양의 개인주의에 대비되는 대상으로서 서양과의 차이를 드러낸 것이다.

선교사였던 제이콥 로버트 무스는 한국인들이 개인보다 가족을 중요시하고, 대가족을 이루어 살고 있다는 점과 함께 가족의 구성원과 가장을 비롯한 가족의 서열에 대해 서술하였다.[74] 그는 오랜 체류 기간과 한국인의 생활에 대한 관심이 많아 가족에 대해 관심을 가졌고 서열화까지 파악한 것이다.

외교관이었던 샌즈는 한국의 가족생활은 고대 씨족 체제에 기반을 두고 있다고 간략히 언급하였다.[75]

교육자였던 와그너는 가족의 개념과 함께 가장인 아버지에 대한 권한과 권위에 대해 언급하였다.[76] 와그너의 또 다른 저서에서는 개인보다 가족을 중요하게 여기는 것을 지적함과 동시에 가부장제로 인해 가장이 친척들의 생활까지 책임져야 하는 것을 경제적 저주로 표현하였다.[77] 와그너는 여성으로서 서양의 가문을 한국의 가족과 대비시켰고, 가장의 권위와 함께 가장의 가족 부양의 의무를 동시에 지닌다는 점을 지적하여 가족 부양에 대해 부정적으로 보았다.

이상과 같이 미국인들 중에 그리피스와 로웰, 제이콥 로버트 무스, 샌즈, 와그너 등의 기록을 살펴보았다. 이들의 방문 시기와 체류 기간을 살펴보

73 로웰, 「12장 원리의 3화음」, p. 102. 로웰은 한국의 사회적 특성에 대해 '원리의 3화음'이란 표현을 사용했는데, 원리의 3화음이란 '비개성의 특질 · 가부장제 · 여성의 지위 부재' 3가지를 일컫는 말이다. 비개성의 특질에 대한 자세한 내용은 「13장 비개성의 특질」, pp. 104~111, 가부장제에 대한 자세한 내용은 「14장 가부장제」, pp. 112~119, 여성의 지위 부재에 대한 자세한 내용은 「15장 여성의 지위」, pp. 120~127을 참조하길 바란다.

74 Moose, 「VI. THE VILLAGE FAMILY」, pp. 73~74(제이콥 로버트 무스, 「06. 이 나라에는 home이 없다」, '"집, 집, 천당 집"', pp. 99~100).

75 Sands, 「CHAPTER II : Korea」, p. 36(샌즈, 「제2장 조선」, pp. 46~47).

76 와그너(1911), 「제4장 어린이의 옥내외 놀이」, pp. 35~36.

77 와그너(1931), 「제5장 가정생활」, '전원생활', pp. 110~111.

면, 그리피스는 방문하지 않았고, 로웰은 1883년 10월부터 1884년 3월까지, 제이콥 로버트 무스는 1893년부터 1918년까지, 샌즈는 1898년부터 1905년까지, 와그너는 1904년부터 1940년까지 체류하였다. 로웰은 단기 체류자이고, 나머지는 장기 체류자들이다. 직업별로는 교육자와 외교 관련 직업, 선교사로 구분할 수 있다. 선교사였던 제이콥 로버트 무스와 여성이었던 와그너의 경우 한국과 한국인에 대한 관심이 높아 가부장제와 가족제도에 대해서도 자세히 기록하였다.

그리피스는 한국에서 가족의 유대가 혈족 중심의 혈족주의로 상부상조와 연대책임에 대해 서양과의 차이로 보인다고 서술하였다. 그는 이러한 유대관계가 오히려 선교활동이나 개인적 변화 및 개인의 발전에 장애물이 된다는 문제점으로 지적하였다. 이것은 그가 한국의 특성이나 장점으로 보기보다는 문제점을 강조한 측면이 크다. 로웰은 한국의 사회적 특성으로 가부장제를 지적했는데, 특성이나 장점으로 파악한 것이 아니라 서양의 개인주의와 개성과 대비되는 것으로서 비판적 입장을 표현하였다. 제이콥 로버트 무스는 선교사로서 25년가량 한국에서 체류하고 선교활동을 벌이면서 한국의 가족에 대한 관찰이 가능했고, 일반적인 가정의 모습을 볼 수 있어서 가족 안에서 서열화까지 파악하였다. 샌즈는 외교관으로서 가족제도에 대해 간략히 언급하였다. 와그너는 여성 교육자로서 한국의 가족생활이 고대 씨족 체제를 기반에 두고 이어져 내려왔다는 점과 자국과 다른 씨족 중심의 생활이 유지되고 있는 점을 지적하였다. 이러한 견해는 35년 이상 한국에 체류했고 여성으로서 한국의 가정생활에 대한 전통에 관심을 가졌기 때문에 가능하다.

미국인들은 가부장제를 특성으로 파악하면서 가족제도가 개인이 아닌 대가족 중심의 유대관계와 이해관계가 형성되어 움직인다고 인식하였다.

미국인들은 이러한 가족제도를 긍정적으로 평가하기보다는, 그것이 개인의 발전을 저해하고 기독교 선교 활동을 어렵게 한다는 점을 강조하였다. 즉 유대관계나 연대 의식이 강해서 기독교 선교에 방해로 작용한다거나 공동체 의식으로 인해 개인의 개성이 전혀 고려되지 않는다는 점을 강조하여 변화해야 한다는 것을 간접적으로 드러내었다. 또한 미국인들은 10년 이상의 장기 체류자들이 한국에서 생활하면서 가정생활에 대한 관심을 높여 가족의 의미와 가족과 친족간의 유대관계 등에 대해 파악하였다. 미국인들은 한국 사회에서 가정생활과 관련된 부분에 대해 소개 정도에 그칠 뿐, 부정적이지는 않았지만 반대로 긍정적으로 평가하지도 않았다. 즉 이들은 가족제도의 장점보다는 자신들의 입장에서 문제점을 더 부각시킨 측면이 있다.

러시아인들은 대부분 군인으로 탐사 목적을 가지고 방문한 사람들이 많아 한국의 가부장제나 가족제도에 관심을 기울이지 않았다. 러시아인들은 탐사하면서 한국인을 만나 이야기를 듣기는 하지만 굳이 기록에 남겨야 할 만큼 중요하게 여기지는 않았던 것으로 판단된다.

육군 중령이었던 알프탄은 한국의 친인척 관계의 긴밀함과 상호 협력 및 보증으로 인한 연대책임을 서술하였다.[78] 알프탄은 한국의 가족제도에 대해 유대관계에 대해 언급하면서 상호 협력과 보증을 기록하였다. 이러한 것이 한국인에게는 당연하게 여겨지는 것이지만 서양인들에게 가족이라는 이유만으로 자신이 진 빚도 아닌 것을 대신 갚아주는 상호 보증은 부당하다는 인식을 보였다.

작가이자 인종학자인 세로셰프스키는 가족제도와 가부장제에 대해 다른

---

78 알프탄, '조선인들의 가족 관계', pp. 265~266.

서양인들보다 자세히 서술하였다. 세로셰프스키는 가족을 가문 또는 일족, 즉 혈족을 중심으로 한 단일 가족을 가문으로 파악하였고, 상호 협력을 통한 유지와 기록물인 족보에 대해 다루었으며,[79] 가장의 역할과 결정권이 절대적임을 강조하였다.[80]

러시아인들은 앞서 언급한 대로 한국의 가부장제나 가족제도에 관한 관심보다는 정보 수집에 목적이 있어 한국인들을 만나 한국과 관련한 정보 중에 사회적 관심보다는 경제와 정치 분야에 치중하였다. 이러한 사회제도와 관련한 부분에 대해서 '한국은 대가족 중심이다.'라는 식의 간단한 서술 이외에는 자세한 내용이 담긴 기록을 찾아보기 어렵다.[81] 그중에 세로셰프스키는 학자로서 가족제도와 가부장제에 관심을 보였다.

이상과 같이 한국의 사회 중에서 가부장제와 가족제도에 대한 서양인들의 인식을 살펴보았다. 세 나라 모두 대가족제와 가족의 유대관계, 불평 없는 호의 등에 대해 다루었다. 하지만 프랑스와 미국은 자국이나 서양과 한국을 비교하여 차이를 나타낸 반면, 러시아는 가족에 대한 소개 정도로만 그쳤다는 점에서 국가별 차이를 보였다.

국가별로 인식을 정리해 보면, 프랑스인 달레와 에밀 부르다레는 동양과 서양의 가족을 비교하면서, 친족 간 긴밀한 유대가 상부상조의 장점이 되는 동시에 일부 친척이 이를 악용하거나 남용하는 단점도 있다고 지적하였다.

미국인들의 경우는 방문하지 않거나 단기 체류자일 경우에 달레와 같이

---

79 세로셰프스키, 「14장 가문과 여성의 지위」, pp. 193~195.

80 세로셰프스키, '부드럽고 선한 폭군', pp. 195~198.

81 알프탄은 한국의 친인척 관계의 긴밀함과 상호 협력 및 보증으로 인한 연대 책임을 서술하였다(알프탄, '조선인들의 가족 관계', pp. 265~266).

가족의 유대관계를 중시한다고 보거나 개인주의와 개성이 없는 대신 가부장제에 의한 유대로 공동체적 이해관계를 형성했다고 파악하여 서양과의 차이점을 나타내었다. 하지만 미국인들은 이에 대해 동양의 특성이나 고유성으로 보기보다는 서양과 다른 차이로만 보는 경향이 강했다. 반면 장기 체류자일 경우에는 오랜 시간 동안 한국에서 생활하면서 한국인들을 지켜보았기 때문에, 보다 세심히 관찰하여 자세히 기록을 남겼다. 이들은 가족의 서열화를 지적하거나 서양의 가문과 한국의 가족이 의미하는 차이를 기록하기도 하였다.

러시아인들의 경우에는 프랑스인과 미국인들에 비해 관심을 덜 가졌는데, 이것은 체류 기간과도 연관이 있다고 볼 수 있다. 러시아인들은 직업이 군인인 경우가 많아 체류 기간도 짧고 주로 한국의 지리나 경제 분야에 관심을 두었기에 가부장제나 가족제도와 같은 사회생활에 대한 부분에는 관심을 덜 기울였다. 러시아인들은 한국의 가부장제와 가족제도에 대해 남성 중심의 사회제도로서 가장의 권위를 강조한다거나 대가족제이면서 가족의 유대관계를 강조하는 간략한 소개 정도에 머물렀다.

직업별로는 교육자, 외교 사절과 외교관, 신부와 선교사, 인종학자, 탐험가 등으로 다양하다. 그러나 직업별로 인식의 차이를 보이지 않았다. 국가별에서 살펴보았다시피 굳이 차이를 찾아보면 체류 기간별 차이를 보인다고 하겠다. 당연한 지적일 수 있지만 단기 체류자들은 사회제도로서 단편적으로 인식하거나 제도의 문제를 지적한 반면, 장기 체류자들은 가정생활을 좀 더 자세히 관찰하여 기록으로 남겼다.

이와 같이 서양인들은 한국의 가족제도에 대해 주로 혈족 중심의 대가족을 이루는 친족관계를 형성하여 긴밀한 유대관계를 유지하면서 서로 상부상조하는 형태라고 나타내었다. 여기에는 부모를 공경하고 혈족을 중시하는 유교적 인식이 바탕을 이루고 있다고 하겠다. 이러한 관계가 선교사들이 선교활동을 하는 데에 방해가 되는 요소로 작용한다는 점은 기독교나 천주교로 종교를 바꾼다는 의미와 함께 개인의 변화를 나타내는 것으로, 대가족제 중심인 한국 사회에서 용납하기 어려웠다.

결국 서양인들은 한국 사회가 남성 중심의 사회이자 가장의 권위가 절대적인 가부장제와 혈족 중심의 가족제도를 가지고 있다는 점을 인식하면서 여성에 대해서도 관심을 가졌다.

서양인들은 한국의 가부장제와 함께 가족제도를 언급하면서 조상에 대한 숭배를 중요시한다고 지적하였다. 이것이 선교활동에 장애물이 되기도 한다고 전했다. 서양인들은 가부장제와 가족제도에 대해서 사회제도로서 파악한 측면이 크다. 서양인들은 그에 따른 의식이자 사상 또는 종교로서 조상숭배에 대해 파악하면서 선교활동의 장애가 된다는 이유를 들어 부정적인 견해를 밝혔다.

2) 여성 지위에 대한 인식[82]

서양인들은 한국은 여성의 지위가 존재하지 않는 것처럼 보인다고 하였

82 한국역사연구회 지음, 1998, 『우리는 지난 100년 동안 어떻게 살았을까』 3, 역사비평사; 백성현 · 이한우 지음, 1999, 『파란 눈에 비친 하얀 조선』, 새날; 강명관, 2003, 『조선의 뒷골목 풍경』, 푸른역사; 국사편찬위원회, 2009, 『이방인이 본 우리』, 두산동아; 조현범, 2009, 『문명과 야만-타자의 시선으로 본 19세기 조선』, 책세상; 이배용, 2001, 「서양인이 본 한국근대사회」, 『이화사학연구』 제28집, 이화여자대학교 이화사학연구소; 2002, 「개항기 서양인 저술에 나타난 한국여성에 대한 인식」, 『한국사상사학』 제19집, 한국사상사학회; 임장혁, 2002, 「개항기의 서양인이 본 한국문화」, 『코리아 스케치』, 국립민속문화사; 허병철, 2006, 「개화기 서양인 출판물에 나타난 조선에 대한 인상」, 『경상사학』 제22집, 경상대학교 경상사학회; 이영미, 2008, 「개화기 서양인 여행자들이 본 한국 여성」, 인하대대학원 석사학위논문 등 참조.

다. 서양인들은 한국이 남성 중심의 사회로 가장의 권위와 아들을 선호해 아내나 딸의 입장은 고려되지 않는 것으로 여겼다. 서양인들은 한국에서 여성의 지위 부재에 대해 많이 언급하였다. 그 이유로 이름이 없다는 것과 여성의 경우 격리 · 은둔 · 고립을 시켜 사회활동을 하지 못해 존재하지 않는 것처럼 여기는 것과 결혼 후 아내와 며느리라는 입장이 남편과 시어머니에게 복종해야 하는 것이기 때문으로 지적하였다. 특히 서양인들은 여성 선교사나 의사의 경우 여성의 격리 · 은둔 · 고립 등으로 한국 여성을 만나기 어렵기 때문에 선교활동에 장애가 된다고 보았다. 또 서양인들은 의료활동을 하려고 해도 한국 여성을 만나기가 어려워 치료 시기를 놓치는 것에 안타까움을 표시했다. 서양인이 보았을 때 한국에서 여성이 지위를 인정받는 것은 아들을 낳아 어머니가 되는 것이라고 하여 절대적인 지위 부재로 표현하지는 않았다.

서양인들은 한국 여성의 지위에 대해 남성과 비교하여 거의 존재하지 않는 것으로 인식하였다. 서양인들은 한국에서 여성이 대부분 아내로서 남편을, 며느리로서 시어머니를 무조건 따르고 복종한다는 의미에서 여성의 지위나 위치에 대해 가치가 없는 것이나 열등하다고 보았다.

프랑스인들은 여성의 처지에 대해 열등한 상태라는 점에 이견을 보이지 않았다.

달레는 한국의 풍속이 결과적으로 여성을 열등한 상태에 놓이게 만들었다고 언급하였다.[83] 달레는 한국뿐만 아니라 아시아 국가들의 여성에 대해 열등한 상태로 여성의 노예, 쾌락과 노동의 도구화, 정신적 존재가 인정되

83 달레, 「IX 여성의 처지」, '여성의 처지', p. 183.

지 않는 법률상 권리 없는 상태를 지적하였다. 이것은 여성의 처지에 대해 열등함과 부당함을 지적한 것으로 서양의 여성과 동양의 여성을 비교하는 이분법적 구분, 즉 오리엔탈리즘적 인식을 하였다.

외교관이었던 프랑뎅은 여성의 육체적·도덕적 열악한 상황에 대해 다루었다.[84] 프랑뎅은 한국 여성은 정신적으로나 육체적으로 자신의 상황을 받아들여 타성에 젖어 있기 때문에 변화나 개혁을 시도하지 않는다는 점에서 여성에 대한 지위가 얼마나 열악했는지를 서술하였다. 그는 한편으로 외래문화의 접촉으로 계발 가능성을 언급하여 서양 문화의 우월함을 나타내었다.

이상과 같이 프랑스인들 중에 대표적으로 달레와 프랑뎅의 기록을 살펴보았는데, 달레는 한국을 방문하지 않았고, 프랑뎅은 1892년 4월부터 1894년 2월까지 한국에 체류한 장기 체류자이다. 두 사람 모두 한국 여성의 지위와 처지가 열등하다고 보았으며, 이를 자국 여성과 비교함으로써 서양의 우월의식을 드러냈다. 이러한 견해는 개항기를 통틀어 보이는 견해이다. 한국 여성에 대한 이러한 견해는 남성 중심의 가부장제로 인해 남성을 높이 대하는 반면, 여성에 대해서 반대의 입장을 나타내는 것으로, 한국의 남녀 사이에는 지위 구분과 불평등을 통해 여전히 여성에 대한 존중을 보이지 않는다고 파악한 것이다. 즉 서양에서는 남녀평등을 내세우는 반면, 한국은 남녀 사이의 불평등으로 근대화하지 못했다고 보았다.

미국인들은 한국의 여성에 대해 남성과 비교하여 불평등하다는 입장을 밝혔다. 미국인들은 여성의 지위에 대해서 남성과 비교하여 거의 없는 거나 마찬가지이며, 여성을 노동의 수단이자 복종하는 존재로 파악하였다.

---

84 프랑뎅, 「7. 여성과 복식」, p. 31.

그리피스는 한국 여자의 도덕적 존재 가치에 대해 언급하면서 남자와 동등하지 않음을 지적하여 달레와 같은 견해를 밝혔다.[85] 이것은 개항 이전이나 1880년대 전반 시기의 한국 여성에 대한 서양인들의 일반적인 인식이었다.

로웰은 한국 여성의 삶과 지위에 대해 과거부터 현재(1884)까지도 한국 여성은 가치 없는 존재라고 하면서 여성의 지위에 대해 거의 무無에 가깝다는 부재不在를 강조하였다.[86] 이러한 견해는 한국 여성의 지위가 서양 여성의 지위와는 다르게 낙후된 상태로 한국이 남녀 평등사회가 아닌 남성 중심의 사회임을 나타낸 것으로, 여성을 대상으로 서양의 우월의식을 드러내었다. 즉, 서양과 동양을 비교하여 여성의 존재에 대해 인식하지 못하는 동양을 비판하는 동시에 문명화되지 못했다는 것을 나타내었다.

길모어는 외국에 알려진 한국 여성은 한국에서 여성의 은둔 생활로 인해 정치 · 경제 · 사회생활에서 거의 할 일이 없다고 여겨지고 집안에서조차 하찮은 존재로 인식된다는 것을 언급하였다.[87] 길모어는 1886년 7월부터 1889년까지 1880년대 후반 한국에서 생활하면서 외국에 알려진 한국 여성에 대한 인상을 그대로 서술하여 관념화시켰다. 이 시기는 선교 초창기로서 개신교가 선교활동을 진행하면서 한국 여성에 대해 관심을 가졌고, 남성에 비해 열등한 지위와 대우를 받고 있다는 점에서 비판적 입장을 가졌다.

헐버트는 한국 여성의 지위를 논하다 보면 여성의 은둔, 직업, 교육, 학대, 재산권, 유언권, 이혼, 예절, 결혼 및 종교 등과 연관 지을 수 있다고 하

---

85 Griffis, 「XXVIII. SOCIAL LIFE-WOMAN AND THE FAMILY」, p. 245(그리피스, 「제28장 여성과 혼속(婚俗)」, p. 321).

86 로웰, 「15장 여성의 지위」, pp. 120~121. 여성의 지위에 대한 자세한 내용은 pp. 120~127을 참조할 만하다.

87 Gilmore, 「VIII. WOMAN AND HER WORK」, p. 149(길모어, 「제8장 여성의 생활」, p. 113). 여성의 생활에 대한 자세한 내용은 Gilmore, pp. 149~157(길모어, pp. 113~120)을 참조할 만하다.

였다. 그는 한국 여성의 은둔하는 정도가 사회적 지위에 따라 차이가 있는데 지위가 높으면 높을수록 은둔의 정도가 심하다고 하였다. 그는 한국 여성의 직업으로 상류 계층에서는 술집, 비단 산업에 종사, 부잣집 딸을 가르치는 선생, 양봉, 의사 등을 할 수 있고, 중류 계층에서는 상점의 소유자, 유모, 여승, 주막집 경영 등을 할 수 있으며, 하층 계층에서는 기생, 무당, 여종 등을 할 수 있다고 하였다. 그러나 그는 한국 여성의 교육 수준이 남자와 비교해 볼 때 외국인들이 이해할 수 없을 만큼 전적으로 남자에 국한되어 있다는 통념이 수정되어야 한다고 지적하였다. 그는 한국의 재산권에 대해 딸이 미혼일 경우 결혼에 필요한 금액을 받을 수 있고, 결혼했을 경우 재산을 받을 수 없다고 하였다. 이것은 딸이 미혼일 경우 자식으로 여기고, 딸이 결혼했을 경우 출가외인으로 여긴 점을 이야기한 것이다. 또한 그는 이혼 문제에 있어서 남녀 간의 불평등이 공공연한 사실이 되었다고 했는데, 여자는 어떠한 구실로도 남편과의 법적 이혼을 제기할 수 없고 여자가 취할 수 있는 길이란 친정이나 친척 집으로 도망하는 수밖에 없다고 하였다. 여성의 지위에 대해 계층별로 차이가 조금씩 있으나 남성과 비교하여 불평등하다는 것을 언급하였다.[88]

헐버트는 한국 여성의 지위에 대해 여러 항목을 가지고 신분적 차이가 있다는 점을 지적하였다. 그는 전체적으로 남성에 비해 불평등하다는 견해를 제시하여 서양의 여성에 비해 한국 여성의 처지나 입장이 그다지 좋지 않기 때문에 여성에 대한 존중과 인식의 변화를 지적하여 통념에 대한 수정을 주장하였다. 이러한 견해는 그가 한국과 한국인에 대한 이해와 한국 생활에 익숙해지면서 한국의 여성에 대한 관심을 높였기 때문이다. 이렇게

---

88 Hulbert, 「XXVIII. WOMAN'S POSITION」, pp. 349~371(헐버트, 「제28장 여성의 지위」, pp. 413~436).

서양 여성과 한국 여성을 비교한 것은 헐버트가 우월의식을 가지고 있기는 했지만, 다른 서양인들에 비해 여성에 대한 기록을 상세히 남겼기 때문에 가능하다.

제이콥 로버트 무스는 한국 여인에게 내려지는 평가를 기독교 국가와 비기독교 국가 간의 차이를 들어 서술하였다.[89] 제이콥 로버트 무스는 한국 여성에 대해 멸시와 교육 기회 부재를 들어 기독교 국가의 우월함을 나타내었다. 또한 그는 한국에서 여성의 지위는 낮으나 노동을 위한 수단으로 한국만큼 여성을 필요로 하는 나라는 없다는 서술을 통해 가치의 관점에 따라 평가가 달라질 수 있다는 점을 나타내었다.[90]

이상과 같이 미국인들 중에 대표적으로 그리피스와 로웰, 헐버트, 제이콥 로버트 무스 등의 기록을 살펴보았다.

그리피스는 프랑스의 달레와 유사한 견해를 보였으며, 프랑스 선교사들의 기록을 참고함으로써 개항 이전과 1880년대 전반까지의 한국 여성에 대한 전반적인 인식을 파악할 수 있게 하였다. 로웰은 사회적 특성으로 가부장제와 함께 여성의 지위 부재를 들어 한국 여성의 사회적 지위나 대우가 열악하다는 점을 강조하면서 비판하였다. 반면 선교사였던 헐버트와 제이콥 로버트 무스는 한국에서 선교활동을 벌이고, 장기 체류자로서 한국에서 생활하면서 관찰한 한국의 여성에 대한 견해를 밝혔다. 헐버트는 여성의 지위에 대해 여러 가지 항목을 가지고 계급별, 결혼 유무 등에 따른 차이가 있음을 지적하였다. 제이콥 로버트 무스는 기독교 국가와 비기독교 국가의

---

89 Moose, 「XI. THE VILLAGE WOMAN」, pp. 113~114(제이콥 로버트 무스, 「11. 속박의 굴레에 갇힌 여인들」, '지각없는 존재', pp. 155~157).

90 Moose, 「XI. THE VILLAGE WOMAN」, pp. 115~117(제이콥 로버트 무스, 「11. 속박의 굴레에 갇힌 여인들」, '필요하나, 이름 없는 존재', pp. 157~160).

여성을 비교하면서 한국의 여성이 사회적 지위는 낮으나 가정과 사회에서 꼭 필요한 존재임을 지적하였다.

미국인들은 프랑스인들과 마찬가지로 한국 여성에 대해 불평등하다거나 열등하다는 견해를 밝혔다. 또한 이러한 견해는 개항기를 통틀어 보이는 견해로, 특히 기독교라는 종교를 들어 비교함으로써 서양의 종교적 우월함을 여성을 통해 드러내었다. 하지만 장기 체류자인 경우에는 보다 세밀한 관찰을 통해 계층별, 결혼 유무에 따른 차이가 있다는 점과 가정생활과 사회에서 필요한 존재임이 분명하다는 점을 지적하여 프랑스인들과의 차이를 보였다.

러시아인들은 가정 내에서 한국 여성의 독립성은 인정되지 않고, 노예와 같은 처지로 인식되었다고 파악하였다.

다데슈칼리안은 한국 남성이 가정생활에 엄격하지 않은 것과는 몹시 대조적으로 한국 여성은 성실하고 도덕적이라고 하면서 하지만 모든 아시아 민족처럼 한국 여성들은 존경받지 못했으며 노예와 같이 취급받고 있었다고 전했다.[91]

세로셰프스키는 한국인의 의식에 여성의 독립성을 인정하지 않는다고 하였다. 그는 한국의 여자가 언제나 남자-아버지, 남편, 남자 형제, 그리고 아들-의 명령과 보호 아래 있을 수밖에 없다고 언급하여 여성의 독립성을 인정하지 않았다.[92]

러시아인들은 한국 여성에 대해서는 앞서 살펴본 프랑스인과 미국인들

---

91 다데슈칼리안, '조선 여성들의 생활상', pp. 168~170.

92 세로셰프스키, 「14장 가문과 여성의 지위」, '한국의 딸들과 여인의 숙명', p. 201.

과 별반 다르지 않다. 하지만 러시아인들은 한국의 여성을 노예나 종으로 표현하였고, 여성의 독립성을 지적한 것에서 차이를 보였다. 이들은 한국 여성의 열등한 상태와 처지를 노예화로 극대화하였고, 독립성에 대한 부분은 여성의 존재에 대해 남성의 부속물로 파악했기 때문이다.

이상과 같이 서양인들이 인식한 한국의 여성에 대해서는 육체적으로 존재는 하나, 사회적 또는 도덕적으로 존재 가치가 거의 없다는 점에 대부분 이견이 없다. 그리피스의 말처럼 한국에서 여자를 노동의 도구로 인식할 뿐, 남자의 반려자나 동등한 존재로서의 의미가 없다고 표현한 서양인들이 많은데, 이는 조금 과장된 것이다. 이것은 한국에서 남자를 높이고 여성을 낮추는 중세적 사회 인식이 한국에도 남아 있다는 점을 지적하려고 표현한 것이다. 즉 한국에서 여성이 남성에게 복종하는 모습을 통해 여성의 존재 가치를 무無에 가깝다고 표현한 것은 단면만을 보고 판단한 것이다.

국가별 인식을 정리해 보면 프랑스인들의 경우 한국 여성이 남성에 비해 열등하다는 입장을 가졌고, 노예화 · 쾌락과 노동의 도구화 · 무가치와 무존재 등으로 인식하였다. 특히 프랑뎅은 1890년대 한국 여성이 서양의 여성들처럼 자기 계발이나 가치를 높이기보다는 당시 현실에 안주하여 살아가는 모습에 안타까움과 여성들의 행동에 답답함을 느꼈다.

미국인들의 경우 1880년대까지 방문한 미국인들은 프랑스인들과 같은 견해를 보였다. 그러나 선교사이면서 장기 체류자였던 미국인들은 한국의 여성에 대해 보다 자세히 관찰할 수 있었기 때문에 여성의 지위에 따른 차이나 필요성을 지적하여 프랑스인들과 차이를 보였다. 하지만 미국인들 전체적인 의견은 한국의 여성이 남성보다는 열악하고 불평등한 위치에 있어 여성에 대한 사회적 인식의 변화가 필요하다는 점을 나타내었다.

러시아인들은 한국 여성에 대해 노예화와 함께 여성의 독립성 불인정을 지적하였다. 이들은 한국의 여성은 독립적 존재가 아니라 남성의 보호 아래 있어야 하는 존재라는 것이다. 즉 러시아인들은 독립성을 평등성과 같은 의미로 보아 독립성의 불인정은 불평등을 의미하는 것이다.

직업별로는 신부와 선교사, 외교 사절과 외교관, 교육자, 학자 등으로 구분할 수 있다. 외교 관련 직업의 경우는 한국 여성의 처지나 위치가 열등하다는 점을, 종교와 관련된 경우 달레를 제외하고는 장기 체류자들이어서 한국의 여성이 열등하고 남성에게 복종하는 존재이나 생활이나 사회에서 꼭 필요한 존재라는 점을 강조하였다. 교육자나 학자의 경우는 외교 관련 직업과 비슷하게 한국 여성의 열등함을 지적하였고, 독립성 불인정과 법보다 관습을 우선시한다는 점 등을 들었다. 결국 서양인들은 한국 남성과 여성을 비교하면서 한국 사회가 남성 중심의 사회라는 점을 인식하였다.

서양인들은 한국 여성의 지위에 대해 부정적인 견해를 보였으며, 이와 함께 언급한 것이 여성의 격리, 은둔, 고립 등에 관한 내용이다. 서양인들은 한국 여성이 사회적 지위를 얻지 못하는 이유는 여성을 격리시켜 활동하지 못하게 해서 여성을 인식하지 못하게 했기 때문이라고 보았다.

4. 한국의 종교와 교육제도에 대한 인식

서양인들은 한국의 사회에 대한 관심을 높이면서 문화에 대한 관심도 높았다. 그중에서 서양인들의 관심을 끌었던 것이 한국의 종교이다. 서양의 천주교나 기독교와는 달리 한국에는 하나의 신을 모시는 것이 아니어서 무신론을 주장하는 서양인이 있는가 하면, 영혼을 숭배하거나 하나의 신이 아닌 다양한 신들을 모시기에 다신관을 주장하는 서양인들도 있다. 서양인의 한국 종교에 대한 무신론 관점과 다신론적 관점을 통한 차이가 곧 서양인들의 인식의 차이라고 하겠다.

한편 교육제도와 관련해서는 한국인의 지적 능력이 우수함과 함께 강한 교육열을 지적하였다. 하지만 한문 중심의 교육제도가 교육의 중심이 되고 있음을 다루어서 다양한 과목의 교육이 필요함을 강조하였다. 또한 서양인들은 관료제와 연관되는 과거제도에 대해 한문 중심의 교육제도에서 생긴 부작용이자 문제점으로 지적하여 과거제도의 폐지와 근대식 학교의 교육을 주장하였다.

이 글에서는 서양인들이 가졌던 한국 문화에 대한 관심 중에 종교와 교육으로 한정하여 살펴보려 한다.

1) 한국의 종교에 대한 인식[93]

먼저 한국의 종교에 대한 서양인들의 인식을 살펴보려 한다. 이들은 서

---

93 민경배, 1982, 『한국기독교회사』, 대한기독교출판사; 조현범, 2009, 『문명과 야만-타자의 시선으로 본 19세기 조선』, 책세상; 이광린, 1974, 「개화기 관서지방과 개신교 -개신교수용의 일사례」, 『숭전대학교논문집 인문사회과학편』 5, 숭전대학교; 민경배, 1980, 「한국근대문화와 기독교의 형태 및 그 영향범위」, 『한국사학』 1, 한국정신문화연구원; 여동찬, 1987, 「개화기 불란서 선교사들의 한국관」, 『교회사연구』 5, 한국교회사연구소; 김홍주, 1988, 「교회와 국가 관계에 대한 미북장로교 선교부와 헐버트와의 갈등」, 『한국기독교사연구』 22, 한국기독교역사연구소; 이만열, 1988, 「한국기독교와 미국의 영향」, 『한국과 미국』 3, 경남대학교 극동문제연구소; 이혜석, 1988, 「한말 미국의 극동정책과 선교사의 활동」, 연세대학교 석사학위논문; 유영익, 1990, 「1880~90년대 개화파인사들의 개신교 수용 양태」, 『진단학보』 70, 진단학회; 노치준, 1994, 「한말의 근대화와 기독교」, 『역사비평』 27; 김경태, 1996, 「서구 종교와 사상의 수용」, 『한국역사입문』 3, 풀빛; 이배용, 2001, 「서양인이 본 한국근대사회」, 『이화사학연구』 제28집, 이화여자대학교 이화사학연구소; 오인영, 2003, 「서양인이 본 한국과 한국인」, 『개화기 한국과 세계의 상호이해』, 단국대학교 동양학연구소 등 참조.

양에 기독교와 천주교가 있는 반면, 한국에는 유교가 종교와 사회제도로서 역할을 하기에 종교 활동을 하기가 수월하지 않다는 점을 지적하였다. 또한 서양인들은 한국의 문화에서 종교가 차지하는 부분이 크기 때문에 한국의 종교에 어떠한 특징이 있는지를 통해 선교활동의 방향을 결정짓게 되므로 한국의 종교에 관심을 보였다. 그리고 이들은 한국에서 선교활동을 펼치는 과정을 통해 한국에서 개신교가 어떠한 역할을 할 수 있는지도 언급하였다. 이들은 한국에 조상숭배와 영혼 숭배, 무속 등의 선교 장애물들이 있지만 의료와 교육 등을 통해 포교 활동을 펼침으로써 개신교의 역할에 의미를 부여하였다.

개항기 한국을 방문한 서양 종교인들은 서양에 알려진 한국의 천주교 박해 사건으로 인해 종교 활동에 대한 어려움과 이전에 방문하여 활동했던 사람들에 대해 그들의 업적을 높이 평가하였다. 개항기에 한국을 방문한 서양인들, 특히 종교인들은 분명 이러한 사실을 접하고 들어왔을 것이다. 이들이 한편으로 한국인을 계몽시키고 교화시켜야 한다는 목적하에 입국하였다는 것은 기록을 통해 알 수 있다.

이들이 남긴 기록에는 한국의 종교에 대한 부분이 많이 다루어지고 있다. 이들은 한국의 종교에 대해 정해진 종교가 없다는 무신관과 다양한 신들을 신봉한다는 다신관으로 나뉜다는 점을 지적하였다. 이것은 서양인들이 한국의 종교에 대해 인식한 특징이다.

저자는 한국에 많은 신이 존재한다고 언급하면서도, 한편으로는 이를 부정하고 또 다른 한편으로는 인정하는 모습을 보며, 이러한 모순적 구분이 왜 나타나는지 의문을 제기하였다. 또한 한국에 종교가 없다고 보는 견해를 가진 서양인들은 어떠한 생각을 가지고 그렇게 판단한 것인가에 대해 고민하게 되었다. 이러한 견해를 가진 서양인들은 한국인들이 중요시하는 숭배 의식에 대해 종교로 인정하지 않는다고 볼 수 있다. 이것은 입장을 바꿔 우리 입장에서 개항 전에 우리가 천주교나 기독교를 이교도로 규정하여 배척한 것과 크게 다르지 않다는 생각이다. 과연 이들이 어떤 의도로 이렇게 판단했는가를 기록을 통해 살펴보아야 한다.

한편 한국의 종교에 대해 다신관적 견해를 보인 서양인들은 앞서 무신관적 관점을 보인 서양인들과 어떤 측면에서 차이를 보이는지도 살펴보아야 한다. 그리고 다신관적인 견해를 가진 서양인들은 우리가 우리나라의 종교와 사상이라고 일컫는 불교, 영혼 숭배(조상숭배), 미신과 무속 등에 대해 종교로 인식하였다고 하였다. 그리하여 서양인들이 어떠한 의도로 다신관이라고 파악했는지를 알아야 종교에 대한 입장 차이를 분명하게 구분 지을 수 있다.

프랑스인들은 한국의 종교에 대해 불교와 유교, 민간신앙 등을 관심 대상으로 삼았다. 프랑스인들은 개항기 전반에 무신론적 관점에서, 후반에 무신론적 관점과 다신론적 관점이 모두 보여 관점의 변화를 보였다. 이것은 개항기 전반의 기독교 문명화의 사명을 강조한 반면, 후반에는 한국의 종교 자체를 이해하려는 방향으로 인식의 변화가 있었음을 의미하는 것이다.

달레는 한국의 종교로 불교와 유교에 대해 언급하였고, 한국 사람들이 실제로 무신론적 성격을 갖고 있다는 점을 지적하였다.[94] 달레의 이러한 견해는 한국에 천주교와 견줄 만한 종교적 대상이 존재하지 않는다는 의미일 수 있으며, 동시에 한국인들이 무신론적 성향을 지니고 있다고 보아 천주

---

94 달레, 「XI 종교」, '종교', p. 209.

교 교리 전파를 통해 서양의 문명화를 실현할 수 있다는 인식을 기록으로 남긴 것이기도 하다.[95]

프랑뎅은 외교관으로서 서양의 우월주의적 인식을 가지고 있으나, 문화적 측면에서 서양과 비교하여 동양의 고유한 정서를 이해하려고 노력하기도 하였다. “서울에는 비밀스런 종교적 의식儀式, 승려와 무당들, 신들린 사람과 물신物神, 고대의 유물遺物과 풍속風俗, 군주君主와 그가 사는 궁전宮殿이 있다.”[96]라고 하여 문화와 종교에 관심을 보였다. 그리하여 그는 동양의 종교로 불교에 대해 다루면서 중국과 한국의 불교에 대해서 언급했고, 그밖에 풍수 사상과 자연물 숭배, 귀신 숭배 등에 대해서도 기록으로 남겼다.[97]

에밀 부르다레는 한국의 종교에 대해 불교와 유교, 물신숭배와 조상숭배 등에 대해 다루었다.[98] 에밀 부르다레는 불교와 유교는 유식한 층에서, 영혼을 믿는 민중 신앙은 일반 민중 층에서 이해하고 지배한다는 의견을 제시하여 계층별 종교의 차이가 있음을 지적하였다. 그는 한국의 물신숭배와 조상숭배를 강박관념으로 서술하여 한국인의 정신세계를 지배하는 것으로 민중 신앙을 들었다. 이러한 견해는 앞서 살펴본 달레와 비슷하나 달레처럼 민중이 무신론적 성격을 갖고 있다고 지적하지는 않았다. 또한 이것은 달레의 견해가 그대로 전해져 에밀 부르다레가 확인했고, 한국의 종교에 대한 인식을 고정화시켰다고 하겠다.

이상과 같이 프랑스인들 중에 대표적으로 달레와 프랑뎅, 에밀 부르다레

---

95 달레, 「XI 종교」, '민간미신', pp. 218~223.

96 프랑뎅, 「9. 무당의 굿판과 춤」, p. 35.

97 프랑뎅, 「14. 한국의 풍수 사상」, pp. 51~53 · 「43. 동양의 종교」, pp. 135~136 · 「44. 중국과 한국의 불교」, pp. 137~138 · 「45. 귀신(鬼神)과 점복(占卜)」, pp.139~140 등 참조.

98 에밀 부르다레, 「3장 조선의 상처: 조상숭배가 지배하는 나라」, pp. 83~88. 민중을 지배하는 귀신들에 대해서는 pp. 89~103을 참조할 만하다.

등의 기록을 살펴보았다. 이들을 방문 시기와 체류 기간별로 보면 달레는 한국을 방문하지 않았고, 프랑뎅은 1892년 4월부터 1894년 2월까지 체류했으며, 에밀 부르다레는 1901년, 1903년부터 1904년까지 체류하였다. 프랑뎅과 에밀 부르다레는 장기 체류자로 분류할 수 있다. 직업별로는 신부, 외교관, 교육자 등으로 다양하지만 프랑스가 종교적 활동을 활발히 하고 있던 터라 직업에 상관없이 종교에 대한 관심을 가졌다.

달레는 한국인의 종교적 특징으로 무신앙을 언급하면서 무신앙이기 때문에 오히려 교리 전파를 통한 천주교 수용이 보다 수월할 것이라는 기대를 가졌다. 프랑뎅은 외교관이지만 1890년대 전반에 한국에 체류하면서 한국의 종교에 대한 관심을 가져 다양한 숭배신앙을 동양의 고유 정서로 이해하고자 한 점이 특징이다. 에밀 부르다레는 한국 종교의 종류에 대해서는 달레와 같으나 달레처럼 무신론적 성격을 갖고 있다고 보지는 않았다. 그는 달레의 영향을 받았으나 한국에 방문하여 확인한 결과 계층별 차이가 뚜렷이 나타나고 있다고 인식함으로써 한국과 한국인을 이해하고자 노력한 결과로 나타난 인식이라 할 수 있다.

프랑스인들은 한국에 불교와 유교가 있으나 그밖에 물신숭배와 조상숭배 등을 신앙으로 하여 한국 민중들이 민간신앙을 믿는다고 인식하였다. 이들은 한국의 종교에 계층별 차이가 있다고 보고 불교와 유교는 양반층에서, 민간신앙은 일반 민중에서 신봉한다고 하였다. 달레와 에밀 부르다레는 민간신앙을 종교로 인정하지 않아 민중들이 무신론적 성격을 담고 있다고 보았고, 프랑뎅은 민간신앙을 종교로 보아 다신론적 성격을 갖고 있다고 보았다는 것이 특징이자 차이점이다.

미국인들은 한국의 종교에 대해 프랑스인들과 마찬가지로 불교, 유교, 민간신앙 등으로 구분하였다. 미국인들은 시기 구분 없이 개항기를 통틀어 한국에는 불교와 유교가 있지만 민중들은 미신 또는 민간신앙을 숭배한다는 견해에 대해 큰 이견이 없었다. 하지만 민간신앙을 종교로 인식하는 미국인이 있는가 하면, 신앙과 종교를 분리하여 인식하는 미국인도 있었다는 점에서 차이를 보였다.

그리피스는 자신이 수집한 자료를 토대로 하여 한국의 종교에 대해 기록하였다.[99] 그리피스는 무속이 한국 사람들 신앙의 바탕이 되었다고 하면서 제례 의식에서 불교가 전래되어도 큰 변화가 없이 지속되고 있음을 지적하였다.[100] 또한 한국의 종교사에 대해 대표적인 무속과 불교, 유교 등에 대해 서술하였다. 그리피스는 한국의 종교에 대해 수집한 자료를 바탕으로 하여 계층에 따른 종교와 민간신앙의 힘이 얼마나 강하였는지를 나타내었고, 이후 방문하는 선교사들에게 종교에 대한 정보를 제공하였다.

로웰은 한국의 종교에 대해 '서울의 종교 부재'를 가지고 서술하였다.[101] 로웰은 그리피스보다 강한 부정적 견해를 나타내었다. 즉, 서울의 다양함의 결핍은 종교의 부재에서 온 결과라고 지적하면서 종교의 부재인 가운데 유교의 윤리와 미신의 잔재가 남아있음을 강조하였다. 이것은 다른 서양 국가의 경우 수도에 다양한 유적과 종교적 상징물들이 있는데, 한국의 수도 서울에서는 그러한 것들을 찾아보기 어려웠기 때문이라는 것이다. 로웰은 체류 기간이 짧기도 했고, 주로 서울에만 머물렀으며 서양의 우월의식이 강했기 때문에, 자신의 의식을 그대로 투영시켜 나타낸 대상이 바로 종

---

99 Griffis, 「XXXVII. RELIGION」, pp. 326~327(그리피스, 「제37장 종교」, pp. 419~420).

100 그리피스, 「제51장 청일전쟁과 대한제국」, pp. 597~598.

101 로웰, 「19장 종교의 부재」, pp. 152~161.

교의 부재로 표현된 것이다.

길모어는 한국의 종교가 일본·중국의 종교와는 또 다른 차이를 보인다고 지적하였다.[102] 길모어는 한국에 불교와 유교가 존재하지만, 그 외에 잡신과 미신에 대한 믿음이 강해 선교활동에 장애 요인으로 작용하고 있음과 함께 이러한 장애 요인이 이후 선교활동에 도움을 줄 것으로 기대하였다.

헐버트는 한국의 종교에 대해 종류만 설명한 것이 아니라 성격에 대해서 기록하길, 불교와 유교 그리고 영혼 숭배가 혼합된 종교라고 표현하였다.[103] 헐버트는 한국의 종교에 대해 혼합된 종교라는 종교적 성격에 대해 서술하면서 민중의 영혼 숭배를 들었는데, 이것은 프랑스의 에밀 부르다레와 같은 견해이다. 헐버트와 에밀 부르다레는 서양의 우월의식을 갖고는 있지만 한국을 이해하려는 입장을 종교라는 관심 대상을 통해서도 보였다고 할 수 있다.

제이콥 로버트 무스는 신앙과 종교를 분리하여 한국인들에게 신앙은 있으나 기독교와 같은 종교는 없다는 인식을 나타내었다.[104] 제이콥 로버트 무스는 앞서 살펴본 헐버트와는 또 다른 견해로 신앙을 넓은 범주의 종교에 포함시키지 않고 신앙과 종교를 분리하여 인식하였다는 점이 특징이다. 또한 사원이나 사당이 없다는 견해는 앞서 살펴본 로웰과 비슷하다고 하겠다. 그리고 그는 "기독교는 결코 강제하지 않으면서 조선을 어두운 과거로부터 해방시켜 더 밝고 나은 시대로 이끌어가고 있다."[105]라는 표현을 통해

102 Gilmore, 「X. RELIGIONS」, pp. 185~198(길모어, 「제10장 종교」, pp. 141~151).

103 Hulbert, 「XXX. RELIGION AND SUPERSTITION」, pp. 403~431(헐버트, 「제30장 종교와 미신」, pp. 468~494).

104 Moose, 「XX. THE VILLAGE RELIGION」, pp. 190~191(제이콥 로버트 무스, 「20. 오랜 지배자, 토속신앙」, '혼령을 떠받드는 신앙', pp. 256~258).

105 Moose, 「XXIII. WHAT CHRISTIANITY IS DOING FOR THE VILLAGE」, pp. 235~238(제이콥 로버트 무스, 「23. 조선의 미래, 마을 교회」, '조선을 과거로부터 해방시키는 교회', pp. 312~315).

선교사로서 기독교의 문명화를 나타내었다. 그는 다른 분야에서보다 종교 분야에서 서양의 우월주의를 강하게 표출하였다.

샌즈는 한국인들은 매우 착하고 온유한 유일신을 믿는다는 점을 언급하면서 악귀를 다루는 미신과 우상 숭배에 대해서도 지적하였다.[106] 또한 샌즈는 한국 여성이 미신에, 한국 남자가 점쟁이에게 집착하는 차이를 들어 성별 신앙의 차이를 서술하였다.

와그너는 한국의 종교에 대해 미신과 유교, 불교 등이 혼합되어 있다는 견해를 밝혔다.[107] 와그너는 한국인들이 종교를 가지고 있지 않다고 이야기하는 여행자들의 의견과는 반대로 한국의 종교에 대해 미신과 유교, 불교 등이 혼합되어 한국인의 정신을 복잡하게 하였다고 제시하였다. 와그너의 또 다른 저서에서는 한국인의 종교적 개념이 분리되어 있지 않음과 한국인이 자기 필요와 성향에 맞는 것을 여러 신앙에서 취한다는 사실을 강조하였다.[108]

이상과 같이 미국인들 중에 그리피스와 로웰, 길모어, 헐버트, 제이콥 로버트 무스, 샌즈, 와그너 등의 기록을 살펴보았다. 미국인들은 로웰을 제외하고는 교육자와 선교사 직업을 가지고 있어 종교에 대한 관심이 높았다는 것을 알 수 있다. 그리피스와 로웰을 제외하고는 장기 체류자들이다. 길모어와 샌즈는 10년 미만의 장기 체류자이고, 헐버트와 제이콥 로버트 무스, 와그너 등은 10년 이상의 장기 체류자들이다. 이들은 장기 체류하면서 한국인의 생활 속에 자리 잡고 있는 종교에 대해서도 자연스럽게 관심을 가지게 되어 관찰하였다.

그리피스는 달레와 같이 불교 · 유교 · 무속 등에 대해 언급하면서 무속이

---

106 Sands, 「CHAPTER II : Korea」, pp. 35~36(샌즈, 「제2장 조선」, pp. 44~46).

107 와그너(1911), 「제5장 미신」, pp. 39~43.

108 와그너(1931), 「제8장 종교생활」, p. 147.

민중 의식 저변에 깔려있어 쉽게 단절되기 어려운 것임을 이후 방문자들에게 제공하였다. 로웰은 외교관으로서 서양의 우월의식을 고수한 미국인이기 때문에 서양과 비교하여 종교를 상징할 수 있는 유적지나 유물들을 찾기 어렵다는 이유로 종교의 부재를 지적하였다. 길모어는 종교인으로서 한국의 종교에 대해 차이와 특징을 제시하였다. 그는 그리피스와 같이 미신이 선교활동에 장애 요인으로 작용한다고 비판하면서도 이러한 장애 요인이 연구되어 서양에 알려진다면 이후 선교 활동하는 데에는 도움이 될 것이라는 기대감을 내비치면서 한국 종교에 대한 연구의 필요성을 주장하였다. 헐버트는 길모어와 비슷한데, 그는 한국의 종교를 혼합된 종교로 정의내려 프랑스의 에밀 부르다레와 같이 한국의 문화를 이해하고자 노력해 나타난 인식이다. 제이콥 로버트 무스는 길모어 · 헐버트와 같은 선교사이지만 오랜 체류 기간을 통해 신앙과 종교를 분리시켜 신앙은 존재하나 서양에서 종교라고 일컬을만한 종교가 한국에는 없다고 파악하였다. 그는 다른 분야에서는 한국인의 입장에서 기록했으나, 종교 분야에 한해서는 '기독교적 문명화'에 대한 자부심을 드러내며, 기독교가 한국의 발전에 기여할 것이라고 판단하여 문명적 우월의식을 나타냈다. 샌즈는 외교관이지만 종교에 대한 관심으로 미신과 우상 숭배, 성별 신앙의 차이 등을 지적하였다. 와그너는 여성 교육자이지만 한국 종교에 대한 높은 관심으로 선교사였던 헐버트와 같이 혼합 종교라는 견해를 제시하였다. 와그너는 한국인들이 필요와 성향에 따라 신앙을 가진다고 보아 기독교나 천주교와 같이 하나의 종교만 믿는 것이 아니라 얼마든지 선교사의 노력 여하에 따라 종교 변경이 가능하다는 점을 제시하였다.

미국인들도 프랑스인들과 마찬가지로 종교의 부재와 다양한 신이 존재하는 혼합 종교라는 두 가지 입장으로 구분된다. 프랑스인들과의 차이라면 같은 직업군에서 인식의 차이를 보인다는 점이다. 그리피스와 헐버트, 제이콥 로버트 무스는 선교사라는 같은 직업군이나 종교에 대한 인식에서 차이를 보였다. 그리피스와 헐버트는 한국에는 다양한 종교가 있으며 민중은 민간신앙을 숭배한다는 입장이다. 제이콥 로버트 무스는 종교가 있기는 하지만 종교라고 일컬을만한 그리고 기독교와 견줄 대상이 없다는 점을 강조하는 입장을 가졌다. 제이콥 로버트 무스가 그리피스나 헐버트보다도 강한 서양의 우월의식을 드러냈다. 이러한 입장의 차이는 프랑스, 러시아와도 구별되는 특징이다.

러시아인들도 한국의 종교에 대해 관심을 가졌다. 프랑스나 미국에 비해 선교활동을 활발히 한 것은 아니나 한국의 문화에 대해 상식으로서 관심을 가진 것으로 보인다.

다데슈칼리안은 한국의 종교에 대해 유교, 불교, 미신 등의 종류가 있다고 하였다.[109] 다데슈칼리안은 유교, 불교, 미신 등에 대해 언급하면서 유교에 대해 종교라기보다는 우상 숭배의 의미가 크다고 보았다. 그는 한국인들이 신앙심이 깊지 않아 선교활동을 통해 기독교로 귀화가 가능하다는 의견을 제시하여 천주교 선교사들을 통한 기독교의 문명화 수용을 나타내었다.

가린 미하일롭스키와 세로셰프스키는 앞서 언급한 미국인 헐버트와 비슷한 견해를 밝혀 다신론적 입장을 가졌다. 가린-미하일롭스키는 한국의 종교에 대해 혼합 종교와 함께 영혼 숭배를 다루었다.[110] 세로셰프스키는

109 다데슈칼리안, '조선인들의 종교', p. 165.

110 가린-미하일롭스키, '9월 17일[1898.09.29.]', pp. 223~226.

한국에 기독교의 문명화가 필요하다는 의견과는 다른 견해를 서술했다.[111] 그는 다양한 종교로 인해 기독교도 그중 하나의 종교로 서양의 도움이나 전파가 아니라 같은 동양 국가인 일본에 의해 전래되었고, 시초는 1592년 전쟁(임진왜란)이라는 점을 강조하였다.[112]

이상과 같이 러시아인들 중에 대표적으로 다데슈칼리안과 가린-미하일롭스키, 세로셰프스키의 기록을 살펴보았다. 다데슈칼리안은 우상 숭배의 의미를 지니고 있는 대신 신앙심이 깊지 않아 기독교로의 귀화 가능성이 있으므로 선교사들의 선교활동과 문명화 전수를 기대하였다. 가린-미하일롭스키는 영혼 숭배를 지적하였다. 세로셰프스키는 한국인들이 중국에서 전래된 샤머니즘에 의지한다고 하면서도 일본에 의해 기독교가 전래되었다는 점을 강조하였다. 그는 서양인의 우월의식을 내세우기보다는 한국 문화를 이해하고 수용하는 입장에서 관찰하여 기록을 남겼다고 하겠다.

러시아인들은 단기 체류자들이지만 방문 시기별로 차이를 나타내었다. 개항기 전반에 다데슈칼리안은 종교는 있으나 민중의 무관심을 들어 문명화와 기독교 수용이 수월할 것이라는 입장을 가졌고, 개항기 후반에 가린-미하일롭스키와 세로셰프스키는 혼합 종교이면서 다양함으로 인해 기독교 수용이 수월할 것이라는 입장을 나타내었다.

이상과 같이 세 나라는 한국의 종교에 불교, 유교, 민간신앙 또는 미신 등이 예전부터 있어왔지만 불교와 유교는 많은 사람들이 신봉하지 않고 대다수의 민중들은 민간신앙을 신봉하였다는 공통된 견해를 나타내었다.

---

111 세로셰프스키, 「4장 한국의 종교」, pp. 57~58.

112 세로셰프스키, '자발적으로 등장한 기독교 공동체', p. 71.

서양인들은 한국의 불교에 대해 조선시대에 쇠퇴하여 성행하지 않는다고 하였다. 서양인들은 한국의 유교에 대해 종교의 의미보다는 사회적 규범이자 윤리로서 적용되는 측면이 강하여 상류층 사람들이 믿는다고 하였다. 서양인들은 한국의 민중들이 많은 신들을 자신들의 처지와 상황에 맞게 믿기 때문에 다양한 신을 믿는다고 보거나 정해진 종교가 없는 신앙적이지 못한 상태라고 보았다. 이러한 견해를 통해 한국의 종교에 대해 다신론적 관점과 무신론적 관점으로 구분할 수 있다.

개항기에 서양인들이 인식한 다신론적 관점과 무신론적 관점의 차이는 민간신앙을 종교로 볼 것인가 아니면 별개로 볼 것인가의 차이이다. 서양인들의 다신론적 관점은 한국에 예전부터 불교와 유교가 있었고, 이것을 종교로 인식했으며, 민중들의 민간신앙을 종교와 동일시하여 민중의 신앙도 종교로 보아야 한다는 입장에서 한국 문화의 특성을 이해하려고 하였다. 이것이 한국의 종교를 바라보는 서양인의 입장이다. 서양인들의 무신론적 관점은 한국에 종교가 없는 것은 아니나 종교라고 일컬을만한 것이 존재하지 않고 민간신앙은 신앙일 뿐 종교가 될 수 없다는 입장에서 한국은 서양의 문명화를 통한 발전을 이룰 수 있다는 사고를 가지고 파악하려고 하였다.

민간신앙을 종교의 범주에 포함시키는 서양인들은 전자인 다신론적 관점을 가졌다고 볼 수 있고, 신앙과 종교를 별개로 구분하여 종교의 부재로 인식한 서양인들은 후자인 무신론적 관점을 가졌다고 볼 수 있다. 대표적으로 전자의 경우는 프랑뎅과 그리피스, 헐버트, 가린-미하일롭스키, 세로셰프스키, 커즌 등을 들 수 있고, 후자의 경우는 달레와 에밀 부르다레, 로웰, 제이콥 로버트 무스, 다데슈칼리안 등을 들 수 있다.

다신론적 관점과 무신론적 관점은 개인차에 따른 견해라고 볼 수 있다. 다신론적 관점을 가진 서양인들은 한국의 종교를 한국의 문화적 입장에서 이해하려고 한 측면이 강한 반면, 무신론적 관점을 가진 서양인들은 종교에서 서양의 우월의식을 강하게 표출하고자 하여 서양의 종교를 높이 평가하는 입장에 서 있다고 하겠다.

2) 관직 시험과 교육제도에 대한 인식[113]

서양인들은 한문 중심의 교육제도로 한정된 한국의 교육제도에 대해 언급하였다. 이들은 서양에서 교육하고 있는 여러 종류의 과목들과 함께 실제로 교육시켜 본 결과, 한국인의 습득 능력과 어학에 재능이 뛰어남을 발견하였다. 그리고 서양인들은 한국인들이 가르치고자 하는 부모의 교육열과 배우고자 하는 열정이 강했음을 지적하였다.

이와 함께 서양인들은 서양과 달리 한문 중심의 교육제도에 대해 주로 관직, 즉 벼슬을 얻기 위해 또는 과거를 보기 위해 한문을 가르치고 배우는 교육 방법을 택하고 있음을 지적하였다. 중국 문화의 영향으로 관리나 양반들은 한글이 아닌 한문을 주로 사용하였고, 관리나 양반들은 관직을 얻

---

113 조현범, 2009, 『문명과 야만 -타자의 시선으로 본 19세기 조선』, 책세상; 신용하, 1974, 「우리나라 최초의 근대학교의 설립에 대하여」, 『한국사연구』 10, 한국사연구회; 손인주, 1980, 「미션학교의 설립」, 『한국교육연구』 1, 한국정신문화연구원; 이광린, 1981, 「육영공원의 설치와 그 변천」·「구한말의 관립외국어학교」, 『한국개화사연구』, 일조각; 노길명, 1987, 「구한말 프랑스 선교사의 사회문화활동 -그 성격과 한계성을 중심으로-」, 『교회사연구』 5, 한국교회사연구소; 이혜석, 1988, 「한말 미국의 극동정책과 선교사의 활동」, 연세대학교 석사학위논문; 이성무, 1994, 「교육제도와 과거제도」, 『한국사』 23, 국사편찬위원회; 김경태, 1996, 「서구 종교와 사상의 수용」, 『한국역사입문』 3, 풀빛; 변승웅, 1998, 「제도의 개혁」, 『한국사』 38, 국사편찬위원회; 이배용, 2001, 「서양인이 본 한국근대사회」, 『이화사학연구』 제28집, 이화여자대학교 이화사학연구소; 오인영, 2003, 「서양인이 본 한국과 한국인」, 『개화기 한국과 세계의 상호이해』, 단국대학교 동양학연구소 등 참조.

을 수 있는 시험인 과거조차도 한문을 중심으로 보게 되었다. 서양인들은 한국에서 아이들의 교육조차 한문을 가지고 수업하는 형태여서 한국 교육제도의 변화가 필요함을 강조하였다.

서양인들은 한국의 교육이 한문 중심으로 가는 이유가 관직을 얻기 위해 과거를 보려고 하는 사람들이 한문을 주로 공부하기 때문이라고 하였다. 또 서양인들은 한국에서 한문만을 공부하는 사람들이 이론적으로는 박식할지 모르나, 실생활에서 공부한 것을 활용하거나 이용하는 것이 어려운 것을 보면 한문 중심에서 벗어나 다양한 과목을 교육해야 할 필요성을 지적하였다.

프랑스인들은 한국의 교육에 대해 한문 중심의 교육이라는 점과 이러한 교육이 이루어지는 이유로 과거를 들었다. 프랑스인들은 한국이 개항 후 1890년대 중반 이후에 교육의 변화를 시도했다는 점을 부각시켰다. 이들은 개항기 전반에 전통적으로 이루어지고 있는 교육 상황을 언급했다면, 후반에 교육의 변화와 함께 서양에 의한 문명화를 지적하였다.

달레는 한국의 과거시험에 대해 중점적으로 다루면서 과거제도의 문란함으로 벼슬과 품계, 학위 등이 실력과 무관하게 상품화 되어갔음을 지적하였다.[114] 달레는 한국에서 19세기 중반의 과거제도가 본래의 의미를 상실했음을 지적하였다.[115]

샤를 루이 바라는 한국에서의 교육이 과거를 보기 위함이라는 과거시험의 중요성을 언급하였다.[116] 그는 대다수의 사람들이 글을 쓸 줄 아는 이 나

114 달레, 「VI 과거와 교육제도」, pp. 118~122.
115 달레, 「VI 과거와 교육제도」, pp. 122~123.
116 샤를 루이 바라, 「Ⅰ. 조선의 사회 행정적 기구」, p. 69.

라에서 교육이 얼마나 중요시되고 있고, 만약 유럽의 새로운 문물이 제대로 유입되기만 한다면 한국인들이 얼마나 급속도로 발전하게 될지를 짐작할 수 있었다고 지적하였다.[117]

에밀 부르다레는 한국의 지적인 생활에 대해 별로 말할 것이 없다고 하였다. 그는 한국의 민중은 무지하고, 한글이나 '언문'을 읽을 줄 아는 농민이 극소수에 불과하며, 중간계급에서 한글을 알고 공자의 도덕규범을 이해한다고 하였다. 그는 한국의 많은 상류사회 사람이 공식 언어인 한문을 읽고 쓴다고 하면서 외교문서도 한문으로 작성한다고 하여 계급별 지적인 부분을 다루었다.[118] 그는 한국의 학교에 대해 상세히 기록하였다. 그는 특히 초등학교와 사범학교, 외국어 학교 등에 대해 다루어 방문 당시인 1901년부터 1904년 사이의 한국의 교육이 어떠한 변화를 보였는지를 알려주었다.[119] 에밀 부르다레는 과거 한문 학습에서 사용되던 큰소리 읽기 방식이 여전히 유지되고 있으며, 동시에 한문 이외의 다양한 과목 수업도 이루어지고 있음을 기록함으로써 교육이 변화 과정에 있음을 보여주었다.[120] 또한 그는 교사 양성을 위한 사범학교에 대해서 서술하여 입학시험은 한자로만 치러지지만, 수업 내용은 수학, 지리, 역사 등을 배운다고 언급하여 교사를 위한 교육과정을 설명했다.[121] 그는 외국어 학교들이 설립된 위치와 직면한

---

117 샤를 루이 바라, 「IV. 문관의 푯대」, pp. 154~155.

118 에밀 부르다레, 「6장 고관의 권력 남용과 독립파」, p. 189.

119 에밀 부르다레, 「7장 폐허 한복판에 선 조선의 학교」, pp. 220~230. 에밀 부르다레는 의무적인 것은 아니지만, 공교육 과정에 대해 14개의 학교로 구분하였다. 초등과정의 소학교 · 초등상급과정의 소학교 · 교사를 양성하는 사범학교 · 중학교 · 외국어 학교 · 의술을 가르치는 의학교 · 광산학교인 광무학교 · 상업과 산업학교, 상공학교 · 군사학교인 무관학교 · 우체학교 · 전신을 가르치는 전보학교 · 유학대학, 성균관대학 · 여학교 · 양잠학교 등으로 구분했고, 방문 당시에 이 중에 광무학교와 상공학교, 여학교는 없었다고 기록하였다. 이에 대해 보다 자세한 내용은 pp. 223~230.을 참조할 만하다.

120 에밀 부르다레, 「7장 폐허 한복판에 선 조선의 학교」, pp. 220~223.

121 에밀 부르다레, pp. 225~226.

문제, 필요한 교재 등에 대해 서술하여 자국의 도움과 지원을 기대하였다. 그는 서양의 우월의식을 '교육'을 통해 나타내었다. 그는 한국이 교육을 통해 문명화해야 한다는 입장과 함께 프랑스 정부의 도움과 지원을 요청하여 프랑스가 한국보다 문명국임을 강조하였다.

이상과 같이 프랑스인들 중에 대표적으로 달레와 샤를 루이 바라, 에밀 부르다레 등의 기록을 살펴보았다. 달레는 교육에 대해 한문 중심의 교육과 과거제도를 언급하였다. 샤를 루이 바라는 관직을 얻기 위해서는 과거를 봐야 하고, 과거를 보기 위해서 한문 중심의 교육을 받아야 한다는 일련의 관직 취득 과정을 지적하였다. 그는 한국인들이 글을 쓸 줄 안다는 점에서 한국인의 지적 능력을 긍정적으로 보았지만, 서양 문물의 도움을 받아야 한다는 전제를 붙였다. 에밀 부르다레는 교육자이지만, 한국의 교육에 대해서는 부정적으로 인식했는데, 이러한 인식은 방문 전의 인식을 기록으로 남겼을 가능성이 크다. 왜냐하면 에밀 부르다레가 1900년대 방문 후에 교육의 변화를 직접 목격하여 남긴 기록을 보면 이러한 부정적 인식과 차이가 있기 때문이다.

이렇게 프랑스인들은 개항기 전반에 한국의 교육 방식에 관심을 가졌던 반면에, 후반에 교육의 변화와 필요성, 해결해야 할 문제 등에 대해 지적하였다. 또한 이들은 한국이 프랑스에 비해 문명화되지 못했기 때문에 문명화하는 데에 프랑스가 역할을 해야 한다는 인식과 자세를 고수하였다. 즉 프랑스인들의 문명화를 교육을 통해 나타내고자 했던 것이다.

미국인들도 프랑스인들과 비슷하다. 미국인들은 한문 중심의 교육과 과거 풍경, 과거를 보는 이유 등에 대해 관심을 가졌고, 1890년대 중반 이후 과거제 폐지와 서양인에 의한 교육의 필요성을 주장하였다.

그리피스는 한국 선비들의 한문에 대한 식견에 대해 언급하였다.[122] 이것은 한국인들이 그만큼 교육받고 공부했음을 간접적으로 시사한다. 또한 그는 과거제도에 관한 내용을 설명하였다.[123] 그리피스는 한문 중심의 교육과 과거제도의 양상을 서술하면서, 양반들의 사회적 시각이 과거제도를 통해 드러난다고 보았다. 그는 방문하지 않고 수집한 자료들을 바탕으로 저술하였음에도 과거 보는 풍경을 자세히 묘사하였다.

로웰은 한국의 행정 조직에 대해 설명하면서 관리에 대해서도 언급하였다.[124] 로웰은 관리들이 관직을 얻기 위해서 중국의 시험제도를 모방한 과거를 통해서만 가능하다는 입장을 밝혔다. 로웰은 평생을 과거에 매진하여 시간을 허비한다는 점도 들어 과거제도에 대한 부정적인 인식을 나타내었다.

길모어는 한국의 언어와 문자의 종류를 지적하면서 중국의 영향을 서술하였다. 길모어는 고유 언어인 한글과 한자를 함께 쓰는데, 공식 문서에 한자가 사용되고 있음과 한자의 필요성을 지적하였다.[125] 그가 한국을 방문한 시기는 1886년부터 1889년까지로, 1880년대 후반에 해당한다. 당시 한국은 여전히 중국의 영향을 받고 있었으며, 그는 이를 중국 문화와 비교하여 유사점을 찾았고, 벼슬을 얻기 위한 필수 요건이 한문 학습이라는 점을 서술하였다.

선교사였던 헐버트는 한국의 교육제도가 중국으로부터 전래되었다는 점을 들었는데, 이것은 로웰과 같은 의견이다.[126] 헐버트는 한국의 교육제도

---

122 Griffis, 「XXXVIII. EDUCATION AND CULTURE」, p. 339(그리피스, 「제38장 교육과 문화」, p. 435).

123 Griffis, 「XXXVIII. EDUCATION AND CULTURE」, pp. 341~343(그리피스, 「제38장 교육과 문화」, pp. 438~440).

124 로웰, 「11장 조선의 행정 조직」, pp. 91~93.

125 Gilmore, 「IV. THE LANGUAGES」, pp. 63~64(길모어, 「제4장 언어」, pp. 51~53).

126 Hulbert, 「XXIII. LITERATURE」, pp. 306~308(헐버트, 「제23장 문학」, pp. 365~367).

에 대해 교육의 주제나 방법이 외래적임을 지적하였다. 그는 한국에서 한문과 고전을 공부하는 것이 교육이라고 생각하고 있음을 서술했고, 한문을 라틴어와 비교하였다.[127] 또한 그는 한자 교육으로 인한 문제점과 과거제 폐지를 언급하였다. 그는 한자 중심의 교육이 한자 이외의 교육과정에 장애가 되었고, 한국인이 발전되지 못한 채 살게 한 원인이라는 점을 지적하였다. 그는 과거를 보는 풍경에 대해 언급하면서, 과거에 부정행위가 개입되었음을 지적하였다. 그는 이러한 과거제도가 1894년 갑오개혁에서 폐지되었음을 다루어 그리피스와 로웰보다 구체적인 기록을 남겼다.[128] 하지만 그가 한국에서 한자 중심의 교육으로 인해 한국인이 발전하지 못한 채 살아간다는 인식은 서양의 문명화를 이식해야 한다는 입장을 표현한 것이다.

다니엘 기포드는 헐버트와 같은 견해의 한자 교육을 지적하면서 한국 교육의 문제점을 제시하였다.[129] 다니엘 기포드는 한국인이 중국 고전을 배우는 것은 서양인이 라틴어나 그리스 고전을 배우는 것과 같다고 지적했고, 한국 교육제도의 문제점으로 지성과 도덕 정신 함양 문제를 들었다. 즉 한국인이 한자를 공부하는 것은 서양인이 라틴어를 공부하는 것과 같은데, 이것에 너무 열중하는 것이 오히려 한국 교육의 발전을 저해하는 요소가 된다고 보았다. 이러한 비교와 저해 요소 발견은 다니엘 기포드가 선교사이면서 12년간 장기 체류하여 파악한 것으로 교육제도의 문제점을 통해 변화의 필요성을 간접적으로 표현한 것이다.

제이콥 로버트 무스는 동양의 아이들이 환경만 바뀐다면 서양 아이들과

---

127 Hulbert, 「XXVI. EDUCATION」, pp. 335~337(헐버트, 「제26장 교육제도」, pp. 398~400).

128 Hulbert, 「XXVI. EDUCATION」, pp. 337~338(헐버트, 「제26장 교육제도」, pp. 400~401).

129 Gifford, 「XIII. Education in the Capital」, pp. 171~173(다니엘 기포드, 「13. 서울의 교육제도」, pp. 119~120).

같은 수준의 문명 상태에 있다는 것을 확신하게 될 것이라고 하여 교육 환경 변화의 필요성을 언급하였다.[130] 또한 그는 선비가 관직을 얻고 사람들 사이에서 존경받고자 하는 열정과 함께 강력하고 밀접하게 연결된 것이 한자라고 언급하였다. 또한 한국에서 선비들이 하는 일은 진기하고 흥미로운 상형문자가 간직해온 지혜를 공부하는 것이라고 하였다.[131] 제이콥 로버트 무스는 서양인에 의한 교육 변화의 필요성을 지적하였고, 관직을 얻고자 하는 사람들에게 한문 교육이 필수여서 한문 중심의 교육이 이루어지고 있음을 나타내었다.[132] 그가 서양인에 의한 교육 변화를 언급한 것은 서양의 우월의식을 그대로 투영하여 표현한 것이라고 하겠다.

와그너는 방문 직후가 1900년대로 교육 변화에 대해 한국인의 지식욕을 언급하여 발전 가능성을 제시하였다.[133] 와그너는 한글의 우수성을 높이 평가했다.[134] 와그너는 교육이란 것이 예전에는 소수 특권층의 전유물로 여겨졌으나, 1900년대에는 이론적으로 모두에게 교육의 기회가 주어졌다는 점에서 교육제도의 변화를 지적하였다. 그녀는 한글에 대해 한국의 국가적 발명이자 유산으로 평가하여 의미를 부여하였다.

이상과 같이 미국인들 중에 대표적으로 그리피스와 로웰, 길모어, 헐버트, 다니엘 기포드, 제이콥 로버트 무스, 와그너 등의 기록을 살펴보았다. 선교사들은 선교활동뿐만 아니라 교육에도 깊은 관심을 두었으며, 이에 관

---

130 Moose, 「Ⅷ. THE VILLAGE BOY」, pp. 90~91(제이콥 로버트 무스, 「08. 남자들의 짧은 소년 시절」, '교육에 달려 있다', pp. 122~123).

131 Moose, 「IX. THE VILLAGE GENTLEMAN」, pp. 99~101(제이콥 로버트 무스, 「09. 자유롭지 않은 존재, 양반」, '예(禮)와 인(忍)의 존재', pp. 136~137).

132 Moose, 「IX. THE VILLAGE GENTLEMAN」, p. 101(제이콥 로버트 무스, 「09. 자유롭지 않은 존재, 양반」, '노동하지 않는 양반', pp. 137~138).

133 와그너(1931), 「제2장 한국의 전통」, '문학', pp. 42~44.

134 와그너(1931), 「제7장 학교생활」, pp. 132~134.

한 많은 기록을 남겼다.

그리피스는 한문 중심의 교육과 과거 풍경을 묘사했고, 로웰은 관직을 얻기 위해 과거를 보아야 하고 과거를 보기 위해 한자 공부에 매달려 많은 시간을 허비한다고 파악하였다. 길모어는 고유 언어인 한글이 있으나 공식 문서상 한자를 사용하여 의미 파악이 어렵고, 벼슬을 위해서는 한자 공부가 필수라는 점과 한자로 인한 중국 문화와 문자의 영향력을 지적하였다. 헐버트는 길모어와 마찬가지로 한국 교육제도가 중국에서 전래된 것이라는 점과 한국인이 생각하는 교육은 한문과 고전 공부로, 이러한 한문 중심의 교육으로 인해 후진적 생활환경 속에 살게 됐다는 문제점을 지적하였다. 그는 장기 체류로 인해 과거제 폐지까지 직접 목격하게 되어 과거제 폐지에 대한 기록을 남겼다. 다니엘 기포드는 길모어와 마찬가지로 한자를 서양의 라틴어와 비교하며 중국의 영향을 지적하였다. 그는 한국 교육의 문제점으로 지성적인 면과 도덕적인 면에서 보완이 필요하다는 입장을 가져 교육제도 변화의 필요성을 강조하였다. 제이콥 로버트 무스는 한국인들이 교육 환경 변화가 이루어진다면 서양 못지않은 실력을 갖출 것이라는 견해를 나타내었다. 그는 인종적 차별을 두지는 않았지만 서양의 도움이 필요하다는 점에서 우월의식을 지니고 있다고 볼 수 있는데, 강하게 드러내지는 않았다. 와그너는 프랑스의 에밀 부르다레와 비슷한 시기에 방문하여 1900년대 교육의 변화에 대해 한국인의 지식 욕구를 통한 발전 가능성을 제시했다. 그녀는 언어에 대해서 한자 교육의 어려움과 한글의 우수성을 대비시켜 한글을 높이 평가하였다.

미국인들은 개항기 전반에 한문 중심 교육과 과거제도 및 그 문제점을 주로 언급하였으며, 후반에 이르러서는 교육과정상의 한계와 과거제 폐지,

나아가 서양식 교육 도입의 필요성을 강조하였다. 미국인들은 개항기 후반에 한국의 구체적 교육 모습과 상황을 파악하였다. 하지만 교육과정의 문제점이나 서양인에 의한 교육을 주장하는 것을 보면, 이들의 의식 속에 분명 서양에 의한 문명화라는 사명감을 안고 있다는 것을 알 수 있다.

러시아인들도 앞서 살펴보았던 프랑스인들, 미국인들과 크게 이견을 보이지 않았다. 교육 부분에서는 세 나라 모두 문명화시켜야 한다는 의식 속에서 바라보았기 때문이다. 따라서 러시아인들 역시 관직 진출을 위한 과거 제도와 한문 중심 교육을 언급하였으며, 개항 이후 유럽 학문의 유입으로 전통적 교육 방식이 변화하는 양상에도 주목하였다.

다데슈칼리안은 관직이 양반에게만 주어지지만 과거를 통해서 가능하다고 하였다.[135] 이러한 견해는 로웰과 같은 입장을 나타낸 것이다.

가린-미하일롭스키는 한국에는 남자의 글과 여자의 글이 있다고 전했다. 그에 의하면 남자의 글은 중국식 글자를 말하고 여자의 글은 평민들을 위해 쉽게 만든 한국식의 읽고 쓰기를 말한다고 하였다.[136] 또한 그는 한국의 귀족이 중국의 문자만을 알고 있고, 여자들의 한국식 문자는 모른다는 사실을 알게 되었다고 하였다. 그는 한국의 귀족은 평민이 사용하는 여자들의 글을 아는 것이 고상한 일이 아니라고 생각하고 있다는 점을 지적하였다.[137] 이러한 견해는 문자의 종류에 따른 남녀 구분 또는 계급별 구분이 있다는 점을 들어 한국이 한문 중심의 교육과 한문을 중시하는 사회임을 나타내었다.

---

135 다데슈칼리안, '행정 및 인사 담당부-내부', p. 178.

136 가린-미하일롭스키, '9월 14일[1898.09.26.]', p. 198.

137 가린-미하일롭스키, '9월 17일[1898.09.29.]', p. 232.

세로셰프스키는 개항 이후 서양인의 방문과 함께 유럽의 학문이 침투해 오면서 과거제 또한 영향을 받았음을 언급하였다.[138] 세로셰프스키는 1890년대 중반 이후 학교의 모습에 대해 언급하였다.[139] 1894년 서울에 영국과 미국식 학교가 설립되고, 비슷한 시기에 정부에 의한 사범학교와 소학교 설립이 진행되었음을 지적하였다. 그는 한국 교육을 관할하던 학부의 예산 문제에도 언급하였다. 또한 그는 근대적인 학교를 설립해 교육방식의 변화를 꾀했지만 여전히 혼란스러운 상황에 놓여있음을 지적하였다.[140] 세로셰프스키는 과거의 의미 상실과 개항 이후 한국 교육의 변화에 대해 일본의 영향력을 통해 학구열과 학문 숭배의식이 되살아나고 있음을 지적하였다. 또한 그는 1890년대 후반 정부가 펼친 교육 정책과 교육에 할애된 예산이 모든 학교에 지원되는 것이 아니라 일부에 그치고 있어 아직도 인구수에 비해 교육을 받는 사람들이 소수에 불과하다는 점을 지적하였다. 세로셰프스키의 견해는 프랑스인 에밀 부르다레와 미국인 제이콥 로버트 무스와 마찬가지로, 1890년대 중반 이후 한국 교육이 변화를 모색해 가는 과도기적 상황을 다루었다는 점에서 공통점을 지닌다.

이상과 같이 러시아인들 중에 대표적으로 다데슈칼리안과 가린-미하일롭스키, 세로셰프스키 등의 기록을 살펴보았다. 다데슈칼리안은 관직은 과거를 통해서만 가능하다는 견해로 프랑스의 샤를 루이 바라와 미국의 로웰과 같은 견해를 제시하였다. 가린-미하일롭스키는 언어의 종류에 따른 남녀 구분이 가능하고, 계급별 구분도 가능하다는 견해를 나타내었다. 이것은 한국이 남성 중심의 사회이면서 한문 중심의 교육이 이루어지고 있는

---

138 세로셰프스키, 「11장 서당과 외국 학교」, '퇴락해가는 서당교육', pp. 154~155.

139 세로셰프스키, '통역관 배출 위한 외국 학교들', pp. 155~156.

140 세로셰프스키, '정부의 교육비 지출, 대부분 외국 학교가 차지', pp. 158~160.

것을 비판한 것이다. 세로셰프스키는 1903년에 방문하여 개항 이후 서양인의 본격적인 방문과 서양 학문의 침투로 인한 한국 학교의 변화를 지적하였다. 또한 그는 근대적 학교 설립과 초창기 교육의 혼란스러움을 언급하였다.

러시아인들도 프랑스인과 미국인들처럼 개항기 전반과 후반에서 차이를 보인다. 전반에는 관직을 위한 과거제도와 한문 중심의 교육이라는 점을 다루었다. 후반에는 문호 개방 후 서양인의 방문과 서양 학문의 침투로 인한 전통적 방식이 근대식 학교 교육으로서의 변화를 겪게 된다는 점을 다루어 보다 구체적인 교육 상황을 나타내었다. 이들도 이러한 교육의 변화에 대해 서양에 의한 문명화로 인식했다고 하겠다.

이와 같이 서양인의 한국 교육제도에 대한 인식을 살펴보았는데, 방문 시기별로 차이를 보였다. 개항기 초에는 중국의 영향을 받은 한문 중심의 교육을 중점적으로 다루었다. 즉 관직을 위해서는 과거를 보아야 하고, 과거를 보기 위해서는 한자 공부에 매진해야 한다는 점을 들었다. 하지만 후반에는 서양인의 방문과 서양의 학문이 유입되면서, 한국 교육제도 개혁의 필요성을 서양인들뿐만 아니라 한국인들도 인식하여 변화를 꾀하게 되었다는 점을 긍정적으로 보았다. 이러한 변화에 대해서는 서양의 도움과 지원으로 가능하다는 입장에서 인식한 것이기에 그들의 잠재된 우월의식이 교육을 통해 표출되었다고 하겠다.

직업별로 살펴보면, 서양인들은 행정관리와 외교 분야에서 관직과 관련하여 한자가 사용되었음을 지적했고, 또한 교육이 주로 양반층을 중심으로 한문에 의해 이루어졌다는 점을 강조하였다. 이들은 교육자와 선교사, 탐험가, 학자 등이 한국에 언어가 한글과 한자 두 종류가 있다는 점, 계층별로 구분하여 사용한다는 점, 문서에 사용되는 것은 한자로 한문 중심의 교육이 이루어지고 있다는 점, 한자에 비해 한글의 습득과 터득이 쉽다는 점과 편리하다는 점, 과거제 폐지와 1900년대 교육의 변화가 나타났다는 점, 한국 교육의 발전을 위해 서양인이 도움을 주어야 한다는 점 등을 제시하였다. 탐험가와 학자의 경우에는 단기 체류자이기는 하지만 한국 교육제도에 관심이 많았다는 것을 알 수 있다. 교육자와 선교사들은 대부분 장기 체류자로 한국에서 생활하면서 아이들의 교육이 어떻게 이루어지고 있는지 관찰하여 문제점을 발견하고 한국의 교육이 나아가야 할 방향을 제시하기도 하였다.

이상으로 개항기에 방문하거나 저서를 남긴 서양인들이 인식한 한국의 지배체제와 사회구조에 대해 살펴보았다.

한국의 지배권과 관료제에 대한 인식 부분에서는 먼저 지배권에 대해 세 나라 모두 절대군주제로 인식하였다. 하지만 차이점이라고 하면 프랑스와 미국은 정치와 관련하여 지배권에 관심을 둔 반면, 러시아는 정치보다는 경제와 국가 정보를 더 중시하여 덜 관심을 가졌다는 점이다. 프랑스인 · 미국인의 기록보다 러시아인의 기록이 적게 나타났다는 점에서 확인할 수 있다. 직업군으로 보면 외교관이 관심을 많이 가졌다. 체류 기간별로는 단기 체류자일 경우 한국의 왕을 절대군주라고 인식한 반면, 장기 체류자일 경우 왕과 주위 세력들을 함께 살펴보았다는 차이가 있다. 또한 인식의 유형화로 볼 때 고수파와 유지파는 절대군주제를 강조한 것과 달리 수용파의 경우에는 왕의 권력과 함께 측근 세력의 영향력과 왕의 성격 등을 지적하였다.

관료제에 대해서는 세 나라 모두 자국의 우월의식을 가지고 부정적으로 인식하였다. 즉 서양인들은 관료의 부정부패와 매관매직, 관리들의 수탈, 관리의 무능함 등을 들어 한국의 정치가 발달하지 못한 이유로 꼽았다. 지배권과 마찬가지로 프랑스와 미국이 관료제에 대한 관심을 많이 가졌고 러시아의 경우는 두 나라보다는 덜 관심을 가졌다. 하지만 러시아가 관료제에 대해 보다 강한 부정적 인식을 나타내었다. 또한 방문 시기별 차이를 보였는데, 1890년대 전반까지 방문한 서양인들에 비해 1890년대 후반 이후 방문한 서양인들이 관료제에 대해 보다 부정적이었다. 이것은 1890년대 중반 이후 정치 사회적 문제가 서양인들의 눈에 많이 띄었고, 한국도 개항 이후 변화하는 과정에서 나타날 수 있는 반작용으로 인해 혼란을 겪고 있는 시기였기 때문이라고 생각한다. 인식의 유형화로 볼 때 고수파는 관료제에 대한 부정적 인식을 하였고, 유지파는 관료제에 대한 문제점을 강조하였으며, 수용파는 관료제의 문제점과 함께 개인적 차원이 아닌 국가적 차원에서 해결해야 된다고 보았다.

국내 상업 활동과 대외 무역에 대한 인식 부분에서는 먼저 국내 상업 활동에 대해 세 나라 모두 시장에 대해 관심을 가졌고, 자국과 비교하여 덜 발달하였다는 점을 들어 우월의식을 나타내었다. 또한 서양인들은 시장과 함께 상인에 대해 관심을 보였는데, 이것은 서양인들이 한국의 경제에 참여하기 위해서는 관심을 가져야 할 대상이기 때문이다. 프랑스는 시장보다는 상인에 대한 관심이 높았고, 미국과 러시아는 시장과 상인 모두에 관심을 가졌다. 특히 러시아는 상업 활동의 저해 요소를 지적하여 한국의 경제에 대한 관심이 높았다는 것을 나타내었다. 직업군에서는 선교사들의 관심이 높았다. 지배권과 관료제에 대해서는 외교관의 관심이 높았던 것과 비교되는 부분이다. 선교사가 관심이 높은 이유는 시장에 사람들이 많이 모이고, 선교활동을 벌이기에 적합한 장소이기 때문이고, 선교사들 자신도 장터를 복음 전파 장소로 꼽았다. 인식의 유형화로 볼 때 고수파와 유지파는 상업 활동에 대해 자국과 비교하여 불편한 점을 강조하고 발달하지 못했다고 인식한 반면, 수용파는 상업 활동에서 생긴 문제점을 통해 한국의 상업이 발달할 방법을 모색하도록 하였다.

대외 무역에 대해서는 세 나라 모두 관심이 높았다. 프랑스는 대외 무역보다는 국내 상업 활동에 관심을 더 많이 가졌고, 미국은 국내 상업 활동과 대외 무역에 대해 둘 다 관심이 높았으며, 러시아는 대외 무역에 관심이 더 많았다. 이것은 자국과의 관계와 경제가 연관되어 있기 때문으로 판단된다. 직업별 차이를 볼 수 있는데, 정치와 외교 관련 직업을 가진 서양인들의 경우에는 자국의 이익 창출과 교역의 발전 가능성에 관심을 가졌다. 선교사나 여행가의 경우에는 문호 개방과 조약 체결로 외국인들이 한국에 들어올 수 있다는 것에 대해 교역보다 의미를 더 강조하였다. 인식의 유형화로 볼 때 고수파와 유지파는 자국에게 유리하고 이익이 될 방안을 찾았고, 수용파는 대외 무역을 통해 한국이 교역 부분에서 발전할 방안을 찾으려고 하였다.

가부장제 사회와 여성의 지위에 대한 인식 부분에서는 먼저 남성 중심의 가부장제 사회에 대해 세 나라 모두 한국 사회가 남성 중심의 사회라고 인식하였다. 프랑스·미국과 달리 러시아는 군인의 신분으로 한국을 탐사하려는 목적으로 방문한 경우가 많아 사회에 대한 관심이 덜 하였다. 체류 기간별 차이를 볼 수 있는데 단기 체류자들은 단순히 한국이 대가족 중심의 사회이고, 남성 중심의 권위적이라는 부분을 지적하였다. 장기 체류자들은 대가족과 혈족 중심으로 상호 유대관계와 상부상조를 지적하거나 조상숭배로 인한 선교활동의 장애 등을 표현하였다. 장기 체류자들은 한국에 오래 체류하면서 한국의 가정생활에 대해 경험하고 이해하게 되면서 그로 인한 문제점들을 찾아내었다. 인식의 유형화로 볼 때 고수파는 가부장제를 중심으로 권위적이라는 점을 지적하였다. 유지파와 수용파는 가부장제와 가족제도를 사회제도로 파악하고, 조상숭배와 관련된 의식이나 가족 간의 유대와 협동을 통한 장단점 등을 지적하였다. 유지파와 수용파는 직접 경험한 가정생활에 대한 부분을 그대로 기록하거나 이해하여 보다 자세히 관찰하였다고 하겠다.

여성의 지위에 대해서는 세 나라 모두 한국에서 여성의 지위가 존재하지 않는다고 보았다. 이것은 한국 사회가 남성 중심의 사회라고 인식한 부분과 연결되는 것이다. 즉 한국의 여성은 육체적으로 존재하나 도덕적 · 사회적으로 존재가 거의 없다는 것이다. 여성에 대한 관심이 높은 이유는 서양의 여성과 비교하여 한국의 여성이 불합리한 대우를 받고 있다는 점을 강조하고자 했기 때문이다. 여성의 지위에 대한 부재가 한국을 근대적이지 못한 사회, 즉 중세 사회로 보게 하였다. 특히 여성의 격리와 은둔이 여성 지위의 부재를 낳게 했다고 보았다. 프랑스와 러시아는 한국 여성의 순종과 노예화를 강조한 반면, 미국은 장기 체류자들이 많아 오래 관찰하면서 여성에 대한 사회적 인식의 변화가 필요하다는 점을 지적하였다. 인식의 유형화로 볼 때 고수파와 유지파는 한국 여성의 지위가 거의 없고, 복종적이며 불평등한 대우를 받고 있다고 지적하였다. 반면 수용파는 보다 자세히 관찰하여 계층별 차이와 결혼 유무의 차이 등을 지적하면서 여성이 사회적으로 중요한 존재임을 지적하였다.

한국의 종교와 교육제도에 대한 인식 부분에서는 먼저 종교에 대해 세 나라 모두 한국에는 종교가 있다고 보거나 없다고 보는 견해로 구분된다. 기독교와 천주교 같은 서양의 종교를 높이 평가하는 경우에는 한국에 종교가 없다고 보았다. 하지만 기독교·천주교와는 다르지만 한국 안에 고유의 종교나 이전에 유행했던 종교를 통해 종교가 있다고 보는 서양인들도 있다. 즉 한국의 불교와 유교, 민간신앙(미신 또는 무속) 등을 종교로 보는 다신론적 관점을 가진 서양인이 있는가 하면, 이러한 것을 종교로 보지 않고 기독교·천주교와 대비할 수 있는 종교가 없다고 보는 무신론적 관점을 가진 서양인이 있다. 종교에 대한 인식은 인식의 유형화로 구분하기 어렵다. 그 이유는 서양인들의 국가별·체류 기간별·직업별 차이 없이 한국에 무신관과 다신관이 모두 존재하기 때문이다.

관직 시험과 교육제도에 대해서는 세 나라 모두 한문 중심의 교육제도를 비판하였다. 세 나라 모두 한국이 사회적 발전을 하려면 한문 중심에서 벗어나 다양한 교과목과 교육과정이 필요하다는 점을 지적하였다. 이들은 자국의 교육제도와 비교하여 문명화를 전수해 주는 입장에서 한국의 교육제도를 인식하였다. 방문 시기별 차이를 볼 수 있는데, 개항기 전반에 방문한 경우에는 한문 중심의 교육을 지적하여 중세적 교육제도를 강조하였다. 반면에 개항기 후반에 방문한 경우에는 개항 이후 교육제도의 개혁과 변화를 시도했다는 점을 눈으로 확인하고 직접 경험하였기에 이러한 변화와 시도에 대해 우호적으로 평가하였다. 1880년대 육영공원을 통한 교육이나 1890년대 교육제도의 개혁과 변화로 서양식 학교와 외국어 학교들의 교육이 이루어졌기 때문에 이러한 평가가 가능한 것이다. 하지만 서양인들은 한국의 교육제도 변화와 발전에는 서양인들의 도움과 서양의 제도적 도입이 필요하다는 점에서 의견을 같이하였다. 인식의 유형화로 볼 때 고수파는 한문 중심의 교육제도와 그에 따른 문제점을 지적하였다. 유지파와 수용파의 경우에는 한문 중심의 교육에서 벗어나 교육제도에 대한 변화의 필요성을 주장하거나 이러한 변화를 이끄는 데 서양인의 역할이 필요하다는 점을 강조하였다. 또한 유지파와 수용파는 한국인이 서양과 같은 교육 환경에 있으면 서양인 못지않은 실력을 발휘할 수 있다고 파악하였다.

마치며

이 글의 목적은 서양인들이 공통적으로 서구 우월 중심의 오리엔탈리즘을 지니고 있다고 보면서도, 국가별로는 그 사고에 분명한 차이가 존재한다고 전제하고, 이러한 차이를 통해 서양인의 한국 인식의 차이를 규명하는 데 있다.

먼저 제1부에서는 52명의 서양인 여행기를 중심으로 분석 자료 현황과 방문 시기별·국가별 개관을 하였다. 분석 자료 현황에서는 방문 시기별로 저자와 저서를 분석했으며, 국가별로 저서적 특징을 분석하여 살펴보았다. 여기서는 방문 시기별 특징과 국가별 특징을 통해 시기별과 국가별 차이점을 찾아볼 수 있었다. 특히 선교사들의 경우 장기 체류하면서 방문 시기는 1880년대지만 간행 시기는 1900년대인 경우가 많았다. 본격적인 방문이 이루어진 시기는 1890년대 이후로 볼 수 있으며, 저서 출간도 이 시기 이후로 활발해져서 다양한 국적과 직업군을 확인할 수 있다. 방문 시기와 간행 시기에서 나타난 특징으로는 1880년대 중반 이후 1890년대 전반까지 러시아의 군인들이, 1900년대 기자와 특파원의 직업군들이 보인다는 것이다. 러시아는 한국의 정보 수집을 위해 장교나 군인을 파견한 것이고, 1900년대 기자와 특파원이 나타난 것은 러일전쟁의 취재를 위해서라는 특수한 상황이 있었기 때문에 나타난 특징이라고 하겠다.

제2부에서는 개항기에 방문하거나 저서를 남긴 서양인들 국가 중에 프랑스, 미국, 러시아를 중심으로 하여 한국에 대한 인식의 변화가 있었는지 살펴보고자 하였다. 이에 앞서 개항기 당시에 있었던 유럽(미국 포함)의 사상적 흐름과 제국주의 식민지 쟁탈전에 대해 정리하였다. 저자는 한국의 대외 상황에 대해 언급함으로써 서양인들이 한국에 대한 인식을 가지는 데 어떠한 역할을 했는지 알아보고자 했다. 또한 국가별로 살펴보면서 서양인들의 인식을 유형화시키는 분류작업을 하였다. 즉 오리엔탈리즘과 제국주의적 사고방식에 철저한 고수파, 한국의 변화를 인식하면서도 여전히 제국주의적 사고방식을 유지하는 유지파, 마지막으로 한국과 한국에 대한 애정을 가지고 이해하려고 노력했던 수용파 등 세 가지로 구분하였다.

국가별로 살펴보면서 여행기 사이의 차이를 엿볼 수 있었다. 프랑스는 개항 초기에는 러시아와 마찬가지로 식민지화에 관심을 두었으나 청일전쟁의 상황을 지켜보면서 정치와 경제적 측면보다는 종교와 문화적 측면에 중점을 두게 되었다. 개항기 전반에는 외교관과 신부들이 방문하였고, 개항기 후반에는 여행가나 교육자들이 방문하였다. 개항기 전반에는 국가관계와 종교적 활동을 함께 하였지만, 후반에는 특히 청일전쟁과 아관파천 이후에는 국가관계보다는 종교적 · 문화적 활동에 치중했다는 점에서 미국이나 러시아와 구별되는 차이점이다.

세 국가는 서양 중심의 우월주의를 모두 가지고 있었다. 하지만 서양 중심의 우월주의 안에서 차이를 정리해 보면, 프랑스는 종교적 관점에서 기독교화를 내세운 오리엔탈리즘적 사고방식(종교를 중심으로 한 문명 우월주의)을, 미국은 종교와 정치를 동일시하여 한국인 자체를 미국인화, 서양화, 문명화시키려는 오리엔탈리즘적 사고방식(영토 침탈이 아닌 경제 침탈에 집중한 신제국주의)을, 러시아는 종교에는 관심을 보이지 않고 정치 · 경제적 근대화를 내세운 오리엔탈리즘적 사고방식(영토와 경제 침탈을 목적으로 한 식민지적 제국주의)을 보였다고 할 수 있다.

제3부에서는 프랑스와 미국, 러시아 등의 국가가 관심을 가졌던 관심사들 중에 지배체제와 사회를 중심으로 하여 그들의 인식에 대해 보다 구체적으로 살펴보고자 하였다. 또한 이것은 제2부에서 분류했던 인식의 유형화를 확인하는 작업이기도 하였다.

첫 번째는 정치 분야와 관련해서는 왕의 지배권과 관료제를 중심으로 살펴보았다. 한국 왕의 지배권에 대해서는 세 나라 모두 지배권에 대해 절대군주제로 인식하였다. 하지만 프랑스와 미국은 지배권에 대한 관심을 높인 반면, 러시아는 지배권에 대해 앞의 두 나라들처럼 관심을 크게 두지는 않았다.

한국의 관료제에 대해서는 세 나라 모두 관료제에 대해 부정적인 견해를 밝혔다. 미국인들은 관료제에 대해 개항기 전 시기에 걸쳐 일관적으로 관리의 약탈로 인해 노동의 동기 부여 결여와 저축에 대한 무관심, 관직 매매와 착취(수탈)의 상관관계 등을 언급했다. 반면 프랑스인들은 개항기 전반에는 관직 매매와 그에 따른 민중 착취를, 개항기 후반에는 관리 약탈이 있긴 하지만 그에 대한 민중의 항의가 있었다고 하여 미국인들과 차이를 보였다. 러시아인들은 지배권과 마찬가지로 관료제에 대해 크게 관심을 갖지 않았다는 점이 프랑스 · 미국과 차이점이라고 하겠다. 그러나 러시아인들도 관리의 무지와 함께 관료주의와 혈연주의의 연관성을 지적하여 관료제에 대한 인식의 차이는 크지 않았다.

두 번째 경제 분야와 관련해서는 국내 상업 활동과 대외 무역을 중심으로 살펴보았다. 한국의 국내 상업과 교역에 대해서는 세 나라 모두 관심 대상도 같고 대상에 대한 견해도 비슷하다는 것을 알 수 있었다. 한국의 시장에 관심을 가지는 것은 자국과 관계를 맺는 데 필요한 관심이고, 자국과 비교하여 시장이 발달하지 못했다는 인식이 대다수이다. 또한 상인에 대한 부분은 한국인이라는 그 자체로 이해하려는 부분도 있지만, 또 한편으로 자국의 상인들과 경쟁해야 하는 입장이기 때문에 관심을 보였던 것으로 파악된다.

한국의 대외 무역에 대해서는 프랑스와 미국 · 러시아 간 약간의 차이를 엿볼 수 있었다. 프랑스인들은 한국 경제 분야에서 대외 무역보다는 국내 상업 활동에 관심을 더 가졌다. 미국인들은 국내 상업 활동과 마찬가지로 대외 무역에도 관심을 크게 보였다. 러시아인들도 대외 무역에 대한 관심을 높였다. 즉 대외 무역 부분에서는 미국과 러시아가 관심이 높은 반면, 프랑스는 관심이 덜하였다는 것을 확인할 수 있었다.

프랑스인들은 대외 무역에 대해 경제적 이익이나 무역 활동보다는 문호 개방과 조약 체결이라는 교류와 외교 관계에 중점을 두었다. 미국인과 러시아인들은 경제적 이익과 관련한 무역 상황에 중점을 두었다. 대표적으로 프랑스의 프랑뎅은 외교관으로서 문호 개방에 초점을 맞춘 반면, 미국의 샌즈는 같은 외교관이었지만 이권 외교에 초점을 맞추었다는 것을 통해서도 알 수 있다. 이것이 프랑스와 미국 · 러시아의 차이점이다.

세 번째 사회 분야와 관련해서는 남성 중심의 가부장제와 여성의 지위 부재를 중심으로 살펴보았다. 남성 중심의 가부장제에 대해서 프랑스는 가부장제 또는 가족제도에 대해 한국 사회의 현상이자 특징으로 파악하여 받아들였다. 반면 미국의 경우는 가부장제와 가족제도를 조상숭배와 관련지어 선교 활동의 장애물로 파악한 점이 차이점이라고 할 수 있다. 즉 미국인들은 혈족 중심의 가족제도로 인해 유대 관계와 공동의 이해관계가 강하게 작용하여 개인의 발전이나 선교 활동을 활발히 하기 어려운 점을 들어 부정적인 인식을 나타내었다. 이것은 한국인의 친족 중심 유대관계가 갖는 의미를 파악하기보다는 유대관계에 따른 부작용들(상호 보증 또는 연대 보증)을 부각시켜 한국 사회의 이미지를 만들었다고 할 수 있다. 러시아는 한국의 사회제도에 큰 관심을 기울이지 않아 가부장제와 가족제도에 대해서도 프랑스와 미국처럼 기록한 자료를 찾아내기 어렵다. 사회제도에 관한 부분은 주로 프랑스와 미국이 직접 방문하여 활발한 활동을 벌여 프랑스인과 미국인이 한국인들과도 많은 접촉을 하였고, 한국인과 관련 있는 가족에 대해서도 관심을 기울인 것이다.

한국의 여성에 대한 인식으로는 여성의 지위와 은둔 및 격리를 들었다. 세 나라 모두 한국 여성의 처지는 '열등하다, 열악하다, 거의 없는 것과 마찬가지이다, 종이나 노예와 같은 처지이다'라는 표현을 사용하여 한국 여성에 대한 인식에서 이견을 보이지 않았다. 프랑스인들은 한국 여성에 대해 열등한 상태라는 인식을 일관되게 나타내었고, 미국인들도 마찬가지이다. 그러한 가운데 헐버트는 여성의 지위가 계층별로 차이가 있다고 하였고, 제이콥 로버트 무스는 한국 여성이 노동을 위한 수단으로서 가치가 있다는 견해를 밝혔다. 그러나 전체적으로 볼 때 한국 여성의 사회적·도덕적 지위는 낮다는 데 이견이 없다. 러시아인들도 한국 여성에 대한 인식은 프랑스인·미국인들과 같다. 단 한국의 여성이 노예나 종의 역할을 한다고 서술한 것은 그만큼 여성의 사회적 지위가 남성에 비해 크게 낮다는 것을 표현한 것이고, 자국의 여성과도 비교하여 열등한 상태임을 간접적으로 나타내었다. 또한 한국인 인식 자체에 대해 여성의 독립성을 인정하지 않는다는 것을 통해 한국인에 대한 인식이 문명화되지 못했다는 것임을 나타내었다.

네 번째 문화 분야와 관련해서는 종교와 교육제도를 중심으로 살펴보았다. 먼저 한국의 종교에 대해서는 세 나라 모두 한국의 종교에 불교, 유교, 민간신앙 또는 미신 등이 예전부터 있었지만 불교와 유교는 많은 사람들이 신봉하지 않고 대다수의 민중들은 민간신앙을 신봉하였다는 공통된 견해를 나타내었다. 또한 불교는 조선시대에 쇠퇴하여 성행하지 않고, 유교는 종교의 의미보다는 사회적 규범이자 윤리로서 적용되는 측면이 강하여 상류층 사람들이 믿는다고 하였다. 반면 한국의 민중들은 많은 신들을 자신들의 처지와 상황에 맞게 믿기 때문에 다양한 신을 믿는다고 보거나 정해진 종교 없는 신앙적이지 못한 상태라고 보았다. 여기서 다신론적 관점과 무신론적 관점으로 구분할 수 있다.

개항기에 무신론적 관점과 다신론적 관점의 차이는 민간신앙을 종교로 볼 것인가 아니면 따로 별개로 볼 것인가의 차이이다. 무신론적 관점은 한국에 종교가 없는 것은 아니나 종교라고 일컬을 만한 것이 존재하지 않고 민간신앙은 신앙일 뿐 종교가 될 수 없다는 입장에서 한국은 서양의 문명화를 통한 발전을 이룰 수 있다는 사고를 가지고 파악한 것이다. 다신론적 관점은 한국에 예전부터 불교와 유교가 있었고, 이것을 종교로 인식하였으며, 민중들의 민간신앙을 종교와 동일시하여 민중의 신앙도 종교로 보아야 한다는 입장에서 한국 문화의 특성을 이해하려고 하였다. 이것이 종교를 바라보는 서양인의 입장이다.

한국의 교육제도에 대해서는 관직 시험과 연관 지어 인식하였다. 서양인들은 한문 중심의 교육제도로 한정된 한국의 교육제도에 대해 언급하면서 서양에서 교육하고 있는 여러 종류의 과목들과 함께 실제로 교육시켜 본 결과 한국인의 습득 능력과 어학에 재능이 뛰어남을 발견했다. 또한 서양인들은 가르치고자 하는 한국 부모의 교육열과 배우고자 하는 열정이 강했음을 지적하였다.

세 나라 모두 개항기 초에는 중국의 영향을 받은 한문 중심의 교육을 중점적으로 다루었다. 즉 관직을 위해서는 과거를 보아야 하고, 과거를 보기 위해서는 한자 공부에 매진해야 한다는 점을 들었다. 하지만 후반에는 서양인의 방문과 서양의 학문이 유입되면서, 한국 교육제도 개혁의 필요성을 서양인들뿐만 아니라 한국인들도 인식하여 변화를 꾀하게 되었다는 점을 긍정적으로 보고 있다. 이러한 변화에 대해서는 서양의 도움과 지원으로 가능하다는 입장에서 인식한 것이기 때문에 그들의 잠재된 우월의식이 교육을 통해 표출되었다고 하겠다.

이렇게 지배체제와 사회에 대한 국가별 인식과 함께 직업별로 약간의 차이를 보여 언급하고자 한다. 우선 외교 관련 직업과 군인의 부류, 의사와 교육자 · 선교사 등의 부류, 학자와 탐험가(여행가) · 작가 등의 부류로 구분할 수 있다. 그 외에 1900년대에 기자와 특파원 부류가 있기는 하지만 본문에서는 23명의 서양인들 중에 해당하는 직업이 없었다. 먼저 외교 관련 직업(외교관과 외교 사절단)과 군인의 부류는 자신들이 맡은 임무에 충실하여 주로 한국에 대한 조사와 정보를 수집하거나 자국과의 관계 형성에 집중하였으며, 개항기 전반에 입국하거나 단기 체류자들이 많다. 그리하여 제국주의적 우월의식을 다른 직업군에 비해 월등히 강하게 가지고 있었다. 단 미국의 외교관이었던 샌즈는 예외이다. 그는 개항기 후반에 입국하였고, 장기 체류자였다.

의사와 교육자 · 선교사 등의 부류는 개항기를 통틀어 문명화와 교리 전파의 사명감을 가지고 한국을 변화시키고 한국에 도움을 주어야 한다는 인식이 강하였다. 이들은 주로 교육과 의료, 선교활동 등을 통해 한국이 변화를 하는 데 역할을 하였고, 주로 민중의 입장에서 이해하려고 노력한 서양인들이었다. 또한 이들은 개항기 전반에 입국하여 10년 이상의 장기 체류자들이 대부분이다.

학자와 탐험가(여행가) · 작가 등의 부류는 6개월 미만의 단기 체류자이거나 개항기 전반보다 후반에 입국한 경우가 많은데, 이들은 한국인들과 일상생활에 대한 관심이 높아 자연적으로 세밀한 관찰을 할 수 있었다. 이들은 단기 체류자이지만 한국에 대해 이해하려고 노력하기도 하였다는 것이 특징이다.

본문에서 직업군을 살펴보지는 못했지만, 1900년대 특히 러일전쟁 전후로 입국한 기자와 특파원 부류의 직업군이 있다. 청일전쟁으로 인해 한국이 알려지는 계기를 마련했다면, 러일전쟁은 한국의 미래가 어떻게 될 것인가에 관심을 가져 자국에서 러일전쟁을 취재하기 위해, 러일전쟁 당시 한국의 상황을 보고받기 위해 기자와 특파원들을 파견하였다. 이들은 취재를 위해 방문하였기 때문에 짧게는 2개월, 길게는 1년 이상을 체류하였다. 이들은 외교 관련 직업 · 군인과 비교할 수 있는데, 외교 관련 직업군과 군인은 주로 개항기 전반에 조약 체결 후 국가 간의 관계 형성과 한국에 대한 정보를 수집하는 데 집중하였다. 반면, 기자와 특파원은 개항기 후반에 러일전쟁을 통한 한국의 상황을 취재하여 이후 자국이 국제관계에서 취해야 할 방향에 대해 정보를 제공하였다.

이렇게 서양인의 한국, 한국 인식에 대한 연구에서 공통 관심 대상과 국가별 차이, 직업별 차이 등을 도출해 내었다. 하지만 저자가 가지고 있던 서양인의 오리엔탈리즘적 사고방식에서 크게 벗어나지 않는다는 것을 확인할 수 있는 작업이었다. 정도의 차이는 있으나, 이를 근거로 크게 구분하거나 뚜렷한 구도를 형성했다고 보기는 어렵다. 오히려 서양인들은 자신들이 가진 기본적 의식구조와 오리엔탈리즘을 기록이라는 수단을 통해 드러내면서, 한국에 대한 부정적 시각을 부각시키고 서양의 우월성을 더 강조하였다.

저자는 문헌과 함께 국가별 인식과 주제별 인식 등을 통해 서양인들의 인식을 유형화시켜 보았다. 하나는 오리엔탈리즘에 입각하여 제국주의 우월의식을 철저하게 고수하는 입장(고수파), 두 번째는 문명화론에 입각하여 한국의 변화나 자국과 다른 모습을 발견했음에도 한국의 입장을 이해하지 않고 자신의 우월의식을 유지하려는 입장(유지파), 마지막으로 한국에 10년 이상 체류하고 한국의 생활 방식에 동화되어 한국인을 이해하려는 입장(수용파) 등으로 분류할 수 있다. 고수파에는 달레, 그리피스, 로웰, 다데슈칼리안, 알프탄, 카르네프 · 미하일로프 등으로, 유지파는 길모어, 샤이에 롱, 다니엘 기포드, 샤를 루이 바라, 프랑뎅, 가린-미하일롭스키, 에밀 부르다레 등으로, 수용파는 알렌, 언더우드와 언더우드 부인, 헐버트, 샌즈, 제이콥 로버트 무스, 조르주 뒤크로, 세로셰프스키, 와그너 등이 속한다고 하겠다. 고수파는 주로 방문하지 않았거나 개항기 전반(1890년대 중반 이전)에 방문한 단기 체류자들이다. 유지파는 개항기 전반에 들어왔으나 10년 정도 장기 체류한 경우와 개항기 후반(1890년대 후반 이후)에 들어왔으나 단기 체류자이거나 또는 5년 미만의 장기 체류자들이 대부분이다. 수용파는 개항기 전반과 후반에 각각 들어왔으나 15년 이상의 장기 체류자들이 대부분이다. 조르주 뒤크로와 세로세프스키는 예외적으로 개항기 후반 중에서도 1901년과 1903년에 방문한 단기 체류자이지만 여행가와 학자라는 직업적 특징으로 한국에 대한 이해와 호감을 가지고 있어 수용파에 포함시켰다.

당시 오리엔탈리즘이 서양인의 사상이나 문화, 정치, 경제, 사회 등의 다방면과 국가관계 등에 대해 지배적인 영향을 끼쳤다고 보아야 한다. 마치 조선시대 유교 사상이 당시 조선인들에게 정신과 생활에 있어 전반적이고 지배적인 이념이 되었듯이 말이다.

프랑스, 미국, 러시아 등 이 세 나라 서양인들의 인식을 가지고 한국에 대한 인식을 일반화하기에는 어려운 점이 있다. 하지만 이 세 나라의 서양인들은 시기별과 상관없이 꾸준한 방문이 이어졌고, 세 나라는 다른 국가들에 비해 많은 자국민을 한국에 파견 또는 방문하도록 하였기 때문에 이 세 나라만으로도 서양인들의 한국에 대한 이미지를 형상화할 수 있다.

개항기의 서양인들이 인식한 한국의 이미지는 동양 삼국, 한국과 중국, 일본 중에서 가장 개항을 늦게 하여 중세에서 근대로 넘어가는 과도기에 있다는 것이다. 그러므로 서양이 도움을 주고 한국이 서양의 도움을 받는다면, 이웃한 다른 두 동양 국가들처럼 발전할 수 있다는 것이 그들의 견해이다.

제국주의 국가이면서 강대국으로 일컫는 서양 국가들은 겉으로 드러나지는 않은 한국을 원료 공급지이자 시장 개척지로 삼고자 하는 의도가 있었기 때문이다. 이들 서양 국가는 조약 체결과 이권 침탈이라는 방법과 수단을 동원하였고, 그러한 의도는 정도의 차이는 있지만 서양 중심의 사고방식, 서양 우월의식이 밑바탕에 깔려 있기 때문에 가질 수 있는 것이다.

이러한 서양인들의 사고방식이 개항기 한국의 이미지를 형상화하였다. 이러한 형상화가 기록을 통해 구체화되어 관념으로 굳어졌다. 이러한 관념이 서양인들의 한국에 대한 인식의 원형을 이루어 지금에까지 영향을 미치고 있다고 생각한다.

또한 우리가 이 시기 서양에 대해 동경의 대상으로 바라보게 되었던 것은 분명 서양인들의 이러한 사고가 유입되고 수용되어 나타난 결과라고 여겨진다. 그리하여 개화파나 동도서기론자들은 서양의 문물을 수용하여 변화를 꾀하고자 하였다. 그러한 변화에 서양인의 조언과 참여를 기대하여 서양인들은 한국의 근대화적 변화에 일조했다고 여기면서 자신들의 우월의식을 강화하였다. 그리고 서양인들이 한국을 문명화해야 할 나라라고 인식하지 않았을까 하는 그들의 입장을 떠올려 보았다.

현대에 와서는 이러한 인식이 바뀌어야 한다는 인식 변화의 필요성을 주장하는 서양인들이 있고, 개항기 한국의 전통문화나 고유적 특성을 현대에서는 '전통'으로 받아들여 수용하는 입장의 서양인들도 있다. 하지만 여전히 개항기 때 가지고 있던 우월의식 또는 서구 중심주의적 사고방식을 지니고 있는 서양인들이 더 많다는 점에서 인식 변화와 수용의 자세를 요구하는 바이다. 이와 함께 우리 또한 제3국의 외국인들을 바라볼 때 차이를 다름으로 받아들여 수용과 인정의 자세를 취해야 한다는 것도 염두에 두어야 할 것이다.

서양인들의 저서나 기록물 등을 살펴볼 때 주의해야 할 점은 그들이 언제, 어떻게, 어떤 경로를 통해 한국을 방문하게 되었는가, 얼마나 머물렀는가, 한국을 방문하기 전 한국에 대해 얼마나 알고 있었는가, 그리고 한국에 머물면서 한국인들과 얼마나 많은 접촉을 했는가 등을 유념해서 보아야 할 것이다. 이러한 점에서 서양인들은 한국에 대해 그들이 인식한 바를 각기 다른 기록들로 제시할 수 있기 때문이다.

이 책은 추후에 보다 세밀한 자료 검토와 영역별 연구를 통해 보완되고 수정되어야 한다. 또한 문헌 내용에 대한 영역별 연구가 필요하다. 즉 분야별로 정치, 경제, 사회, 문화 등에 있어서 보다 다양한 항목의 비교·분석이 이루어진다면 흥미로운 연구가 될 것이다. 대표적으로 아직 연구가 덜 된 의식주와 관혼상제 등의 생활상이나 여성에 대한 인식, 국제 정치적 관계와 대외 무역, 그리고 한국 전통적 사상이라고 일컬어지는 샤머니즘뿐만 아니라 다양한 종교에 대한 연구 등에 대해 관심을 가질 필요가 있다.

끝으로 서양인들의 국적에서 보면, 미국, 영국, 독일, 프랑스, 러시아의 서양인들이 남긴 저서들이 많지만 앞으로 계속해서 자료를 발굴하다 보면 이들 나라보다 더 다양한 나라들의 기록이 나타날 것이라는 기대를 한다. 그리고 저자는 보다 다양한 서양인들의 한국에 대한 인식을 살펴봄으로써 다양한 방향의 연구가 진행될 수 있을 것이라고 기대해 본다.

〈표〉 개항기 한국을 방문하거나 한국 관련 저서를 남긴 서양인들(간행 연도순)

저 자	생 애	국 적	방문 전의 직업 / 방문 후의 직업	한국 방문 시기	한국 방문 지역	저 서	간행 년도
샤를르 달레 Charles Dallet	1829 ~1878	프랑스	신부 선교사	방문기록 없음	방문지역 기록 없음	『한국천주교회사』 *HISTOIRE DE L'ÉGLISE DE CORÉE*	1874
존 로스 John Ross	1842 ~1915	영국	신학자 번역자	방문기록 없음	방문지역 기록 없음	『존 로스의 한국사』 *HISTORY OF COREA*	1879
오페르트 Ernst Jacob Oppert	1832 ~1903	독일	무역업자 사업가 여행가	1차 1866.2 2차 1866.6 3차 1868.4	1차 흑산도와 아산만 일대 탐험 2차 해미와 덕적도, 강화도 탐사 3차 충남 덕산	『금단의 나라 조선』 *A Forbidden Land: Voyages to the Corea*	1880
그리피스 William Eliot Griffis	1843 ~1928	미국	신학자 교수, 목사	1차 연대 미정 2차 1926~1927	정확한 방문지역 기록 없음 (서울과 서울근교 추정)	『은자의 나라 한국』 *Corea: The Hermit Nation*	1882 〈1907〉
다데슈칼리안 Князь Дадешкалиани	? ~ ?	러시아	정부관리인 (공후) 행정관리	1885	나가사키에서 서울까지 여행 (부산항과 부산, 제물포) 동북쪽 국경지대 (두만강, 그경부(=경흥), 행영, 회령, 부령, 경성) 경흥에서 원산까지 여행 (경흥, 청진, 원산과 브로우톤만(=영홍만 혹은 원산만))	『내가 본 조선, 조선인 -'조선의 현 상황에 대한 짧은 기록'』 *PO KOREE PUTESHESTVIIA* 〈*По Корее*〉	1885

저 자	생 애	국 적	방문 전의 직업	방문 후의 직업	한국 방문 시기	한국 방문 지역	저 서	간행 년도
로웰 Percival Lowell	1855 ~1911	미국	천체물리학자, 사업가	사절단 안내 (보빙사)	1883.12 ~1884.3	부산항과 부산, 제물포, 서울, 한강(마포), 서울 성벽, 삼각산, 남산, 장안(서울상점), 궁궐방문, 화계사	『내 기억 속의 조선, 조선 사람들』 *Chosön, The land of the morning calm* -『고요한 아침의 나라』 개정	1885
칼스 William Richard Carles	1848 ~1929	영국	중국유학생	외교관	1884~1885	1883년 조선방문 〈서울에서 원산까지의 내지 여행 (북한산성, 금화, 금성, 풍천, 제물포, 부산)〉 1884년 9월~11월 여행 〈서울 외곽지역, 경기 북부 지역, 황해도와 평안도, 원산〉	『조선풍물지』 *Life in Corea*	1888
델로트케비치 P. M. Delotkevicha 〈Делоткевич〉	? ~ ?	러시아	상인	상인	1885.1 ~1886.3	부산, 제물포, 서울, 서울에서 러시아령까지 도보종단 (원산, 영흥, 청풍, 함흥, 북청, 길주, 명찬, 경선, 부령, 회령, 경흥, 러시아령)	『러시아인, 조선을 거닐다 -'델로트케비치의 여행기'』	1889
베벨리 F. Vebeli 〈Вебель Ф.И.〉	? ~ ?	러시아	육군 중령	장교	1889.5~7	원산, 평양, 서울	『내가 본 조선, 조선인 -'조선 북부 여행기'』 *PO KOREE PUTESHESTVIIA* *〈По Корее〉*	1889
길모어 George William Gilmore	1857 ~ ?	미국	신학자	선교사	1886.7 ~1889	서울과 서울근교 (성벽과 성문, 남산과 북한산, 궁전)	『서울풍물지』 *Korea from its Capital: with a Chapter on Mission*	1892

저 자	생 애	국 적	방문 전의 직업	방문 후의 직업	한국 방문 시기	한국 방문 지역	저 서	간행 년도
샤를 루이 바라 Charles Louis Varat	1842 ~1893	프랑스	여행가, 지리학자, 민속학자	탐험가	1888~1889	제물포, 한강(마포), 서울, 서울구경(동대문과 남대문, 북한산 요새, 청계천과 종로, 경복궁, 광화문 등), 서울에서 부산까지의 여행(경기도, 충청도〈속리산〉, 경상도〈문경, 낙동강, 대구, 청도, 밀양, 부산〉), 원산	『조선 기행 -'조선 종단기'』	1892
포지오 (미하일 알렉산드로비치 포지오) 〈Михаил Александрович Поджио〉	1850 ~1889	러시아	외교관	외교관	방문기록 없음	방문지역 기록 없음	『러시아 외교관이 바라본 근대한국』 -〈한국개관〉 *Очерки Кореи*	1892
모리스 쿠랑 Maurice Courant	1865 ~1935	프랑스	법학자, 통역관	외교관	1890~1892	서울	『한국서지』 *Bibliographie Coréenne*	1894
샤이에 롱 Chaillé Long	1842 ~1917	미국	군인, 변호사	외교관	1887~1889	제물포, 마포, 성벽과 성문, 서울(한양), 경복궁, 제주도 여행, 석왕사	『조선 기행 -'코리아 혹은 조선'』	1894
캐번디시 Alfred Edward John Cavendish	1859 ~1943	영국	군인(장교)	군인(장교)	1891.8~10	제물포, 마포 양화도, 서울, 육로여행(임진강 유역, 평강, 안변, 원산, 덕원, 덕지강, 영흥, 고산, 정평, 함흥, 성천강 유역, 장진강 유역, 장진, 사평천, 허천강 유역, 갑산, 보천, 압록강, 장백산맥, 백두산과 천지)	『백두산으로 가는 길』 *KOREA AND THE SACRED WHITE MOUNTAIN-BEING A BRIEF ACCOUNT OF A JOURNEY IN KOREA IN 1891*	1894

저 자	생 애	국 적	방문 전의 직업 / 방문 후의 직업	한국 방문 시기	한국 방문 지역	저 서	간행 년도
커즌 George Nathaniel Curzon	1859 ~1925	영국	학자, 외교관, 하원의원	1차 1887~1888 2차 1892~1893	부산, 원산, 제물포, 금강산 기행(장안사), 석왕사, 서울, 종로, 궁궐	『100년 전의 여행, 100년 후의 교훈』 *Problems of the Far East*	1894
			학자, 여행가				
새비지-랜도어 Arnold Henry Savage-Landor	1865 ~1924	영국	여행가, 화가	1차 연대 미정 2차 1890.12 ~1891	부산과 부산항, 거문도, 인천항과 제물포, 서울, 한강, 서울거리 (종로, 고궁, 성벽, 남산, 북경로), 궁궐, 서울근교 (북한산성과 사찰)	『고요한 아침의 나라 조선』 *Corea or Cho-sen: The Land of the Morning Calm*	1895
			탐험가				
헤세-바르텍 Ernst von Hesse-Wartegg	1854 ~1918	오스트리아	작가, 여행가	1894.6~7	부산, 제물포, 한강, 강화에서 서울로의 여행, 서울 산책	『조선, 1894년 여름』 *Korea*	1895
			여행가				
알프탄 V. Al'ftan 〈Альфтан В.А.〉	? ~ ?	러시아	육군 중령	1895.12 ~1896.1	두만강 하구에서 원산에 이르는 동해안 지역	『내가 본 조선, 조선인 -'조선 중북부 여행기'』 *PO KOREE PUTESHESTVIIA* 〈*По Корее*〉	1895~ 1896
			장교				
카르네프 Карнеев	? ~ ?	러시아	육군 대위	1895.12 ~1896.4	부산, 동래부, 부산만, 양산, 외양, 경주, 영일, 새만아개강(형산강), 장하연, 영현, 양현, 낙동강, 봉학산, 영천, 풍기, 청풍, 한강, 충주, 여주, 양근(양평), 북한강, 서울, 서울거리 (성벽, 사대문, 종로와 상점), 러시아 공사관, 경주에서 부산까지 여행	『내가 본 조선, 조선인 -'조선 중남부 여행기'』 *PO KOREE PUTESHESTVIIA* 〈*По Корее*〉	1896
			장교				

저 자	생 애	국 적	방문 전의 직업 / 방문 후의 직업	한국 방문 시기	한국 방문 지역	저 서	간행 년도
미하일로프	? ~ ?	러시아	육군 중위 / 장교	상동	상동	상동	상동
다니엘 기포드 Daniel Lyman Gifford	1861 ~1900	미국	선교사 / 선교사, 교육자	1888~1900	서울(종각과 상점), 명산방문기 (계룡산과 사찰), 한강 근처(용산), 사역활동(지방)	『조선의 풍속과 선교』 *Every-Day Life in Korea*	1897
비숍 Isabella Bird Bishop	1831 ~1904	영국	여행가 / 작가, 지리학자	1894.2 ~1897.3 (4차례 방문)	부산, 낙동강, 제물포, 마포, 서울, 서울 거리 (성벽과 사대문, 상점, 공사관, 종로, 종각), 한강 여행, 북한강 여행, 서울에서 원산에 이르는간선도로 여행, 금강산 기행, 동해안 여행, 시베리아 한인촌, 파주, 고양 송도, 평양 여행, 관서 지방 여행	『나의 서울조선과 그 이웃 나라들』 *Korea and Her Neighbors*	1901
리델 Felix Clair Ridel	1852 ~1924	프랑스	신부 / 신부	1차 1861.3 ~1866.6 2차 1877.11 ~1878.6	1차 경상도와 전라도의 교우촌 68곳 방문 2차 서울	『나의 서울 감옥 생활 1878』 *MA CAPTIVITÉ DANS LES PRISONS DE SÉOUL*	1901
이폴리트 프랑뎅 Hippolyte Frandin	1852 ~1924	프랑스	외교관 / 외교관	1892.4 ~1894.3	제물포, 서울, 궁궐	『프랑스 외교관이 본 개화기 조선』 *En Corée*	1902

저 자	생 애	국 적	방문 전의 직업	방문 후의 직업	한국 방문 시기	한국 방문 지역	저 서	간행 년도
가린-미하일롭스키 N.G. Garin-Mikhailovskii 〈Гарин-Михайловский〉	1852 ~1906	러시아	철도기사	작가	1898.9~10	한국 국경 (크라스노에 셀로), 두만강, 경흥, 회령, 무산, 백두산과 소백산, 압록강, 의주	『러시아인이 바라본 1898년의 한국, 만주, 랴오둥 반도〈조선, 1898〉』 (1899) 단행본 *Po Koree, Mah'chz -hurii i Liaodunsko-mu poluostrovu*	1904
로제티 Carlo Rossetti	?~?	이탈리아	외교관	영사	1902.11 ~1903.8	서울과 서울거리, 서울의 유적탐방	『꼬레아 꼬레아니』 *Corea e Coreani*	1904
언더우드 부인 Lillias Horton Underwood	1851 ~1921	미국	의사	의사, 문필가	1888~1921	서울, 궁궐, 송도와 대동강, 관서지방, 관북지방, 소래와 행주 전교 여행, 전도여행 (황해도와 평안도)	『상투의 나라』 *Fifteen Years among the Top-Knots or Life in Korea* 『언더우드 부인의 조선생활』 개정	1904
에밀 부르다레 Emile Bourdaret	? ~ ?	프랑스	고고학자	철도기사, 서울프랑스어 학교 강사	1차 1901 2차 1903.3 ~1904.2	부산과 부산항, 제물포, 서울행기차, 서울 (성벽, 8개문, 종로), 전차 산책(서울 거리), 정동(공사관 거리), 파주, 송도, 평양, 강화도, 금강산, 목포, 제주	『대한제국 최후의 숨결』 *En Corée*	1904
조르주 뒤크로 Georges Ducrocq	1874 ~1927	프랑스	여행가, 시인, 외교관	여행가, 시인	1901.12 ~1902.1	서울과 서울거리 (경복궁, 종로, 상점, 창덕궁, 덕수궁, 명동의 대성당, 북악산, 남산)	『가련하고 정다운 나라 조선』 *Pauvre et Douce Corée*	1904

저 자	생 애	국 적	방문 전의 직업 / 방문 후의 직업	한국 방문 시기	한국 방문 지역	저 서	간행 년도
헨리 위그햄 Henry J. Whigham	1869 ~1954	영국	작가, 골프선수, 종군기자 종군기자	1901	부산, 제물포, 서울	『영국인 기자의 눈으로 본 근대 만주와 대한제국』 *MANCHURIA AND KOREA*	1904
겐테 Siegfried Genthe	1870 ~1904	독일	지리학자, 기자 기자	1901.6~11	제물포, 서울, 강원도 당고개 금광, 금강산 횡단, 제주도 한라산 정상 등반	『독일인 겐테가 본 신선한 나라 조선, 1901』 *Korea-Reiseschilderungen* 『겐테의 한국기행』 개정	1905
루돌프 차벨 Rudolf Zabel	1876 ~ ?	독일	특파원 특파원	1904.5~7	부산, 원산, 원산에서 서울까지 육로여행, 제물포	『독일인 부부의 한국 신혼여행 1904』 *Meine Hochzeitsreise durch Korea während des Russisch-japanischen Krieges*	1906
아손 그렙스트 William A:son Grebst	?~?	스웨덴	신문기자 무역상, 기자	1904.12.24 ~1905.1	부산항, 경부선 (낙동강, 대구, 공주, 평택, 수원), 서울, 종로, 서울 근교, 북한산, 한강, 강화도 여행 (초지진, 전등사, 단군단, 마니산, 제물포, 서울도착), 제물포항	『스웨덴 기자 아손, 100년 전 한국을 걷다』 *I Korea* 『코레아코레아』 개정	1906
헐버트 Homer Bezaleel Hulbert	1863 ~1949	미국	신학자 선교사, 교수	1차 1886.7 ~1891.12 2차 1893.9 ~1907.4	서울과 근교	『대한제국멸망사』 *The Passing of Korea*	1906

저 자	생 애	국 적	방문 전의 직업 / 방문 후의 직업	한국 방문 시기	한국 방문 지역	저 서	간행 년도
매켄지 Frederick Arthur McKenzie	1869 ~1931	영국	기자 / 특파원	1차 1904~1905 2차 1906~1907	서울, 덕수궁, 경상도, 평양, 선천, 내륙지방 (충주, 이천, 제천, 원주, 양근)	『대한제국의 비극』 *The Tragedy of Korea*	1908
버튼 홈스 Elias Burton Holmes	1870 ~1958	미국	여행가, 사진가, 영화감독 / 여행가, 사진가, 교수	1901	제물포, 서울, 서울관광 (종각, 파고다 탑, 궁궐)	『1901년 서울을 걷다』 *BURTON HOLMES TRAVELOGUES -SEOUL, THE CAPITAL OF KOREA*	1908
알렌 Horace Newton Allen	1858 ~1932	미국	신학자, 의사 / 의료선교사, 외교관	1884.7 ~1905	서울	『조선견문기』 *Things Korean*	1908
언더우드 Horace Grant Underwood	1859 ~1916	미국	의학자, 신학자 / 의료선교사, 교육자	1885~1916	서울, 강원도 (소래)	『한국개신교수용사』 *The Call of Korea*	1908
게일 James Scanth Gale	1863 ~1937	캐나다	신학자 / 선교사, 목사	1차 1888.2. ~1897 2차 1898~1928	부산, 서울, 해주, 순회설교 (서울, 송도, 평양, 의주, 봉천, 동만주 고려촌, 함흥, 원산 등)	『전환기의 조선』 *Korea in Transition*	1909
제이콥 로버트 무스	1864 ~1928	미국	선교사 / 선교사	1893~1918	서울, 서울 거리 (성벽, 사대문, 남산, 북한산, 종각과 종로), 지방	『1900, 조선에 살다』 *Village Life in Korea*	1909

저 자	생 애	국 적	방문 전의 직업 / 방문 후의 직업	한국 방문 시기	한국 방문 지역	저 서	간행 년도
세로셰프스키 Vatslav Seroshevskii	1858 ~1945	폴란드 (러시아령)	작가, 학자	1903.10 ~1904.1	부산항, 원산, 석왕사, 안변, 평강, 양주, 서울	『코레야 1903년 가을』 *Korea*	1909
			학자				
와그너 Ellasue Canter Wagner	1881 ~1957	미국	선교사	1904~1940	송도, 서울	『한국의 아동 생활』 *Children of Korea* 『 미국인 교육가 엘라수 와그너가 본 한국의 어제와 오늘 1904~1930』 *KOREA THE OLD AND THE NEW*	1911/ 1931
			교사, 목사				
켐프 Emily Georgiana Kemp	1860 ~ ?	영국	풍경화가	1910	한반도 일주	『조선의 모습』 *The Face of Manchuria Korea, Russian Turkestan*	1911
			여행가				
버라토시 Baráthosi Balogh Benedek	1870 ~1945	헝가리	탐험가, 교사, 민속학자	1차 1907.봄 2차 1920년대 초	블라디보스토크에서 서울로 여행, 서울, 제물포, 제물포에서 부산을 거쳐 블라디보스토크로의 여행	『코리아, 조용한 아침의 나라』 *Korea, a hajnalpír országa*	1929
			탐험가				
샌즈 William Franklin Sands	1874 ~1946	미국	법학자	1898~1904	제물포, 서울과 서울거리, 공사관거리, 궁궐, 북부지역 조사 (의주, 진남포, 안주), 제주도, 북방지역 여행 (평양, 안주)	『조선비망록』 *Undiplomatic Memories*	1930
			공사 사업가				

저 자	생 애	국 적	방문 전의 직업 / 방문 후의 직업	한국 방문 시기	한국 방문 지역	저 서	간행 년도
셔우드 홀 Sherwood Hall	1893 ~1991	미국	의사 / 의료선교사, 교육자	1890~1940	서울, 평양, 원산, 해주	『닥터 홀의 조선회상 (1890~1940)』 *WITH STETHOSCOPE IN ASIA: KOREA*	1978
잭 런던 Jack London	1876 ~1916	미국	작가 / 종군기자	1904	제물포, 서울, 압록강, 의주항, 황주, 평양, 부산, 목포, 군산, 북경으로 가는 길 (평양, 안주, 의주, 압록강변, 순안)	『잭 런던의 조선사람 엿보기 -1904년 러일전쟁 종군기』 *LA CORÉE EN FEU*	1982
노블 Mattie Wilcox Nobel	1872 ~1956	미국	신학자 / 선교사, 교사	1892~1934	부산, 제물포, 서울, 평양, 지방 순례 (강서군, 진남포, 삼화), 대동강여행, 영변여행, 봉산여행	『노블일지 1892~1934』 *The Journals of Mattie Wilcox Noble*	1986
아펜젤러 Henry Gerhart Appenzeller	1858 ~1902	미국	신학자 / 선교사(목사), 교육자	1885~1902	서울, 평양 여행, 원산에서 서울로의 여행, 함경남도 · 강원도 · 경기도 여행	『자유의 빛을 주소서: 아펜젤러의 일기』 *Bring to the Light and Liberty -H. G. Appenzeller's Daires, 1886~1902-*	1988
분쉬 Richard Wunsch	1869 ~1911	독일	의사 / 의사	1901.11 ~1905.4	제물포, 서울과 서울 구경, 오지여행(금강산)	『고종의 독일인 의사 분쉬』 *Arzt in Ostasien*	1999
에비슨 Oliver R. Avison	1860 ~1956	캐나다	의사 / 의료선교사	1893.7 ~1935.12	부산, 제물포, 서울	『근대한국 42년 1893~1935』 (상, 하) *Memoires of Life in Korea* 『구한말비록』 개정판	2010

※전거: 각 인물의 대표 저작물에서 발췌하여 분류

참고문헌

1. 사료

경인문화사, 근세 동아세아 서양어 자료총서(1~200).

국립문화재연구소, 2007, 「서양인이 쓴 민속문헌 해제」(민속문헌자료 기초조사).

국회도서관, 『구한말조약휘찬 하』.

The Korean Repository (Seoul: The Trilingual Press, 1901~1906).

The Korea Review (Seoul: The Methodist Publishing House, 1892~1898).

평민사, [한국외국인기록] 전집.

집문당, [한말외국인기록] 시리즈.

살림, [그들이 본 우리] 시리즈.

연세대학교, [해외한국학평론] 시리즈.

조선일보, 「일러스트레이션으로 본 20세기 초 한국 풍경」(1997년 8월부터 약 1년간 50회 연재).

Ernst Jacob Oppert, *A Forbidden Land: Voyages to the Corea*, G. P. Putnam's Sons, New York, 1880.

William Eliot, Griffis, *Corea: The Hermit Nation*, Charles Scribner's Sons, New York, 1882〈1907〉.

George William Gilmore, *Korea from its Capital:with a Chapter on Mission*, Presbyterian Board of Publication and Sabbath-School Work, Philadelphia, 1892.

Arnold Henry Savage-Landor, *Corea or Cho-sen: The Land of the Morning Calm*, William Heinemann Co., London, 1895.

Isabella Bird Bishop, *Korea and Her Neighbors*, Fleming H. Revell Co., New York, 1897.

Daniel Lyman Gifford, *Every-Day Life in Korea*, 1897.

Lillias Horton Underwood, *Fifteen Years among the Top-Knots or Life in Korea*, American Tract Society, Boston, 1904.

Homer Bezaleel Hulbert, *The Passing of Korea*, William Heinemann Co., London, 1906.

Horace Newton Allen, *Things Korean(A Collection of Sketches and Anecdotes, Missionary and Diplomatic)*, Fleming H. Revell Co., New York, 1908.

Horace Grant Underwood, *The Call of Korea*, 1908.

James Scanth Gale, *Korea in Transition*, Jenning & Graham, Cincinnati, 1909.

J. Robert Moose, *Village Life in Korea*, 1909.

William Franklin Sands, *Undiplomatic Memories*, McGraw-Hill Book Co. Inc., New York, 1930.

2. 단행본

1) 국외 저서(간행 연도순)

Charles Dallet, *HISTOIRE DE L'ÉGLISE DE CORÉE*, PARIS LIBRAIRIE VICTORE PALMÉ, ÉDITEUR, 1874.

(샤를르 달레 저, 안응렬 · 최석우 역주, 2000, 『한국천주교회사(상)』 한국교회사연구소; 정기수 역, 1992, 『조선교회사서론』, 탐구당)

John Ross, *HISTORY OF COREA*, PAISLEY: J. AND R. PARLANE., 1879.

(존 로스 지음, 홍경숙 옮김, 2010, 『존 로스의 한국사』[그들이 본 우리 014], 살림)

Ernst Jacob Oppert, *A Forbidden Land: Voyages to the Corea*, G. P. Putnam's Sons, New York, 1880.

(오페르트지음, 신복룡 · 장우영 역주, 2000, 『금단의 나라 조선』[한말외국인기록 20], 집문당)

William Eliot, Griffis, *Corea: The Hermit Nation*, Charles Scribner's Sons, New York, 1882〈1907〉.

(그리피스 지음, 신복룡 역주, 1999, 『은자의 나라 한국』[한말외국인기록 3], 집문당)

Князь Дадешкалиани, *PO KOREE PUTESHESTVIIA 〈По Корее〉*, 1885.

(다데슈칼리안 지음, A. 이르계바예브 · 김정화 옮김, 2004, 『내가 본 조선, 조선인 -'조선의 현 상황에 대한 짧은 기록'』, 가야넷)

Percival Lowell, *Chosön, The land of the morning calm*, Harvard University Press, 1885.

(로웰 지음, 조경철 옮김, 2001, 『내 기억 속의 조선, 조선 사람들』, 예담)

William Richard Carles, *Life in Corea*, Macmillan Co., London, 1888.

(칼스 지음, 신복룡 역주, 1999, 『조선풍물지』[한말외국인기록 16], 집문당)

P. M. Delotkevicha〈П.М.Делоткевич〉, *Dnevnik P. M. Delotkevicha na Puti Peshkom iz Seula v Pos'et cherez Severnuju Koruju: 1885-86 g.*, Shornik Geograficheskikh, Topograficheskikh i Staticheskikh Materialov po Azii, Vypusk XXXVIII. SPb.; Voennaja tipografija, v zdanii Glavnogo Shtaba, 1889.

(파벨 미하일로비치 델로트케비치 저, 심지은 편역, 2006, 『러시아인, 조선을 거닐다 -'델로트케비치의 여행기'』, 한국학술정보(주)).

F. Vebeli〈Ф.М.Вебель〉, *PO KOREE PUTESHESTVIIA 〈По Корее〉*, 1889.

(베벨리 지음, A.이르계바예브 · 김정화 옮김, 2004, 『내가 본 조선, 조선인 -'조선 북부 여행기'』, 가야넷)

George William Gilmore, *Korea from its Capital: with a Chapter on Mission*, Presbyterian Board of Publication and Sabbath-School Work, Philadelphia, 1892.

(길모어 지음, 신복룡 역주, 2000, 『서울풍물지』[한말외국인기록 17], 집문당)

______________________, *COREA OF TO-DAY*, London, Edinburgh, and New York, 1894.

(길모어 지음, 이복기 옮김, 2009, 『서울을 걷다 1894』 그들이 본 우리012, 살림)

Charles Louis Varat(샤를 루이 바라), 성귀수 옮김, 2006, 『조선 기행 -'조선 종단기'』(1892)[서양인이

본 한국의 근대 1], 눈빛.
Михаил Александрович Поджио, *Очерки Кореи*, 상트페테르부르크 E. Evdokimov(Ъ. Итальянская), 1892.
(미하일 알렉산드로비치 포지오 지음, 이재훈 옮김, 2010, 『러시아 외교관이 바라본 근대 한국』, 동북아역사재단)
Maurice Courant, *Bibliographie Coréenne*, 1894.
(모리스 쿠랑 저, 이희재 번역, 1997, 『한국서지』, 일조각; 파스칼 그러트 · 조은미 옮김, 『프랑스 문헌학자 모리스 쿠랑이 본 한국의 역사와 문화』[그들이 본 우리 010], 살림)
Chaillé Long(샤이에 롱), 성귀수 옮김, 2006, 『조선 기행 -'코리아 혹은 조선'』(1894)[서양인이 본 한국의 근대 1], 눈빛.
Alfred Edward John Cavendish, *KOREA AND THE SACRED WHITE MOUNTAIN-BEING A BRIEF ACCOUNT OF A JOURNEY IN KOREA IN 1891*, GEORGE PHILIP & SON, LONDON, 1894.
(캐번디시 지음, 조행복 옮김, 2008, 『백두산으로 가는 길』[그들이 본 우리 002], 살림)
George Nathaniel Curzon, *Problems of the Far East*, Westminster Archibald Constable and Co., 1894.
(커즌 저, 라종일 역. 1996, 『100년 전의 여행, 100년 후의 교훈』, 비봉)
Arnold Henry Savage-Landor, *Corea or Cho-sen: The Land of the Morning Calm*, William Heinemann Co., London, 1895.
(새비지-랜도어 지음, 신복룡 · 장우영 역주, 2000, 『고요한 아침의 나라 조선』[한말외국인기록 19], 집문당)
Ernst von Hesse-Wartegg, *Korea*, Dresden & Leipzig: Veriag von Carl Reissner, 1895.
(헤세-바르텍 지음, 정현규 옮김 · 한철호 감수, 2012, 『조선, 1894년 여름』, 책과 함께)
V. Al'ftan〈Альфтан В.А.〉, *PO KOREE PUTESHESTVIIA 〈По Корее〉*, 1895~1896.
(알프탄 지음, A.이르계바예브 · 김정화 옮김, 2004, 『내가 본 조선, 조선인 -'조선 중북부 여행기'』, 가야넷)
В.П.Карнеев/Михайлов, *PO KOREE PUTESHESTVIIA 〈По Корее〉*, 1896.
(카르네프 · 미하일로프 지음, A.이르계바예브 · 김정화 옮김, 2004, 『내가 본 조선, 조선인 -'조선 중남부 여행기'』, 가야넷)
Daniel Lyman Gifford, *Every-Day Life in Korea*, 1897.
(다니엘 기포드 지음, 심현녀 옮김, 1995, 『조선의 풍속과 선교』, 한국기독교역사연구소)
Isabella Bird Bishop, *Korea and Her Neighbors*, Fleming H. Revell Co., New York, 1897.
(이사벨라 버드 비숍 지음, 이인화 옮김, 2000, 『한국과 그 이웃나라들』, 살림; 신복룡 역주, 2006, 『조선과 그 이웃 나라들』[한말외국인기록 21], 집문당)
Max von Brandit, *Ostasiatische Fragen, China, Japan, Korea, Berlin*, Verlag von Gebrüder Paetel, 1897.
(막스 폰 브란트 지음, 김종수 옮김, 2009, 『격동의 동아시아를 걷다』[그들이 본 우리 004], 살림)
Felix Clair Ridel, *MA CAPTIVITÉ DANS LES PRISONS DE SÉOUL*, par ADRIEN LAUNAY, BROUWER,

1901.
(리델 지음, 유소연 옮김, 2008, 『나의 서울 감옥 생활 1878』[그들이 본 우리 006], 살림)
Hippolyte Frandin · Madame Claire Vautier, *En Corée*, Paris Librairie C. H. Delagrave, 1902.
(이폴리트 프랑뎅 · 끌라르 보티에 지음, 김상희 · 김성언 옮김, 2003, 『프랑스 외교관이 본 개화기 조선』, 태학사)
N.G.Garin-Mikhailovskii≪Н.Г.Гарин-Михайловский≫, *Po Koree, Mah'chz -hurii i Liaodunsko-mu poluostrovu*, 1904.
(가린-미하일롭스키 지음, 이희수 옮김, 2010, 『러시아인이 바라본 1898년의 한국, 만주, 랴오둥 반도』, 동북아역사재단)
Carlo Rossetti, *Corea e Coreani*, Plon-Nourrit, 1904.
(로제티 저, 서울학연구소 역, 1996, 『꼬레아 꼬레아니』, 숲과 나무)
Lillias Horton Underwood, *Fifteen Years among the Top-Knots or Life in Korea*, American Tract Society, Boston, 1904.
(언더우드 부인 지음, 신복룡 · 최수근 역주, 1999, 『상투의 나라』[한말외국인기록 15], 집문당; 김철 옮김, 2008, 『언더우드 부인의 조선 견문록』, 이숲)
Emile Bourdaret, *En Corée*, Plon-Nourrit, 1904.
(에밀 부르다레 지음, 정진국 옮김, 2010, 『대한제국 최후의 숨결』, 글항아리)
Georges Ducrocq, *Pauvre et Douce Corée*, H.Champion, Libraire Parais, 1904.
(조르주 뒤크로 지음, 최미경 옮김, 2006, 『가련하고 정다운 나라 조선』[서양인이 본 한국의 근대 2], 눈빛.
Henry J. Whigham, *MANCHURIA AND KOREA*, LONDON ISBISTER AND COMPANY LIMITED 15&16 TAVISTOCK ST. COVENT GARDEN, 1904.
(헨리 위그햄 지음, 이영옥 옮김, 2009, 『영국인 기자의 눈으로 본 근대 만주와 대한제국』[그들이 본 우리 011], 살림)
Siegfried Genthe, *Korea-Reiseschilderungen*, Allgemeiner Berein für Deutsche Litteratur, 1905.
(지그리프트 겐테 지음, 권영경 옮김, 2007, 『신선한 나라 조선, 1901』, 책과 함께)
Rudolf Zabel, *Meine Hochzeitsreise durch Korea während des Russisch-japanische Krieges*, Altenburg, S.-A.: Stephan Geibel Verlag, 1906.
(루돌프 차벨 지음, 이상희 옮김, 2009, 『독일인 부부의 한국 신혼여행 1904』(원제: 러일전쟁 중에 떠난 나의 한국 신혼여행)[그들이 본 우리 008], 살림)
William A: son Grebst, *I Korea*, Elanders Boktryckeri Aktiebolag, 1906.
(아손 그렙스트 지음, 김상열 올김, 2005, 『스웨덴 기자 아손, 100년 전 한국을 걷다』, 책과 함께)
Homer Bezaleel Hulbert, *The Passing of Korea*, William Heinemann Co., London, 1906.
(헐버트 지음, 신복룡 역주, 1999, 『대한제국멸망사』[한말외국인기록 1], 집문당)
Frederick Arthur McKenzie, *The Tragedy of Korea*, E. P. Dutton & Co., New York, 1908.
(매켄지 지음, 신복룡 역주, 1999, 『대한제국의 비극』[한말외국인기록 2], 집문당)
Elias Burton Holmes, *BURTON HOLMES TRAVELOGUES -SEOUL, THE CAPITAL OF KOREA*,

New York: The McClure company, 1908.
(버튼 홈스 지음, 이진석 옮김, 2012, 『1901년 서울을 걷다』, 푸른길)
Horace Newton Allen, *Things Korean(A Collection of Sketches and Anecdotes, Missionary and Diplomatic)*, Fleming H. Revell Co., New York, 1908.
(알렌 지음, 신복룡 역주, 1999, 『조선견문기』[한말외국인기록 4], 집문당; 신복룡 역, 1979, 『조선견문기』, 평민사; 윤후남 옮김 · 이순자 감수, 1996, 『알렌의 조선체류기』, 예영커뮤니케이션)
___________________, 김원모 완역, 1991, 『알렌의 일기』, 단국대학교 출판부.
___________________, 김인수 옮김, 2007, 『알렌 의사의 선교 · 외교편지(1884~1905)』, 장로신학대학교 부설 한국교회사연구원.
Horace Grant Underwood, *The Call of Korea*, 1908.
(언더우드 저, 이광린 역, 1989, 『한국개신교수용사』, 일조각)
James Scanth Gale, *Korea in Transition*, Jenning & Graham, Cincinnati, 1909.
(게일 지음, 신복룡 역주, 1999, 『전환기의 조선』[한말외국인기록 5], 집문당; 장문평 역, 1971, 『코리아 스케치』, 현암사)
_______________, 김인수 옮김, 2009, 『제임스 S. 게일 목사의 선교 편지』, 쿰란출판사.
J. Robert Moose, *Village Life in Korea*, 1909.
(제이콥 로버트 무스 지음, 문무홍 외 옮김, 2008, 『1900, 조선에 살다』, 푸른역사)
Vatslav Seroshevskii 〈В. Серошевский〉, *Korea*, Saint Petersburg, 1909.
(세로셰프스키 지음, 김진영 외 옮김, 2006, 『코레야 1903년 가을』, 개마고원)
Ellasue Canter Wagner, *Children of Korea*, Oliphants Ltd., London, 1911.
(와그너 지음, 신복룡 역주, 1999, 『한국의 아동생활』[한말외국인기록 14], 집문당)
Ellasue Canter Wagner, *KOREA THE OLD AND THE NEW*, 1931.
(와그너 지음, 김선애 옮김, 2009, 『미국인 교육가 엘라수 와그너가 본 한국의 어제와 오늘 1904~1930』[그들이 본 우리 013], 살림)
Emily Georgiana Kemp, *The Face of Manchuria Korea, Russian Turkestan*, Duffield & Company, New York, 1911.
(켐프 지음, 신복룡 역주, 1999, 『조선의 모습』[한말외국인기록 13], 집문당)
Baráthosi Balogh Benedek, *Korea, a hajnalpír országa*, Budapest, 1929.
(버라토시 지음, 초머 모세 역저, 2005, 『코리아, 조용한 아침의 나라』[한말외국인기록 24], 집문당)
William Franklin Sands, *Undiplomatic Memories*, McGraw-Hill Book Co. Inc., New York, 1930.
(샌즈 지음, 신복룡 역주, 1999, 『조선비망록』[한말외국인기록 18], 집문당)
Sherwood Hall, *WITH STETHOSCOPE IN ASIA: KOREA*, McLean Virginia, 1978.
(셔우드 홀 지음, 김동열 옮김, 2007, 『닥터 홀의 조선회상(1890~1940)』, 좋은 씨앗)
Jack London, *LA CORÉE EN FEU*, Union Générale d'Éditions, 1982.
(잭 런던 지음, 윤미기 옮김, 1995, 『잭 런던의 조선사람 엿보기-1904년 러일전쟁 종군기』, 한울)
Mattie Wilcox Nobel, *The Journals of Mattie Wilcox Noble*, 1986.

(노블 지음, 강선미 · 마양준 옮김, 2010, 『노블일지 1892~1934』, 이마고; 손현선 옮김, 2010, 『매티 노블의 조선회상』, 좋은씨앗)
Henry Gerhart Appenzeller, *Bring to the Light and Liberty -H. G. Appenzeller's Daires, 1886~1902-*, The Christian Literature Society, Seoul, Korea, 1988.
(아펜젤러 지음, 노종해 옮김, 1988, 『자유의 빛을 주소서: 아펜젤러의 일기』, 대한기독교서회; 조성환 옮김, 1999, 『헨리 G. 아펜젤러의 문서』, 도서출판 탁사)
Richard Wunsch, *Arzt in Ostasien*, 1999.
(리하르트 분쉬 지음, 김종대 옮김, 1999, 『고종의 독일인 의사 분쉬』, 학고재)
Oliver R. Abison, *Memoires of Life in Korea*, 2010.
(에비슨 지음, 박형우 편역, 2010, 『근대한국 42년 1893~1935』 상 · 하, 청년의사; 황용수 번역, 장의식 편집, 2006, 『(고종의 서양인 전의(典醫)에 비슨 박사의 눈에 비친) 구한말 40여년의 풍경』, 대구대학교출판부)

Hendrick Hamel, *Narrative and Description of the Kingdom of Korea*, Luke Hansard and Sons, London, 1813.
(하멜 지음, 신복룡 역주, 2005, 『하멜표류기』[한말외국인기록 10], 집문당; 김태진 옮김, 2006, 『하멜표류기』, 서해문집)
P. Du Halde, *Kingdom of Corea in The General History of China*, J. Watts, London, 1741.
(뒤 알드 지음, 신복룡 역주, 2005, 『조선전』[한말외국인기록 11], 집문당)
Basil Hall, *Account of a Voyage of Discovery to the West Coast of Corea*, John Murray, London, 1818.
(버질 홀 지음, 신복룡 · 정성자 역주, 2005, 『조선서해탐사기』[한말외국인기록 12], 집문당)
Maurice Courant 저, 정기수 역, 1989, 『朝鮮書誌學序論: 西洋人이 본 韓國文化』, 탐구당.
셔우드 홀 저, 김동열 역, 1984, 『닥터 홀의 조선 회상: 1893년 조선에서 태어난 최초의 서양인』, 동아일보사.
앙드레 슈미드 지음, 정여울 올김, 2009, 『제국 그 사이의 한국』, 휴머니스트.
Edward Wadie Said, 박홍규 역, 1978, 『오리엔탈리즘』, 교보문고(2007년 개정판).
________________, 성일권 편역, 2001, 『도전받는 오리엔탈리즘』, 김영사.
유리 바닌 외 지음, 기광서 옮김, 1999, 『러시아의 한국 연구』, 풀빛.
조지 린치 지음, 정진국 옮김, 2009, 『제국의 통로』, 글항아리.
프레데릭 불레스텍스, 이향 · 김정연 역, 2001, 『착한 미개인 동양의 현자』, 청년사.
데이비스 메이슨 저, 김승완 옮김, 2012, 『처음 읽는 유럽사』, 사월의 책.

2) 국내 저서

강만길, 1994, 『고쳐 쓴 한국근대사』, 창작과비평사.
강명관, 2003, 『조선의 뒷골목 풍경』, 푸른역사.

강명숙 외, 2009, 『침탈 그리고 전쟁』[서양인이 만든 근대 전기 한국 이미지: 3], 청년사.
강재언, 1990, 『조선의 서학사』, 민음사.
강재언 지음 · 이규수 옮김, 1998, 『서양과 조선』, 학고재.
국립민속박물관, 2002, 『코리아 스케치』, 국립민속박물관.
국사편찬위원회, 2000, 『한국사』 37.
국사편찬위원회, 2009, 『이방인이 본 우리』, 두산동아.
규장각한국학연구원 엮음, 2012, 『세상 사람의 조선여행』, 글항아리.
금장태, 1993, 『동서교섭과 근대한국사상』, 성균관대학교출판부.
김상률 · 오길영 엮음, 2006, 『에드워드 사이드 다시 읽기』, 책세상.
김석영, 2011, 『아펜젤러』, kmc.
김성택 · 이은숙 · 김귀원 · 정덕재, 2010, 『프랑스인의 눈에 비친 한국』, 경북대학교 출판부.
김양기 외, 2003, 『한권으로 읽는 한국사』, 휴머니스트.
김용덕, 1981, 『조선 후기 사상사 연구』, 을유문화사.
김원모, 1979, 『근대한미교섭사』, 홍성사.
______, 1992, 『근대한미관계사』, 철학과 현실.
김재승, 1997, 『근대한영해양교류사』, 인제대학교.
김종서, 2006, 『서양인의 한국 종교 연구』, 서울대학교출판부.
김학준, 2010, 『서양인들이 관찰한 조선 후기』, 서강대학교출판부.
김현숙, 2008, 『근대 한국의 서양인 고문관들』, 한국학연구원.
露國大藏省 편, 2000, 『한국지』, 경인문화사[韓國地理風俗誌叢書: 112].
노계현, 1984, 『한국외교사론』, 대왕사.
단국대학교 동양학연구소, 2004, 『개화기 한국과 세계의 상호 교류』, 국학자료원.
동덕모, 1980, 『한국의 개국과 국제관계』, 서울대학교출판사.
류대영, 2003, 『초기 미국 선교사 연구:1884~1910』, 한국기독교역사연구소.
민경배, 1992, 『알렌의 선교와 근대한미외교』, 연세대학교출판부.
박노자 지음, 2004, 『하얀 가면의 제국: 오리엔탈리즘, 서구 중심의 역사를 넘어서』, 한겨레신문사.
__________, 김상률 · 오길영 엮음, 2006, 『에드워드 사이드 다시 읽기』, 책세상.
__________, 2011, 『러시아는 우리에게 무엇인가』, 신인문사.
박대헌, 1996, 『서양인이 본 조선』 상 · 하, 호산방.
박영숙, 1997, 『서양인이 본 꼬레아』, 삼성언론재단.
박지향, 2003, 『일그러진 근대: 100년 전 영국이 평가한 한국과 일본의 근대성』, 푸른역사.
박현숙 외, 2009, 『코리안의 일상』[서양인이 만든 근대 전기 한국 이미지: 2], 청년사.
백성현 · 이한우, 1999, 『파란 눈에 비친 하얀 조선』, 새날.
성백걸, 2012, 『개화독립의 한국과 기독교 생명 빛: 근대 미국인의 오리엔탈리즘과 코리아니즘 성찰』, 풍류출판사.
신복룡, 2002, 『신복룡교수의 이방인이 본 조선 다시 읽기』, 풀빛.
안영로, 2005, 『한국교회의 선구자 언더우드』, 쿰란출판사.

오인동, 2008, 『꼬레아, 코리아: 서양인이 부른 우리나라 국호의 역사』, 책과 함께.
우철구, 1999, 『19세기 열강과 한반도』, 법문사.
유영익 외, 1994, 『한국인의 대미인식』, 민음사.
이광린, 1992, 『올리버 알 에비슨의 생애』, 연세대학교출판부.
이규태, 1994, 『한국인의 생활구조』 전 3권, 기린원.
_____, 1994, 『서양인의 의식구조』, 신원문화사.
이기백 편집, 2004, 『한국사 시민강좌-특집 한국을 사랑한 서양인』, 일조각.
이상각, 2010, 『꼬레아 러시』, 효형출판.
이배용, 1984, 『구한말 광산이권과 열강』, 한국연구원.
이원형, 1993, 『한국시대사논집-안과 밖의 만남의 역사』, 느티나무.
이종범 · 최원규 편, 1995, 『자료 한국근현대사입문』, 혜인.
정성화 · 로버트 네프 지음, 2009, 『서양인의 조선살이, 1882~1910』, 푸른역사.
정진농 지음, 2003, 『오리엔탈리즘의 역사』, 살림출판사.
조현범, 2002, 『문명과 야만-타자의 시선으로 본 19세기 조선』, 책세상.
최덕수, 2005, 『대한제국과 국제환경』, 선인.
최문형, 1979, 『열강의 동아시아정책』, 일조각.
_____, 1990, 『제국주의 시대의 열강과 한국』, 민음사.
최영보, 2009, 『유럽사의 해석-유럽 중심주의 사관의 재고찰』, 고려대학교출판부.
최영진, 1993, 『동양과 서양: 두세계의 사상 · 문화적 거리』, 지식산업사.
최종고, 1989, 『서양인이 본 한국법속』, 교육과학사.
한국사연구회, 1984, 『한국근대사회와 제국주의』, 삼지원.
한국사연구협의회, 1984, 『한영수교 100년사』.
_______________, 1984, 『한독수교 100년사』.
_______________, 1984, 『한로관계 100년사』.
_______________, 1986, 『한불수교 100년사』.
한국역사연구회, 1996, 『한국역사입문』 3권 근대 · 현대편, 풀빛.
_____________, 1999, 『우리는 지난 100년동안 어떻게 살았을까』 전3권, 역사비평사.
한국전통문화대학교 전통문화연구소 편, 2012, 『한국문화와 오리엔탈리즘』, 보고사.
한국학중앙연구원, 1984, 『청일전쟁을 전후한 한국과 열강』, 정신문화연구원.
한국정신문화연구원자료조사실 편, 최선 · 김병린 공역, 1984, 『(國譯)韓國誌』, 한국정신문화연구원 자료조사실.
한영우, 1998, 『다시 찾는 우리역사』 3권 근대 · 현대, 경세원.
한상복, 1988, 『서양학에서 본 한국학』, 해조사.
허중권, 1998, 『바로보는 한국근현대사』, 학연문화사.
홍순민 외, 2009, 『서울 풍광』[서양인이 만든 근대 전기 한국 이미지: 1], 청년사.

경기도박물관, 2003, 『먼 나라 꼬레(Corée) -이폴리트 프랑뎅의 기억속으로』, 경인문화사.

김동진, 2010, 『파란 눈의 한국 혼 헐버트』, 참좋은친구.
김석영, 2011, 『아펜젤러』, kmc.
민경배, 1992, 『알렌의 선교와 근대한미외교』, 연세대학교출판부.
박 철, 1993, 『세스뻬데스 -한국 방문 최초의 서구인』, 서강대학교.
서정민, 2005, 『언더우드家 이야기』, 살림.
안영로, 2005, 『한국교회의 선구자 언더우드』, 쿰란출판사.
이광린, 1991, 『초대 언더우드 선교사의 생애』, 연세대학교출판부.
______, 1992, 『올리버 알 에비슨의 생애』, 연세대학교출판부.
이돈수 · 이순우. 2009, 『꼬레아 에 꼬레아니』〈사진해설판〉, 하늘재.
허호익, 2009, 『귀츨라프의 생애와 조선선교활동』, 한국기독교역사연구소.

3. 논문

강인구, 2001, 「러시아인의 한국인식」, 『서울학연구』 제16호, 서울시립대학교 서울학연구소.
김경태, 1996, 「서구 종교와 사상의 수용」, 『한국역사입문』 3, 풀빛.
김귀원, 2010, 「구한말 프랑스 문헌에서 군인 및 외교관이 본 한국의 이미지」, 『프랑스인의 눈에 비친 한국』, 경북대학교출판부.
김기석, 2004, 「헐버트」, 『한국사시민강좌』 제34집, 일조각.
김기정, 1993, 「19세기 후반기 제국주의와 동아시아」, 『1894년 농민전쟁연구』 3, 역사비평사.
김백영, 2006, 「개항기 서양 지식인들의 서울 인식」, 『향토서울』 제68집, 서울특별시사편찬위원회.
김숙자, 1982, 「19세기말 한로교섭에 관한 일연구 -러시아의 한반도 침략과 독립협회의 저항」, 『한국학보』 26.
김정기, 1990, 「자본주의 열강의 이권침탈연구」, 『역사비평』 11, 역사비평사.
______, 1996, 「개항 전후의 반외세운동」, 『한국역사입문』 3, 풀빛.
김진옥, 1989, 「묄렌도르프의 조선문명개화론」, 『역사교육』 46, 역사교육연구회.
김태진 · 최웅 · 박규환 · 정광용, 1977, 「미국인의 대한국관(對韓國觀) 연구(1)」, 『미국학연구』 5, 전남대학교 미국문화연구소.
김학준, 2009, 「서양인들이 관찰한 조선의 모습들 1: 개항 이전의 시기」, 『한국정치연구』 제18집 제1호, 서울대학교 한국정치연구소.
______, 2009, 「서양인들이 관찰한 조선의 모습들 2: 개항으로부터 청일전쟁 발발 직전까지」, 『한국정치연구』 제18집 제2호, 서울대학교 한국정치연구소.
______, 2009, 「서양인들이 관찰한 조선의 모습들, 3: 청일전쟁 발발 직전으로부터 조선의 망국까지의 시기」, 『한국정치연구』 제18집 제3호, 서울대학교 한국정치연구소
김현숙, 2004, 「대한제국기 미국인 고문관 문서 해제」, 『한국근현대사연구』 제31집, 한울.
______, 2005, 「개화기 정부 고용 서양인들의 고용실태와 일상생활」, 『한국근현대사연구』 제34집, 한울.

_____, 2005,「대한제국기 미국 관료지식인의 한국인식」,『역사와 현실』 제58집, 한국역사연구회.
_____, 2009,「서양인 여행기에 표상된 '공존 · 공생'의 조선 사회상」,『역사와 담론』 제54집, 호서사학회.
김희영, 2007,「오리엔탈리즘과 19세기 말 서양인의 조선인식: 이사벨라 버드 비숍의『조선과 그 이웃나라들』을 중심으로」,『경주사학』 제26집, 경주사학회.
_____, 2008,「제국주의 여성 비숍의 여행기에 나타난 조선 여성의 표상」,『동학연구』 24호, 한국동학학회.
나애자, 1996,「상공업의 변화」,『한국역사입문』 3, 풀빛.
노계현, 1982,「묄렌도르프가 한국외교에 끼친 영향」,『비교문화연구』 1, 한양대 비교문화연구소.
노길명, 1987,「구한말 프랑스 선교사의 사회문화활동 -그 성격과 한계성을 중심으로-」,『교회사연구』 5, 한국교회사연구소.
도면회, 1996,「근대적 경제정책의 도입과 전개」,『한국역사입문』 3, 풀빛.
라이퍼 발터, 1985,「묄렌도르프가 본 갑신정변」,『갑신정변연구』, 한국정치외교사학회.
류대영, 2004,「에이비슨」,『한국사시민강좌』 제34집, 일조각.
민경배, 2004,「게일」,『한국사시민강좌』 제34집, 일조각.
박노자, 2006,「착한 천성의 아이와 같은 저들 -1880~1900년대의 러시아 탐험가들의 한국 관련 기록에서의 오리엔탈리즘적 (허위)인식의 스펙트럼」,『대동문화연구』 제56집, 대동문화연구원, 성균관대학교출판부.
박상환, 2010,「근대화과정의 "합리주의"이해에 대한 비교철학적 고찰: 동아시아의 오리엔탈리즘적 관점 분석」,『동서철학연구』 제58호, 한국동서철학회.
박승우, 2008.「동아시아 지역주의 담론과 오리엔탈리즘」,『동아연구』 제54집, 서강대학교 동아연구소.
박용희, 2009,「19세기 유럽인들의 동아시아 인식」,『동양사학연구』 제107집, 동양사학회.
박지향, 2000,「여행기에 나타난 식민주의 담론의 남성성과 여성성」,『영국연구』 4, 영국사학회.
박홍규, 1995,「제국주의 문화논리에 매몰된 '우리': 에드워드 사이드의『오리엔탈리즘』·『문화와 제국주의』를 중심으로」,『역사비평』 32호(1995년 가을호), 역사문제연구소.
박 희, 2002,「"세계와 타자": 오리엔탈리즘의 계보」,『담론201』, 담론사.
부 세, D., 1986,「한국학의 선구자 모리스 꾸랑(상 · 하)」,『동방학지』 51 · 52, 연세대 국학연구원.
서정민, 2004,「언더우드」,『한국사시민강좌』 제34집, 일조각.
손정숙, 1995,「구한말 헐버트(Homer B. Hulbert)의 대한인식(對韓認識)과 그 활동」,『이화사학연구』 제22집, 이화여자대학교 이화사학연구소.
손철배, 1999,「서양인이 바라본 한국과 한국인」,『우리는 지난 100년 동안 어떻게 살았을까』 3, 역사비평사.
송병기, 2000,「조미조약의 체결」,『한국사』 37, 국사편찬위원회.
신승권, 1989,「구한말 한 · 러관계의 조망」,『국사관논총』 4, 국사편찬위원회.
여동찬, 1987,「개화기 불란서 선교사들의 한국관」,『교회사연구』 5, 한국교회사연구소.
여호규, 2010,「서양학계의 한국고대사 인식체계의 변화 -동양학계와의 영향 관계를 중심으로」,『한국사연구』 148권, 한국사연구회.

오상미, 2011, 「헐버트(H. B. Hulbert)의 조선문명화론」, 『학림』 32집, 연세대학교 사학연구회.
오인영, 2003, 「서양인이 본 한국과 한국인」, 『개화기 한국과 세계의 상호 이해』, 단국대학교 동양학연구소.
_____, 2004, 「개화기 주한 서양인들의 생활상」, 『개화기 한국과 세계의 상호 교류』, 단국대학교 동양학연구소.
왕한석, 1998, 「개항기 서양인이 본 한국문화 -비숍의 『한국과 그 이웃나라들』을 중심으로」, 『비교문화연구』 제4호, 서울대학교 비교문화연구소.
왕현종, 1996, 「갑신정변과 갑오개혁」, 『한국역사입문』 3, 풀빛.
우철구, 2000, 「유럽 각국과의 조약체결」, 『한국사』 37, 국사편찬위원회.
유영익, 2004, 「서양인에 의한 한국학의 효시」, 『한국사시민강좌』 제34집, 일조각.
윤경로, 1981, 「Homer B. Hullbert의 연구 -그의 한국에서의 활동을 중심으로-」, 『역사교육』 21, 역사교육연구회.
_____, 1981, 「Homer B. Hullbert의 한국관-한국민족과 역사이해를 중심으로-」, 『한국사상』 18, 한국사상연구회.
_____, 2003, 「서구의 '정체론적' 한국상」, 『한국근현대사연구』 제24집, 한울.
이광린, 1988, 「개화기 한국인의 아시아연체론」, 『한국사연구』 61 · 62, 한국사연구회.
_____, 1991, 「'비숍'여사의 여행기」, 『진단학보』 71 · 72 합집, 진단학회.
_____, 1994, 「한말 구미 제국의 대한 선교정책에 관한 연구」, 『동방학지』 제84집, 연세대학교 국학연구원.
이만열, 1985, 「아펜젤러의 교육활동」, 『노산유원동박사회갑기념논총 한국근대사회경제사연구』, 정음문화사.
_____, 1994, 「한말 구미 제국의 대한 선교정책에 관한 연구」, 『동방학지』 제84집, 연세대학교 국학연구원.
_____, 1998, 「아펜젤러의 초기 선교활동과 한국 감리교회의 설립」, 『한국기독교와 역사』 8, 한국기독교역사연구소.
_____, 2004, 「아펜젤러」, 『한국사시민강좌』 제34집, 일조각.
이배용, 1990, 「열강의 이권침탈과 조선의 대응」, 『한국사시민강좌』 7, 일조각.
_____, 2001, 「서양인이 본 한국근대사회」, 『이화사학연구』 제28집, 이대사학연구소.
_____, 2002, 「개화기 서양인 저술에 나타난 한국여성에 대한 인식」, 『한국사상사학』 제19집, 한국사상사학회.
이수경, 1999, 「오리엔탈리즘이라는 렌즈를 통해 본 우리시대의 문화 바라보기」, 『효원영어영문학』 17호, 부산대학교 인문대학 영어영문학과.
이수기, 2007, 「서양인이 바라본 한국의 정치」, 『역사문화연구』 제26집, 한국외국어대학교 역사문화연구소.
_____, 2010, 「서양인이 바라본 한국의 신분제와 사회현상들」, 『역사문화연구』 제37집, 한국외국어대학교 역사문화연구소.
이영미, 2010, 「朝-美 修交 이전 서양인들의 한국 역사 서술」, 『한국사연구』 148, 한국사연구회.

이영학, 1996, 「총설: 한국근대사의 기점과 제국주의」, 『한국역사입문』 3, 풀빛.
이원순, 1986, 「병인양요 일고찰」, 『한불수교100년사』, 한국사연구협의회.
이윤상, 1996, 「제국주의의 경제침탈」, 『한국역사입문』 3, 풀빛.
이은숙, 2004, 「구한말에 나타난 한국관련 프랑스 문헌과 오리엔탈리즘」, 『한국프랑스학논집』 45집, 한국프랑스학회.
이은호 · 임용순 · 김형찬, 1991, 「한국에 대한 미국인의 인식에 관한 연구」, 『국제문화연구』 8, 청주대학교 국제문제연구원.
이진명, 2004, 「쿠랑」, 『한국사시민강좌』 제34집, 일조각.
이혜자, 2004, 「유럽인의 시각에서 본 조선의 근대화 풍경」, 『독어교육』 제30집, 한국독어독문학교육학회.
이향순, 2003, 「미국 선교사들의 오리엔탈리즘과 제국주의적 확장」, 『선교와 신학』 제12집, 장로회신학대학교출판부.
이희수, 2008, 「1895~1898년 한국방문기를 통해서 본 러시아의 한국인식」, 『대동문화연구』 제61집, 대동문화연구원, 성균관대학교 출판부.
임경규, 2009, 「조선 개화기의 옥시덴탈리즘에 대한 소고」, 『동서비교문학저널』 20호, 한국동서비교문학학회.
임장혁, 2002, 「개항기의 서양인이 본 한국문화」, 『코리아 스케치』, 국립민속박물관.
정동귀, 1990, 「미국인의 대한관(大韓觀)」, 『사회과학논총』 8, 경희대학교사회과학대학.
______, 1990, 「미국인의 대한관(大韓觀)2」, 『사회과학논총』 9, 경희대학교사회과학대학.
정연태, 1999, 「19세기 후반 20세기 초 서양인의 한국관」, 『역사와 현실』 34호, 한국역사연구회.
______, 2008, 「개화기에 서양인은 한국을 어떻게 보았는가」, 『한국사시민강좌』 제42집, 일조각.
정용화, 2004, 「한국인의 근대적 자아 형성과 오리엔탈리즘」, 『정치사상연구』 10집 1호, 한국정치사상학회.
정진농, 1998, 「오리엔탈리즘의 두 얼굴: 세속적 오리엔탈리즘과 구도적 오리엔탈리즘」, 『동서비교문학저널』 1호, 한국동서비교문학학회.
조광, 1997, 「서양과 관계」, 『한국사』 32, 국사편찬위원회.
조정경, 1985, 「J. S. Gale의 한국인식과 재한활동에 관한 일연구」, 『한성사학』 3, 한성사학회.
조한욱, 2003, 「타자의 역사:그 외연과 내포」, 『호서사학』 36집, 호서사학회.
조현범, 2005, 「선교사와 오리엔탈리즘」, 『종교문화비평』 7권, 한국종교문화연구소.
최규진, 2011, 「서양인의 타자, 개항기 조선인」, 『사림』 제39호, 수선사학회.
최기영, 2004, 「매켄지」, 『한국사시민강좌』 제34집, 일조각.
최덕수, 1996, 「개항 이후 국제관계와 대외인식」, 『한국역사입문』 3, 풀빛.
______, 1997, 「개화기 서양이 바라 본 한국인 · 한국역사」, 『민족문화연구』 제30집, 고려대 민족문화연구소.
최석우, 1986, 「한불조약체결 이전의 양국 관계」, 『한불외교100년사』, 한국사연구협의회.
최종고, 1982, 「韓末의 西洋人 法律顧問制度」, 『동방학지』 32, 연세대학교국학연구원.
______, 1988, 「묄렌도르프와 한국선교문제」, 『교회사연구』 6, 한국교회사연구소.

한규무, 1995, 「게일(James S. Gale)의 한국 인식과 한국교회에 끼친 영향 -1898~1910년을 중심으로-」, 『한국기독교와 역사』 4, 한국기독교역사연구소.
______, 2006, 「개항기 선교사들의 서울 인식」, 『향토서울』 제68집, 서울특별시사편찬위원회.
한미라, 2004, 「개항 전후의 국내정치와 서양인이 본 한국에 관한 연구」, 『논문집』 제12권, 여주대학 출판부.
허동현, 2011, 「근·현대 서양인들의 한국관」, 『국제한국학연구』 제5호, 명지대학교 국제한국학연구소.
허병철, 2006, 「개화기 서양인 출판물에 나타난 조선에 대한 인상」, 『경상사학』 제22집, 경상대학교 경상사학회.
황용수, 1987, 「개화기 외국인의 국어연구」, 『語文論集』 20, 중앙대학교 문리과대학 국어국문학과.

박수영(Su Young Park), 2008, 「Western Perception of Korea 1890-1930 Comparative Study on the Relationship between Reciprocity and Colonial Discourse」, DEPARTMENT OF HISTORY, UPPSALA UNIVERSITY(「한국 1890에서 1930 사이의 서양 인식 상호주의와 식민 담론 사이의 관계에 대한 비교 연구」, 사학과, 웁살라대학, 석사학위논문).

찾아보기

ㅅ

외대 역사문화 연구총서를 간행하며

한국외국어대학교 역사문화연구소는 세계 각 지역의 제도·사상·문화를 포함한 역사 전반을 비교·연구하기 위해 1984년 3월 1일 설립되었습니다. '사학연구소'로 발족한 본 연구소는 문화에 대한 사회적 관심 증가에 부응하고 연구 영역을 더욱 다양화하려는 취지에서 1996년 3월 '역사문화연구소'로 변경했습니다.

본 연구소는 설립 이래 지금까지 학술지 발간을 비롯해 국내외 학술회의 개최, 학술서적 출판 등을 통해 역사학과 인문학을 발전시키기 위해 많은 노력을 기울여왔습니다. 특히 본 연구소가 소속된 한국외국어대학교의 기반과 장점을 살려 한국사와 동·서양사의 비교 연구, 세계 각국의 생활문화 연구, 고려인과 조선족 등 재외한인 연구 등을 중점적으로 추진하여 많은 업적을 축적했습니다.

이러한 노력 덕분에 본 연구소에서 간행하는 '역사문화연구'가 2005년 한국연구재단의 등재학술지로 선정되었고, 콜로퀴움을 포함하여 150회가 넘는 학술회의를 개최했으며, 30여 종의 학술서를 출판했습니다. 다만 그동안 각종 단행본을 여러 출판사에 분산해 간행했기 때문에 연구소 업적을 체계적으로 축적하고 널리 확산하는 데 많은 어려움을 겪었습니다.

이에 본 연구소는 (주)신서원과 함께 '외대 역사문화 연구총서'와 '외대 역사문화 교양총서'를 간행하기로 했습니다. 향후 연구총서는 연구소의 학문적 성과를 학계 및 전문 연구자와 공유하기 위해 학술서 중심으로 간행할 계획이며, 교양총서는 본 연구소뿐 아니라 학계의 연구 성과를 일반 대중에게 널리 보급하기 위해 다양한 교양서를 기획하여 출간하려고 합니다.

이러한 '외대 역사문화 총서' 간행이 위기에 처한 한국 역사학과 인문학의 지평을 넓히고, 우리 역사와 문화에 대한 일반 대중의 관심을 더욱 높이는 계기가 되기를 희망해 봅니다.

어려운 여건에도 본 연구소의 총서 간행 제의를 흔쾌히 수락해 주신 (주)신서원의 정용국 사장님과 직원 여러분께 감사드리며, 아울러 학계와 선학제현의 아낌없는 성원을 부탁드리는 바입니다.

한국외국어대학교 역사문화연구소